中小學校園裡的繽紛世界
學校行政個案集

林文律主編

天空數位圖書出版

獻　詞

本書獻給華人世界中小學校長培訓班學員、現任小學校長以及有志於小學校長職務者，同時也獻給我的四個聰明活潑可愛的孫子女善水、佳美、佳雨與好球。

誌　謝

我非常感謝本書所有的個案提供者。我也要特別謝謝幫忙我訪談台北市及台北縣數十位小學校長，以蒐集個案的碩士班研究生。

給校長培訓班學員的勉勵詞

當一個好校長

當思如何使學校進步，

如何帶好每一位老師，

以及如何透過老師，

把每一個學生帶上來。

主編簡介

　　林文律，1951 年出生於臺中市，係輔仁大學英文學士（1973），語言學碩士（1977），美國伊利諾大學香檳校區英語教學碩士（1983），美國賓州州立大學教育行政博士（1990）。1977 年起，開始在大學任教英文。1990 年起，除任教英文之外，同時亦任教教育行政與校長學。本著對於推動台灣本土校長學的一份強烈的使命感，2006 年主編《中小學校長談校務經營》（上、下冊）。2010 年主編《中學校長的心情故事》與《小學校長的心情故事》。2012 年主編《校長專業之建構》。2018 年主編《資深國小校長的經驗與智慧：且聽眾校長道來》、《學校經營的實踐智慧》與《小學校園裡的繽紛世界：學校行政個案集》。2022 年主編《小學校長走過第一年》與《中小學校園裡的繽紛世界：學校行政個案集》。在服務於國立臺北教育大學 22 年之後，2012 年 10 月因健康因素申請退休。

主編序

　　這是一本 2022 年特地為中小學校長培訓班學員設計而出版的校長學專書，也是將 2018 年出版的《小學校園裡的繽紛世界：學校行政個案集》重新加以擴充，以學校行政個案為主要素材的校長學專書。

　　這本書充分描繪了台灣國中與小學校園形形色色風貌。書中所呈現的是台灣校園繽紛世界的最佳寫照。透過數十位教育現場實務人士努力協助蒐集資料，本書納入了 309 則學校行政個案。這本學校行政個案的書，主要呈現了 2000 年代台灣國中與小學校園的真實風貌，內容相當豐富，是一本極為寫實的教育類小品故事書。

　　本書分為下列 15 章：（1）校園內外風土人情與創意發想；（2）教師理念的實踐與挫敗；（3）編班轉班教師級務與成績爭議；（4）校長的領導；（5）校長的行為；（6）校長的難題與校園危機處理；（7）校園體罰、校園暴力、學生輔導；（8）校園安全與校園意外；（9）校園紛爭與風波；（10）校園插曲、校園風雲；（11）人事與人員管理；（12）不適任教師；（13）兩性之間、性案件、性侵犯；（14）學校更新、學校工程與營繕。（15）校長敘說校園故事。

　　本書全書乃由一篇一篇學校行政個案組合而成。全書所蒐羅的這些個案，篇篇盡是生動、發人深省與感嘆的國中與小學校園小故事。書中所呈現的是多樣貌的學校人文風情、人情事理與人際之間變化多端的互動方式。有的令人驚訝，有的令人莞爾，有的則又令人無限感嘆與心情沈重，更多的則是面對學校形形色色的各種校園風暴與危機，校長如何保持鎮定，以清晰的頭腦，冷靜思考，盡力釐清各種相關因素，以做出最佳的判斷與解決方案。

　　閱讀本書的心情，就好比吾人於春暖花開時，開開心心的與三兩好友到郊外踏青，沿途輕鬆地吹著口哨，並悠然地欣賞著大地一片美麗的景色。出遊者舉目所見，大地百花齊放，一片綠意盎然，令人心情無比愜意。讀者在每天工作之餘，茶餘飯後與三兩好友聊天，或臨睡之前，閱讀本書，對於人性之間真實面貌的展現，也許有時會有一絲絲的嘆息，有時又令人

拍案叫絕。但毫無疑問地，大部分時間大概都會莞爾會心一笑，說不定會有一種無比暢快的感覺呢！

　　本書適合對於 2000 年代台灣國中與小學校園繽紛世界的各種風貌感興趣的一般社會大眾閱讀。教育工作者與家長閱讀本書可能會特別有感。本書本質上是學校行政個案，所呈現的是學校行政教科書不會納入的內容，非常適合中小學校長培訓班作為學員研討與分析的教材，對於鍛鍊學員對於學校行政問題的敏銳覺知力，以及對於學校行政深層問題的分析、研判、問題解決能力以及做行政決策的能力的提升非常有幫助。本書也非常適合大學學校行政課程做為學生輔助學習的參考書。

林文律

2022 年 7 月 20 日

於國立臺北教育大學教育經營與管理學系

目 次

第 6 章 校長的難題與校園危機處理.............139

第 7 章 校園體罰、校園暴力、學生輔導......181

第 10 章 校園插曲、校園風雲..................265

第 12 章 不適任教師......................................345

第 13 章 兩性之間、性案件、性侵犯......................363

第 1 章
校園內外風土人情與創意發想

001　山頂上的鐘聲

　　某一年暑假，陳校長在教師研習中心受完為期十週的校長儲訓已是八月底。國民小學校長調動已經完成，郊區四所國民小學校長的缺額就等待這一期新手校長分發就任。這四所國民小學大都是交通不便，學生人數很少，教師流動率很高，又聽說各校都有一些問題。

　　陳校長被派到一所在山頂上的迷你小學，聽說人數沒有滿百，最糟糕的是家長強悍，曾經為了與校長理念不合而到教育局綁白布條抗議，要求教育局撤換校長。後來雖然未能如願，但學校與家長之間的關係卻日形惡劣。

　　交接後不久，陳校長召開家長座談會，會議上炮聲隆隆，無一不是針對學校的教師教學不力，行政措施不良，口口聲聲「你們學校」如何如何，聽了真令人難過。但是老師們卻是認為家長跋扈、不溝通、干涉學校行政。

　　學校和社區之間有著一條又大、又深的鴻溝，教師及行政人員的士氣真是低到了谷底。無怪乎教師流動性很大，雖然那邊風景優美，宛如世外桃源。面對家長座談會中家長的惡行惡狀，教師早已學會了沉默以對。他們心中盤算的，應該是捱到學期結束，趕快離開這個地方吧！

　　在座談會中，陳校長只是傾聽。他告訴自己，先把心中的那份成見拔除，空出一些空間，以便對他們的話能夠真心感受。陳校長試著融入他們。對於家長們訴說的各種不滿，陳校長頻頻點頭，給予真誠的回饋。一個處於都市邊陲的小村莊，居民大都只有國民小學畢業，每天必須辛苦農作，養豬或做粗工，才能換來一家溫飽。

　　可是他們只要一下山，就進入另一個世界，物質生活富裕，工作輕鬆，待遇優渥。他們常被人稱作土包子。住宅又因為位於保護區內，依法不得

更新，交通工具大都只能以機車代步。處於這樣的物理環境的不利地位，他們唯一的希望便寄託在孩子們的教育上，也難怪乎他們對學校教育有許多要求。

座談會將近一個多小時，炮火已逐漸零星，大家的情緒也較為冷卻。最後，這些家長們把所有的希望寄託在陳校長這個新手校長身上。大家都靜下來，等待校長給他們答案。

陳校長用著不流利的生硬閩南語向他們說：「我自願分發來這個學校的時候，有人向我說：『那個學校你最好不要去，因為那邊的家長真是ㄅㄞ丶剃頭』〔編按：閩南語，意思是很難取悅、很難溝通〕。但是我感覺我是功夫不夠，如果功夫夠，就不會ㄅㄞ丶剃頭。」大家一陣大笑，氣氛也輕鬆了不少。

陳校長接著說：「剛才各位的意見，我都很認真在聽，大部分我也能夠同意。不過各位剛才一直稱呼「你們學校」，我聽起來怪怪的。我先做一個小小的調查，你的父親是這個學校畢業的，請舉手！」大概有一半的人舉手。

「謝謝，再請問你是本校畢業生的請舉手！」大概有三分之二以上的人舉手。

「從這個調查看起來，這個學校，要是你的父母親、你自己，現在甚至你的兒女，幾年後甚至是你的孫子女，將在這裡讀書，可是我們的老師，還有我，都不是這裡的畢業生，我們可能一年或幾年就要離開這個學校，我們只是一些過客。照這樣看起來，這個學校真正是屬於你們的，你們說對不對？」有人點頭。

陳校長又說：「可是老師們也有心把孩子們教好，我保證我們的老師會盡他們的能力，但是要有一個先決條件，就是在現在學校與家長缺少信任的惡性循環裡，我誠懇的請求各位家長打破這個循環，給予老師自主和尊重。那麼，良性循環就會開始。從今天起，但願我們都聽到「我們的學校」而不是「你們的學校」好嗎？」台下響起熱烈的掌聲。

從那一刻起，家長發現，其實老師和他們的心是一樣的。他們開始和

老師們合作，一起關心孩子，他們也開始走入學校，提供義工服務，協助整理圖書，佈置教室，替學習低成就的孩子們補救教學，並且一起規劃運動會、布袋戲團，協助蓋游泳池，辦理元宵燈謎晚會。而教師也成為社區活動的參與者和促進者，自此親師關係進入一個和諧的階段。

有一位老師告訴陳校長說：「以前我聽到學校的鐘聲，都有一種沉重的壓力，可是這次真是一個愉快的經驗！」

002 兒童布袋戲團的誕生

打從第一天踏入學校起，陳校長就發現了那個個頭小小的女老師。她有點特殊，留著兩條辮子，印地安人似的臉孔，黑黑的皮膚，肩上披著印第安披肩，提著菲律賓出產的草編提袋，在老師群中，顯得不太調和。

更怪異的是她的行為。校規對她來說可說是毫無約束力，只要她有課她才來，無課便回宿舍（學校備有宿舍）。辦公室的桌上雜亂的堆滿許多東西：題字的石頭，校園裡撿起的楓葉，還有些到外國旅行帶回來的紀念品。她偶爾會帶蛇到學校，讓牠纏在手上，用蛋汁餵牠、撫摸牠，並且教老師和學生們接近牠。

過了幾天，聽說她把醫好的蛇野放了，換了一隻受傷的野鷹，又引起大家一陣忙碌，查百科、餵食物、醫治，幾天之後鳥兒沒救起來，死了，她把牠拿去埋葬，還為那隻鳥作了一首歌（她是天才作曲家，後來也出版過 CD），並且心情鬱悶了一陣子。

她總是悶悶不樂。雖然她已結婚，並育有二女，但她仍然不太像一個媽媽。家務事不會料理，三餐交給先生，兒女管教也交給先生，而先生也在學校服務，但外人絕對看不出來他們是一對夫妻。他們彼此像陌生人。據同仁們說，他們常常會意見不合，經常會鬧脾氣。

陳校長最在意的是她那對哀怨的眼光。當她的眼睛掃過眼前的一切，彷彿一切都與她無關。她總是冷冷的，對人似乎是不信任、排斥，給人一種害怕遭受傷害的那種感覺。這種給人的冷冷的感覺與她對動物的深厚的情感，二者看起來甚為矛盾。這其中的道理何在？

她這種特立獨行的作風，引起學校其他行政同仁的不滿。因為許多校務工作的推動，到她那裡就要停擺，並且引起效應，使得校務行政推展困難。她擔任音樂科老師，常用閩南語上課，大部分教台灣民謠或她自編的歌曲，對於部編教材置之不理。家長也向學校告狀，認為她是不適任教師，要校長好好處理。

在陳校長看來，她是一個才情橫溢的老師。陳校長認為，她今天會如此，一定有她的原因，她的家庭、她的身世，或是她的人生經驗，一定有她不可告知別人的祕密，因為她認為大家都不了解她，無法接納她。同樣的，她也以敵意和自衛相對待，所幸的是她並未採取攻擊的手段。

陳校長很想了解她，試圖做她的朋友，但是太難了，因為她對別人都抱有成見，別人的接近都被解釋為攻擊的前奏。所以與她交談很容易結束，她的內心仍然是一個秘密。

有一天教職員工早會，主任正在報告一件重要的事，大家都聚精會神地聽著，只有她坐在座位上，手拿著二個布袋戲布偶，正在相對廝殺，卡卡的刀劍聲與主任的報告極不調和，大家都習以為常，沒有人搭理她。散會後她仍坐在那裡練習。

「嗨！這是什麼東西啊？很有意思嘛！也難怪讓妳那麼入迷！」陳校長稱讚她。她的掌中戲確實演出得相當好，二個布偶在她手中翻來覆去，伶俐的布偶手中還執有刀戟和藤盾，你來我往，看得我都入神了！

「借我看一下好嗎？」趁她練習告一段落，陳校長提出要求。「教教我好嗎？」她把手中布偶交給了陳校長，並教陳校長如何練習，不論陳校長多麼努力，手中的布偶老是僵硬而不生動，她終於也笑了起來。

「校長，這叫做布袋戲，是我們台灣特有的民俗藝術。目前已經快要失傳了！」她說：「因此我參加了布袋戲團，是由李天祿老師傅所傳授的。明天就要上場表演了。我很緊張，所以開會也在練習，真是對不起！」

「哦！原來是這樣，你的心情我可以了解，下午你如果沒課，可以到空教室練習，祝你明天表演成功！」

第三天她主動找陳校長，除了說謝謝之外，並提出了要求。

「校長，我們學校也來成立布袋戲團好嗎？」

「好啊！難得你有這份心，你認為要怎樣開始呢？」

「首先要有指導老師和基本的設備，指導老師我可以請李天祿老師傅來支援，至於設備嘛，需要幾十尊布偶和一架表演戲台，後場樂器，估計花費約需 200,000 元左右即可成團！」

當陳校長聽到 200,000 元時，的確嚇了一跳。因為 200,000 元不算是一個小數目，學校根本沒有此類預算，家長會也不可能有如此龐大的經費支援，尤其它只是一個構想，可是陳校長卻很爽快的答應，師資和學生由她負責，錢的部分由陳校長來想辦法，並預訂戲團一個月之後成立。接著，陳校長似乎看到原本是一張冷漠緊張的臉孔泛起了一些微笑。

她開始連絡指導老師，並親自接送李天祿老師傅父子到校義務表演，提高孩子們的興趣，並招募志願報名的孩子，從其中挑選前場（表演）和後場（鑼鼓）的成員。

陳校長開始募集經費。首先，陳校長從當年度學校設備費中，經會計、總務討論結果，以美術和音樂科教具項下彙整 30,000 元，並利用李天祿老師傅所贈送的五尊布偶在遊藝會中義賣，原本定價每尊 1,500 元的布偶，都以 10 倍價格成交！又募得 75,000 元，當場另有家長慨然解囊，另外又募得 50,000 多元，總共款項已有 160,000 萬元左右。另欠約 40,000 元左右是訂製戲台的錢，有一家工廠主動幫學校做好了一個拆卸方便的可攜帶式表演戲台。至此經費募集可說是大功告成。

再經過樂器和布偶的選購之後，布袋戲團如期成立，定名為「巧宛然掌中戲團」。從此，每逢週三下午，就可以看到李天祿老師傅率領他的徒弟們，上山來教這些孩子，不論是前場的指法、口白、唱功，後場的鑼鼓、嗩吶聲，在原本寂靜的山上都帶來了不少熱鬧的氣氛。只見這位老師跑上跑下，除了自己也吸收新技巧之外，也鼓勵孩子們要好好學習。她在布袋戲中找到了自己！

至此每年孩子們都會舉行一場發表會，或在藝術館、市立師院或鄉下

的廟會都是他們的舞台。至今這個戲團仍然存在，雖然李天祿老師傅前不久已辭世，這位老師後來獲得了教師的最高榮譽 ── 師鐸獎！

003　老幹凋零，青黃不接

　　青春國小在校園內有一個很特殊的社團，名為「微宛然」布袋戲團，師出布袋戲一代宗師李天祿老先生。李師傅健康情形尚佳時，曾經親自指導，後來由李老先生之子接續指導，學校亦有熱心老師參與團隊的行政與指導工作。社團鼎盛時，曾赴法國、日本等國演出。學校有外賓來訪時，也都會要求參觀劇團。教育部每年固定撥款補助社團所需費用。

　　然而在李老先生過世後，學校一位帶團老師也因為搬遷關係請調台東，社團面臨如何延續的困境。學校行政有意讓學校老師多多了解這個劇團，因此辦了幾次相關的研習，也盡可能安排演出機會，可惜得到的迴響並不是很熱烈。

　　劇團面臨的最大困難有兩項。一是學校僅剩一位教師帶這個社團，無新的教師參與，原本的團隊老師感覺有些孤單。二是學生畢業後，國中並無類似的社團，學生學藝的路途等於中斷，降低學生參與此一社團的意願，因此每年一批學生畢業後，總是面臨招生不足的窘境。

　　畢竟，堅持傳統味道的布袋戲已經式微，它變成了小眾文化，堅持走這條路，是辛苦的……。於是布袋戲指導老師忍痛決定停止招生。曾經是傳統布袋戲文化最積極用心的「微宛然」布袋戲團在許多人的扼腕中，正式走入歷史……。

　　參觀過「微宛然」布袋戲團，聽過指導老師的解說之後，一致認為這是藝術的精華。但是，曲高卻和寡，加上演出時以典雅的閩南語演出，能夠真正欣賞的觀眾實在不多，因此如何繼續維繫，是一個傷腦筋的問題。電視上也有布袋戲團，但是卻添加了許多燈光、特效，失去細膩的藝術精神，為取悅觀眾而存在。

　　然而事實上，堅持傳統藝術風味的布袋戲團卻難以維續。身為一個教育工作者，兼任文化傳承的任務，應如何思考這個問題？是堅持？還是調

整？維持二十年左右的傳統布袋戲團，終究還是面臨了結束的命運。身為主事者，包括學校行政與團隊老師，面對這樣的情境，如何自我調整？

004　移風易俗，盡力而已

初到山上服務，每個人都會被這地方優美的風景所深深吸引。春天時，到處都是一抹新綠田疇間種植的櫻花、桃花、杜鵑花。美麗而生氣盎然的花兒，可謂滿山遍野。夏天則蟬鳴不絕於耳，涼風習習，秋天則天朗氣清，楓紅片片。

冬天則茶花盛開，煙霧瀰漫。最難能可貴的是有若干條小河，河水乾淨，清澈而沁涼。動物的種類繁多，蛇類、鳥類、昆蟲類不勝枚舉。因與陽明山國家公園為鄰，植物種類更是豐富。這的確是一個人間的世外桃源。

這兒土生土長的居民也大多純樸可愛，沒有都市人的冷漠和陰沉。不過，也有他們的缺陷，尤其以自我封閉和不求進步最為嚴重。在那一個小社區裡，居民們說他們只尊敬三個人：里長、派出所主管和校長。而里長因選舉派系關係，又很年輕，教育程度又不高，所以得不到絕大多數里民的尊敬。而派出所也已在數年前裁撤。目前，他們唯一可以尊敬的，就只剩校長一人了！

對於國民小學來說，社會教育也是職責所在。在經過分析和了解後，陳校長提供了若干方案，陸續實施，得到里民的認同。陳校長僅就個人努力，擇要敘述如下，也當成陳校長個人回憶錄之一部分：

(一) 遇人點頭問好

對於這個社區家長團結，但又自我封閉的特性，陳校長早已有所聞。他們排斥外省籍或客家籍的校長或老師，主要的原因是他們仍住在山上，交通不方便，自成一個社區，與外界較少來往。早年教師或校長或是派出所人員大都是因教學或行政不力而被派「貶」到這兒，服務或教學的品質當然就不好，也就得不到家長的認同，所以社區家長和學校教師之間形成隔閡也就不以為奇了。

陳校長給自己的第一個要求是：凡遇人必須點頭問好，不論認識不認

識。打從第一天報到，一路上遇見路人，一定主動打招呼，不論是開車、騎機車或行人，也不論是男女老少。當時陳校長所得到的回饋是：人家莫名其妙的望著你，以為你是精神病。可是幾次後，回禮的人也越來越多。

後來在某些場合，他們會對陳校長說：「哦！原來你就是校長，你都對我們打招呼，可是以前都沒有人對我們這樣，所以我們比較沒有禮貌，請你多多原諒。」從他們的口中，似乎對於陌生人已不再那麼防衛了！

陳校長也鼓勵學校同仁們採用相同的手法，和家長建立情感。陳校長並且帶著學校同仁去拜訪家長，參觀家長們從事的耕作，向他們討教有關生產的技術和對學校、學生的期望。晚上陳校長邀請住在宿舍的同仁到家長的家裡去看孩子們，和家長聊天喝茶，也把學校的作法告訴家長們，一起與他們討論。自此以後，如果有人上山，都可以看到人們和善、友誼的態度，使人感到溫暖。

(二) 元宵燈謎活動

山上的孩子們不喜歡讀書，這和家長的期望多少有關。「我們的家長會會長也只不過是國民小學畢業，人家還不是賺大錢。」「我的孩子成績不好沒關係，反正以後和我一樣會殺豬就行了！」「書讀得再好，以後反正也是要種田！」

另外，孩子們不喜歡讀書和家庭生活也有關係。經過調查，大多數的孩子們在家裡沒有自己的書桌，更別奢望有書房。家裡有飯桌、神桌、牌桌，就是沒有書桌。為了讓孩子們有一個屬於自己做功課的地方，陳校長帶領著老師們做家庭訪問，看看沒有書桌的家庭，建議他們給孩子們買一張書桌，當然也告訴他們，如何擺書桌，燈光的照明，桌椅的高度等等。

孩子們缺少文化刺激，也是使他們不喜歡讀書的原因。陳校長從兩方面下手：其一，向台北市立圖書館爭取在社區設立分館，但經過評估，因為人口太少，不符合效益，只成立閱覽室，提供書籍、雜誌供民眾閱讀。其二，為促使社區居民提升孩子們的學習興趣，學校老師們決定和社區、家長會共同辦理「元宵燈謎晚會」。

由社區和家長會負責籌募獎品，餘興節目（以親子共同參加為原則）

由學校老師負責謎題製作。為了使活動能激起孩子們的好學，老師們無不絞盡腦汁，往課本中、詩詞中、歷史人物中、地名中，甚至老師、學生的名字、地方仕紳的名字，都可以設計為封面。

所以學生為了得到好獎品（自行車、遙控汽車、金戒指、電算機等獎品），個個埋首在書本中。學校也利用此機會添購一些書籍。整個學校彷彿一下子進入讀書的世界。

元宵節當天晚上活動之熱烈，絕不下於平地的燈謎晚會。孩子們手提著自己製作的燈籠，在鑼鼓聲中遊行社區。緊接著是緊張刺激的猜謎活動。令學校老師意外的是，孩子們懂得很多很多。會後他們都會要求明年一定還要再辦。這個活動目前也繼續維持。

(三) 大學區的主張

陳校長所服務的這個學校，學生一共一百餘人，分六班，每班約二十人左右，是標準型的小校小班。缺點是人數太少，活動不易舉辦。另外，同儕之間的互動和競爭太少，無法提升學生的學習意願和學習成果。許多全市性的比賽，一直沒有好的表現。

學校教職工編制有二十餘人，光就每年薪資就要好幾千萬。像陳校長所服務的這樣的迷你小學，在台北市共有八個，因此也為台北市教育預算帶來不小的負擔。1989 年，當時台北市議會就有數位議員提出這幾個小學應予廢校，以專用交通車的方式將兒童送至山下就讀，以節省市府開支。這個主張獲得不少人贊成。陳校長卻期期以為不可。因為教育不可單純從經濟的觀點來判斷。

陳校長認為，這種小型學校的存在是國家對於偏遠地區民眾照顧的具體表現。因此，陳校長主張不但不應該廢校，反而應該積極開放學區（當時山上的小學也是學區制，只有戶口在山上的兒童才能就讀），讓山下對田園教學認同的家長，在不必遷戶口的條件下，將子女送來此類小型學校就讀，每班以 30 人為限。

這個建議曾在國小校長會議中提出，並獲得當時教育局長的認同。當年暑假開始試辦，一轉眼就過了好幾年。此類小型學校後來逐漸成為家長

眼中的明星學校，紛紛把子女送到山上就讀。

從此，這所小型學校再也沒有廢校的危機，並且由於學校教師同仁們不斷的努力，逐漸建立了不少特色，成為山下學校學習的榜樣。

005　保衛自然，捨我其誰

1986 年夏天，有一天傍晚，陳校長和家人開車上山，去造訪他「可能」分發到的學校。車子在蜿蜒的山路中前進。路面不寬，兩旁不是樹木，就是五節芒。偶爾可見珠頸斑鳩在柏油路上散步，也偶爾可以看到松鼠迅速爬上樹梢的聲音。村落人口很少，學校就在那一片森林裡。在蔚藍的天空中，有幾朵白雲。學校的塔尖露在樹梢外，在陽光下顯得特別醒目。

雖然是山上的小學，卻也擁有一大片的校園。U 字型的二樓建築和一棟造型別緻的小禮拜堂，聽說是多年前為迎接蔣公蒞臨而特別建造的。其他就是一大片操場和遊戲場。操場上長滿了綠油油的青草。有許多孩子們在上面打棒球。東面面臨一個深谷，和鵝尾山遙遙相望，只見山上粒粒金黃，原來是當地特有的名產桶柑正值成熟期。

西面種植了一大片相思林，有的歪，有的斜，大概是強勁的東北季風的傑作。相思林下面有一個小巧的野餐區，置有石桌石椅，可以眺望社區風景，更可傾聽瀑布的流水聲和五色鳥的叫聲。北面是一大片原始林，有相思林、杉木及其他雜木，與五節芒共生。西邊是幾戶住家。

學校的入口處有一條小河，河水清澈見底，終年水量不減，是社區灌溉的主要渠道，據說是先民引自對面山水源，開鑿山洞引水而來。小河兩旁長滿野草、野花。河裡有小魚，也有蛤蜊。

當時陳校長看了這些情景，深受感動，心中暗自期許自己要成為這個環境的一分子。幾天後，陳校長果然如願以償，分發到這所學校，心中不免暗自慶幸。可是陳校長也發現山上的苦難和劫數，正一波波遭受極大的挑戰。

(一) 文明入侵，道路被拓寬

1988 年左右，正值台灣經濟大躍進時期，股票飛漲，土地價值飆升，除了公教人員之外，每個人都荷包滿滿。每戶人家幾乎都有車輛，假日也都闔家大小上山來欣賞風景，買些土產蔬菜。而山上路窄，每到假日便動彈不得，真是苦不堪言。於是地方上便有獻地拓路之議。

執行時，必須砍掉一些樹木，填掉一條溝渠。開到陳校長這所學校校門口時，為了讓路能採直線，需鋸掉東面數棵巨大相思樹。此樹雖是這所學校校地上的財產，但當工作人員要鋸下時，陳校長卻曉以大義：「各位鄉親請手下留情。這幾棵大樹早就長在這裡。它們曾經為你的祖先庇蔭，讓他們不受烈日曝曬。

冬天為他們擋住寒風，也看著你們，護衛著你們長大。這些大樹現在又在為你們的子女做同樣的貢獻。你們要把這些樹鋸掉，於心何忍？等一下你們的子女放學看不到這些大樹，你們將如何對他們交代？這些樹長了幾十年才長成這樣，但只要幾分鐘就可以鋸掉他們，所以請你們三思！」

剛開始他們還不太聽陳校長的話。陳校長又說：「根據我對看風水的一點小經驗，這幾棵樹是這裡的守護神，你們往家裡、往東邊看，這幾棵樹是這裡的屏障，它們正擋住兩山凹中的缺口。這裡能夠平安，都靠這幾棵樹的保佑。你們如果有人要把樹鋸掉，以後的後果你們要負責。世界上文明的國家都是路讓樹，從來沒有聽說樹讓路的。」

這些話多多少少打動了他們的心。他們不再堅持鋸樹，反過來去求請路的另一邊的地主多貢獻一些土地，以保持路的寬度。這些樹終於被保留下來了！假日如果有人經過那裡，請別怪那裡的路是如何去的。雖然多繞幾下，但過路人享受到的陰涼卻絕對是值得的。

(二) 不知保育，禽鳥變佳餚

山上的野生鳥類原有很多，以五色鳥為最，特別是在春、夏二季，到處聽到此起彼落的咯咯聲，有如敲木魚般，所以五色鳥又稱為花和尚。牠有五種顏色的羽毛，喜歡在濃密的樹叢中鳴唱，築巢於樹洞中。

在陳校長住的宿舍旁，有一天下午聽到急切的咯咯聲，陳校長全家隔窗往外望，只見五色鳥夫妻大概是急於產卵，便輪流的在樹上啄個不停，

無奈相思樹木質太硬，經過一段時間的嘗試，五色鳥夫妻才悵然離開。

另外，有一種竹雞的數量也不少。北面草叢中常有整群出沒覓食，相互爭奪昆蟲吃，吵鬧的聲音讓學生無法上課，要勞動老師去趕牠們，但牠們飛走不久又會回來，牠們不太會飛，鑽的功夫倒是一流，要捉牠們並不容易。

在秋天校園裡，常會有一些不速之客來報到，有時候是白耳畫眉，牠們從較高的海拔準備到較低的海拔過冬，常常會駐留在校園那棵梅樹的頂端唱歌。

牠們的歌聲嘹亮，鳴叫聲響徹整個校園。而且都是在中午午休時刻，反正被吵得睡不著，索性叫全校小朋友到樹下聆聽牠美妙的歌聲。

冬天鳥類顯然少了，可是只要出了太陽，氣溫回升，山谷裡便會迴盪著大冠鷲呀呀的叫聲，抬頭就可望見牠們在天空中隨著氣流自在的翱翔。有一天，陳校長無意中看到一隻大冠鷲停在枯木上展翅，碩大的身軀讓陳校長嚇了一跳，牠的翅膀展開來超過一米五十。

其他的鳥類如白頭翁、綠繡眼、番鵑等等，數量較多。讓陳校長擔心的是當地人不認為這些鳥類是珍寶，還恣意地捕捉或破壞牠們的棲息地。

有一天陳校長在路上看到一位老翁手裡提著一隻竹雞，牠的腳已被陷阱夾斷，只剩下一點皮相連。老翁告訴陳校長，他要把這隻竹雞宰了當補品。陳校長問他，可不可以讓給陳校長，他好不容易答應以兩百五十元賣給陳校長。

陳校長告訴他，陳校長得把這隻竹雞帶回去醫治，並放回山林，並勸他別再捕了，以後連子孫都看不到竹雞了。他似乎不太能夠體會。陳校長把那隻竹雞帶回學校交給護士小姐照顧，但由於傷得太重，仍然無法醫治。

另外，村民有捕蛇去賣以賺取外快的事，不論有毒、無毒的蛇都無一倖免。原來校園內可見的蛇類慢慢地變少了，因此，以蛇為食物的大冠鷲也漸漸少了。這幾年陳校長重回山上，除了吵雜的人聲、車聲以外，再也聽不到這些鳥朋友的聲音，陳校長心裡真有說不出的惆悵。

除了鳥類外，昆蟲類的命運亦是如此。以前到處可見成群飛舞的蝴蝶、金龜子、蜻蜓、蟬和螢火蟲，數量也急遽地減少。

陳校長不知道他能為這片土地做些甚麼事？

006 未完成的任務

在山上服務，除了學校的校務以外，陳校長深深覺得社會教育與學校教育息息相關。因此，除了辦好學校教育之外，陳校長更期許自己能為社區帶來些什麼。於是陳校長常常在下課後，甚至是晚上或是假日的時間（陳校長住在學校提供的宿舍）與里民聊天，了解他們的想法和希望的做法，也曾經有一些共同的理想被激發出來。

無奈，校長有任期制的限制，後來接掌的校長又無法傳承這些理念，致使這些理想到後來一直還只是理想，並未付諸實現。現在陳校長將這些理想記載下來，也算是一種自我安慰吧！

(一) 社區學院的構想

學生家長大多數只有國民小學畢業。面對社會的進步，孩子們不斷求取新知識，再加上這幾年來，山上的經濟狀況大有改善，居民較有閒暇時間。於是陳校長便想把他們引導到學校裡來。無奈當時學校只能辦理補校，這個區域補校已有一所，無法再開。

補校路途遙遠，又要讀那些他們不喜歡的英文、數學，所以他們並沒有興趣。陳校長學校同仁曾經研究過，如果能夠先集合學生，再共同討論到底大家要學習些什麼課程，是花卉栽培？健康保健？或家庭理財？有了初步方案之後，再報請教育局或教育部核定並支援學費，並由學生負擔部分經費。

這個案子曾經得到大多數里民的支持，並獲得師大陳奎憙教授答應給予必要的協助，沒想到尚未付實施，陳校長就調走了。

今天教育部擬開放成立社區學院，這個構想陳校長的學校很早就有了！真希望這個夢想能在教育部的大力支持下得以實現。

(二) 設立布袋戲博物館

這幾天以來,陳校長的心情不太好,因為兩個人的關係。其中之一是李天祿老師傅的過世,另一個是陳水扁市長的落選。因為陳校長跟這兩個人共三人都曾經有一個願望,為李天祿布袋戲博物館催生。

李天祿老師傅是國內少數布袋戲的大師之一,幼年曾隨父學習布袋戲。由於他有天分,肯吃苦,所以技藝超群。在布袋戲的全盛時期,幾乎天天都有戲約。直到布袋戲沒落,他卻立志教導後人,尤其是兒童和青少年。

他以 89 歲的高齡奔波在各校之間,表演技術,風塵僕僕,不以為苦。不但國內相繼成立不少布袋團,就連美國、日本、韓國、法國都有人慕名而來,成為他的門生。他因此獲得「民俗藝師義傳獎」,受到無比的尊敬和推崇。

然而最讓李天祿師傅放心不下的是,眼見布袋戲日漸式微,藝人也逐漸凋零,他曾向陳校長展示一生蒐集,有許多歷史悠久,但造型、手工都屬一流的布偶,以及其自編的劇本、舞台等等,件件都是難得的瑰寶。他有一個願望,就是在有生之年能看到一座布袋戲博物館,好好珍藏這些寶物,免得散失。陳校長聽了之後不禁為之動容。

1990 年秋末,正值地方里長選舉,山上的選舉結束當晚,當選人為了感謝大家的支持(同額競選),舉辦了一場盛大的感恩餐會,陳校長也是來賓,卻也發現立委陳水扁先生赫然在座。陳校長趁機向陳立委說起李天祿布袋戲博物館的構想。陳立委聽了之後表示贊同,並告訴陳校長,錢的事他負責去籌措,土地要陳校長去找。陳校長聽了非常高興。

於是,陳校長開始和當地仕紳商議,如果把博物館蓋在山上,除了做靜態展覽之外,亦附設布袋戲劇場,定期做表演,讓觀光客參觀之餘,驅車上山觀賞布袋戲,再到陽明山遊覽,這是一個非常好的構想。於是陳校長在社區附近積極訪查,看看是否有土地預售。但是最大的難題是土地都在保護區內,依法不得新建。所以這一擱就過了數個月,直到陳校長被調下山來,這個計畫一直都沒有實現。

前年得知李天祿師傅遷至三芝，並自設小型博物館，心中的歉意稍減。沒想到李天祿老師傅不久前過世，陳立委後來當上市長四年卻又落選，使得往事又歷歷在目。

李天祿老師傅的喪禮，陳校長沒有參加，應是無顏以對吧！

(三) 社區總體改造計畫

陳校長所服務的這所學校，緊鄰學校的這個社區，天然環境很美，四面環山，中間是一塊平台，有幾條小河流和灌溉區用水流經其間，土地肥沃，佳景天成。

唯一可惜的是社區缺乏規劃，改建屋凌亂，處處有垃圾，使得美景大打折扣。但當陳校長登高一望，整個社區有如北歐風采，於是陳校長和里長伯、地方士紳一起討論，一起構想塑造一個新社區的共同遠景。

首先是道路的規劃，依據地形，貫穿全社區路肩不種樹木，只栽草皮和草花，使行人有較佳視野，瀏覽風景。並沿路設若干休息站，休息站設置木椅以供健行者休息，並觀賞一旁之水流緩緩流動。休息處有小水潭可以洗臉與洗手。部分汽車禁止進入，只供自行車和步行之用。路旁再設若干區，種植櫻花、桃花、杜鵑花、茶花等本地的代表性植物，如此沿途道路儼然成為知識的步道。

第二是水的規劃。難得社區有豐沛而乾淨的水，又因為地形有落差，水有了「勢」之後，就可以善加利用，成為水景。例如在高低差較大的地方設置水瀑和水輪，稍緩的地方闢設水池或魚梯。寬一點的河面可以種植水生植物作為教材園，並選擇適當的地點設置兒童戲水區，必要時也可做個小噴泉。

第三是古蹟的規劃。例如有一間歷史悠久的古廟，經歷數代的古厝，穿山而過的渠道、舊學校的遺址等，都適合規劃，並建立解說牌，訓練當地居民和兒童當一個解說員。

其他還有一些不成熟的想法，包括賞鳥步道、賞花步道、賞鶯步道等。可是陳校長調下山以後，這些構想都只成為夢想。偶然回到山上，陳校長心中難掩激動的情緒！

007 設柔道體育班，開創學校新特色

　　大誠國小位於台北市一個國宅社區內。一般人認為，這個地區的家長社經地位較低，學生素質不好，沒家教、好打鬥。而學校老師、小朋友，也多多少少自認如此。

　　巧合的是，校內有位陳老師，曾代表國家參加亞洲盃柔道比賽，獲得銀牌獎，對柔道情有獨鍾。因此，常利用體育課及課餘時間，默默地培訓一群對柔道有興趣的孩子，雖然非常克難，幾年下來，也小有成績。

　　何校長經常會到柔道場為陳老師和小朋友打氣，但卻也常聽陳老師抱怨：場地太小、太簡陋、沒錢參賽、沒有協助的夥伴……等，陳老師時常感覺心有餘而力不足。因此，何校長想儘量達成陳老師的願望，一方面提供陳老師發揮的舞台，一方面提供孩子們更好的練習場地。

　　於是，何校長邀請相關同仁、家長，共同擬定柔道發展計畫，經過彙整後，將計畫陳教育局轉教育部，以「專案申請」的方式申請，讓學校能增設柔道體育館，以開創學校的新特色。

　　令人欣慰的是，教育局及專案學者多次評估、訪視、考評、專案核准，並遴派一位知名柔道教練到校協助指導，同時更編列專款補助整修柔道道場，鋪設柔道專用墊，使得場地變成一個非常寬敞、安全的柔道練習場，並且有專款補助比賽經費，對師生確實有實質的鼓勵。

　　大誠國小自成立柔道體育館至今，氣勢如虹。每年台北市、台灣區柔道錦標賽，都可以見到身材矯健的健將們，各種獎盃更是一一捧回。大家只要一聽到大誠國小，就會豎起大拇指誇獎一番，更有些柔道專長保送大專院校，也為學校贏得每年四、五十萬元的獎金，做為柔道發展基金，這對處在先天條件較不利的大誠國小，真是莫大的鼓勵。更令人開心的是，學生人才輩出，家長不再誤認為學柔道的孩子都是不乖的，而轉以能加入柔道班為榮。

　　這一路走來，雖然苦，但「事在人為」，印證了只要有心，沒有做不到的事。

008 傳統與創新

傳說中，晴天國小是一所好學校，也是一所讓老師很累的學校。學校自創校以來，逐漸發展、累積了許多傳統的學校活動，例如自三年級開始，每一個孩子要學習到三年級其他班級巡迴演講。到了六年級，要巡迴到別的班級說英語。又如學校每一個學生在六年級畢業之前，必須與班上同學合作，在學校禮堂演一齣戲，畢業之前還有畢業音樂會。

每一年校慶活動，全校共同參與校慶美展，每一個學年，全學年有一個共同的表演活動。常常老師們累得哇哇叫，但卻也全心投入，盡力把活動辦得有聲有色。孩子們展現出來的學習成果，也常常令人驚訝。

以六年級戲劇觀摩而言，學校傳統活動延續了將近 20 年，已成為每一個畢業的學生最難忘的回憶。每一年在辦理戲劇觀摩的過程中，總是看到師生的投入，孩子展現出創意與學習成效，往往令人非常感動。

然而老師們在活動過程中，為了讓孩子表現出最佳狀態，常常投注過多的精神與時間。長久以來，老師漸漸覺得難以負荷，戲劇觀摩變成任教高年級老師最大的負擔。

於是，六年級老師提議，採用兩個班合演一齣戲的協同方式，教務處也同意老師嘗試不同的方式。然而，經過一次的試辦，發現兩個班級的協調真是不容易，時間安排也麻煩。

再者，許多學生參與的機會沒有了。隔年六年級老師又提議不同方式。結果，原本戲劇觀摩是為了讓孩子展現綜合的學習成效，在過程中合作學習的精神逐漸走樣了，變成有才藝、學音樂的孩子才有機會上台。

學校所有活動，所應考慮的是活動本身所蘊含的教育意義是什麼？老師的教育思維是什麼？若只是為了活動而活動，不免失去活動本身的教育意義。晴天國小的學校活動由戲劇觀摩變成才藝表演，掌握的教育思考為何？是否有偏離或失焦的問題？

傳統活動應賦予新的生命力，但是在創新的同時，是否應思考傳統活動背後的價值？如果晴天國小教務處想恢復戲劇觀摩的活動，應該如何說

服老師，讓老師心悅誠服的接受？或者能共同再思考出一個好的方案？

009　教師改造----學校如何建構一個學習型組織

　　蔣校長覺得教育改革成功必須從老師下手，提高老師水準是很重要的因素。蔣校長來到明媚國小時，這所學校就是個額滿的學校。蔣校長發現明媚國小的學生其實是恰恰好的，所以校長就有點危機感，他下定決心要來改造這個學校的師資，希望辦一個最優質的學校。

　　蔣校長改造學校的第一步就是招考代課老師時，取消專科的、高中職的，完全採用大學學歷的。第二，蔣校長希望老師年輕化，但在簡章上不寫，因為違反憲法。蔣校長希望新聘進來的師資年紀在 25 至 35 歲之間，有經驗又不會太老，永遠保持教學的衝勁。

　　第三，蔣校長要求老師的不是漂亮，而是要有笑容。蔣校長希望學生看到的老師是很快樂的，那麼學生在學習時就會很快樂。

　　第四，蔣校長希望老師除了本身的教學之外，還要有專長。在教師甄試時，蔣校長都會問應考者：「進入這個學校，你對這所學校會有什麼貢獻？」所以明媚國小就聘到很多相當優秀的老師，譬如說有了有專長的老師加入教學陣容，明媚國小的教學陣容就有排球國手、足球國手、撞球職業選手、民俗體育，還有美術、語文的專家。

　　第五，蔣校長非常鼓勵老師進修，只要老師願意報考研究所，蔣校長就幫他們成立一個班來讀書。所以學校內有 20%的老師都有碩士學位。

　　所以明媚國小的老師具備了許多特點，既年輕，又高學歷、高效能。第三年明媚國小的學生數就開始又增加，因為家長看到了學校的改變。明媚國小的教學和研究品質就一直在提升。

　　後來蔣校長就設了一間老師專用的電腦教室，專門讓老師做為研究之用。這些種種新的措施使得明媚國小這所學校變成一個學習型的學校，有這麼多的博碩士人才，就會帶動整個學校的研究風氣。而且一些老師看到別的老師在讀書，也會受到激勵。

010 校長請大家喝咖啡

　　青春國小很大，校長很難照顧到每一個人。基本上，青春國小的老師對詹校長還滿尊重的，家長對校長也不錯。據詹校長猜測，可能有兩點：第一，詹校長有高學歷，所以他們覺得這個人好像是可以信任的。詹校長常常說，博士沒有什麼學問，但是可以騙人。第二個可能是人格特質的問題，因為詹校長表面上看起來很兇，可是如果有一個人跟他聊天的話，會覺得事實上校長滿親切的。

　　詹校長來到青春國小擔任校長的時候，他告訴老師們，他要給他們一個免於恐懼的教學環境。因為這一點，所以老師對詹校長還滿信任的，也就是說，校長與老師建立了一個模式：如果沒有問題，校長不會來找老師；校長來找老師，也不一定是因為老師有問題。這樣子老師就不會感到恐懼，不會因為發生一點點小事情，校長會對他怎麼樣。

　　詹校長為了要與老師們拉進彼此的距離，他每個禮拜都排出時間與老師喝咖啡。詹校長既請學生吃牛排，也請老師喝咖啡。那麼這個喝咖啡的時間呢？喝咖啡是怎麼安排呢？一年級、二年級…六年級，按年級、科任、英語教學部、處室，再加上家長會幹部，還有志工團、愛心團、導護團。後來又加了一個班親會召集人，按照年級來進行。

　　校長與大家喝咖啡聊天，第一個讓大家覺得校長對他們很尊重。很多人很少有機會能跟校長聊天。不論是老師、學生或家長，跟校長聊天，他可以說出心裡的話、感受，或是對學校的一些建議。有人對校長不了解，也可以趁著這個機會表達他的想法與看法。也因為這樣，所以學校變得很溫馨。

　　基本上，青春國小這所學校，家長很少對教育局抱怨。所以督學就有一句話：「奇怪！這個區域這麼多學校，很多家長就會打電話去督學室抗議，抱怨這個老師，抱怨那個老師。可是青春國小就是沒有這種情形。」為什麼？在青春國小，親師之間的互動很多。校長給老師與家長很多的溝通管道。

　　學校要怎麼跟家長會融合？家長會常常會辦很多玩的活動。因為大家

玩在一起，就變得很熟，所以家長彼此之間的感情就不錯，有什麼問題的話，家長自己就會幫學校接收。

至於校長跟大家喝咖啡呢？喝咖啡有很多地方，有時候在校長室，有時候去陽明山，大家都會覺得滿好的。所以詹校長覺得校長應該多做一些鼓勵與溝通，幫忙老師與家長。

詹校長鼓勵老師去進修。青春國小規定百分之五才可以進修。如果超過，怎麼辦呢？校長就睜一隻眼、閉一隻眼。詹校長認為，校長給一個老師機會，他就會回報你。他不會亂來，因為會讀書的人不會亂做壞事。而且師範院校的畢業生，縱使再壞，也不會壞到什麼程度。人就是這樣，只要你給他一些幫忙，相對的他就會回報你的。由於這個原因，基本上，青春國小的氣氛一直都很好。所以當校長的人，應該要給老師或家長一些協助或引導。

011　創意推動英語教學

有一年青春國小的學生增加，很多人覺得奇怪，青春國小突然之間變得很有名，很多人想要來青春國小參觀。只要上青春國小網站瀏覽的話，就可以發現每個禮拜都有人到青春國小來參觀，而且每天幾乎都有人打電話來，想要來參觀。

由於要求參觀的人實在太踴躍，後來青春國小基本上就停止開放參觀。不過對於特殊人士，還是會另有考量，比如說有一位澳洲大學的教授要來參觀，看看青春國小做的英語教學，青春國小也特別做了安排。

青春國小推動英語教學，其時代背景是教育改革。在 1994 年代教育改革風起雲湧之際，臺灣一方面廣設高中、大學，在小學階段的教育，小班小校的口號也喊得很響亮。後來因為小班小校不容易推動，教育部就改成校校有小班。但一個學校只有一個小班又飽受批評，於是又改成小班教學精神。

由於教育改革一直在變，青春國小的詹校長身為專家學者，到學校去評鑑時，就發現不論改革怎麼變，教育現場所呈現的資料，基本上都沒有

太大變化。當青春國小的詹校長仔細去評估之後，發現青春國小原來的語文已經做得不錯了，所以就順勢選擇了做英語教學。

詹校長推動英語教學的方式是這樣的。青春國小一開始，就從小一到小六先上一節英文，後來就改成兩節英文。然後有人退休，就減少一個科任，然後以英語教師取代。如此這般的方式，經過了三年之後，青春國小就有了三十六位英文老師。

在這種充沛的英語教學師資之下，青春國小每一個禮拜，從小一到小六都上七節英文課。針對英語教學的型態，教育局說小學就應該重英語的聽與說，不要讀與寫。青春國小實施了三年之後，發現英語的聽與說先開始沒有錯，但是到了一個程度後，讀與寫就要跟上來。

青春國小同時也規定，老師上課不可以說中文，必須完全講英文，所以青春國小是全英語教學。幼稚園每週上兩節英文，小一到小六每週都上七節英文，算下來到畢業，英語學習的時數就有 1,680 節。

青春國小實施英語教學，在學校裡的收費是很便宜的，所以就很多人想要擠進這所學校，但通常都是沒有缺額，一個轉出去才有一個轉進來。此外，青春國小所聘的英文師資全部都用教育部認證合格的老師。

青春國小的英語教學之所以成功，一個很重要的關鍵，就是詹校長花了三年的時間，對老師進行了結構的改造。也就是說，只要有一些人出去，就補一些英文老師。

如果突然之間要補很多英文老師的話，不可能補那麼多英文老師。而且如果要補一個英文老師，就要拿掉一個科任，這樣老師會反擊。所以詹校長是以三年的時間，一直有計畫的做，老師也都很支持。

其次，詹校長在每班都成立班親會。詹校長利用班親會告訴所有家長，英文教學很重要。詹校長有一次把所有班親會召集人都找來，告訴他們要收費，譬如說青春國小要上英文課，當然要增加一些外籍教師的費用，看是哪一班，就請那個班親會召集人去收費，老師都不用收，這樣老師就沒有責任。

如果有人有抱怨，就由班親會召集人去跟他說明。青春國小由於有班

親會幫學校的忙，所以青春國小的英語教學推動得很順利。對青春國小推動英語教學，老師與家長都覺得很好，因為家長不用在星期六及星期日把孩子送去補習，如此就節省了很多時間和金錢。老師也都很認同這種作法，所以老師的流動性就減少了。

012　校園內外酗酒文化

幼幼國小是一所偏遠山區小學，學生總共不到五十人，全部都是原住民同胞，因無公車通行，居民對外交通，除靠村裡幾戶人家的摩托車之外，僅能依賴村裡唯一電話，派出所的無線傳呼電話，向遠從一小時車程的山下計程車叫車，當時一趟車費 400 元（距今約 40 年前），對原住民百姓是極大負擔。

因交通不便，故家長於孩子國小畢業之後，對繼續升學，大都抱持著消極態度。因此村中接受國中以上教育的人士，屈指可數，是一個典型文化不利地區。

另外，因為有些原住民同胞有酗酒的惡習，校園之中，常常可以見到喝醉酒的家長或社區人士到校胡鬧，或躺在校園內，影響教學。且老師之中也有幾位原住民老師也有酗酒的情形，對幼小孩童做了不良的示範，讓初到任的教導主任彭主任極感困擾，急思改善之道。

彭主任首先向校長報告自己的想法，並請校長指示做法之後，找來校內三位原住民籍老師，請其以身作則，改掉不良習慣，並增加巡堂次數，如發現該等老師有酗酒情形（可從身上酒味及上課精神不振觀察出來），隨即給予勸導或警告，經過一個學期如此緊迫盯人的方式，校內三位原住民同仁，雖無法完全戒酒，但已可看出有些許改善。

至於在社區人士及家長方面，除了利用各種聚會，加強宣導喝酒的壞處，並請小朋友回家勸導父母不要喝酒之外，也對外發出訊息，「**不歡迎喝酒的人士進入校園**」，也嚴格執行這項規定，並曾驅離過二位社會人士。惟彭主在服務二年，要離開幼幼國小之時，曾檢討整個成效，發現並未達成預期目標，整個村子的喝酒文化，並沒有太大的改變。

　　但在彭主任離開之後，有位原住民老師孫老師，從即將酒精中毒，後來竟成功戒了酒，彭主任知道這個消息，感到非常欣慰。在四年之後，彭主任考上校長，志願分發回到幼幼國小，受到了村民盛大的歡迎。

　　但讓彭主任變成的彭校長最感安慰的是：雖然村子內的酒氣仍在，但已有很多村民都戒了酒，讓彭校長覺得教育的影響力，真的是蠻大的。唯一遺憾的是，前些年已戒了酒的孫老師，聽說又開始沾酒，而在彭校長就任開學第一天，在上班途中中風了。

013　八家將，本土化教育後遺症？

　　自 2000 年台灣實施九年一貫課程以來，本土文化與本土化教育即是重點之一。本土化教育內容也包含認識八家將活動。

　　每次廟會活動，各地陣頭齊出，共襄盛舉，不難發現許多國中生或高中生參與陣頭、舞龍、舞獅、大鼓陣，或扮乩童、七爺、八爺、八家將等。他們都帶著濃濃的江湖味，檳榔、香煙不斷，口出穢言、舉止粗野，一個個像黑道人物，這就是近幾年國家教育政策本土化所鼓勵出來的成績。民俗廟會一次比一次浮誇，民代、官員帶頭，當宮廟主任委員。黑道勢力能輕易進入校園吸收學生，這些政治人物實在難辭其咎！

　　廟會的陣頭宛如培育黑道的溫床，青少年又為何會輕易被吸收入陣頭，又如何淪為黑道大哥的小嘍囉？據知，加入八家將的大多是不愛讀書的孩子，學校也愛莫能助。

　　類似的鄉土課程是選修還是必修，要如何落實？八家將本是民俗祭典活動的一項，是正向的傳承，為何會變成黑道的天下？學校為何任憑學生在八家將中混日子？學校有無具體措施遏止學生走岔了路，如何導正？學生如在上課期間參與廟會活動，有無違反校規？

第 2 章
教師理念的實踐與挫敗

014　娟娟的失落

　　娟娟在這所小學裡，認真算起來，也可以說是具有元老級資格的老師了。想當初，這所學校的師生總人數也差不多只有三、四百個人，而今光是學生就將近有 2,000 個。當初校園根本沒有高高的圍牆。

　　附近的居民，農忙之餘，可以帶著天真的幼兒來校園裡玩耍。孩子們稚嫩的心靈覺得讀書是可愛的事，是好玩的事。隨著認知及記憶的增長，幼童們在耳濡目染之下，對於老師講授的內容，也能像學齡中的孩子一般地琅琅上口。

　　附近的居民無論是學生的家長或是鄰里朋友，每個人對老師的尊崇和敬意，都能夠讓為人師表的老師們，不由自主地增加自身的使命感，覺得自己能夠受到大家的尊敬，更不能夠辜負大家的期望，因此總是不斷地充實自身的專業知能，並且視學生如己出。

　　除了課業上得定期額外指導及家庭訪談，也對孩子的身心健康把關，期待自己一手培育的孩子，能夠有所長進，能夠有朝一日為國家、為人民，盡更多的才能和貢獻，如此就能滿足一位老師那種得天下英才而教之的喜悅和滿足。

　　而今呢？娟娟走在落葉紛飛的校園中，發現操場變漂亮了，變熱鬧了。以前操場上，只有一隻大象溜滑梯和三隻鞦韆，在那兒承載了孩童歡笑的快樂，而跑道也是塵土飛揚的黃泥巴，一切都顯得那麼原始，那麼克難。

　　而現在的操場是美麗的 PU 跑道，兒童遊樂器材也變得多采多姿，但是⋯⋯唉！為什麼娟娟總是緬懷過去的溫暖人情，緬懷過去的師生情意，究竟是時光流逝讓人變得容易感傷，還是環境與人心的變化太快，快得讓

自己根本無法適從。

望著湛藍的天空，娟娟的心情絲毫感覺不到晴空的愉悅，反而內心裡，充滿著愁雲慘霧的情緒。她不斷地問自己，究竟自己是哪裡做錯了？她平心而論，她對學生的關心和對教學的認真，二十年來未曾改變。只是她不懂，她一樣的教學方法，一樣的教學態度，為什麼學校的新進長官和現在的家長，總是不斷地找她麻煩？

學生不聽話，本來就該處罰啊！否則教室的秩序如何維持？上課的進度如何趕得上？學生忘了帶交待的用品，本來就該處罰呀！否則，對那些遵守規則的老實學生不是太不公平了嗎？成績考差了，接受責打也是應該的呀！以前自己鞭打過的學生，每個成績也是有所增進。

況且，近幾年來，在長官不斷地叮嚀，家長不停地抗議下，她已經改變很多了，已經沒有那麼用力地打孩子呀！什麼？反了，根本就是造反了嘛！用罵的都不行，說什麼造成人身攻擊，會讓稚嫩的孩童心靈受傷，人格受損，這是什麼話嘛！想想我們以前也是一路被打大的，我們不都是個個成材又成器。想不通，就是想不通。有些孩子就是天性頑劣，這樣都不能指責他，那教育要做什麼用？

回想上個禮拜，班上那個王大牛，成天腦子裡不知道裝的是什麼。第一天忘了帶作業簿，接著忘了帶課本，再來便當也沒帶。幾次下來，竟然連書包都忘記帶了。娟娟簡直氣瘋了。她心想：「怎麼會有這樣的小孩？沒有好好地教導他，以後不知道還會出什麼更大的狀況呢？

再說，什麼愛的教育，根本狗屁不通嘛！像王大牛這孩子，我可是好言規勸，連哄帶騙的不知說了多少好話，他完全就是不搭理。」於是，那天就在新仇加舊恨的情緒下，狠狠的摑了王大牛兩個耳光，並且氣得罵他是「豬頭啊！」

唉！這件事，家長一狀告到校長那兒，並且揚言，如果沒有給合理的交待，一定要再告上教育局。

娟娟的心情跌落至無底的深淵。想想以前，替家長管教孩子，家長感激都來不及呢！曾經還有多位家長送藤條來給娟娟！囑咐：「孩子不乖，

別客氣，儘量修理。」而今天，她也不過在氣頭上修理那個學生一下而已，竟然惹來這麼大的風波。

娟娟再度抬頭，看著天上浮動的流雲，內心竟然充滿了難以言喻的失落感。

015　沉重的負荷

教務主任李大明，今天清晨醒來，突然覺得頭痛欲裂，胸口沉悶得就像一塊黑壓壓的大石頭攔在心頭似的難過。怎麼會這樣？已經近半年了，這種情形時常出現。就醫時，醫師檢查身體並無不妥。也許是長期壓力過大，加上大明是個求好心切的完美主義者，所以醫生要他盡可能地放鬆心情，放慢腳步，甚至可以安排一趟國外的旅行，遠離充滿緊張的工作環境，或許可以獲得改善。

旅行，很多朋友是都這麼建議他的。但是，他怎麼走得開呢？自己身兼學校的行政工作，別說寒假走不開，漫漫暑假，他除了行政工作之外，仍舊參與在職人員的進修課程，撇開工作上的需求走不開之外，更重要的是，他還要照顧一個臥病在床的 78 歲老母親。

父親早逝，大明和兄長都是母親一手拉拔長大，然而大哥在大學畢業後就赴美深造，機緣巧合，在那兒擁有一份優渥的工作，接著就在那兒娶妻生子，定居國外了。雖然大哥時常會寄錢回來，但，以他和母親的需求，金錢並不是最主要的。大明的工作認真，使他深受學校長官的肯定，而長官愈是賞識他，他就愈投入、愈賣力。所以，他將生命中最燦爛的青春，全都投注在教學及行政上，以及陪伴母親。

在小學，學校本來就是個陰盛陽衰的職場，而學校的男老師，也多半都是「名草有花」。因此，大明雖然體格和氣質都不差，卻缺乏走出去的勇氣以及執著於工作，以至於到現在已近坐四望五的年紀了，仍舊是個單身漢。

前幾年，年輕、有幹勁，加上母親的突然中風，他被整個外在環境壓逼得根本沒有時間和心情理會這件事。但這些年來，他漸漸地覺得自己好

累好累……由於身體上的疲憊，引發情緒的燃點。

尤其身邊新調來的幾個老師，到底是太年輕缺乏社會工作的歷練，還是玩心太重，怎麼做事情的態度總是隨隨便便，馬馬虎虎。大明看了就有氣，交待的事情，十件裡，有九件是做不好的，罵他們兩句，一個比一個的臉還臭。昨天下午，還聽到那個剛從學校畢業才一年的張老師說：「別理他啦！老頑童，娶不到老婆，難免有些心理變態。」

由於對方沒有指名道姓，大明雖氣，卻也不能自己給自己難堪呀！

他很想掛電話請假，但，不行！請假，很多公文和事情都會被耽擱。於是他又強忍著身體的不適去上班。

到了學校，校長看他臉色很差，便關心地問：「大明老師，你要不要緊？你的臉色很差哪！把一些事情放給邱組長去做吧！你的身體要照顧好，否則，你的母親怎麼辦？」「校長！我沒事，謝謝您的關心！」

面對校長的關心，大明解讀到的是：「可惡，一定是那些小人去對校長說我的不是，否則，校長怎會認為我辦事不力而要我休息。哼！交待給邱組長？別想了啦！打什麼算盤，別以為我不知道。」

就這樣，大明肩上扛著自己怎麼也放不下的重擔，並且是愈扛愈重……。

016 師道尊嚴何在？

紀老師落寞的心情，沉重的步伐，走在這落葉繽紛的小徑，風冷颼颼地刮著他消瘦的臉頰。那刺痛的感覺，猶如利刃般刺著的疼痛，但這些疼痛都不及當初離開學校，投入教育時的一片熱忱。而現在，這股赤忱還在，卻在現實環境下，被壓逼得無可奈何的難堪與心痛。

這個學校，顯然是不能再待下去了。然而，我可以選擇離開嗎？離開後，我將何去何從？現在外面的景氣這麼差，學校多半得憑關係才能進入。當初，自己是幾經九牛二虎之力才進入這個校園的。

　　心想，可以實現崇高的教育理想，陪伴一群年輕好動的孩子一段學習的歷程，並且將自己所學的精華全都傳授給學生。寒暑假，閒有餘暇，還可以帶學生做一些專題，讓學生不只是讀得通書本上的理論，並且可以實際操作，設計一些有益於人類社會的工程。然而，這些理想，現在都受到嚴重的打擊。

　　從上星期，急公好義的紀老師，因為心疼同學每學期負擔過高的住宿費及學雜費，以及同事間，都明顯地感受到教師的權力遭到剝削，甚至有人恐嚇教師們不得加入教師會等不合理事件，而向學校提出善意的建言後。沒多久，邱老師即遭到不明人士的攻擊、毆打，甚至在他的汽車上噴漆並且恐嚇他：「不要強出風頭，最好乖一點，否則會給你很難看。」

　　這個社會究竟是怎麼回事？崇高的教育機構怎麼會出現如此蠻橫的行為？想想自己當初一進來這學校，即被逼簽下切結書，表示自己心甘情願先試用一年。然而，學校單位的評鑑標準，並不是以教師的教學認真度或受學生喜愛為指標，而是以「這個老師聽不聽話！」為標準。學校要的只是一些乖乖任其擺佈玩弄的玩偶，而不是真正能夠有所作為的老師人才。

　　想到這裡，紀老師愈想心裡愈有氣。教育部明文規定，老師可以參加教師會，而該校老師卻被校方董事會以黑道暴力恐嚇而不得加入。如果不聽從者，就任意調其到非專業科目單位任教，讓其受不了而自動離職。

　　校方甚至以增闢校地為由，公然強迫老師募款，不但老師需簽下分期攤扣的鐘點費以協助學校購地，並且要求專任導師籌辦募款餐會，規定每個導師必須先承攬一定數額之餐券，可謂是極盡剝削老師及學生家長之能事。

　　紀老師真的很徬徨，不走呢？留下來任其宰割剝削，為人老師的尊嚴蕩然無存。走呢？外面的財團，跳票的跳票，違約交割的也一大堆，非法動用資金而致使財團倒閉的事件，加上全球性的經濟危機已經席捲台灣，如果現在紀老師是孤家寡人也就算了，偏偏他還有一個稚嫩的小寶寶嗷嗷待哺。

「究竟我是要委屈求全地為著五斗米來折腰，還是能夠瀟灑地抬頭挺胸，揚眉吐氣於天地之間？」黃昏的校園，紀老師如此反問自己，反問自己！

017 熱心訓練足球隊的老師

鍾老師原來在一所偏遠小學擔任代理總務主任的工作，因為所負責的業務經常延誤，引起校長不滿，於是將之解除代理主任之職。當年暑假鍾老師申請調到市區大大小學，開學後，鍾老師雖未再兼任行政工作，但仍未改其性：遲到早退、上課不認真，家長屢打電話抗議，連學校同事亦表不滿。該校校長經多次勸導、警告，仍未見效後，乃欲將鍾老師行政調動，調離大大小學。

後來，在鍾太太的多方懇求之下，校長同意再給鍾老師一段時間，觀察其是否改過，再做決定。大大小學訓導主任與體育組長，在與鍾老師閒聊時，得知鍾老師年輕時代曾是足球選手，對足球運動一直保有高度興趣，乃建議鍾老師：「何不訓練一支足球隊？」正如訓導主任所料，鍾老師一口答應，並馬上拉著體育組長要去挑選選手，展開訓練工作。

鍾老師不但熱愛足球，而且對訓練工作也有很深的研究。他認為要培養一支優秀的球隊，必須要做長期的訓練計畫，所以鍾老師決定要從三年級來挑選選手，並召開家長座談會，告知訓練內容。經過徵求家長同意之後，鍾老師每天早上不到七點，就到學校展開訓練工作，下午放學後又繼續練習到傍晚六點或七點。

因為大大國小沒有標準足球場，鍾老師經常帶著小選手，跑步二、三公里到社區運動場去練球；為了怕練球耽誤選手的功課，也利用晚上時間，義務幫選手們補習，更常利用假日，邀集家長，帶領選手去郊遊，疏緩選手身心的壓力，或到鍾太太開的麵店，小補一番。慢慢的，鍾老師成為家長心中的好老師，同事之間也改變了對鍾老師不良的看法。

四年之後，這支球隊在全國學童杯足球賽，終於打敗強敵，勇奪冠軍，並代表國家遠赴歐洲，同時也不負眾望，奪得世界分齡足球比賽冠軍。選

手畢業後，鍾老師會再從三年級挑選學生來訓練。之後，每隔四年都能看到鍾老師所訓練的足球隊，在全國大小比賽屢創佳績並出國比賽的訊息。

今年又是鍾老師訓練的球隊要收割的日子，雖然鍾老師年紀已大（近60歲），身體狀況遠不如前，且走路必須拿拐杖，但鍾老師一路走來，其精神始終如一，每天都還可以看到他帶著他的選手們在學校操場上認真的練著球。

惟大大國小的行政人員偶爾會在閒談之中，有如下的感嘆：「如果鍾老師的教學，也能像訓練球隊一樣，該有多好！」

018　愛我　請不要害我

個子矮胖，服飾穿著與其說樸素，不如說是保守。個性退縮，外表看來真是其貌不揚，甚至懷疑他是老師。但是古語說得好，真的不能以貌取人。經過一個學期不到的觀察與了解，他班級的經營認真投入、很有績效，一出操場整個班級與其他班級比較，井然有序、動靜規矩簡直是全校第一，真是鶴立雞群。

他雖不善交際、長袖善舞，也因不搞小圈圈而受到一些次級團體之排擠，但他願意把全部的精力投注在自己經營的班級王國，對於一些同學年的新進同仁，他也不會藏私，樂於提供個人之經驗，來幫助他們儘早進入狀況。因此，私底下他也獲得了一些朋友的認同。

每當蔡校長巡到他教室欣賞他的教學，簡直是一種享受。看到全班的小朋友聚精會神、如沐春風的上課情景，師生互動的熱烈，孩子臉上那份認真、滿足，充滿自信的笑臉，無疑這是一堂絕對成功的教學。

不管什麼時候，哪一節課都是一樣，他就是這麼腳踏實地，獲得教過的學生家長一致的肯定，也是蔡校長在學校公開場合表揚的一位典範，全校行政同仁一致認同的好老師。

今年度師鐸獎的表揚推薦名單，家長會、學校、行政一致認為他是最適當的不二人選，但教師會也推出了教師會長這個人選來角逐。結果，他為了怕教師會對他的排擠與孤立，說好說歹都不接受推薦表揚，為此每天

以淚洗面，希望家長會、學校、行政同仁，愛他不要害他，否則他只有辭職或調校一途。真是劣幣逐良幣，不曉得天理何在？

019　主任行事風格大翻轉

涂校長奉派接任佳佳國小之後，現任校長即好意點醒，交待該校亂源的幾個核心人物，其中邱主任夫婦已全部予以解除行政職務，包括主任與組長。細數的缺點多如牛毛，惡質到無以復加。而涂校長個人也納悶不已。以十幾年前涂校長在佳佳國小擔任主任時，認識了解的他們夫婦並不是這樣。

果然派令見報後，即刻接到邱主任夫婦的恭喜電話，並安排了家長會、教師會聯合的歡宴餐。餐會中涂校長以十幾年前老同事的立場，要他們鼎力協助，獲得同意及家長會之歡迎。

接任後，除了教務主任跟前任校長調走外，全部人事以安定為原則而不更動，原先邱主任夫婦被免除的職務也全部恢復，另啟用儲備考上的候用主任。至此人事完全底定。

邱主任獲得重新任用之後，除了感激，並誓言要以工作績效來報答知遇之恩。每天七點不到就上班，有始有終。由於前幾年學校的動盪與不安，為了療傷與止痛，各項行事更是戰戰兢兢，深恐落人話柄，積極主動的協調，化解了不少昔日之恩怨，學校也慢慢走向一個遠離過去陰影而邁向和諧的新氣氛。

過去對他敵視的一群人也慢慢改觀而能接受，這是他自己的努力，表現出亮麗的服務品質，獲得校長之信任而能進一步委以重任，成為學校積極而有傑出表現之一員。

020　校長放他走，其揮灑的空間會更大

連校長接到派令接任新學校，主任人事底定，組長跟著大風吹，原先答應新接註冊組的蔡老師因主任易人，以理念不合之因素堅決放棄！雖極

力挽留以求人事之安定仍然無效。老主任跟著老校長調往他校，這批老主任找的組長不願與新主任共事而紛紛離去，蔡老師因老主任極力在連校長面前求情，連校長終於勉為其難的讓他去接他自己喜歡的自然科任。

蔡老師退出行政工作，全神進入他的自然科任王國，將自然科教室佈置得很充實而美觀，充分準備教材教具、收集資料、設計學習單、帶領學生走到校園的每個角落、做生動活潑的學習與教學，更帶孩子到生態豐富的自然教學區、故宮博物院。除了申請解說員，也在行前勘察，收集資料，製作學習單，不辭辛苦投入很多時間和心力，完全自動自發，惹得其先生吃味，怪她奉獻時間給學校、學生，太多太多了！

蔡老師假日更主動邀組自然科成長團體、申請解說員或親自下海到陽明山、軍艦岩附近登山認識植物，不辭辛勞，往往可以吸引佔學校 1/3 的三十多人參加，是一股良性、正面、很有向心力的次級團體。

連校長請教務處用心收集並記錄蔡老師的各項優良表現，以備日後優良教師或師鐸獎，主動予以推薦表揚。

021　獎落誰家？

蔣主任比毛主任早一年進入平安國小服務。蔣主任工作的態度在全校教師的評價是「官腔官調，辦事效率差」，但是全校教師皆敢怒不敢言，因為他是校長的人馬，光環很大！

而毛主任則是工作認真、兢兢業業，對同事的態度親切，並且處處與人為善，但校長總是對他百般挑剔，學校裡明白究竟者，皆對毛主任抱屈，但也莫可奈何，誰也不敢為毛主任出頭。

學期初縣政府來文，請各校辦理國中小及幼稚園教師師鐸獎人選的推薦。在 1990 年代初期的校長甄選辦法中，列有「特殊加分」項目，若爭取得此項加分，對於參加校長甄選的積分助益極大。蔣主任與毛主任兩人皆有意參加遴選，因此各自準備資料，希望能獲得推薦。

公文發布不久之後，平安國小的校長召開師鐸獎校內推薦人選的會議，並由校長欽點遴選委員，包括蔣、毛以外的兩位主任，還有五位教師

代表。明眼人都知道，除了其中一位主任外，大都是「國王的人馬」，遴選結果當然由蔣主任高票當選，讓毛主任深感挫敗。

幾週後駐區督學到校初評，用問卷調查全校教師的認同度。毛主任雖在校內遴選時落選，但對蔣主任被推薦亦樂觀其成，全校僅有一兩位教師勇敢表達不認同的看法。最後區內甄選結果，蔣主任並未入選。部分老師得知消息後暗自竊喜道：「真是老天有眼！」

師鐸獎旨在鼓勵學校優秀的教育人員。學校應透過何種機制，以遴選出真正具有教育熱忱、盡心奉獻的人員，達到發揚師道精神，激發教師奉獻精神的功能？如何落實駐區督學視導的功能，以遴選真正符合師鐸獎精神的教師，而非僅僅採取學校行政人員的說法或書面資料的呈現？

如何建立同儕視導的功能，讓真正默默耕耘於教學的教師能被肯定，以鼓勵教師專業的提昇與發展？除了師鐸獎的設立外，還可以透過何種方式，鼓勵教師發揮教育愛與專業，營造優質的教育品質？

022　為教育人員樹立典範

邵主任回溯師專畢業後第一年分發至偏遠學校擔任教師的情景：那是一所靠海的學校，班上學生家長大都從事捕魚工作。邵主任因為非常投入學校教學與行政指派工作，如「交通安全教具比賽」、「詩歌朗誦比賽」、「全縣體育教學觀摩」，表現皆可圈可點，因此口碑極佳，還接受國語日報優秀教師的專訪，更讓他立志做一位好老師。第二年他帶著師生滿滿的祝福入伍，開始兩年的軍旅生涯。

退伍後，他回到原校服務一年，第二年便調進離家較近的學校任教。在新的學校因為努力踏實，獲得校長和主任們的賞識，紛紛鼓勵他去報考主任，果然順遂考上，分發至綠川國小服務，開始他的行政生涯。

在綠川國小擔任主任的歲月裡，邵主任不斷的進修，從輔導學分班、研究所四十學分班，以及正式研究所，他都樂此不疲！他不停的上進，以身作則，並鼓勵同校年輕的老師繼續進修。四年來，有三位老師也考上研究所，這對全校僅十多位教職員工而言，是多麼不容易的事！邵主任對於

學校學習組織氣氛的提昇，功不可沒。

從邵主任進入綠川國小以來，四年內每次的田徑對抗賽或躲避球比賽，邵主任總是帶著組長利用放學後的時間共同訓練，加上校長的支持，終於從第二年開始，田徑方面多項獲得區內冠軍、亞軍，躲避球賽亦打敗區內各校強勁隊伍，晉升全國賽，獲得第二名。如此佳績，可說是創校以來破天荒的一次！邵主任為國小立下團隊訓練的模式，也透過經驗的傳承，讓校內其他年輕老師有跡可循。

綠川國小已建立優質的學習風氣，未來若能繼續有校長的支持與帶領，締造佳績指日可待。邵主任為教育園地耕耘的用心，值得為教育人員的楷模。

邵主任為教育奉獻的精神可為教育人員學習的典範，但在今日功利主義盛行的社會，「犧牲奉獻」的精神似乎有式微的趨勢，身為學校的領導者應如何喚起教師教育的理想，為教育付出愛與熱忱？

學校的經營本應透過經驗的傳承，讓耕耘已久的特色永續成長。但事實上卻往往囿於每任校長經營理念和行事風格的不同，其注重與發展的方向不盡然能與先前重點相符，因此部分成果會逐漸沒落，其間成敗得失該如何論斷？

023 教育經驗成果貴在永續傳承

姜校長第一任被分發到歡歡國小，這是一所小型學校，全校有一百多個學生，每班平均三十人左右，這和一般都會學校相較，人數不算少。歡歡國小的老師都很年輕，除了兩三位是在地資深老師之外，其餘皆為從外地來的年輕老師，雖然學校有宿舍，但是大部分老師因為家庭因素仍是選擇通車，每天來回大約要花二、三個小時的時間在車上。常常可以看到那些通勤的老師，提著大包的作業回家批改，許多在學校做不完的工作也都拿回家完成，大家都覺得很累。

姜校長是一位非常優秀且懷抱許多教育理想的人，因此對學校的經營非常投入，並且因為受到上級機關的肯定與賞識，承辦幾項大型的活動。

在他的領導和規劃之下，每項活動都非常圓滿成功。成效雖然良好，但是全校老師都累得人仰馬翻。

歡歡國小在姜校長的帶領之下，共同試辦一項教育實驗。那一年，所有老師莫不上緊發條，從撰擬教學計畫、設計學習單，以至於帶領學生進行社區訪查學習，師生們一步一腳印，踏踏實實的完成學習的歷程。

學期結束之後，歡歡國小將一年以來走過的歷程，編纂了數本成果專輯，得到全縣的優等。這都是歡歡國小團隊的心血，點點滴滴累積而成。對於小型學校有此表現，莫不令人豎起大拇指讚嘆！

暑假過後，姜校長因任期已到，調至他校服務，原有的老師有幾位也因為交通不便而申請至他校任教。歡歡國小的團隊有新的組成，繼續進行教育實驗的政策。

一年後，前項教育實驗的評鑑結果，歡歡國小居然在全縣學校中敬陪末座。前後兩年的成果有如天壤之別，讓旁人不禁要問：歡歡國小到底怎麼了？

學校經營若要在短時間內追求亮麗的成果，組織的成員勢必都得完全投入始有可能，惟如此的用心和投入，當成員異動時，是否還有可能延續？如果原有永續經營的目標是正確的，可經由何種機制，激發教育人員源源不斷的動力，願意付出其熱忱與用心呢？

教育人員若能將教學工作視為「志業」，而非僅是一種「職業」，相信其所有的教育作為，皆能提升教育的成效。惟在今天社會價值觀與道德倫理逐漸式微的趨勢下，如何將早期師範的精神繼續發揚？

024　負責盡職就是好老師了嗎？

壯壯老師是一位自我要求甚高的老師，因此對班上學生的各項表現也非常在意，舉凡期中、期末考班級各科總平均、教室情境佈置比賽、綠化美化評比，班際體育競賽等，壯壯老師總是提早規劃，並且利用時間練習，因此各項比賽皆名列前茅。

在班級經營部分，壯壯老師提倡閱讀活動，組織班親會，互動頻繁熱絡，定期製作班刊讓學生發表，所有家長皆肯定他的用心！又因為他對行政的配合度極高，凡行政人員交代或請求協助的事項，壯壯老師眉頭從不皺一下，而且事事處理完善，因此在校長和主任們的眼中，壯壯老師是一個非常優秀的教師，足為同仁們的楷模。

看到壯壯老師的種種表現，他可說是不可多得的優秀教師，但是美中不足的是壯壯老師的情緒起伏不定。當他心情好的時候，學生和他開玩笑，稱兄道弟都無所謂。但只要他不滿意或不高興的時候，班上每位學生都有可能遭受池魚之殃。尤其是平常反應較慢、較遲鈍的學生就更倒楣了！

稍微表現不如他的預期，壯壯老師就踢他一腳或捶他幾下，讓全班學生看了以後，嚇得噤若寒蟬，經常連有家長在一旁，壯壯老師也不給面子。因此班上的小朋友只要沒有達到壯壯老師的要求或標準，個個都緊張得不得了，小小年紀就有著莫大的壓力。

全班家長因為了解壯壯老師的性子，沒人敢跟壯壯老師溝通，深怕面對面說了之後，壯壯老師會惱羞成怒，最倒楣的還是自己的小孩。家長除了因為顧慮孩子，另外也能體會壯壯老師對孩子所付出的一切，左右矛盾，不知如何是好，只好隱忍，期盼下學期不要被壯壯老師教到。

因為全班家長的默默承受，所以壯壯老師自始至終都認為家長認同他的做法，他從未察覺到自己不適宜的行為。他總認為他為孩子盡心盡力，負責盡職，他是一位好老師。

所謂的「好老師」若從教育的觀點而言，應做到哪些項目？或達到何種標準，才是最恰當？行政人員若面對類似壯壯老師的個案，應如何處理，才能真正幫助學生，同時也能兼顧壯壯老師的面子？

對於教師有不適宜的舉止或教學方式時，行政人員通常會邀請其面談，了解實際情況。惟當填具「教學輔導紀錄」需請當事人簽名時，許多當事人卻不願意簽名配合，面對此種情況，行政人員應如何處理？

025　實習老師該要求什麼？

　　桂林國小今年的班級數並未增加，全校教師的編制人數和去年相同，但是今年卻多了六位實習老師，因此主任們認為有這些生力軍的加入，藉由他們的活力、熱誠和創意，各項活動的推動一定大有可為。

　　教務主任七月末即開始為實習老師尋找輔導老師。按照規定，實習輔導老師必須年資滿三年，應該不難找！但是要教學經驗豐富、班級經營理念和績效佳，同時願意擔任輔導老師的人選卻不多，因此費了一番工夫才定案。

　　實習制度明定實習項目以班級教學為主，行政實習為輔，參加研習次之，因此桂林國小對實習的項目一切依規定辦理。六位實習老師每週兩個半天輪流至各處實習，其餘時間皆待在班級。遇學校有大型活動如運動會，則和全校教師一起接受任務編排。

　　至於行政實習的項目，主任們考量實習老師的處境（如薪津少、級務繁雜、參加教師遴選準備），因此僅請他們協助處理瑣碎的項目，如活動獎狀的印製、海報製作、資料整理等。第一學期結束，教學與行政實習狀況大致良好。

　　一月底實習輔導會議中，部分實習老師提出，因下學期將準備參加教師甄選工作，希望能將行政工作的項目調整變成「**以自己專長項目做主題研究**」，成果可給學校做教學參考用。主任們能體會實習教師將參加教師遴選的焦慮，因此同意此做法，最後決議至各處室行政實習改為一個半天。其餘時間除了級務實習之外，六位老師可以在校內做主題的研究或自我進修。

　　四月中一位實習輔導老師告知教務主任，該班的實習老師提出教學實習可否上到四月底就停止，他會繼續待在教室協助批改作業，處理其他級務，因為他想參加教師聯合甄選，需準備筆試科目，並且和其他人都說好了。實習輔導老師聽了心裡有些不舒服，因為她答應也不是，不同意也不好，擔心實習老師說她很苛！但總覺得實習老師未免太敢了吧！

面對此問題，教務主任覺得兩難！在合理的範圍，真想讓實習老師做充分的應試準備，但是合理的範圍和標準又是什麼呢？

師資培育機構雖明定實習制度各項事宜，惟各校因狀況不同，實習老師實習的方式和項目也不一致，無形中讓實習老師之間產生比較的心理，對學校和實習輔導老師產生一些困擾，可透過何種機制轉化成正向的影響？

實習制度對新畢業的師資有極大助益，惟一般教師長期以來已習慣班級王國的模式，對於教師將有實習老師在旁，雖可協助級務處理，但無形中也是一種壓力，有何策略可激勵教學優良教師願意擔任實習輔導老師的角色？

026　溫馨滿校園

梅主任敘說著自己學校發生的事件：五年級六班因為一位學生發燒，被通報為 SARS 疑似病例，所以衛生單位規定，全班學生和擔任導師的邱老師需居家隔離一週。星期六上午，訓導主任接獲衛生所通知，要全班家長到校領「居家隔離單」，遂馬上聯絡，向校長報告。

教務主任也隨即聯絡其他主任及組長，一個小時後全都到齊，三分之二的家長也到校，聽從衛生所人員的指示。會議結束後，校長依原定的「SARS 危機處理小組」分派任務，大家彼此交換意見想法，讓原本的恐慌降低不少。

五年六班的邱老師每天打電話給居家隔離的學生，關心他們的身心健康和學業狀況。校長和主任們也紛紛打電話給邱老師，為他加油打氣！還有幾位老師們特地送故事書給在醫院隔離的疑似 SARS 學生解悶。

校長在學生朝會一再說明，遵守居家隔離規定者的行為是令人敬佩的，期盼讓居家隔離學生回到學校時，不會被排斥，並且由輔導室邀請五年級學生製作歡迎卡，全校老師合寫一張祝福卡給邱老師，給他支持和鼓勵。點點滴滴，都表達了關懷和接納。

隔離日子結束的前一天，輔導室請學生在五年六班教室黑板畫上彩

圖，並寫上大大的「歡迎你們回來」字樣。在資料組長的策劃下，校長領著幾位主任、組長和老師，為歡迎五年六班學生，利用午休時間練習歌曲，眾人皆沉浸在歌曲的旋律中。

這首由資料組長改寫歌詞的曲子--「我們在同一條船上，我們的生命相連結，縱然被 SARS 威脅，團結起來抗煞不會膽怯……」，餘音迴盪在每位參加練唱同仁的心底。

隔天早上學生朝會，在資料組長的主持下，校長為邱老師獻上一束花，歡迎他歸隊。在歌聲中，教師們表達無限的接納和關懷。當天下午教務處即發給五年六班學生補課的通知書，為這一週以來的課程做銜接……。

梅主任深思著，這一群效率高又活力十足的行政團隊，能夠彼此支援互助，在現今本位主義高漲的校園文化中，真是難得一見了！到底哪些條件俱足，才得以讓他們營造這般溫馨、濃厚的情誼？

學校文化的形成受到哪些因素的影響？身為校長或處室主管，應如何營造一個優質的校園文化？校長在現今的教育改革的主流中，應扮演何種角色，才足以堪稱為適任且是優秀的領導人？當校園發生危機時，應如何啟動危機處理小組，讓傷害或破壞降至最低？

027 英語師資何處尋？

明媚國小位於都市的邊陲地區，社區民風純樸，家長大都是勞工階層，約有十分之一家庭是中、低收入戶，家長終日忙於生計。對孩子的課業方面，無法給予較多指導或關注，對於學校教師要求家長協助和注意的事項，家長們常常無法配合。

因此明媚國小學生們學習的成效，僅能依靠學校教師的指導，然而往往效果不彰，尤其是在英語方面的學習，無論是學生的學習意願、周邊資源等，都是不足的。種種因素所致，使得教師教學成就感低落。兩年來，英語教師皆是代課老師，因此異動頻繁，英語教學的推動狀況始終不理想！

　　好不容易在 2002 學年度時，透過聯合甄選方式，有兩位教育部檢核通過的英語教師願意進入明媚國小服務。原本以為從此英語教學的師資可以穩定下來，但是今年五月兩位教師皆有異動的申請。其中一位積分低者是縣內調動，另一位積分高者是縣外調動。申請縣內調動者並未如願，但會參加各校於七月自辦的教師甄選。

　　在目前英語師資缺乏的情況下，考上的機率不小。申請縣外調動者結果須至六月中旬才定案，但依其積分來看應該沒問題，在調出之同時，其他人也可能會調進明媚國小，但不一定是英語師資。這樣一來就麻煩了！因為勢必會造成英語師資不足的窘境。

　　雖然明媚國小兩年以來已經鼓勵教師參加英語種子學分班，目前領到證書者有三位，她們都是級任教師。但依規定五年級英語教師必須是教育部檢核通過者，以明媚國小的現況來看（沒有正式教師缺，七月份無法自辦英語教師甄選），下學期將面臨英語師資不足的狀況，讓校長和教務主任非常頭痛！

　　英語是與世界接軌的工具之一，教育部、縣市政府或大學師資培育機構近幾年來積極規劃培訓英語師資的工作，惟部分的培訓規劃並未規定參與培訓者日後必須擔任英語教學工作，而且偏遠地區乏人問津，學校在面對師資不足窘境時，有何因應策略？

　　教師申請調動是其該享有的權益，惟以目前國小縣內外調動申請的種種規定來看，專任教師與一般教師並未分開辦理，對學校而言勢必產生許多困擾，應如何處理才能顧及教師權益，並能滿足學校各類師資的需求？

028　校園氣氛的轉變

　　新學期開始，學校來了三位生力軍，給偏遠且袖珍的學校打了一針強心劑。於是校長依各人的任教年資及專長，分配班級給這三位老師。

　　擔任六年級級任的老師接班後，校長、主任、這個班低年級時的級任老師，一再在新任教師面前，誇獎這班學生素質很好，程度整齊，個個懂禮貌，又品學兼優。

　　新任老師抱著滿懷希望，用心經營班級，果真不負眾望，國語文競賽，學生組在縣賽得了第三名。科展也代表縣參加省賽，得到高小組化學組第一名。各項表現輝煌。但不知何時起，學生反抗老師、逃課、頂嘴、鬧事，被叫到辦公室罰站、訓話等事情，卻層出不窮。

　　日復一日，學年度即將結束。在班級整潔區域移交時，五、六年級老師，因意見不合而起摩擦。五年級老師（亦即目前六年級的低年級時老師）氣呼呼地說：「原本那麼好的班級，你怎麼帶的，被你帶成這樣？」頓時辦公室的空氣整個凍結了。

　　第二天起，這位老師積極詢問調校事宜。一向和諧的校園，也掀起了陣陣漣漪。

029　其實你不懂我的心

　　「校長，我認為交通導護的編排不合理！體育老師天天在操場上課，已經曬夠太陽了，為什麼還把我的路口導護排在中午？除非學校更改，否則我拒絕值勤。」

　　體育科任廖老師接到導護輪值表後，於次日晨會提出上述聲明。生活輔導組簡組長馬上站起來說明：「導護編排的原則是這樣的：普通班級任老師分上學、中午放學、下午放學，每位老師每學期輪值三遍，每次一星期，共計十八天。其餘則由科任和啟智班老師擔任，每人輪值一週。因為啟智班老師早上、中午要隨校車接送學生上學放學，只能排在下午放學時間看路口。不得已，請科任老師擔任中午路口導護。」

　　簡組長說完，廖老師怒氣衝天地說：「你們做行政的，說來說去都有理由，吃虧倒楣的是科任老師，體育科任尤其受到歧視。反正不換，我就不值勤！」

　　廖老師幾年前因體罰學生成傷事件被檢舉，後來家長會出面協調，和家長達成和解。此後廖老師常以消極的態度面對工作，在班級裡也對學生冷嘲熱諷，普遍引起學生與家長的不滿。校長被要求調班的家長煩不過了，又逢五年級自然科學科任調動出缺，就編排廖老師擔任五年級自然科

任。

自然科學不是廖老師的專長，上課不帶學生做實驗，口頭說說就叫學生自習。有些級任看不過去，額外找休息時間代他上課。一個學期過完，級任老師聯名請求校長調換自然科任。顧及教學正常及家長壓力，校長決定讓廖老師教體育，另外安排五年級自然科任老師。

以校長的立場來說，這樣一位不適任老師還能在校園裡生存，待他已經夠仁慈了。廖老師經過一連串的挫折，意志消沈，時常不滿這個、不滿那個，開會時常發言，要求合理，要求公道。但他似乎沒有通盤看過，在整個校務運作上，很多老師事實上都比他擔負更多的責任，更多的工作。

就拿這次路口輪值來說，級任老師排三週，他才排一週，只要有一位級任老師開口反駁，廖老師縱使有千萬個理由，也站不住腳。大家同事一場，了解他心理不平衡，不願計較，聽聽他發牢騷，也就算了。

校長不徐不急地站起來說道：「廖老師，簡組長的導護編排方式沒有不妥當的地方，不能因為你一個人重新編過。如果你不願意在中午輪值，請自行找其他老師調換。」

廖老師心裡大概也知道校長會給他什麼樣的答案，用力靠了椅子離開會場，留下議論紛紛的老師和頻頻搖頭的主任、校長。

第 3 章
編班轉班教師級務與成績爭議

030　不滿實施能力分班，家長告校長

　　某一年國小畢業學生在九年一貫實施後進入國中就讀。有一位一年級新生被編入 B 段班，在學校被貼上次段班標籤，嚴重影響他與同學上課的情緒，更因編班的優劣區別，不論在校內、外，有意無意被其班級師生投以異樣眼光，損及這位學生名譽、尊嚴及平等受教權的人格權。

　　經縣教師會與學生家長多次反應，校長都置之不理，無視該名學生與其他學生的權益。該名學生家長不滿學校實施能力分班，向法院提出民事訴訟，成為全國首樁學校因違反教育政策而被告進法院的案例。

　　學生家長引用憲法保障人民的受教權與平等權，以及教育部「國中學生編班實施要點」規定，「國中各年級一律實施常態編班，二、三年級並應維持原一年級常態編班，不再重新編班」。該家長認為，這項規定的目的在保障學生平等受教育的權利，屬於人格權的一種。

　　依民法規定，違反保護他人法律致生損害於他人者，負損害賠償責任，雖然不是財產上的損害，亦得請求賠償相當金額，其名譽損害者，並得請求回復名譽的適當處置。該名學生家長要求學校賠償原告一萬元的慰撫金，同時登報道歉，承諾回復常態編班。

　　能力分班或常態分班，何者較適於教學？何者對學生比較有利？學生的自尊心是因家長而來，還是自己本身就有了？

031　學期開始的編班與調整老師的問題

　　學校通常都有相同的問題，其中一個就是編班的問題。編班與選老師是老師與家長都很在乎的事。我們一天到晚都說每個老師都一樣好。但是

我們圈內人都知道，其實老師真的是有個別差異。

就實際面來講，每個老師與學生，各有各的個性，這當中有很適配的，但是有的放在一起就是會有一些問題，也可以攏統的說是「緣分」的問題。有些老師會特別得到家長的信賴。但對某些老師，家長就感覺不是很好。這就有一個效應，家長會把話傳來傳去，會免費做一些宣傳或廣告，造成編班的時候每次都要來關說。

針對關說，一般來講，學校原則上就是照規定來做。但是有時候學校會碰到一些很困擾的事，當然每個學校情況都不一樣。有些學校，他們所在的地區的一些特權人物如果比較沒問題、比較好溝通的話，就能夠體諒學校的困難，不會給學校太大的壓力。

在某些地方，有些人覺得面子非常重要。他今天來關說，要是沒有得到滿意的處理方式，就感覺很沒有面子。沒有面子的問題就比錢的問題還大，因此就變成很大的一個問題。因此在編班的時候，常常會有很大的衝突。

學校老師，我們可以理解到，老師很忌諱編班被挑選。他不願意被人家挑，被人家選，因為心理上感覺很不好。沒有人喜歡當一個老師被人家撿來撿去。特別是比較早期的時候，老師的心態還是比較有某種權威感，以前的傳統認為是尊師重道，老師也代表一種知識的權威。老師會認為他這個尊嚴是不容受到任何質疑的！所以各班要選老師的時候，對老師心理上造成相當大的一個障礙。

但是，就家長來講，尤其是就特權人士來講，他希望能夠選一個他認定的好老師，這對他來講很重要。老師與家長的不同立場，基本上是非常矛盾的事情。就學校的行政而言、校長剛好是處在一個衝突點上，每次到年度開始編班的時候，大概是暑假的時候，學校就開始傷腦筋了。有些校長乾脆就去旅行不回來學校，以這樣的逃避方式看看壓力是否可以減輕。這個問題在學校是很普遍的事。

當然，各校處理的方法各有千秋，與社區的特性也是有關係。此外，學校的組織氣氛也會有影響。學校組織氣氛如果良好，這方面的衝突也會

比較少一些，但是如果大家都比較喜歡比較、計較，感覺就不是很好，處理起來就比較困難。

032 公平的編班？

如果你問一個家長：「在孩子上學之後，第一件關心的事情是什麼？」有經驗的家長會告訴你，怎樣能為孩子找個好老師最重要！

國民中小學編班、分配級任導師，是每年的大事。

老師關心的是任教班級的學生程度，是不是整齊或優秀？好不好教？家長是明理還是囉嗦？家長則希望孩子能分配到好班。但是家長對好班的定義則各有定見。有的人以為「嚴管勤教」一定是好老師，孩子在這種班級，保證行為不會偏差，功課突飛猛進！

有人以為「孩子的童年只有一次」，希望遇到一位年輕活潑、會帶孩子玩的「困子王」〔編按：指很會帶動小朋友的人，是小朋友心目中的領袖〕。有人要選男性的老師，好讓孩子的性別認同能陽剛一些。有人則想選個溫柔的女老師，或選個有經驗又不會太老的老師最好。家長這些選擇老師的理由不一而足。

選老師的秘訣各有千秋：要先打聽學校裡，誰對編班、派老師有決定權。或者誰對有決定權的人有影響力！學校在什麼時候編班、排老師？諸如此類的事情，真需要消息靈通、神通廣大。學校則如臨大敵、封鎖消息。行政內部深恐擺不平，弄得裡外不是人，通通得罪。

為了所謂「公平」，教育行政當局會頒發一個編班辦法，強調常態編班、隨機分配，老師公開抽籤等等。學校也會制定一個內規，擴大參與，力求公平。

事情本來應該是蠻好做的，但是「有人就是有事」！首先，家長的期望有別。現在更弄出「教育選擇權」這個大帽子。其次，老師素質不同，敬業精神差異不小，能力與觀念多所差別。

於是家長不免就委託民意代表，尋找上級官員的關係。或者每到孩子

編班年級時，就爭取當家長委員。據黃校長所知，每個學校的社區不同、傳統有別，但多多少少對教師同仁子女、家長委員子女或民代請託，不免各有關照。

在黃校長的學校，對於編班問題相當敏感。聽說幾年前，有家長委員因為編班沒有按照家長會所提計畫達成，開學時，還有部分學生，被某委員從甲班帶到乙班，弄得教師和家長委員會的關係相當緊張。

老師之間存有心結：明星班老師，被批評為結交委員，製造明星架勢。當事老師其實委屈難訴，只因為教學認真、成效優良，被家長爭相選取，卻又何罪之有？

因此，編班問題成為黃校長最費心、最小心的頭一個行政難題。黃校長只好召集學年代表和相關行政代表，研訂編班原則，公開編班過程，讓學年老師直接參與編班工作，一切都放在陽光下。黃校長並且掃除送禮請託的謠言，倡導「人人平等」的理念，勸導委員儘量別給編班帶來困擾。

黃校長並趁機要求老師發揮敬業精神，更嚴禁編班完成之後，還有擅自調動班級的情形。學校總算內外平安。

但是，凡事總有特殊情況。某位老師新派來學校，就因焦慮成病，學校很擔心他的教學狀況。某委員子弟編班編在該班，一個月後，終於受不了了。主訴：孩子不能適應老師。孩子痛苦，父母也痛苦，希望能轉班，也透過各種關係講情。

從輔導資訊判斷，恐怕是家長對老師的觀感作祟！行政權威樹立不易，深恐其他家長跟進效法，這一班恐將解散，老師難免被逼辭職，對他的打擊更大，病情也許失控，後果難料。

黃校長只好裁決：「所請礙難照准」，並依規定：若是轉學出去，未到新學期就轉回來，將編入原班。如此既維持了行政原則，也保護了老師。但也許犧牲了一個做父母的好家長，只因為他想為孩子找到一個理想的老師。犧牲了孩子，他需走較遠的路，轉學到一個陌生的環境去，內心真是掙扎難安！

到了新學期的開始，孩子吵著要轉回來，為了彌補這個家庭的毅力，當他要求指定轉到另一個老師的班級時，黃校長特地去請求老師接受，並多加輔導。

今年一開學，輔導室就向黃校長報告：有個新編班的孩子，因為和孿生姐姐不同班，老師要求比較嚴格、老師會對她批評等等，原因難以盡訴，請求轉入姐姐的班級。因為孩子每天由父親送到學校來，過一節課就抱怨頭疼、肚子痛，打電話要父親接回家。黃校長找老師來了解孩子的學習情況。

他說這個孩子程度不好，老師也沒打他，幹嘛裝病？老師說起自己小時候也會逃學、假裝牙痛，回家時，媽媽只問怎麼啦？說是牙痛，媽媽說：「去休息吧！」就不理睬了。第二天不想上學，還是說牙痛。爸爸說：「帶你看醫生去！」因為是假的，連忙搖手說：「不疼啦！」爸爸笑著說：「不疼就上學去吧！」只好乖乖上學去。

原來老師有過這麼切身的經驗，輔導這個孩子該沒什麼問題吧？黃校長建議老師去做個家訪，跟孩子多多親近。幾天中，狀況繼續報告：孩子的狀況並沒有改善，甚至於在塗鴉的字條上寫到：「真想去死啊！」應該不會是演戲，以便達到目的吧？

跟相關教師研判結果，認為老師比較嚴肅，學生確實有適應欠佳的情形。黃校長於是決定拜訪姐姐班級的老師，接受這個孩子轉班。程序上需由家長打個報告，老師簽名同意。輔導室和教務處簽注意見後，批示結案。一個月來，孩子在新班級適應良好，正常上課。

公平編班，問題還真不少呢！

033　編班文化面面觀

編班問題一直是學校權勢角力的舞台。身為教務的關主任，一方面要遵循法規，避免為人作稼而違法，一方面也要尊重校長的旨意，以善盡幕僚的職責。另一方面，最好能符合老師的期望與家長的需求。因此暑假期間的編班作業，常因公平正義與利益需求的衝突，使得關主任飽受困擾與

挑戰。

　　針對編班規定，台北市教育局曾來函，明示編班要遵循下列原則：

1. 成立編班委員會，其成員包括各處室主任、相關處室組長（一般指教學、註冊及輔導組長）及教師代表若干人（一般指學年或年段代表），並由校長擔任召集人籌組之。

2. 學生依學業成績或其他適當指標，本公平、公正、公開原則辦理。

3. 各班人數應均衡，並依 S 型常態編班。

4. 若有特殊身心障礙、行為偏差等學生，得於一般學生編班前，先行編入適當班級。

5. 學生編班確定，不得調整就讀班級。如因「**教育輔導需要**」或其他特殊原因，需要調整班級就讀者，應經學校編班委員會開會決定後辦理。

　　關主任自然是規定成立編班委員會，並在會議中確立校內編班原則：

1. 特殊身心障礙、行為偏差等學生，於一般學生編班前，先行提出檢討，並依抽籤或認養方式分配至各班，以符應教育機會均等理念，並避免行為偏差的問題學生形成次級團體。

2. 採學年教師意見，以國、數成績為編班指標，並依 S 型作常態編班。

3. 特殊需求考量與討論。

　　當會議進行到這裡時，就互有意見不易有共識了！有的委員認為教職員工子女應獲得額外安排（亦即可選擇班級老師）；校長認為家長委員的子女應予優先；主任認為義工家長的子弟也要回饋；還有校長或主任的人情要照顧、教育局長官的請託要考量。

　　天啊！這一堆有特殊身分的人，如果都要選擇班級老師的話，如何兼顧班級老師之間的公平與正義？這些特殊對象的頭銜要多大才行？有沒有優先順序？如果允許特殊對象選擇班級老師的話，如何避免違法？如果沒有共識時，要先考慮誰的？

經過冗長的討論，終於在互有所得的共識下，獲得如下的結論：

1. 先依 S 型常態編班，如果這些有特殊需求的學生正好編到理想中的班級時，則順其自然。如果不是，則要以相當程度的學生和別班作對等交換。

2. 老師若自己也有人情，只要雙方級任同意，亦可私下交換。但醜話講前頭，這種事可不准搬到檯面上來吵，否則大家照規定來，大家都不方便。

　　但是這樣的共識只能放在心裡，會議紀錄要怎麼記呢？這又考驗了委員的智慧。最後在腦力激盪、集思廣益之下，總算找到了適用條文與法源依據：「教師子女依規定可隨父隨母就讀，以方便老師照顧子女，無後顧之憂。」準此精神，亦可比照「教師子女可為子女安排適切之教師，俾便老師無後顧之憂。」

　　還有家長的反彈也考慮到了。若有其他家長知道了，也要求比照辦理，亦可依照「教育輔導需要」，請其填寫申請書，並經編班委員會認定，仍可調整就讀班級。總之，要圓滿解決，不可鬧成新聞就是了！

　　會議至此，總算是皆大歡喜地開完了！關主任在法、理、情上都兼顧了。雖然委員的話仍在耳邊迴響：「學校本就應該先提供自己人更好、更多、更大的資源，才能凝聚同仁的向心力。」「校長或主任若堅持完全秉公處理，會帶來什麼挑戰？家長會會不會繼續支持？老師會不會諒解？長官會不會沒面子？其他家長會感謝你嗎？還是無所謂？」

　　「病人可以選擇醫生，家長為何不能選擇老師？」「老師有教育選擇權，家長為何沒有？」「如果家長也有選擇權的話，學校要如何因應？」關主任甩了甩頭，決定不再自尋煩惱，反正國民教育是採學區制，學校不怕招不到學生的。不是嗎？

034　編班的問題

　　為了因應教育上的需要，春天國小歷年來均在學生升上三、五年級的時候重新編班。編班作業是由教務處註冊組負責，編班的方式是依照成績常態分配到各班，然而為了替自己的子女找一個好老師，每年暑假都會有許多家長想盡辦法，透過各種管道，希望能進到特定的班級。學校行政人

員為了要政通人和，泰半都會儘量符合家長的需求。這種習慣也就行之多年，大家也相安無事。

廖姓教師原係旺旺國小高年級的一位名師，教學認真負責，深得家長肯定。每年總有許多的家長透過各種管道關說，希望能進入她的班級，而她也總是把班級經營得很好，讓家長十分放心。

1998 年，她結婚之後，便隨著夫婿調回南部高雄，她所留下的班級便由關姓教師接任，關老師甫自師院結業，經驗能力都遠遠不及廖老師，因此造成該班學生家長（大部分都有來頭）很大的不滿，陸陸續續透過各種管道向校方表達，希望校方能夠撤換老師，以避免他們的子女在小學最後一年的功課受到影響。這樣的緊張情勢，讓學校的教務主任及校長非常緊張，便積極的介入處理。

衡酌當時的情況，為了避免情況繼續惡化，校長積極找來家長會長協商，請其向有意見的家長疏通，希望他們能給學校行政人員及教師一段改善的時間，校方一定積極輔導關老師，協助她儘快步上正軌。在家長會長積極協助之下，終於獲得那群家長的同意，風波暫時獲得平息。

針對關老師的個案，學校教務處很快成立一個輔導小組，提供關老師必要的教學與班級經營的技巧，並且隨時觀察與輔導，另外還聘請一位關老師隔壁班的資深教師作為關老師的輔導教師，拜託他隨時注意關老師班級的狀況，提供必要的協助與指導，協助關老師早日成長。另外還叮嚀關老師，針對特別有意見的家長的孩子多下工夫，以降低反對力量。經過一段時間大家的通力合作，終於安然度過危機。

事後經過一番討論，認為現行的編班方式有很大的問題，所以決定從下一學年度開始，編班的方式改用公開抽籤的方式，採用常態叢組的抽籤編班方式，在公開公平的方式之下來完成編班作業，避免一些人情困擾。次年七月開始實施以後，暑假不再有家長關說的電話，教師也覺得自己有比較公平的工作環境。編班作業也逐漸步入正軌。

035　編班的難題：誰可以選老師？

這是每一年編班期間必吵的問題，雖然純純國小的校長與教務主任宣稱學校每一位級任老師都是認真教學的好老師，但是每一位老師各有特色，教學經驗、認真程度各有深淺，教學績效各有差異，仍為事實。所謂「明星老師」的存在，也是大家心知肚明。

因此，每年的編班，就是教務處的頭痛時間。家長委員會要指定老師，民意代表要幫選民指定老師，就連學校老師也要指定老師。雖然學校設有編班委員會，編班作業也是透過公開程序，但是希望透過種種關係做「特別安排」的事情仍然不斷出現。

校長為杜絕這種風氣，落實真正公平、公正、公開的編班作業，於是提出由學校老師做起，期勉老師能信賴自己的同事，讓老師的孩子也能透過公開的編班程序進行分配，不再有「特別作業」。唯有如此，才能進一步要求家長委員、民意代表不再試圖進行關說、施壓或請託等方式，安排他們所指定的老師。

不料此訊息造成有子女正要就讀的教師極大的不滿，紛紛向教務處表達出，希望還是能夠私下選擇老師的願望，並且認為選擇自己信賴的老師，是在學校服務的「重要福利」，因為「學校老師最清楚學校老師的狀況」，為孩子選擇適合他的老師，是當家長的衷心期盼。學校編班委員會並為此召開編班委員會的會外會，討論教師子女的安置問題⋯⋯。

貫徹公平、公開、公正、依法行事的編班作業，是學校行政的最佳處理原則。但是，如何安撫身兼家長的老師同仁，以使其更滿意所服務學校，更願意在學校努力工作？「格外處理」教師孩子的安置問題，雖然滿足了家長與教師的需求，但是否會產生其他的問題，例如增加校內教師之間「明星」與否的差異？

036　編班問題風波不斷

悠悠國小在原任校長半專制的領導之下，校譽不錯，五育並重。參加

校外比賽也經常名列前茅。唯一美中不足的是校長依法行事，許多事情無法合乎少數家長的意願，因而得罪家長。檢舉函不斷，教育局也習以為常，常以查無事實而結案了事。

新任校長接任之後，為了改善學校與家長之間的關係，以及檢舉函的問題，而下了一個決定：從學生編班做起。開學第一天，來個分班考試，並利用學生朝會時，向學生宣布：第二天起，三天之內，家長可以到學校選班級，並找校長登記。

在這三天中，一到五年級家長們都紛紛到校選班了。校長整天忙得滿頭大汗，接著又花一天的時間親自分班。大功告成，級任老師接到學生名單，在司令台前點名叫學生。好不容易把自己的學生帶回教室，總算完成了整個分班的工作，但時間距離開學，已經過了一個星期了。

接著問題又來了。家長吵著要轉班，沒參加分班考試的學生家長，也質疑為何他的孩子沒有班級。校長沒料到班級都分了，怎麼還有問題？頓時束手無策，只好推給老師：要轉班，只要老師肯收，就可以轉班。沒有班級的學生，找註冊組。組長只好拜託老師接下學生，各班才勉強安定下來上課。

經過一個星期的亂象，又加上家長選老師，老師們開始怨言四起。他們抱怨校長為什麼決定讓學生公然選班，製造了明星老師，使得學校原本和諧的氣氛也因而改變。

家長如願選上班的高興稱好，不如願的則叫罵生不斷。奉公守法的家長，信任學校的安排而未登記班級，孩子被分配到沒人選的班級，全班學生素質差，班級常規也差，老師也心灰意冷，不再那麼認真，因而惡性循環。

家長發現這種情形時，再到學校要求轉班，但為時已晚。這些家長在無奈之下，為了下一代，只好替子女轉學。如此一來，這種班級的人數，由五十幾人轉剩三十幾人。檢舉函照飛，學校也鬧得風風雨雨。幾年下來，學校班級數也由四十幾班降到二十幾班。至於校譽就不用說了。

037 學期中的轉班問題

與編班很類似的一個問題就是轉班的問題，學期當中孩子忽然轉班，這個問題主要是出在老師與家長之間適應不良的問題。依據觀察，這個問題大概都是出在老師的溝通技巧不是很好，造成起始的衝突，比較激烈一點的家長就會要求轉班。

有一個案子是這樣子的，有一個低年級的家長擔心孩子的學習狀況，他常常在學校，白天大概也沒什麼固定的工作。有一陣子剛好沒事情可以做，就常常來學校，對這個學校是滿關心的。後來，有一天，他突然跟老師之間一言不合，有個不愉快，然後這個家長就說他要去教育局告老師。

老師可能也沒好氣色，就說要告就去告，結果家長就真的跑去告了。他先是把這個老師數落得一無是處，然後跑到教育局的主管科去告，然後也去報社。他講得滿嚴重的，教育局的人通通都知道。

教育局的長官就非常關心，希望學校就讓他的小孩子轉班就解決問題了。但是這個轉班的事情，牽涉的問題很大，學校其實很不願意做這樣的事情，老師也很忌諱這樣的事情，對孩子來講其實也不見得好。事實上沒有很明確的需要非轉不可。一般來說，學校不會同意這麼做。

可是呢？教育局的很多長官給學校相當大的壓力，希望可以轉班。校長就跟教育局說轉班是萬不得已，但沒有很明確地跟教育局表示不要讓他轉班，只跟教育局說，先了解看看再說。

後來，校長就找學校當事的老師來了解，並且根據教育局相關的人員陳述來研判，這個事情的關鍵點應該這個家長很在乎別人對他的一個尊重。

推測家長可能是中年失業而且又是單身的父親，在心理上有一點自卑，希望求得一些尊重。基於這樣的判斷，後來就請主任跟家長會的會長約這個家長去喝咖啡。後來情況是有好轉，但是好像問題也沒解決。

根據去參加會談的人轉述，以及後來跟校長報告，這個問題並不好解決，也沒有辦法來處理。所以建議學校還是隨時能夠讓他轉班。接著就商

討怎麼樣來處理轉班的事情。

校長就說：可能這個問題應該再做一次的嘗試看看。校長說他在想：可能我們給他的尊重不夠，所以我們再試看看，晚上校長陪你們去看看情況。那麼當天他們又見面了，家長看到校長一來，就非常的客氣，非常的高興，好像是得到很大的一種重視，所以就很熱烈的招呼這一群人到咖啡廳裡面去談這個事情。

現場的氣氛就已經感覺不到前一天主任們所轉述的一些激烈反應，完全沒有再提到任何這種不爽快的事情。家長的態度已經是極度的轉變。然後，他講一句話：「其實你們學校是很好的學校，我們有在看的人都知道。」

其他還有一些話不是很重要。校長就抓住他講話的重點，校長覺得家長其實應該已經不是問題，既然已經可以肯定學校，表示其實他已經不在乎跟老師的不愉快，所以校長就進一步肯定這個家長。

校長也趁這個機會來對家長做機會教育與親職教育，告訴家長孩子教育的一些建議，包括他對小孩的不正確的示範，不正確的期待，不是很適當的教育方法。校長很直接跟家長談，家長也很能接受校長的話。

那一天在場的人，校長還找了那個學年很多的老師一起來參加，主要的考量是當初校長作了最壞的打算，萬一這個家長要是還是溝通不了，堅持要轉班的話，讓老師有充分的了解與準備。

沒想到那一天許多老師去了，感覺氣氛很好，這些老師也就加入親子教育的行動，跟家長來談，適當的機會就給他一些正確的建議。家長也沒有再表示反對，甚至表示很能欣然接受，到最後他甚至跟老師說：「我很放心把孩子交給你，謝謝你能夠照顧他。」

這個案例是非常奇特的案例，很少有這樣的一個圓滿的案例。這個家長後來就變得非常支持老師，也常常來學校當義工。這個家長問題其實是滿多元化，什麼狀況都有，就是我們當老師，當一個學校主管，要能夠沉得住氣，避免情緒化的判斷和一些刺激性的言語，才能夠理性處理他的問題，找出親師衝突根本的癥結所在，然後才能夠對症下藥去處理。親職之間的問題不一定每一件事都能夠解決，但是如果能夠冷靜且正確的分析問

題的所在，總是有比較好的解決方式。

038 老師的孩子

老師一向很反彈家長藉由各種手段來選老師，認為這樣會貶抑老師的地位，對於教師的專業是很大的侮辱，但是對於自己的孩子，卻希望能由自己屬意的老師來教，以讓自己的孩子受到更好的照顧與教育，所以當學校推動一視同仁進行編班作業的時候，這些有孩子在學校就讀的老師便提出希望老師的孩子能夠專案編班的要求。這樣的想法逐漸在醞釀著，並且透過管道向行政反應。

教務處在行政會議時反映出這項需求，引起了相當大的反應，正反意見並呈。有人認為為了避免家長有話可說，建議要一視同仁，以避免困擾。也有比較資深的行政同仁，以自己教養孩子的經驗為例，希望能夠給予老師方便，以安定教師生活，提昇教學效果。雙方的意見拉鋸，無法取得共識，最後校長裁決要送交編班委員會處理。

一周後的編班委員會如期召開，會中便有一位教師代表提出意見，希望能給老師的孩子一些安排，引起許多的討論，得到了不少的聲援。最後校長裁示，為了公平起見，編班作業不宜對老師大開方便之門，避免引起家長的質疑。

但是針對特別需要的老師，請輔導室協助教務處考慮實際狀況給予適當的處理。根據這樣的方式，教師認為有需要，便可以依循這個管道向輔導室反應，得到適當的安排。

這樣的慣例於是形成。每當到了編班作業的時候，教師的孩子便有特別輔導的需要，如此一年復一年。

039 這一節課擺哪裡？

國小新課程自 1996 學年度起，由一年級逐年實施，1998 年正好進入第三年。教務闕主任在排三年級的課表時發現：依新頒課程標準，三年級的授課時數比舊標準多出一節。以前三年級的課表是一星期有週三、週

五、週六這三天有三個半天，現在多出了一節，就少了一個完整的半天。所以闕主任就將多出的一節排在週五的下午第一節。

課表送到老師手上後，闕主任已在教職員朝會時間向老師做了說明。因為是課程標準規定的，三年級老師也沒話說，大家也就相安無事。

一個月後，三年級的老師連袂來找闕主任和校長。老師們拿出一封家長的建議信，希望將星期五下午的一節課挪到他處，以維持舊制的半天，如此方便家長接送，也方便家長為子女做半天才藝班的安排。問題是：這一節要挪到那裡呢？級任老師們建議利用週二中午，他們願意犧牲午休時間來上課。校長和闕主任聽了都覺得不妥。

首先，中午時間排課，不符合心理學原理。第二，一位家長的意見不能代表所有家長的意見。第三，家長接送方便與才藝班的安排是家長的個人行為，不需本末倒置作為考量。但是這些理由並不能打消老師們的堅持，老師們也七嘴八舌地說，很多家長都用口頭向他們反映，為什麼多出一節來。

最後校長下了幾點指示：先打電話向局裡請示，聽聽局裡的意見。再向別的學校探聽，了解別人怎麼做。最後對三年級家長做全面調查後再定奪。

闕主任首先向局裡請示。局裡答覆：只要學校、教師和家長協調好就好，教育局沒意見。再向鄰近學校探聽：有的學校排的和闕主任一樣；有的是將這節課排到週二和週四下午的整潔活動時間上，每次整潔活動時間為 20 分鐘，兩次正好 40 分鐘；有的是利用兩個中午，每次各上 20 分鐘把它補完。有的是一個月有四個禮拜，其中有一週的週五下午上三節，其餘三週的週五半天。天啊！各校真是創意思考，排課難道只剩下切割塞節數，而不講究排課原則嗎？

闕主任向校長做了這些報告後，最後決定邀請家長會共同召開三年級家長座談會。會中校長僅就三年級下午多出的一節課是否挪移到週二中午作說明，並請家長慎重填答，此份統計資料將依多數決的結果作決定。

話才說完，就有一位家長站起來反對說：「校長！這種事能用多數決

嗎？這根本不符教育理念啊！我退席！如果做挪移的決定，我一定向媒體反映！」說完就氣沖沖地走了！家長會忙著向大家圓場，級任老師也幫忙說明，會中倒也不再有其他聲音了。

調查結果，有 93% 的回收率，其中贊成挪移的占 86%，沒意見占 11%，反對的 3%。關主任的後續動作就是要寫調課通知單給家長。只是那位家長的話一直在耳邊響起。關主任擔心的不是那位家長要向媒體披露，因為這位家長透過級任的疏導已經擺平了，何況還有家長會與老師的背書！只是家長的那句話：「校長！這根本不符教育理念啊！」一直讓關主任心情輕鬆不起來。

040　學校教科書評選

自九年一貫課程實施以來，教科書開放，採審定本，各校自行訂定評選辦法，經校務會議通過後，依評選辦法公開評選教科書，藉以彰顯教師的選用合一的教學權。然各書商為了市場利潤，展開九牛二虎之力，拼命拉攏學校教師，表面上是服務學校教師，實際上是透過贈送教具，或學年基金或代替撰寫教學計畫，做為教師選材的誘因，並不時派服務人員在校園穿梭不已，引起校長和行政人員的不悅。

行政人員認為教師如果依然停滯在誘因的層面，顯然教改注定要失敗，教改真正的改革者是教師，舉凡課程的研發、安排、教材的評估、教法的創新、活動的設計、計畫的撰寫等，教師都是責無旁貸。教師爭權時，也須要增能。

學校教科書的評選成員涵蓋教師、家長和學校行政人員，教師人數最多，是選材的主軸，是教學的第一線，教師知道哪些教材適合學生，學校行政人員和家長畢竟是少數，學校行政人員至少還有參與教學，但家長並無教學經驗，又如何依評選指標進行評選，至為堪慮。

一般家長認為，參與教材評選，依學校設定的評選指標應能符合教育理念和學生需求。由家長參與評選，能彰顯多元社會和多元文化的觀念，並建立多面向的價值觀是值得的。話說回來，其實家長的參與只是為了評選多元化和鼓勵家長參與校務，真正了解課程與教材的應是教師。

另一方面，教師在評選教科書時，如果受到誘因影響，豈不是造就了「教育市場化」和「教育利潤化」的團體迷思？學校在整體行政運作和公開評選教材時，如何走向專業發展方向，並注重課程銜接和連貫性，適合學生學習需求和學習發展才是重點。

只不過教師認為，書商服務人員到校服務，可和教師直接溝通教材編寫內容，並由教師建議書商改進教材內容，提升編寫素質，裨益學生學習，有時書商提供教具，亦能提升教學品質和學生學習興趣，發揮整體教學效益，有何不妥呢？

而學校行政人員則認為，書商服務人員隨時進出校園，視校園為教材市場，互相爭取教師選材取向，學校市場化，校園安全堪慮。

校長則認為，書商服務人員提出各種服務支援教學，校方予與肯定，惟不允許書商以代替教師撰寫教學計畫或給予學年基金，作為評選教科書的條件交換，更應杜絕書商以服務為由，私賣參考書和練習簿，讓教師從中抽取傭金，否則教育淪為書商利潤市場，是偏離教育本質的。

經校長召開行政會議，決議書商服務人員進入校園時間表，以規範書商行為，避免影響平時教學。此外，透過各學年會議，和全校教師朝會及擴大行政會議宣導，絕不允許教師和書商有條件利益交換，作為評選教科書依據，否則列入教師成績考核。並請教務處設備組擬訂教材評選指標，經學年和行政會議討論後，再行定案，作為教師和家長評選教科書的參考。

會議並決議，由各學年課程發展小組，負責審查各學年教學團所撰寫的教學計畫，再送課發會複審。如發現是依據書商撰寫者，一律列入教師成績考核，優良者則給予敘獎並作為其他學年參考之依據。

校長並責成教務處建立書商服務人員名單和服務項目、時間，以不影響教師教學為考量，並將此訊息告知教師和書商。如發現違法行為，該書商列入不受歡迎名單，教師列入成績考核。

041 處處惹人嫌的教學觀摩會

某學年度，壯壯國小受教育局指定，承辦全市性的教育觀摩會。因為全校班級數也不過只有 20 班，所以這個大拜拜等於是全校總動員。每個班級都擔任教學演示，其他如計畫程序、資料收集、看板製作、手冊印製、場地安排、餐點服務……全由行政同仁包下。大家忙得人仰馬翻，總算熱熱鬧鬧結束了！

姜校長是全市中少數幾個碩士校長，而且是正統體系的師大教育研究所畢業生。他不但年輕、有教育的使命感和正確教育理念，更難得的是為人謙虛懇切又真誠，見到同仁更是笑瞇瞇的主動和別人打招呼。他很勤於在校園、教室各角落走動，他不是在查勤，而是在發現學校的點點滴滴，尋找優點。

所以他常常會報告一些事蹟，諸如：二年二班的簡老師和小朋友一起打掃，邊掃邊指導小朋友怎麼拿掃把，掃得比小朋友還賣力！五年一班的學生桌椅排列形式今天不一樣了喔！三年四班的女生，下課都在教室內找課本外讀物，聽他們說，要編一本圖畫故事書。

姜校長也是一個很好商量的校長，常常容易說：「好」。所以他常常在行政會報中，請主任們要拉一拉他，免得他答應得太快。

下一個學年度的學校行事曆中，教務主任依往例，要安排幾場校內教學觀摩會。經與校長商量，決定上學期排兩場、下學期排兩場，分別有低、中、高年級及科任（學校因規模小，所有的科任均由行政人員擔任）各擔任一場。此行事曆亦於學期初的校務會議中，經同仁無異議通過。

眼看觀摩會的日期愈來愈近了，教務主任在教職員朝會上報告了許多次，大家還是沒有動靜。教務主任趕緊私下一一請託，低年級學年主任說他們不知要找誰做，建議用抽籤。有人不肯抽，好說歹說最後拜託今年調校進來的廖老師做。中年級老師說，他們去年都做過了，應該找沒有做過的人做。但是去年不是全校的人都做過了嗎？有誰沒做過呢？

原來他們認為去年行政都沒做，今年應該讓行政人員做。行政人員聽

了可跳腳了！「我們是沒擔任教學，可是我們卻包了所有的雜事，這難道不是分工嗎？」高年級還好，有一位新調入的簡老師說：「新調入一個學校早晚都得做，早死早超生，我今年做好了。可是主任，明年可不是輪到我喔！」

至於行政部份，校長已答應師院教授來參觀指定的四年級自然科教學，最後在輪番拜託勸說下，請四年級自然科的潘組長接下這個棒子。中年級不擔任怎麼辦？校長說：「算了，就三場吧！」

再下一個學年度又要排行事曆了！但是姜校長已榮調他校了！教務主任特地將去年教學觀摩的前因後果，向新到任的程校長說個明白，並請示程校長如何裁定？

程校長說，教學觀摩還是得做，但是次數可以少一點，這次訂兩場好了。教務主任已有心理準備，看來求人不如求己，自己先包一場好了，但是另外一場呢？今年可沒有新調入的老師了！

教學觀摩會是教師相互觀摩成長的機會，為什麼老師那麼怕呢？有沒有變通方案呢？用什麼方式可以讓老師願意做呢？觀摩會到底對老師有沒有幫助呢？不做可以嗎？不肯做又代表什麼？校長如果不堅持，教務主任要不要有要求？唉！另外一場，先努力求人看看好了，真找不到人，再請校長想辦法吧！一定有辦法的。是不是？！

042　老師不願意更改成績　家長預備在畢業典禮鬧場

有一次，某位老師因把一位小朋友的自然科畢業考成績打得比較低，使得小朋友的媽媽反彈，到學校向老師反應，而學校行政這邊也協助處理，結果老師後來認為行政沒有站在老師這邊，於是請教師會出面爭取顏面。

到畢業典禮那天，那個家長跑到學校，揚言因為老師不更改她的小孩子的成績，她要讓畢業典禮舉行不下去。校長一聽，便先決定不讓那位家長進入畢業典禮的會場。

後來經過了解才知道，原來那位小朋友是因為在畢業考試前夕生了病，在醫院中診療，因為他本來在學校的成績就相當好，在這段期間仍然很用功讀書，答應媽媽會考得好，要她別擔心，媽媽聽了就很心疼。

但因為自然科老師評分比較嚴格，認為自己評分的標準並沒有錯，所以不願意更改分數，導致媽媽的不滿。又因為那位小朋友一畢業就要到美國去，媽媽擔心成績不好會影響到申請學校的事，所以就到學校來爭取。

後來在畢業典禮進行了一半，那位家長還是跑了進來，校長便決定在台上先說：「我們今天有一位嘉賓，她是現場某某的母親，因為這位學生畢業就要到美國去，所以媽媽來這裡要講幾句感謝的話。」校長於是便請那位家長上台，後來畢業典禮也很順利舉行，沒有發生什麼事。

典禮結束後，家長會在地下室宴請老師們，但教師會因為覺得校長原本說不讓那位家長進去，後來又讓她進去致詞，很不滿，便不去參加餐會。校長一聽便到樓上解釋、協調，家長會長也上來幫忙，後來老師也認同，事情就圓滿落幕。

043 教師級務誰來決定？

灣灣國小在前幾任校長過於民主風格的經營下，形成學校教師自主性強的文化，加上學校老師年輕化，本位主義也非常明顯，學校中年資無論深或淺，享有同等的權利和義務，此現象從訂定利用公假就讀研究所優先順序可見一斑。

即使有他校的模式可參考，如行政人員、擔任學年主任或帶領團隊可以加分，其他國小年資加分等基準，在灣灣國小都會被推翻！

上學期末的校務會議，教師提議「新學年度教師級務分配」應訂定一個要點依循，教務主任亦認同，所以收集三個學校的辦法，在第二學期開學之初，讓各年級老師討論訂定。事前教務主任已說明，並未預設任何立場，只要大家認為合理、可以接受、有共識，就能訂出級務分配要點，以供未來依循辦理。

三個他校的辦法中，除了「年資積分」(本校加分)，尚有「績優加分」

（主任、組長、課發會、學年主任、帶校隊老師有特別加分），教務主任認為灣灣國小的教師只負責導師工作，並未分配行政工作，然而為使校務推動順利，部分工作需要教師額外的付出，對於願意幫忙的老師，給與加分優惠實在有其必要性。

原想訂定相關加分條款應該是合理的，未料經與各年級教師代表幾次研商之後皆無共識！最後的決定居然是「抽籤」，即依照第一志願編排級務，超額時以抽籤決定。大部分教師還是寧可試試自己的手氣，認為這樣才公平！

第二學期末，全校教師填妥意願表後，教務主任收回翻看著，看到有一位在校十年，且認真的陳老師寫道：「尊重倫理，不要所謂的公平而做一些齊頭式的平等，因為人都會老，老而體衰，卻還要和年輕人爭或抽籤，感嘆啊！」

教務主任看了，內心五味雜陳，心中頗有同感！反覆思索著，抽籤真的公平嗎？心裡也不斷嘀咕著：「學校大多數的教師們，為何都不會替別人多想一點呢？凡事都要爭！就是不爭自己的教學專業要比別人強！」對於灣灣國小教育的發展和品質的提升，教務主任更是憂心忡忡……。

「適才適所」是任何主管在經營與發展組織最基本也是最重要的策略之一，就學校的教師職務分配而言，不同特質的教師應該安置在不同的年級。惟以教師的立場來看，或許因為個人因素而有不同考量，因此如何安排才能符合學校的需求，又能滿足教師的需求？

抽籤的方式或許可以解決學校裡一些煩人或爭議不斷的事務，尤其是涉及個人權益時，抽籤讓每個人都能決定自己的機會。惟當關係團體或組織的發展時，是否需要再三思量其可行性？

044 安定或開創？教師職務的分配

每一年到了教師職務分配，總是必須又面臨一次兩難思考，學校究竟要以安定為考量，或是以人盡其才、發揮人力最大效用為考量？

　　若以安定為考量，職務安排的措施則以順從教師志願，不做大幅度調整為原則。若以人盡其才、活絡組織效能為考量，則應力求將適合人才安排在適合的位置，例如通常學校科任教師是教師們最熱門的職務，尤以自然科任為甚。

　　部分自然科任教師擔任此職務甚至已達十年，在自然科教學雖無不適任的問題，但因非本科系或未具備此專長，因應學校本位課程發展，自然科任在被賦予重大期望之下，在課程發展方面亦無表現，在教育改革浪潮中可謂無波無浪。

　　因此若以活絡課程發展為思考前提，應該考慮安排自然科畢業（以數理系、自然研究所畢業者為佳），具自然科教學專長的教師擔任，然而這勢必造成自然科任的大更動，現任自然科任的反彈可想而知，而目前自然科任中亦有級任工作無法勝任者，將如何安排其「出路」，亦讓學校頗感為難。

　　教師意願、學生受教權，孰重？以學校存在的價值而言，學校教師職務安排的方式，應以學生受教權為主體。學生受教權應如何透過教師職務安排獲得最大保障，是教師職務分配過程中的最大思考原則。然而教師意願、人心安定亦為保障學生受教的考量之一。

　　唯有快樂的老師，有意願的老師，才能使學生的學習受到保障。然而如果老師的快樂是建築在平庸的教學技巧上，則學校是否應該採取一些積極性的措施？

　　學校是否可以一方面採取積極性的措施，促進教師專業成長，一方面也可逐步加入新的人力資源，活絡組織的運作，帶動學校本位課程的發展。科任教師往往是級任教師認為「累了，要休息」的職務，科任教師的角色扮演果真如此嗎？

045　科任課安排的難題

　　陽光國小課程發展委員會，為了能夠將學校整體課程發展與學校人力資源作統整性規劃，提議將各學年科任的任教科目予以固定。經過數次討

論，決定將體育科任安排在五、六年級，一方面考量高年級學生的肌力發展，亦因三、四年級科任安排體育科，勢必影響其他專業技術層面較高，如藝術與人文、電腦、自然與生活科技、英語的科任課安排。

然而，此項安排引起學校六年級老師的強力反彈。六年級老師所持的理由為體育課是班級經營非常好運用的課程，教師可以藉由體育課，讓師生之間產生良好的互動，所以應該由級任老師擔任，至於體育技巧的學習則是其次。

這個觀點引起體育科任的反彈，認為體育課不應該只是班級經營的附庸，而應該當作一種正式課程，而且級任老師上起體育課並不如體育科任老師上課扎實。

因為九年一貫課程實施後，體育節數減少，若五、六年級一個學年沒有安排體育科任，體育科任人數勢必減少。就行政立場而言，則是希望能夠按照課發會的規劃，保有目前體育科任的人力狀況，才能維持目前體育性質團隊如籃球隊、排球隊、足球隊、田徑隊的發展。學校好不容易建立起來的團隊，希望能夠維持下去。

雖然六年級老師非常堅持，經過課發會努力溝通，共同決定，如果這是不得已的唯一選擇，也只好遵從，但同時也表達心中仍是不滿的心聲。

級任老師任教科目，是否由課發會依學校發展的規劃作統一安排，並且加以固定較為適當？有否更好的方式？學校曾經嘗試過由級任老師開會，共同決定哪些科目由級任上，哪些科目由科任上，但如此卻引起科任老師的不安與不滿。

因為每一年都有變動的可能，且有一種「撿人家剩下的課」的感覺。學校教師的任課安排，應該從哪些角度思考？學校整體發展？學生受教權益？教師任課意願？當這些項目面臨衝突時，應以何者為重？

046　學生活動與教學正常

美麗國小具有許多學校傳統。長期以來，全校老師基於肯定這些傳統

的教育價值，大家都願意配合協助，維護這些傳統的學生活動。

然而，這些傳統學生活動進行的過程，卻也產生價值取捨的兩難。美麗國小的傳統活動主要是在班級長跑、籃球鬥牛、田徑對抗賽這些運動項目。三項活動進行的時間大約維持一週。

在一整週的時間內，全部體育老師必須全程安排代課，對於體育老師任課的班級學生造成的影響為體育課不能正常上課，因為學校無法同時找到多位體育代課老師，因此只好安排級任老師代課，難免會造成體育課程無法順利進行的情形。

班級長跑是全校性，每一個小朋友都要參與的活動，體育老師主要負責計時工作；而籃球鬥牛，體育老師主要擔任裁判工作，但籃球鬥牛比賽僅五、六年級參加，每班六位選手。

關於這項活動，雖然學校體育老師，尤其是籃球隊教練，非常肯定這項活動的價值，但是卻因此而耽誤到眾多學生體育課的正常上課，加上體育老師都是團隊老師，經常帶團隊出去比賽，而必須安排代課，因此引起這些任課班級學生的抱怨，覺得他們的體育課「很多沒上到」。

為了團隊活動，少數學生活動與正常上課面臨衝突時，哪一項為重？何者該被維持？何者該被犧牲？是否有兩全其美的辦法？學校安排的代課老師，理應按照原科目、原課程上課，但是體育老師的代課難尋，且在眾多體育老師必須安排代課的情形下，只能央請級任老師代理。

而現實情況為，級任老師課務與級務已經很繁忙，如果願意協助代課，教學組就已經「要偷笑了」，又怎敢開口，要求級任老師一定得上原來的體育課呢？在這種情形之下，學生上體育課的權益勢必被犧牲，應該如何處理？

047　尋找課程對話的時間

隨著九年一貫課程的實施，學校本位課程成為學校教育的主流意識。雖然標榜課程鬆綁與增權賦能，但是學校教師在課程政策制訂之前，並沒有參與許多意見在其中，課程實施後也有許多規定必須照著做。

　　所謂增能賦權，其實隱含了許多不確定性與不了解。教師必須先釐清九年一貫課程的許多觀念，許多技術性問題也不得不先解決。

　　因為課程實施在即，理想與現實的落差必然存在，基層的老師其實沒有太多時間去了解根源性的問題，因為馬上面臨的其實是「怎麼做」的問題。對於不懂的，只好做中學。

　　例如，老師們也許並不清楚為什麼美勞與音樂硬要湊在一起，稱為「藝術與人文」，擺在眼前的是學校沒有藝術與人文的老師，只有音樂老師與美勞老師，只好兩種性質的老師，平均分攤三節課。以前美勞三節、音樂兩節，相安無事。現在，共用三節，如何協調？如果要協同上課，如何協同？

　　又如數學課，硬生生僅剩四節，又要補救教學，又要課程銜接，要怎麼做？這些問題，在做之前，其實都需要老師們先談清楚了，才能按部就班，各就各位。

　　理論上，課程對話需要涵蓋課程發展的整體，包括課程探究、課程設計、課程實施與課程評鑑。然而，教育現場的老師所面臨的問題是：哪來時間？學校每週一次的教師朝會，光是事務性報告，就每次都超時，哪裡還有課程對話的時間？

　　原則上，學生在，老師一定要在。學校老師無法利用學生上學的時間，進行課程對話。一、二年級老師可以利用下午時間進行課程對話，三、四年級也有一個下午的空堂時間，但是高年級老師則無此時間，學校應該如何克服這個問題？

　　全校教師一起進行的課程對話時間，應該選在何時最為適當？一般而言，週三下午是最適當的時間，但是週三下午也往往排定許多既定的行事，例如學年會議、法治會議、防火防災講習、教室布置觀摩、家庭訪問……等等。可以利用為課程對話的時間當然也有，只是這樣就夠了嗎？利用學生放學的時間，是否妥當？如何取得全校老師共識，是一個大問題。

048　越區就讀

大大國小因屬於重劃的新社區，外來人口及地下工廠特別多，因而學校越區就讀情形較為嚴重。大大國小的丁校長乃屬初任，其剛正不阿、依法辦事的嚴謹作風，全校教職員早有所聞。大家對其交辦的事情，莫不戰戰兢兢，小心處理。專制的行事風格，也使人人見之如遇鬼神，敬而遠之。

正巧鄰近學校有一名學童，於放學途中發生意外事故身亡。調查結果，該生乃因越區就讀，通勤候車時，造成此一不幸事件。有鑑於此，縣政府特別行文各校，調查越區就讀情形，並疏導防範，以減少類似意外事故再度發生。

丁校長一接獲公文，立即召開會議，要求教務處認真督導，嚴格執行。凡大大國小學生設籍於學區內，但其居住處所卻在學區外者，一律辦理轉學手續。執行不力之教師，一概以行政處分。此一決定造成許多家長譁然與反感，而丁校長卻以這是上級規定，學校只能依法辦事，一一推拒任何關說。

關老師乃六年級導師。班上張姓學生品學兼優，正是越區就讀生。父母親上班之工廠位於學校附近，放學之後，張生均在工廠等待父母下班，一起回家。校方此一決定，造成張生及其父母極大的困擾，張生父母遂與導師關老師商量，能否通融，讓其繼續就讀到畢業。

關老師向教務處反映此事，請示結果是不可存有特權，需一視同仁。基於家長再三請託，以及基於深厚的師生情誼，關老師允許私下幫忙，假轉學瞞騙過關。但紙終究包不住火，消息走漏，傳至丁校長耳中，決予嚴懲。該年暑假，關老師即遭受行政調動處分。

049　學區調整的問題

淡水鎮因為都市計畫規劃的關係，有四所學校彼此相距不遠，雖然學區每年召開學區協調會，清楚劃分各校學區，但是彼此之間的距離不遠，交通脈絡緊密相連，家長如果想要選擇孩子的學校，只要家長戶口遷移到

該校的學區，就可以轉學到另外一所學校就讀，這種賦予家長自由選擇的學校選擇權的實現，對於學校的經營者來說，是一種非常大的壓力。

美美國小建校已有 80 年，依原先的規劃，未來將會併入鄰近的一所國中，但是因為地方人士及校友群起反對而作罷。因為地理位置先天不良的關係，該校所分到的固定學區僅有三個里，每年固定學區的學生人數僅有三、四十人，必須仰賴距離較遠的自由學區學生才能維持學校發展。

在 1996 學年度以前，該校的班級數年年下降，形成學校經營者莫大壓力，然而在學校經營者的努力之下，該校從 1998 學年度起班級數逐年增加，從 1997 年的 18 班增加至 2002 學年度的 28 班，這樣的增班趨勢引起鄰近學校的關注，尤其鄰近的一所歷史悠久的老學校班級數節節下降，這樣的趨勢對於學校經營產生莫大危機感。

2001 年春天，一年一度的學區協調會又到來了，該歷史悠久的學校便提出調整學區的要求，希望能將美美國小的自由學區大半劃為該校固定學區，以求維持該校班級數的穩定。

消息傳來，引起廣泛的討論，美美國小主事者便面臨一個兩難抉擇：究竟鄰近學校情誼的維護重要？還是學校的未來發展重要？此一兩難構成了非常大的困擾。

為了維持學校相互之間的和諧，美美國小初步的決定是尊重該校的提案，不表示意見，未來將以努力辦學來爭取家長的認同，維繫學校的發展。但是為了避免日後的困擾，依照過去調整學區的慣例，希望能夠取得變動里的里長首肯，以避免將來不必要的困擾。

召開學區協調會的時候，大致上依照先前大家的協議辦理，地方人士也都沒有反對意見，可是有一個重要大里的里長未到場，當時的結論是按照協議辦理，可是要學校自行找該里長協調，如果該里長沒有意見，便可依照協議來報縣府核定後實行。

事後學校便設法找該里長溝通，但是該里里長經過詢問里民意見後，許多里民反應，由固定學區轉變成自由學區有很大的不便利，所以希望能夠維持現狀。最後這個案子就不了了之。

050 教師的成長－親師關係的案例

　　大大國小是一所市區大型學校，學區內家長的社經水準頗高，有不少醫師、企業家及商業區的經營者，所以校風開放，家長對學校教育也有頗高期望。學校在學期最後一天發成績通知單，並舉行結業典禮後放學回家。但隔天上午就接到教育局長官電話，有家長對大大國小教師投訴，請學校妥善處理。

　　其後家長會長來電，也表示有家長對老師管教表示不滿，希望學校能有回應。家長會長並說明該家長原向家長會申訴，請會長代為要求校長及老師說明。會長認為校長認真校務，一定會妥善處理，建議家長直接向校長申訴。

　　蔡校長當即聯絡學生家長及級任教師，擇期在學校見面商談。學生家長江先生、江太太兩人都是三十多歲、事業有成的上班族。家長不願說明是什麼事情，只推說見面再談，一切就清楚了。家長揚言，事件如果沒有得到滿意的答覆，要向新聞界投訴，請其發佈新聞，同時也向教育局投訴抗議。

　　該班巧巧老師擔任中年級級任教師多年，有 20 年教學經驗，教學上對自己的做法頗為固執。校長事先詢問巧巧老師，有無不當的行為，老師很篤定認為沒有缺失，也同意見面會談。很快地敲定在第二天下午，家長及老師雙方到學校校長室會面。

　　第二天下午，學生家長兩位、教師及校長共四人於學校校長室見面。氣氛略顯尷尬，由校長先介紹雙方，說明學校為國家執行國民教育工作的機構，並受父母的託付教育學生，培育學生完成國小教育的學習，家長和學校是學生教育的合夥人。校長並向家長探詢問題所在。家長拿出成績通知書，上面的德育成績為丙等，先請教老師為什麼是丙等，表情略顯激動。

　　巧巧老師向家長說明，強強為家中獨子。父母對孩子採開放式的管教態度。自小因獨子受到寵愛，所以個性不但好強，且對老師的管教方式不能接受，造成上課秩序上的困擾。學生在校有種種不良的表現，而且不聽管教，所以評給丙等。

家長對子弟在校情形不了解，因父母均為中級主管的上班族，高學歷、高社經地位，對孩子採開放式的管教態度。因工作忙碌，對學生在校情形不了解。對小孩子所說的話均信以為真，沒有和老師聯絡。

家長又追問，為何學期中未見老師和家長聯絡，而且聯絡簿上也隻字未提？老師辯稱，親師懇談會中未見家長出席，所以無法告知學校情形，也曾要學生自己向家長說明。家長也提出老師種種體罰的問題。至此雙方爭執已經僵化。

校長從中調解，了解巧巧老師未能與時俱進有失落感，過去因勤教嚴管，頗受家長好評。近幾年來，卻每每因管教學生處罰問題，引起親師之間的問題，由名師變成了問題老師，使當事人有很大的挫折感。因此校長並不苛責老師，而是以學校首長的立場承擔。

校長先就此事承認學校的疏失，並且由於這件事的發生，使得學校和家長更了解學生，對學生將來在學校的生活應當會更有幫助。校長並肯定家長來校探究問題的精神。

由於這件事例的提醒，校長保證日後不會再有這類未能事先通知的事情發生。而老師對學生也是基於恨鐵不成鋼，所以才會嚴格要求，出發點還是愛學生的。校長並留下家長的公司電話號碼，以方便日後聯絡，交換訊息。

經過校長的協談，雙方氣氛和緩，相互之間可以對談。結束時巧巧老師也自發地說出抱歉的話，雙方在互相了解的情形之下結束，事情圓滿落幕。校長於會後再和巧巧老師商談，柔性勸說，希望能體諒現代父母的心境，調整教學方式，並改善師生之間的關係及態度。

051 醫生家長抱怨老師沒有愛心

開學一個月了。有一個一年級的家長影印了老師在聯絡簿的一句話來要求校長要換班。他的理由是：「老師沒有愛心。老師居然在聯絡簿裡寫我的孩子是沒人管教的孩子。我是醫生，而且我還不只是醫生，是醫學院的教授。

為什麼我沒有愛心？你們學校有老師是我的病人，我不能忍受。是這個老師一點愛心都沒有，不是我沒有管教我的孩子。所以我要求要更換老師。」面臨這種情況，問題要如何處理？校長要不要答應？這其實是學校常常發生的問題。

面對這個問題，毛校長決定用延宕的方式來因應。毛校長告訴這位家長說，他要先瞭解實際的情形，等他瞭解情況之後再來做決定。然後毛校長就去瞭解情況。當然老師在這個時候，他是不會願意受到任何指責的。

所以毛校長就從旁瞭解，這位老師很認真，所以當孩子作業寫不好的時候，或是把作業簿弄破了、撕破了的時候，老師就很生氣的說，家長是不是沒有把孩子管教好。

這位老師原本並不知道這位家長的背景。後來老師知道了這件事情以後，他也很懊悔，他也知道自己講了太嚴重的話，希望大家給他一次改過的機會，希望孩子不要因為這樣的事情就換班，不給老師留一點情面，好像他真的做錯了。

這件事情就這樣擱著。大概過了兩個禮拜，毛校長都沒有回他電話，那位家長忍不住了，就透過去看病的老師回來傳話說，校長怎麼還沒有給他回電話。看病的老師回來跟毛校長講了之後，毛校長才打電話給這位家長。

毛校長跟他說：「童醫師，我去教室看你的孩子，你的孩子跟同學相處得很好啊！」童醫師說：「對呀！我的孩子回來都會跟我說，他跟某某同學在一起。」

毛校長說：「對呀！孩子在班上好像適應得很好，很喜歡這一班耶！」童醫師說：「對啦！孩子是很喜歡同學，很適應這一班。」毛校長就說：「那麼你還要換老師嗎？」童醫師說：「可是這個老師沒有愛心呀！」

毛校長說：「這位老師喔，我有跟他瞭解了。他也許在開學的時候，因為一年級的學生很亂，他也很急，他情急之下，寫字或說話難免就比較口無遮攔，講話就比較難聽，可是他也說他沒有那個惡意，他希望家長能給他機會，給他表現一下。」

然後毛校長就說：「其實孩子在這個班適應得那麼好，跟同學相處得很好。如果要換一個班，對孩子是另外一次傷害喔！」後來童醫生看在孩子已經跟同學相處得那麼好的份上，同意不換班。後來這個老師對小孩子也特別小心，也就沒有換班。

052 我的老師又老又兇

開學了，學校照例又是一陣大搬風。小玲升上了三年級，這一班換了一位新老師，他是夏老師，大約五十幾歲，瘦瘦高高的，面無笑容。開學第二天，夏老師要同學們把風琴搬到低年級。好重啊！學童們剛從二年級升上三年級，搬風琴都搬得喘不過氣來。

同學們嘰嘰喳喳的，邊叫邊搬，回到教室當然也是鬧哄哄一片。夏老師來了。破口大罵：「我教書30多年了，也沒有教過這麼吵的班級！」頓時全班鴉雀無聲，不敢再吵了。大家心裡想：「老師好兇喔！真衰！」

不一會兒，夏老師又走了。或許是去處理事情吧！反正沒有課本，大家又兩個月沒有見面了，便又忍不住地大聲聊起天來。大家說話愈來愈大聲，甚至有人跑來跑去，追來追去。夏老師回來了。又是一頓訓話。同學們有人嘰咕著：「哼！還是我們以前的老師好。又年輕、又容易相處，也不會罵我們罵得那麼兇！」

開始上課了。同學們好不習慣。以前都有發表和分組比賽，贏的同學老師還會獎勵，秩序好的，也加蘋果，得五分還有獎勵卡，現在都沒有了。

不過有一個好處。夏老師會把習作的答案抄在黑板上。以前的老師都不讓同學們抄。她說自己想的才棒。夏老師說我們是全校最吵的班級，真的是這樣嗎？而且夏老師每次給的作業都好多好多，每次都寫得頭昏腦脹。

同學們都很想念以前的邱老師。下課時大家都偷偷跑去找她。有一次同學們又被罵了，大家覺得好委屈，真想換班。大家去看以前的邱老師，回來就抱在一起哭了。

不久小美和大明都轉學了，因為夏老師不喜歡家長到學校來。回家以後，小玲告訴爸媽：「我很不快樂！」小玲的爸媽和很多同學的家長聯絡，也都說孩子不快樂，希望換老師。大家希望學校把以前的邱老師找回來教小孩子們。

這一班家長因為有很多位學生對新來的夏老師有不良反應，因此就聯名起來，要請校長撤換老師。家長打電話給小孩子二年級時的邱老師，告知其發生的種種事情。邱老師勸家長們稍安勿躁。

邱老師對家長們說，夏老師只是教學方式不同，並無大錯，學校立場是不可能換老師的。各個老師教學方式不同，孩子如果能多多適應不同個性的老師，對他們未嘗不是一種磨練。希望家長們多多給孩子鼓勵，安慰孩子，慢慢就能適應了。

053　教師帶班能力不足　引發親師衝突

新學年開始，剛從外縣市調入的三年級級任教師裘老師，由於班上特殊兒童的輔導問題，衍生出一連串的親師衝突。

七月中旬，裘老師經由外縣市互調作業，即將進入台北市服務。根據相關規定，裘老師必須經過新任職學校的教評會審查通過後，始能正式調入新學校服務。

裘老師以在原服務學校參加球賽，足部受重傷與腹部開刀尚未痊癒為理由，向學校請病假，並提出齊全且服務成績優良的書面資料供審查，以證明她的專業與績效，同時表示有能力和意願，擔任中年級的級任老師。教評會通過了她的資格審查，該師順利調入新校服務。

接著，學校邀集相關教師研商級務安排與學生編班事宜。裘老師除了以相同理由繼續請假，並表示希望擔任中年級的級任教師，其他事宜則遵照學校原有規則安排，她無異議。

職務安排後，裘老師如願擔任三年級的級任老師。編班時，裘老師的班上與其他班級一樣，均分配了特殊兒童，編在該班的是一位輕度過動和學習障礙的小朋友。

開學之前，教務主任曾把小朋友的概況告訴裴老師，讓她了解如何教導該生及經營班級的要訣。

但是，在全校舉辦親師座談會當中，該班多位家長一起找校長，表示在座談會中，經由老師說明，知道孩子的班上有一位小朋友將會嚴重干擾他們子女的正常學習，要求校長把該生改編到他班。

經過校長說明之後，家長們頗能體諒學校的處理原則，和維護該生的受教權，也願意和校長、主任一起協助老師。

事隔半個多月之後，家長仍然要求該生離開該班，且夾雜著更換級任老師的聲音。校長、主任們於是再請裴老師商談，深入了解她的困難，並分頭提供更多的支援與協助，甚至進入教室進行教室觀察，給予裴老師直接的協助，希望儘速幫助老師進入狀況，順利地帶好班上的孩子，以免家長擔憂。

然而，裴老師卻多次表示她已盡力，還是拿該生沒辦法，希望學校同意將學生調到別班，以免干擾她的教學，同時抱怨班上頑皮搗蛋的學生太多，她實在無法管教。

學生家長則由一位內科主治大夫領軍，從「醫學的專業」角度，強力要求該生必須隔離教學，更與其他家長聯合起來，挑剔老師的教學與班級經營能力，使得老師的教學能力受到家長嚴厲的質疑，而該班的親師生關係也持續惡化。

校長、主任們多次陪同裴老師與家長座談研討，共同尋求對策，裴老師還是得不到家長的認同與支持。親師間的不信任日益加深，學校更耗費相當多的人力與時間來處理親師的衝突，甚至邀請視導督學到校，協助進行長期的觀察輔導。

但是，對於老師的教學能力和班級經營策略的不足，家長不願意給她時間，不讓她繼續教導該班。最後，在彼此各退一步的情形下，才暫時平息爭議。

054 家長不滿兩位老師的班級經營及教學方式

　　某一年，美美國小由於教導主任（兼辦人事）通過校長甄試，必須到板橋教師研習會儲訓十週。校長要鍾老師暫代教導主任之職，督導教學事務。由於剛好有兩位老師的班級經營方式，一直讓家長有所怨言，鍾老師接任代理教導主任之後，便試圖主動瞭解這兩位老師的問題。

　　兩位老師之一的江老師的班級經營方式，係採放任式管理，一切級務皆未處理，要學生自我約束。江老師的授課方式亦然。他只提示重點，其餘要學生自習，遇到問題再到辦公室問老師，可說完全未盡到教師傳道、授業、解惑的職責。

　　另外一位老師崔老師，其管教與教學作風則和江老師完全相反。他的級務工作事必躬親，不假手他人。學生作業與及學生在課堂上的聽講儀態，均有一定的規定，就連學生抽屜內物品的擺放，也有一定的標準。

　　學生如果達不到崔老師的要求，一律罰勞動服務。若達到要求，則給予小獎勵。由於要求嚴格，絕大多數學生都因為無法達到要求而受罰。

　　突然有一天，崔老師這一班十多位女學生，因為不滿崔老師要求太嚴格，而罷吃學生午餐。學生家長獲知後，立即到學校表示抗議，並聯合江老師班級的學生家長，要求學校撤換這兩位老師。事發之後，校長、教導主任與幾位資深老師負責與家長溝通，並請兩位當事老師與學生個別做口頭報告，表達對此事之看法。

　　經過溝通之後，江老師保證改進自身作為，並請教導主任按日巡查其教學。另外一方面，崔老師自認沒有過失，只願意減少處罰學生次數，對於要求嚴格一事，拒絕道歉。由於大部分家長於協調會中同意此事之改進措施，此事之後續即交由代理教導主任鍾老師全權處理。此事件乃告一段落。

　　不料原教導主任結束校長儲訓返校之後，卻聽從部分家長建言，聲稱江老師與崔老師級務管理及教學方式不當，乃是原任教導主任任內之過失。原任教導主任若未「妥善」處理，這些家長無法接受，將會告到教育

局，讓這位具備候用校長資格的教導主任，未來派任校長時受到影響。

　　基於這一批家長的要脅，原任教導主任堅持將原來代理教導主任的處理方式否決。基於原任教導主任的堅持，校長立即撤換江老師為科任教師，並通知崔老師新學年開始時，將不再續任原班級之級任，並希望崔老師主動提出要求，更換為中年級級任，以保住自己顏面。

　　回顧此事件，美美國小校長寧可捨棄先前全體教師代表所組成之協調小組與家長代表之協商結果，卻僅聽從準校長（教導主任）片面的堅持意見，顯然有不當之處。

　　尤其是於學期之中，撤換高年級級任老師，由於該班的秩序原本就很難掌控，新的級任老師受制於家長的壓力，勢必難以導入正軌。而崔老師平時要求嚴格，堪稱是負責的好老師，卻因為家長寵愛孩子而提出無理要求，使得崔老師成了犧牲者，對於崔老師本人及其他老師的士氣，不無負面之影響。

055　群體家長逼退老師

　　有一個案例是群體家長來敵對老師，這是一個代課老師，可能就是學生的訓輔、教學方面都不是很成熟，跟學生的關係不是很好，他不是有意的不好，可能是人格特質本身的關係，跟家長也沒有很好的溝通。

　　有一次呢，不知道為了什麼事，整群的家長到學校來，要求更換老師。這個問題對學校來講，是一件必須要謹慎處理的事情。

　　第一個，假如真的是如家長所敘述這些訓導不當的問題，而且親職溝通又出現障礙的話，家長當然覺得這樣的老師讓他們很傷腦筋，所以要求更換老師。就老師的立場來講，他覺得他是非常認真地來教導這些學生。今天遇到這樣的一種挫折，他覺得非常難過，這是老師個人。

　　就學校的老師同儕來講，他們在看學校要怎麼處理這個問題。假設今天學校屈從於家長的要求，把老師換掉的話，我想，整個老師這個團體會有一個相當大的反彈，會覺得這個校長完全沒有擔當，完全聽從家長的要

求，屈從於家長的威脅，這樣對教師團體就是一種傷害。

當然，在這個衝突點上，校長需要比較謹慎地處理。後來，校長就想：「要怎麼辦？」教務主任找家長會長去跟這群家長溝通了幾次都不得要領，沒什麼效果。當事老師更不用談，跟家長已經沒什麼話可談。家長就是非要他走路不可，已經到了這樣水火不容。

後來校長就召集這些家長來開會，聽聽他們的陳述，看看他們的意見是怎麼樣。結果在會場中發現有很多參加的家長其實都是很熱心的家長，過去對班級也好，對學校也好，都是相當支持的一群家長，基本上判斷並不是無理取鬧，也不是太大的私心。

經過研判之下，應該真的是面臨到相當大的困擾才會提出更換老師的要求，可能已經忍耐很久，而爆發出來的一個現象。

校長當然在各種會議上經歷過很多這種來往折衝，但今天開會已經談了兩、三個小時，好像也沒有什麼結果，家長還是堅持一定要更換老師。後來，校長就說了一句話：「各位，你們的用心我們都知道，但是現在學期已經過了一半以上，現在換老師對學生來說不是很好，我們老師的教導不當，校長需要負起很大的責任，因為我們沒有把我們的老師輔導得很好。

不管怎樣，不管是老師多大的不對，或是家長對老師的誤會也好，不管怎麼樣，讓大家造成一種不愉快，我有責任來承擔這樣的問題。不過，假如你們願意信任校長的話，是不是可以讓這個問題不要馬上有這樣的僵局，是否能夠讓老師有一段時間再來嘗試看看。

假如還是有問題的話，我們再來處理。距離學期結束大概剩一個月的時間，大家再互相適應看看，我們等一下請老師表達一下自己的意見，假如沒什麼問題的話，就請大家信任校長一下，信任我一次，共同把問題解決。學期結束，我們再來處理得比較圓滿一些。」

後來這個老師也表示願意改進他的教學與輔導方法，像以前發生的問題不會再發生。家長後來也同意了校長的建議。這個問題到學期結束以後，老師也離開學校了。他自己也覺得有很大的困難，因為他是代課老師，時間到了就自動離開。後來家長也沒有繼續來困擾學校，繼續為難。

其實他們是從校長的立場來看，因為校長來到這所學校服務已經好幾年了，大家覺得校長是一個受大家尊敬的教育工作者，聽校長幾句話，暫時把問題緩一緩，這也是一種暫時解決問題的方法。所以，一個校長的形象，大概也是很重要的。假設家長願意敬重校長的話，很多關於老師的問題就能夠大化小、小化無。

第 4 章
校長的領導

056　新校長新作風

當一位校長接任一所處室主任不和、辦學績效不彰、行政與教師對立的學校，校長要如何設法改變學校氣氛、提升辦學績效呢？

蔡校長於寒假調任一所位於文風鼎盛的行政區內的學校。上任前曾有熟知該校生態的好友，告知蔡校長該校一些不太合常情的現象，請蔡校長做好心理準備。

二月一日交接當日，蔡校長原服務學校的同仁和家長浩浩蕩蕩地僱了遊覽車，一路興高采烈的歡送蔡校長就任新職。交接典禮在蔡校長接任學校的教師辦公室舉行，會場上除了擺滿祝賀蔡校長上任的各式盆景之外，只在黑板上懸掛一面不太端整的交接典禮紅色布條。

典禮進行中，只見總務主任一個人在會場上穿梭，擔任司儀、傳遞印信、遞送麥克風。典禮進行時，所有的工作幾乎由總務主任一人全數包辦，讓接任的蔡校長和許多貴賓感到奇怪：「一所四、五十班的學校，校長交接工作怎麼會是總務主任一人的工作呢？」

上任後，蔡校長費心觀察，並透過各種方式了解學校的人、事、物，很快地蔡校長就看出端倪，而影響行政效率不彰的最大原因是處室主任各自為政，誰也不服誰。除了爭功諉過，還有互扯後腿的情形。

而有關前任校長私生活的風風雨雨，以及任內所發生的一件校園學生意外事件，處理得不甚圓滿等，不僅讓教師看笑話，也是行政與教師嚴重對立的導火線。

開學後，甚至有老師在校務會議中公開問蔡校長：「校內年輕漂亮的女老師很多，校長是不是也會對這些女老師另眼看待？」蔡校長也嚴肅慎

重地向全校同仁表示，請大家擦亮眼睛，仔細看他怎麼經營這所學校，也希望大家攜手合作用心教學、用心處理學校行政事務，爭取家長更多更大的支持，提升學校整體績效。

舉例來說，學校在第二學期有許多重大活動需要陸續展開。首先，必須面對的是四月份的校園美化綠化評鑑。放眼望去，校園花木凌亂未修剪，操場中兩塊半圓形的草皮也光禿禿的。

一時之間，更沒有經費可以改善，怎麼辦呢？在某個周三下午，蔡校長換上運動服，親自帶領男工友動手栽種草皮，並徵求同仁一起種植。經蔡校長鼓勵之下，竟然有多位男老師熱情加入栽種行列，大家邊種邊聊天，只花兩、三個小時的時間，就已經把兩個原本光禿禿的半圓草皮栽種完成。

大家雖然都汗流浹背，卻拉近了彼此的情誼，增進了彼此的了解。經過兩個月的悉心照顧，草皮成長良好，原有花木也在工友修剪之後，變得花木扶疏。最具體的是美化綠化評鑑成績頗為優良，對蔡校長的領導，學校同仁和家長們真的刮目相看了！

自此之後，校園中原本互相掣肘的主任似乎收斂了些。行政與教師之間的氣氛好像也稍稍緩和了。最值得一提的是，往後四、五年，蔡校長把該校經營成為額滿的明星學校，更成為團隊效率極佳的高效能學校，為學校創造許多獲得上級認同與肯定、信任的機會。

當蔡校長如願調任他校時，又一次受到師生與家長的熱烈歡送。幾年下來，蔡校長與該校家長、教師仍保持密切聯絡，並且共同分享許多教育資源，當初接任的辛苦早已拋到九霄雲外了，而回憶起來則更覺美好。

057　新官上任

一個百年老校，對於校長的交替、退休都沒有放在心上。可是每一任校長都有他的看法和想法，在這一個百年的學校裡，歷任校長都有一個共同點，就是對教職員工的要求，採取較為放任的態度。不是他們不管，而是校長到了這裡，一方面學校太大，另一方面已剩下幾年就可退休，在這

裡是德高望重、關係良好的「大老」才能調到、派到。

　　全校教職員工過慣了這種生活，也可以說延續這種日子已久，但是新任校長卻一反常態，雖然年紀不算小，卻精力充沛，把學校當家，一天從早上七點到校，要到下午六點，甚至晚上十點才下班。更有甚者，常常有事要主任、老師留下來一起開會，一件事情開會三次不算稀奇。

　　除了非常注重整潔外，新校長對學校也有很多創新，尤其是在美術方面，更是天才中的天才。但他對部屬除了交代工作或公務上的接觸外，很少接近部屬。他尤其強調「沒有距離就沒有領導，有距離才有領導」的原則。

　　在這個學期，蔡老師為了不做校長的代理總務主任，校長把蔡老師排成他最不熟悉的音樂科任，把好好的級任老師交給一位從沒有教過課的代課老師，蔡老師也只好努力去準備教材。校長非但如此，還大力的說要改善教學，所以親自制定了許多改進教學的計畫，交由教務處執行。

　　可是等到教務處將此計畫及實施辦法要求教師們配合實施時，幾乎百分之九十五以上都對此事抱著不同的看法，有的甚至杯葛，有的甚至把該計畫丟到垃圾桶裡，有的卻不願意配合，有的認為沒有什麼意義。產生上面諸反應的原因是實施這個改進教學計畫時，老師們要增加非常多的工作負擔。

　　　除了每任教一科目即需擬定該科從第一課至最後一課的教學大綱外，另外每上一堂課還要擬定該堂課的教學計畫，而一位老師所任教科目都是好幾科，時間又短暫不夠，因此造成了心理上無限的壓力。

　　校長還有一個特色，喜歡今天上午下令，下午就變，是一個善變的人。一個老師辛苦佈置教室，忙了兩個星期，一大早被他撕了下來，還當著學生破口大罵。

　　新官上任，老師無言以對，只好紛紛調校，以自掃門前雪，眼不見為淨。

058　螺絲掉滿地的學校

　　這是一所靠近某縣六大縣轄市的大型小學，位於新興的工業區旁。因為人口急速成長，所以學校學生也膨脹得很快，不到兩、三年的光景，學生班級數已經超過 100 班以上了。因為學生多了，當然教師也增加了，教室也不足了，所以學校也加緊趕工加蓋教室。

　　第一次到這所學校參觀，時間是某年二月寒假中，是為了陪同一位新儲訓主任分發而拜訪校長。校長住在學校內的校長宿舍，剛踏入校門，莊校長很懷疑這是一所學校，因為校園內各種房舍破舊不堪，整個校園就像一座丟棄很久的廢墟，這怎麼可能是一所學校呢？

　　莊校長很懷疑。但這裡的確是一所國民小學。因為新儲訓主任能分發到距離市區不遠的學校服務是一種福氣，所以學校雖然破舊，新主任當然要爭取，同時也必須取得校長的同意書。

　　2 月 22 日早上 7:20 分，學校開學了，新主任也來到學校準備上班了。但學校除了部分學生到校之外，並沒有見到導護老師，教室也未開門，連教師辦公室的門也沒開。

　　新主任不知道要到哪裡去？7:50 分，終於有人來開門了，也有老師到學校來了。找到了教務主任蔡主任，經過自我介紹，蔡主任告訴他，學校剛剛開學，不用那麼早到學校來，八點開教師早會，來得及就好。

　　新主任心裡在想，學生到校，學校可以沒有導護老師嗎？難道老師都不用早一點到校照顧早到的學生嗎？這到底是怎樣的學校？8:00 到了，教師辦公室也只有幾位老師在場，連校長也還沒有來，怎麼開早會？

　　好不容易開會了，校長介紹了新主任，熱心的訓導主任鍾主任也幫忙安排了座位，新主任好不容易有個地方可以休息和坐下來辦公的地方。接下來學校舉行開學典禮，校長簡單的介紹了新來的主任，也公佈了部分老師的新職務，並請老師到班級處理級務。教務主任亦宣佈，九點三十分放學後，召開校務會議，請全校老師參加。

　　9:20 分，全校開始放學，其實導護老師尚未宣佈，學生已經開始自由回家了，因為部分老師根本不理會學生，只在乎和其他老師聊天，敘說寒假期間的趣事。新主任在這段期間，也漫無目的地到處閒逛，所看所聞有如劉姥姥進大觀園，每一件事物都是那麼新奇，和以往他所服務的學校都不一樣。他不禁問自己，怎麼縣內有這樣的學校？

　　9:30 分，他進到教師辦公室，等待了一陣子，校務會議開始了。教務主任宣佈，因為校長身體不舒服，無法參加會議，請老師依學校以往的規定，到校服務，如果大家沒有任何異議，散會下班。這次，新主任真的愣住了。他只好開著車，回到他上學期服務的學校。

　　校長問說：「您怎麼不去上班，跑到這邊來幹什麼？」新主任說：「我下班了！」校長說：「你們那邊比較輕鬆，不要動不動就回到這兒，影響我們老師上課的情緒，知道嗎？」新主任也沒辦法，只好回答校長說：「今天我等太太一起回家，明天開始我會在新學校等。」

　　新主任很快適應了新學校散漫、無制度的上班生活。他在校期間，又看到了很多不可思議的事。例如：校長夫人（亦是學校老師）經常沒來上班，很多位老師經常到校長宿舍內打麻將，教務主任兼差開計程車，訓導主任經常參與救國團的活動，總務主任到校看完報紙、吃完午餐（11:10分左右）就不見人影。更奇怪的是，當地家長很少對學校有意見。

　　據新主任的了解，在最近這幾年，學校學生數膨脹太快，而家長大部分是中南部移民，只要孩子在學校內沒有發生事情，通常不會過問學校的教學情形，縱使有反應，也得不到滿意的解決，久而久之，就沒反應了。也因此，學校就成為中南部教師北調第一志願的學校，本地老師服務的天堂。

　　學校服務情況雖然不理想，但是新主任還是盡其所能，推展工作，盼望對學生及教師提供一些幫助。經過一個學期，新主任已經熟識全校老師，但相對的，學校教師大大小小的事都要問新主任。

　　當然，新主任也在權責範圍內做出一些決定。時間很快又過了兩年，學校一切均平安，雖然學校有工程在進行，也沒有特別的安全措施，學生也經常在工地穿梭不息，但也沒有發生任何大事。

　　雖然如此，可是學校的狀況，教育局早有耳聞，所以在暑假時更替了校長。原校長被調往更偏遠的小學，但他不願意上任，亦拒絕搬離校長宿舍。新校長到任後，很有使命感，因為住家離學校太遠，又沒宿舍可住，只好住校長辦公室。

　　因為新校長太盡職了，希望一切按照縣府有關規定辦理，老師一時適應不良，而反彈聲四起。一會兒是向縣府告新校長官商勾結，貪污、瀆職。一下子那邊告調查局，合作社經營不善、午餐廚房圖利校長等，讓新校長應接不暇。

　　在這期間學校又發生一件大事，學校工友利用週六下午強暴了一位二年級下午班的小女生。這真是一件大事，前任校長經年累月，不管校務，卻可平安度日。新校長認真負責，不只沒有收到成果，卻麻煩一大堆。

　　新校長和新主任原先既是舊識，但可惜的是新主任幫不上任何忙，因為新校長並不信任他，很多建議新校長並不採納。

　　但新主任也和往常一樣，上他的班，做他認為該做的事，學校的其他事，只要不是他業務的，一概無法參與意見。學校發生了這麼多的事，日子也一樣要過。新校長很辛苦的應付學校老師，一方面整頓學校，也把犯罪的工友移送法辦，也經常跑調查局接受調查。一年之後，學校很多老師請調了，新主任也請調了，回到原先服務的學校擔任主任的工作。

　　這位新校長四年後任期屆滿，自動申請調校服務，離開了這所學校。

059　領導力有問題的校長

　　張校長是一名女性校長。經過校長儲訓之後，原來分派在一所勇類學校服務。因為稍有表現，蒙上級賞識，而調升到仁類學校。她滿懷熱忱，一股幹勁到新學校上任。

　　上任不久，她就發現學校校務雜亂，主任與教師之間結合成兩大派系，彼此勾心鬥角。較大的一派把持校務及合作社理監事，另一派只能採取不合作的態度，作消極的抗議。這些小派的人把握住新校長上任的機

會，大談苦境，請校長主持公道。

等張校長摸清楚情況之後，為重振綱紀，她削弱了大派人物的權限，重用小派人物。但是問題出在她起用的人並不是能力強、人緣佳的人物。另一方面，張校長又自認是女性，不必也不該與同事或家長多談話或交際應酬，應保持女性矜持而高高在上，終於種下禍根。

校內開始紊亂，同仁不合作，校務無法推展。如此一來，大大引起家長的不滿，對學校失去信心，使得檢舉函滿天飛，鬧得風風雨雨，也驚動了上級機關。在此情況之下，張校長更是心急。她與幾個心腹謀略，採取錄音、查對筆跡、埋伏線民等等措施。

如此離譜行徑更是激怒了大派人員，終於爆發了大派人員與校長正面攤牌。家長在會議上當面攻擊校長，數落校長，弄得場面甚為難堪。張校長深覺人格受損，抱負無法實現，終於請調走路，黯然離開傷心地。

060　處室主任不和

在一個已經邁入常軌的學校，校內的教學及課程安排由教務主任主導即可，而有關學生常規活動或校外競賽，則由訓導主任來規劃執行。總務主任負責後勤支援，輔導主任則負責學生輔導。

這四處主任之中，教務主任及訓導主任是正常時期校長的左右手。如果左右能互相協調、配合，則校長便能專心對外，做好學校與社區關係及爭取經費。否則，如果左右手互相掣肘，學校校務就很難推動。

大大國小教務主任張主任能力非常好，好勝心強，凡事自我本位主義觀念極強，不易與人合作。張主任很會照顧幫他做事的人。校內的活動，如果是由教務處主辦，協助活動的老師，如果在協助時有課，教務處一定會主動幫這位老師排代課。比如說，教務處辦的國語文競賽，裁判老師或是事前布置場地的人，都有公假，亦即由教務處主動安排代課，而代課老師可領代課費。

反之，而訓導處的活動，則大部分由協助活動的老師自行設法，訓導處辦理校內桌球、羽球比賽，裁判及工作人員則得自行調課或找代課老

師。當然會有人向訓導主任反應，而訓導主任也與教務主任溝通過許多次，但是都碰釘子回來。經過數次之後，訓導主任終於忍不住去找校長，請校長仲裁，並希望校長能請教務處任將代課透明化，但是校長卻都不做決定。

因此，教務主任與訓導主任的心結愈來愈嚴重。在上年度的暑假，教務處一位組長因不堪教務主任的霸道及蠻橫，跳槽到訓導處，使得兩處原本就已經極不協調的氣氛，更是雪上加霜。教務主任深感沒面子，於是經常在背後說訓導主任的不是，而且訓導處的活動一概不參加。

去年訓導處辦理全縣成人教育研習。訓導處請教務處為負責籌備研習活動以及當日協助研習工作的老師安排老師代課，又被回拒回來。訓導主任再度請校長協調教務主任，教務主任仍然沒有意願協助，更加深了兩人心中的不平。一個覺得太不給面子了，另一個則認為事不干己，又被人打了小報告，兩人心中皆是忿忿不平。

教務主任長久以來雖然心態獨大，但是因為教務主任握有排班級的權力，教師有求於他，所以都敢怒不敢言，甚至只要是教務處的活動，一定會有一票人主動協助，而訓導處的事，則大家避之唯恐不及，沒有人敢去做。

訓導主任看在眼裡，只是無可奈何。學期終了，訓導主任終於忍不住了，他利用教師晨會，大聲公開要求校長要更換處室主任。此事一爆發開來，眾人皆呆坐在座位上。

061　各處室主任不和

樂樂國小是新創辦的學校，一切設備均非常新穎，教職員也非常年輕。四位主任也都是一時之選，經歷豐富，其中一位還得過師鐸獎。校長也是行政機關特別挑選的青年才俊，大家均認為其辦學績優。學區內的家長很高興有這麼一所現代化學校的設立，都對學校抱持著很高的期望。

開學之前，學校召開行政會議，校長指示學校的發展重點及他本人的教育理念，希望在全體教職員工的努力之下，完成教育的使命。四處主任

在開完會後，也依各處室的工作性質擬定工作計畫。

　　教務主任是創校主任，當學校尚在籌備階段就在學校服務，他也按照學校特性，規劃教務工作，但全校老師有十分之八以上均是服務未超過三年，當然教務工作重點在於老師在職訓練及正常教學的維持。

　　訓導主任是新進人員，他和生教組長勘察學校社區環境，擬定了生活教育計畫，希望把訓導工作做得完善。總務主任亦是籌劃學校時的總務主任，對於校區所有工程，有一份特殊的情感。他也是克盡職責，希望給全校師生有最好的學習環境。

　　輔導主任是學校的新進人員，他依照輔導專業的需求，規劃輔導措施，尋覓合宜的輔導人員，進行學生的輔導工作。在全體教師齊心努力之下，教學進行得很順利，家長也信任學校。

　　經過了一年，因為學校工程一直進行中，校長在很多場合上，經常公開稱讚總務主任，說學校所有的進展，都是總務主任的功勞。總務主任也認為四個主任中，他最辛苦。因此在很多次開會的言談中，就看輕其他處室主任，常常出言不留口德，而校長好像也默認了。

　　在這種情況下，學校慢慢的有一些事情的聯繫就出現一些磨擦，主任心中各自也都不舒服，但亦不願言明。又過了一年，情況好像越來越嚴重，但校長也沒有注意到這些問題，也讓各處室自由發展，只要不鬧上台面，校長就不予理會。

　　目前學校表面上平安無事，每一個人各忙各的。四位主任為了爭取參加校長的甄試，更是暗中較勁，很少有意見溝通，甚至每個人都有一個小團體，把學校分成了好幾個派系。

　　這樣的學校，表面上是一團和諧，又沒有出過大紛爭，重要的行政人員都為自己的利益在打算，你說要怎麼辦？

062　從一封未署名的投書看出處室權責不明

　　壯壯國小是一所位於市區內的大型學校，曾經擁有輝煌的歷史。校長

剛從外校調來，任職不到一年，亟思在新的學校能大展身手，好好表現一番。唯因學校老師平均年齡較大，教學經驗雖豐富，但有些老師，除了班級級務，對於學校其他活動，參與意願不高。

老師與老師之間互動不足，較少溝通機會。該校輔導主任是一具有正確教育理念，且極富專業熱忱的主任，不但樂於助人，工作亦極為投入，常常加班到晚上七、八點才回家。

有一天，輔導主任在輔導信箱內接到一封署名「一群家長及老師」的投書，內文提及校內捐款未依法設立「教育發展基金」，亦有老師利用學校資源，收費進行個人的才藝教學。校內各項比賽，評審不公。某位主任人格及工作能力堪慮，不宜擔任行政工作，希望校方能斷然處理，以免後患。

因為該投書並未言明針對何人，該主任乃於第二天的教師晨會後，邀集各學年、各科教師之代表，告知收到此投書，但並未敘述內容，並請這些教師代表回去轉達給所有老師們知道，校方已經在處理此事（因其署名為一群家長及老師，無法告知家長，至少可告知老師）。

該主任並於會後，即刻將投書呈給校長。校長閱後，僅表示放輔導室存查。但該主任認為投書內容涉及學校校譽，應予處理，乃將此投書，再以簽呈送至校長室，而校長則僅批示要該處室於適當時機提供輔導。但輔導主任認為投書內容無一與其業務有關，不便介入。故校長再指示會各處室，並指示「有則改進，無則嘉勉」。

看了校長的批示，輔導主任心中充滿困惑，對於此投書辦與不辦，陷入兩難困境。辦則會引起其他處室不悅，不辦則違背校長意旨。一封未署名的投書，本可不處理，但若其所述內容有損校譽，或涉及不法之事，是否應予查明，以還當事者清白，或加以改進？

另外，學校各處室業務各有歸屬，校長是否可將不屬某處之業務移轉他處處理？主任可否拒絕？主任的人格及工作能力，由誰來評鑑？用何標準？由誰決定其是否適任行政工作？

輔導主任心中充滿了疑問。

063　處室主任輪調之後　主任彼此之間卻互相推諉責任

　　這是一所中大型的學校，學校的四處室主任，實施輪調的方式。新學期的開始，四處室主任依照就任的順序做了輪調。原先的總務主任和訓導主任對調，教務主任則是和輔導主任對調。新的訓導主任接任新的工作之後，在十一月初，衛生組長接到一份公文，說是市公所補助該校一筆辦理資源回收經費十萬元，要學校儘快執行，並於十二月二十日之前核銷完畢。

　　訓導主任看過公文之後，請衛生組長預先規劃腹案，然後準備召開會議，討論要買些什麼設備。訓導處初步開完會議之後，便把要採購之項目明列出來，並且做成簡單的預算書，會簽到總務主任，說明經費及學校需求，請總務處辦理採購相關事宜。

　　沒想到總務主任將原預算書退回，說明其中項目不對，資源回收桶的規格也不符，不可以辦理採購，要求訓導處重新規劃。訓導處於是請總務主任協助，並請校長重新選擇學校要買的項目。

　　校長和總務主任看過之後，也重新選擇採購之項目，然後就請訓導處自行辦理採購工作。訓導主任看到之後，於是寫了簽呈，說明採購之工作乃是總務處之權責，訓導處不能逾權辦理，還是請總務處辦理較為妥善。

　　校長看了簽呈之後，就說時間緊迫，訓導處處理就好了。訓導主任心想，我當總務主任時，學校大大小小的東西，校長都要我總務處負責採購，如今換了人就不一樣了！

　　於是又向校長敘明緣由，說當初規劃好辦理請購時，時間都相當充裕，是總務處拖延才造成時間之延誤，不應由訓導處負責。

　　校長此時光火了，就說：「我不管，時機延誤，你要負全責！」眼看時間已經要到了，訓導主任沒有辦法，只好向市公所要求延期一個星期辦理。市公所說：「七月份就要你們執行了，怎麼這麼慢。」不過還是允許延期，在會計年度結束前兩三天送過去。

　　時間的問題解決了，同時也發現了一個問題就是：學校在七月應該就接到公文了，於是要衛生組長找看看，是否有相關的公文，並且積極辦理

採購的事宜。

公文找到了，學校在四月份訓導處就填過申請表，上面就有項目和規格。不過這份公文是原來的訓導主任，也就是現在的總務主任簽辦的，並沒有會簽總務處，所以現任的訓導主任並不知情，也沒有交接到該業務，造成這樣的事情，訓導主任搖搖頭，看起來心中仍有些許的無奈。

學校實施主任輪調的方式，原本是一件好事，不過若是主任之間彼此的合作與信任不足的話，往往會造成預料之外的後果。

064　一個囂張傲慢的主任

「我是彭主任，等一下叫小姐幫我把影印的東西送過來！……」彭主任又半仰地坐在他那主管椅子上，拿起電話發號施令。學校裡，他是資深主管，校長換了兩任，舊有的主任也一一異動，就剩下他始終守著崗位，哪裡也不想動。

「我彭 ××，不是我自己自誇，告訴你，我當訓導主任，學校裡的獎盃都是我帶他們拿的。球隊要不是我，老早就垮了。那些教練老師，哪一個不是衝著我才肯練的？他們早就不想幹了，還是我三託四請才把他們留下的。

我啊！每天一大早就來看導護，又陪著球隊練習。沒有我，他們哪會乖乖的聽話？」一連串的聲音，從彭主任嘹亮的聲音裡傳出，聽到的人只得說：「喔！喔！喔！彭主任你真能幹！你好辛苦！」

每次開會，等不到校長開口，彭主任會先說：「今天要討論什麼？等下快點講講，我還有好多事情要做吧！」私底下，他總是一邊拍著額頭，一邊說：「忙死了！中午都沒辦法好好睡覺！你看你們，個個都還有時間打電話。

我一下要聯絡家長，一下又要應付教育局的長官，等一下校長又叫我下去商量事情……」看他這樣說，別人也只有笑笑。

日子久了，老師們愈來愈覺得他像「官」。他也不斷的強調自己的重

要性，每件事只要有關鍵性的處理，總是會聽到彭主任說：「要不是我……你們早就完蛋了！」「還不是看在我的面子上，才能夠……，不然……。」大家也都心裡明白：彭主任確實要好好捧著，否則他是真的「有仇不報非君子」。

有一天，四年級整個學年對彭主任的規定有一些意見，私底下議論紛紛，卻沒有人敢去和他商量。不滿的聲音輾轉傳到了彭主任的耳裡，彭主任在第二天早會拿起麥克風說：「我有三個原則，四點聲明，到今天下班之前，如果沒有得到善意的回應，我就會採取下一步的行動……」

彭主任此話一出，立刻有了迴響。四年級老師討論的結果是：彭主任惹不起，校長又不在，大家識時務一些，日子比較好過。於是派出代表去向彭主任道歉，終於換得彭主任「大人不計小人過」，在次日早會上說：「由於老師們已有善意的回應，所以這件事就到此結束，我不再追究。」

雖然絕大多數老師都像四年級老師一樣識相，溫馴，畢竟也有些老師看不下去了，終於又在第三天的早會上仗義執言，鏗鏘有聲的提出：「……這件事怎麼都怪在級任老師的頭上？難道從頭到尾，行政都不該負責任嗎？一開始沒有好好審核，造成了那麼大的錯誤，卻要老師來承擔，不知道是不是行政人員都只要下命令就可以了？……」

壓抑已久的老師們，聽到有人說出了自己的心聲，於是不顧一切的大聲鼓掌起來。彭主任鐵青著臉，正要講話，校長拿起了麥克風說：「有掌聲，就是有人認同，散會！」

這一幕才剛剛上映，接下來已經不是四年級的事，也不是彭主任的事，而是全校的大事。究竟校長要如何處理呢？要不要追究？怎麼追究？追究出結果，對人，又將怎麼處置呢？恐怕，這就是要考驗校長的智慧了。

065　有點黏，又不太黏

「我是……」，一位西裝筆挺的老闆出現在美美國小校長辦公室，手裡拿著鍾中強議員的名片，指定要學校採購教學設備。蔣校長心裡有數，其品質一定不好，但還是得答應，因為這是已成慣例。不答應，行嗎？

「鈴－－－」，電話鈴響了。校長拿起話筒，只聽到電話筒那方傳來：「蔣校長，這裡是鍾中強議員服務處。劉志娟小姐很優秀，這一次的缺，請務必幫忙！」這已是蔣校長接到的第五通關說電話，不知到底該幫誰好？

有一天，某大報地方版以顯著標題刊載：「學生憋尿，家長抗議，市長震怒」副標題：「美美國小廁所破舊，市長允撥經費改善」。此事已發生，教育局局長、課長、督學為之緊張，數度到校追究責任，要求校長提出報告。校長雖申述原因，但仍然被認為人際關係有欠圓融，半年後即發布校長調校。

今年選舉前，10月20日，某議員發動二十餘名家長到美美國小關心校舍漏水一事，教育局又是一陣緊張，雖明知是為選舉作秀造勢，卻仍指責學校為何未防患事情於未然？

以上幾件事，雖明知係政治、派系及選舉因素造成，再加上記者報導所致，選前學校被要求保持中立，卻又無法自保不受侵害，徒呼奈何？好事上報沒賞，壞事（雖非真實）上報可就麻煩了。

學校往往成為政治鬥爭的戰場，校長被當成市議員作秀的道具，被犧牲了。此時蔣校長想起初上任時，老校長送給他的一句話：「與記者、議員的關係要保持中立。『有點黏，又不太黏』。」想想還真有道理。

066　新任的校長　能幹的主任

柯拉蕊老師在擔任教務主任時，參加了輔導學分的進修，在上「生涯規劃」課程中，她很認真地為自己定下了「45歲之前考取國小校長」的目標。皇天不負苦心人，柯拉蕊主任在43歲時，果然榮登國小校長甄試的金榜。

經過十週的儲訓，她即在暑假的第一批分發作業中，被派到住家附近一所小型學校青春國小擔任校長。柯拉蕊主任萬分欣喜，懷著教育的理想，高高興興地就任新職。

　　到任不到一週，教導朴主任就把新學年度的完整計畫，用電腦打印得非常工整美觀的交給校長〈包括校長寫給家長、給小朋友的一封信也一併代勞〉，柯校長很高興有這麼用心的主任來協助推展校務，更慶幸自己很快地對學校的狀況有了整體的瞭解。

　　想想自己既有個發揮教育理想的空間，又有很強的幹部協助，柯校長打從心底，真誠地感謝上蒼的厚愛。更使得初掌校務的柯校長珍惜所擁有的一切，兢兢業業的勉勵自己扮演好校長的角色，期許自己能真正讓小朋友健康的成長、快樂的學習。

　　暑假很快結束。全校師生二、三百人齊聚校園，小朋友的歡笑聲，使原已花木扶疏、鳥語花香的校園充滿了蓬勃朝氣，再看到認真負責的老師用心地教導小朋友，熱心的家長會在學校積極地協助老師。柯校長欣喜之餘，經常會在公開場合走到老師面前，感謝老師、慰勉老師。

　　朴主任很不以為然的表示：「校長！您不能對老師這麼好！」柯校長不以為意，只回答朴主任：「沒關係，老師很辛苦，需要多鼓勵、多打氣！」

　　但是，柯校長也發現一個奇怪的現象，任何小朋友的集會時，朴主任幾乎都不在場指導小朋友，完全由訓導組毛組長獨撐大局，即使是開學典禮、期初的常規訓練，朴主任也未協助毛組長。在一個討論校務的機會，柯校長順便提醒朴主任適時協助毛組長，共同加強指導小朋友的常規。

　　朴主任只是淡淡地說：「小朋友的常規是級任導師和訓導組長的事，主任只負責擬定計畫，讓他們執行，執行不力，不是主任的責任。」這段話頗令柯校長訝異，但以朴主任的多才多藝，柯校長認為是瑕不掩瑜，心想只要適時提醒即可。

　　然而，柯校長有些失望地發現，往後的所有教訓活動，如：躲避球比賽、越野賽跑的選手集訓，運動會節目的練習，以及各種學藝活動的進行，仍然是訓導毛組長和教務邱組長在忙得不可開交。需要人力、物力協助而有困難時，請朴主任幫忙解決，朴主任的答覆是：「我已擬妥完善的計畫讓你們執行，有困難就是要你們設法解決。」

　　朴主任則經常在升旗朝會時間，吹著口哨在操場四周的教室走廊澆花，或大半天都在警衛室喝茶聊天，兩位組長只好直接找柯校長支持。柯校長很體諒兩位組長的辛勞，除了私下再請朴主任支持兩位組長外，同時請有關的主任及同仁全力協助。

　　兩位組長從校長這邊獲得支持後，更起勁地推展有關活動。朴主任則向一些同仁抱怨：「校長是個不懂得授權、不懂得領導的人，我覺得她不是個容易共事的首長。」

　　不知不覺之中，一個學期即將結束，朴主任突然向柯校長遞上辭呈，讓柯校長非常驚訝。再三追問之下，朴主任表示，她將調到別校去追隨一位較年長又有經驗的校長。

　　但據柯校長瞭解，該校雖有主任即將退休，繼任的人選幾近定案，朴主任調任該校主任的機會甚低，因此，積極慰留，請朴主任無論如何繼續幫忙，並將辭呈還給她。

　　約過了一星期，朴主任再度遞出辭呈，表示對方校長答應任用，請柯校長必須同意。柯校長很誠懇地再次慰留，同時告訴朴主任，縱使該校校長同意，仍然要親自與該校長聯繫，尊重前輩的意見後再作決定，所以需要一些時間，無法馬上同意。誰知，朴主任語氣強硬地說：「校長！您只需要蓋同意章，其他的事我自有辦法，您就不用操心了！」

　　待朴主任離開後，柯校長接到幾通電話，談的都是有關朴主任調校的事。柯校長幾經思索後，終於蓋下同意章，讓她到新學校辦理相關手續。正當將任用手續陳報教育局核定之際，新學校的校長正好他調，人事任用案被退回，留待新校長決定是否任用。

　　很不巧，新校長有更適當人選，朴主任的計畫落空，她也在沒有任何歉意及招呼下，理所當然地回到美美國小繼續擔任教導主任職務。

　　柯校長並未因朴主任的無情及無理而撤換她的職務，接下來的一個學期仍然以她的率性與高傲的態度做事。朴主任甚至於在有意無意之間表示，擔任比自己年輕的女校長的主任實在不服氣。柯校長的寬容不但得不

到應有的回饋，反而被視為理所當然。一位初任校長的無奈，真的是無解嗎？

067 主任輪調

陽光國小是一所鄉村型學校，班級數幾年來一直保持在 18 班至 20 班之間，學生家長大多是世居在此地，少部分則屬於新搬到此地的較年輕族群。有很多的家長三代都畢業這所學校，所以對學校都懷有深厚的感情。

惟因前幾任校長年齡較長，且都準備在此地退休，辦學均較保守，所以無論是行政作為或是對於老師教學的要求，均抱著平安就好的態度。

駱校長的到任，因其不但年紀較輕，而且幹勁十足，給學校帶來了一股朝氣。他開放的領導風格，雖讓年級較大、保守慣了的老師無法適應，但卻受到年輕一輩老師的歡迎與支持。駱校長觀察了一段時間之後，也發現了一些現象。

首先，老師們教學之餘，大都留在教室，同儕互動很少，組織氣氛較冷漠。其次，行政各處室主任各自為政，本位主義較濃，缺乏團隊精神。當時的教務主任是駱校長師專的同班同學，具自然科專長，經常利用假日帶領老師上山下海，進行自然科學之探索，得到很多老師們的敬愛，但因個性正直，對於不認真教學的老師，常直言指正。因此，仍有一些老師常對其表示不滿。

總務廖主任是未經儲訓的老總務，駱校長調來沒多久，就聽到他已準備退休，因從未親自向校長提過，所以駱校長亦未在意，但慢慢地，駱校長發現了他的一些問題：駱校長來了快一年，校長移交清冊，才在校長多次催促之下辦妥；總務處公文，經常因延誤遲報，被縣政府糾舉。

學校採購物品、教室修繕及學校工程，常因品質不佳，遭到老師們的不滿；甚至駱校長也從與老師及家長的言談之中，感受到他們對總務主任的不信任，也因此影響了部分家長對學校的支持度及老師們對學校的向心力。

駱校長發現了這些問題之後，便決定必須對「總務主任」一職加以處

理。但因總務主任未曾在主任儲訓班研習受過訓練，是一個所謂的「黑牌主任」，不能與其他處室互調，如不兼代總務，將喪失主任資格，恐會引起當事人反彈，但如不加以處理，又非駱校長所願。

就在駱校長倍感困擾之際，廖主任透過某位老師告訴校長，他將於學年度結束時申請退休。因此，駱校長乃打消約談總務主任念頭，心想：「就再忍耐一個學期吧！」

但在縣府調查各校欲退休人員的公文來時，駱校長見總務主任沒有動靜，乃找來總務主任詢問究竟，卻得到「等明年再看看吧！」的答覆。但駱校長卻已經無法再忍受了。

駱校長首先請示教育局督學：「總務主任未曾受訓，是否可與他處室互調？」但並未獲得肯定答案。駱校長乃與教務、訓導主任懇談，告知心中想法，並在學期結束之行政會報時，宣布：「下學年度，各處室主任職務論調，亦請各處室主任填下學年度志願表。」結果，就在那一年的暑假，教務主任在校長多次慰留之下，仍堅持請調到離家只有五分鐘車程的學校。

駱校長在慎重考慮之後，將總務主任調整至教務處，職務名稱為「教師兼代教務主任」。廖主任似乎頗為高興，因為教務主任是「首席主任」，大多數老師也支持校長的作法。整個學校氣氛頓覺活潑、開朗。駱校長也終於卸下久懸在心頭的一個困擾。駱校長唯一的遺憾是，他一直不了解他的師專同學，亦即原來的教務主任，請調到他校的真正原因。

068　其實你不懂我的心

羅主任今年暑假才走馬上任，對自己自然是有所期許：一方面希望將儲訓所學的理論和實際作個驗證，一方面也想施展一下抱負，以不辜負校長的拔擢之恩。新主任到任，對潘校長而言也是充滿期待。

這是自己當校長的第一所學校，剛派調的第一年，為了安定、也為了展現一切從零開始的清明形象，所有的人事安排，潘校長是照單全收。相處了一年，有些主任的處事風格不是讓自己很滿意，但她也忍耐到主任自

己請調。如今這個羅主任總算是自己挑來的，以後的校務運作一定會更得心應手了！

和羅主任相處了近一學期，潘校長也不禁困惑起來：「想想以前自己當主任的時候，常常為了校長不尊重主任而深覺委屈，當時就許下心願，如果將來當了校長，一定將心比心善待主任。

但如今卻變成主任眼裡根本沒有我這位校長，到底是時代變了？還是我的領導理念要改變？到底是主任不對？還是我個人有盲點？」

事情的緣由是這樣的：羅主任是學校的輔導主任，在年度預算經費上，有一筆「身心障礙資源班」的教學設備採購。前兩天申購單送到校長室來時，有一項「知動訓練教具」單價是 4,000 元。

潘校長想：「是哪一種知動訓練教具呢？也沒看到規格型錄或說明？」所以就將申購單退回去，並請事務組長補資料。事務組長就趕緊請羅主任向校長說明，這一說明才知道原來東西已經買回來了。

潘校長一聽心裡是有些不舒服！好吧，既然已買回來，那就去看看吧！潘校長一看，就覺得這個教具對身心障礙班的特殊孩子而言，可能具有危險性！

再看看使用說明書，上面是寫著適合 13 歲以上的兒童使用。所以潘校長就要羅主任將東西退回，一方面也藉此機會給羅主任一點警惕。

羅主任以前當過事務組長，對請購程序應該很清楚，怎麼可以先斬後奏呢？沒想到羅主任不但不認錯，還提了一大堆理由來堅持她的選擇，甚至不惜掉淚。潘校長也有些不忍，心想她都已經買了怎麼退？還是給她個臺階下，同意她向原廠商換別的東西。但是羅主任還是氣沖沖的走了！

過了兩天，潘校長想了解事情進展得怎麼樣，就主動去問事務組長。事務組長很為難的說：「報告校長，這項採購是我看到羅主任送來申購單時，為了爭取時效就逕行叫貨，現在我不知道該換什麼？」

「原來先斬後奏的是事務組長，看來我是錯怪羅主任了！」潘校長明白後，也再度退讓，就向事務組長指示：「既然買了，換貨又有困難，羅

主任又那麼堅持，那就算了！」。

潘校長覺得對羅主任有點虧欠，就主動找羅主任向她說明：自己只是想了解「知動訓練教具」是什麼？並提出自己的擔心和顧慮。既然羅主任很堅持，校長還是會尊重主任的選擇的。羅主任也含笑離開，這件事應該是很圓滿的落幕了。

沒想到幾天後，竟傳出羅主任放話：「我這個主任的十句話比不上組長的一句話有效，我連買個幾千塊東西的自主權都沒有，我這個主任不知是做什麼用？我以前的張校長都是充分授權給屬下，沒想到……」。

原來是事務組長聽到校長不再堅持要更換東西後，就興沖沖的跑去向羅主任邀功，才引起羅主任的不平。但是羅主任這樣講，不又在影射什麼嗎？不只如此，羅主任在外面開會也常常表達她的質疑和不滿，這些話也都傳回潘校長的耳裡。

這些都是潘校長很忌諱的。俗話說：「家醜不可外揚」，何況羅主任的不滿又怎不是來自個人偏頗的固執呢？再想想開學之初，學校有一筆「成人教育推廣班」的經費，校長指示這個班由教務處和輔導室合辦。對於經費的使用，教務主任都會主動來向校長徵詢，輔導羅主任就會自作主張向家長宣布要買什麼什麼給他們……。

想到這裡，潘校長對羅主任的不滿更加深了！雖然羅主任對工作很盡責、很認真，她的能力也很不錯，但主觀意識這麼強，說話也不看場合，還老是力爭到底，自己要不要向她點白呢？要怎麼說才得體呢？是她年輕不懂事要教育呢？還是自己頑固老化要求太多呢？看來不只羅主任不了解校長的心，連潘校長自己也不懂自己要怎麼做才好了！

069 我不爽！所以我不幹了！

天天國小是個只有 20 班的小學校，每班學生人數也都在 30 人以下。別人聽了都很羨慕的說：這樣的學校規模符合「小班小校」的訴求、易於實施開放教育。但是別人只知其一，不知其二，因為受限於 20 班的規模，在人員編制上各處室的組長不能完全專職，必需要有兩個組長兼帶班級才

夠分配。

　　至於科任教師，除了音樂實在是太專業，必須保留一位純科任來任教外，其於的科任就都是主任、組長了。主任、組長排了各年級的自然、社會課後，授課時數也差不多滿了。

　　至於需要特殊專才的美勞、體育（體育組長只能吸收部分班級的課）、書法等，不管能力好不好，只好全排給級任了。所以小班小校的困難之一，就是沒有餘額可以進用科任教師。

　　某一年教育局為了推動資訊教育，依照分配，給了天天國小一間電腦教室。有教室當然得安排教學，問題是找誰教呢？對這所因社區老化、學齡人口逐年遞減的學校而言，每年減班的結果，資淺也就是年輕的老師是逐年被減班調動，對留下的年長老師而言，電腦他們沒碰過，他們沒興趣也沒時間去學。有能力的老師又因為沒缺而調不進來。夏主任在徵詢了半天後，總算拜託到金組長來擔任電腦教學了。

　　五年下來，金組長也算很爭氣，電腦能力由生手變成專家。不過夏主任對金組長也是禮遇有加：所有的電腦選修收費，完全讓金組長專款專用。硬體設備不足，不是儘量向學校爭取在相關經費下支援，就是向家長會尋求奧援。各種電腦研習，一定優先遴派金組長參加。

　　有些研習明明金組長已經去過了，她還因為不熟悉需再度參加。如此五年下來，電腦教室的功能配備是隨著金組長的能力增進而增長，但相對的這間教室除了她會用，別人也越來越沒有能力去用了！

　　夏主任其實也有些擔心，資源全部集中在一個人身上，哪天如果金組長要調校怎麼辦？問題是每次電腦研習，因為名額有限，公文上總是特別要求：由擔任電腦教學的老師優先錄取。有時研習實在太多了，金組長不想去，好不容易有機會讓別人去，卻也只是學學 PC 的單機電腦知能而已。

　　對於電腦教室的網路環境，學的人回來後，因為沒有擔任電腦課，也就沒有網路的環境讓其練習，所以也只能聽聽而已，實在也使不上力！

　　擔心的事情終於發生了！學期末學校行政和教師會在磋商授課時數時，教師會的版本原先將所有的組長排成一樣多，經夏主任極力說明，金

組長若兼系統管理師，勢必增加其不少負擔，何況行政電腦化規畫小組的通報上也寫著「系統管理師可酌減課四到六節」。

但是教師會認為行政電腦化規畫小組的通報僅具參考性質，它不是教育局的正式公文，所以不具有約束力！過不了多久，教育局補來了一份文，文中提到：有關系統管理師的減課時數，仍請依教師聘約準則規定，由學校和教師會協商後訂定之。最後教師會提了一個「減兩節」的案，夏主任也提了一個「減四節」的案。全校表決結果，「減兩節」的案通過了！

金組長的生氣是可想而知的，她堅持新學年度不擔任組長，也不教電腦課，她要擔任級任。雖然夏主任一再勸慰，甚至也在行政會報上取得校長和總務主任的支持，同意將她組長業務的部份工作分配給幹事、工友做，她還是不肯，認為這樣是她欠別人人情，除非她不必核章。

問題是幹事或工友只能協助她處理業務，怎能要他們核章呢？何況特支費還是金組長在領呢！在溝通無效下，夏主任只好去請校長出面勸說，卻被校長拒絕了！原來校長之前已被金組長當面兒了一頓，他說他不想再去自討沒趣了！

事情演變至此，夏主任也身心俱疲了！夏主任心裡想：「這個學校又不光是我一個人的，大家都不操心，我一個人瞎操什麼心？大不了電腦教學回歸各班級任去教。有能力教的自己教，沒能力教的，就自己去尋求班級家長資源。

至於行政電腦化又不光是教務處的事，管它系統管理師有沒有人當，別人能過，我為什麼不能過？」想到這裡，夏主任才終於想通了！

070 強龍與地頭蛇

學校是實施教育活動的場所，理當無強龍或地頭蛇的問題，然而實際上，學校組織的生態當中，校務的發展或推動，有許多微妙的人際關係，利益衝突就會產生。

而在學校組織中，先進入者，由於對環境的熟悉，長期的人際關係經

營，形成一股不容忽視的勢力，這股勢力可以是助力，也可以是阻力。如果其發展是偏向於惡質化，只在乎維護既得利益，與行政勢力互相抗衡，就形成了所謂的地頭蛇了。

由於校長任期制的關係，幾年之後必然調動，而老師則可以永遠不動，因此一般校長對地頭蛇的老師，總是敬而遠之。井水不犯河水，忍辱負重，堅忍到底的也有之。犯不著相衝，划不來。

彭校長所經營的學校也有地頭蛇的問題。彭校長尚未調入，即聽聞毛老師在學校服務十餘年，與家長會關係良好，讓校長從不與家長會打交道，凡事均透過毛老師向家長會溝通，聯繫，家長委員戲稱他是地下校長。

某年九月，開學第一天，毛老師即在訓導處前大吼大叫，指責訓導主任，清潔區域的分配不公平，該班要掃廁所，又要掃外面操場。這件事情，後來由衛生組重新分配了事。廖校長心想，開學第一天就下馬威，實在是不上道，也不打聽一下，柿子是軟的還是硬的，張口就要咬。

毛老師是師專畢業，當兵退伍在家鄉服務兩年之後，北上調入這所學校即未再調動，也未再進修，也無時間進修，因為年紀輕輕，就嚐到補習的甜頭，要叫他戒掉也難。當時學校補習風氣很盛，且派任校長皆是即將退休的仁慈長者，全身而退已不容易，何來閒功夫管這檔子事。

毛老師儼然成為「補習利益集團」的代言人，在學校內也深得教師的擁護與支持。教學嚴厲，部分家長認為他就是學校的招牌名師，但學生卻視之為閻羅王。

彭校長認為，一個校長新到一所學校，最重要的就是要先了解這所學校原有的文化，看看自己有哪些地方是可以存在，哪些是可以去改變的。蠻幹硬碰，難免會被叮得滿頭包。

彭校長才不過四十歲，滿腔熱血與抱負，正是一尾活龍，豈容一所學校就這樣胡搞下去，於是在急於改革的躁進當中，衝突也就難免了，首先嚐到的就是不合作的態度，你想要什麼，我就不給你什麼。

要組田徑隊，測速度，小朋友跑起來像散步，故意慢慢來，因為學校老師已經交代過了，選上了訓練很辛苦，最好不要參加，於是選上的都不

是東西，校隊跑不贏班隊。

要組合唱團，則給你幾個五音不全的，讓你搞不起來，參加團隊會影響功課，最好不要參加，結果出去比賽，倒數第一名，一次慘敗就再也組不起來了，這所青青國小至今再也沒有組過合唱團。

老師們也知道，校長急於改革，也碰到困境，與行政人員的衝突也時有耳聞，因為不敢惹校長，只好找主任出氣。

然而時間與堅持終能使一切逐漸改善，一方面彭校長積極地介入家長會的組織，改選家長委員，溝通教育理念，一方面倡導教學正常化，遏止補習歪風，發展各種學生社團活動，情況終於逐漸好轉。

隔年暑假教師調動頻繁，一些不能配合廖校長的教育理念的，以及外地通勤，或必須在鄰近學校附近租房子補習的教師大都調走了，留下來繼續開設補習班的老師則是已經在學校附近買房子了。但因新調入教師的加入，以及過去即熟識的好朋友的調入，整個情況有了很大的改變。

學校老師在一所學校服務多年到底是不是好事，這所學校給彭校長的經驗可說是兩極化。一部分是好的，是中流砥柱，任勞任怨，從不說話的。另一部分則是學校的「毒瘤」，不，應該說是校長眼中的「毒瘤」，因為他可能是家長眼中的「名師」、「救世主」──幫助自己救兒女的好老師。

這些服務多年已獲得既得利益的老師形成集團，與學校行政相對抗，這種事情其實是一再發生，且不斷發生，只不過程度不同罷了。

對抗地頭蛇，妥協、溝通可能都是好的辦法，但這不是彭校長採用的。彭校長認為，應先昭示自己的主張，傳達明確的訊息給老師：「這是不可以的」，「這是我不喜歡的」。

其次再運用行政的權力，「不能配合，就不要當學年主任」，「不能配合，就不要教高年級(高年級參加補習的多)」，「不喜歡，可以調走」。彭校長認為，校長若有權力卻不用，就像拿刀不砍柴，卻只用手去折，是使不上力的。

這幾年來，學校的經營漸入佳境，地頭蛇的問題也收斂了許多，對付

地頭蛇的鬥爭，彭校長也有了很好的經驗。他日再接一所學校，對類似問題的處理，將會更加得心應手。不要怕。你不怕，就換他怕，這是一個重要的原則。

相互尊重，有話好說，有事好商量。一個人若存心要跟你過不去，要測試你的能耐，校長一定要讓他了解，怎樣才是對他比較好的選擇。

071　一直出問題的主任

廖校長新接任一個學校，全部的老師及主任的職務都沒有更動，其中教導主任是廖校長在主任班受訓時的同學，可是他在學校的名聲非常差。學校的前任校長、其他主任和老師都對他非常不滿。

主要是因為他的一些做事的態度，另外就是他慣常在人前說一套，人後說一套，而且又常常撒謊，做事情總是拖拖拉拉，又很喜歡說大話，因此就被其他同事看不起。

其實這個教導主任是蠻有能力的，只是他的實踐力不足，其他的老師就覺得他只剩一張嘴。廖校長認為他新到一個學校，不應該對任何人有成見，所以廖校長還是先跟他相處。

但是廖校長知道這位主任跟同事相處得不好，而這位主任他也認為，新來的校長是他的同學，所以關係應該會比前任校長好，所以他也抱著很高的期待。

剛開始這位主任也是蠻認真的。後來廖校長逐漸發現他的工作態度一點也不積極。每次問他，這項工作可不可以在某一個時間之內完成，他都說沒問題，但是時間一到，就會推託，因為各種麻煩出現，使他沒有辦法完成。要不然就會說，某某同事沒辦法跟他配合。

由於這種事情層出不窮，不斷的出現，後來在學期快結束時，廖校長發現他還沒有去辦新進老師的敘薪。所謂敘薪指的就是學校人事一定要根據新老師畢業的學校、服務年資，幫新進老師把這些資料向縣政府呈報，由縣政府核定該位老師的薪級。不同薪級老師的薪水並不一樣。

由於學校有一位新進老師，之前擔任過幼教老師，以前的年資可以併計，所以他的薪水會比一般新進老師多很多，可是這位教導並沒有去辦理敘薪這個動作，結果發薪水的時候，他就直接跟人事組的人員說，直接給他一般新進老師的薪水就好了。

這位新進老師原本以為學校幫他辦理敘薪的程序之後，會把短差的薪水補回給他，但是這位教導拖了半年都沒有去辦理。由於這位老師剛到公立學校，不是十分了解學校的一些作業程序。拖了半年之後，他很不能忍受，就來跟廖校長反應，廖校長才發現竟然有這種事情。

因為薪水都是一直發，所以廖校長以為都沒有問題，這才發現到這樣的一個情況。這位教導自己本身兼人事，所以人事的業務都是他在處理。廖校長問他，是不是有這樣的事情。他說因為開學的時候比較忙，所以就一直拖到現在。

薪水的事情攸關老師的重大權益，應該擺在第一優先，廖校長很不能諒解。但是事情既然已經發生，廖校長就解除他的人事工作，另請他人來兼辦人事工作。

之後，廖校長就跟這位新兼人事工作的人以及那位老師到縣政府去，向其報告有這樣的事情發生。因為拖了這麼久的時間，又碰到法律變更，依照這個法令，哪一年之前幼教的年資是可以算的，哪一年之後就不能算了，如果這位老師以前服務的年資不能算，就嚴重影響到他的權益了。

廖校長透過一些私人關係，看看可不可以幫忙一下，趕快處理。廖校長跟縣政府這些行政人員說，因為是小型學校，對這些新的規定比較不清楚，所以才拖到現在還沒有辦理。

縣政府的人員特別幫廖校長簽了文，因為這件事情是發生在法定的那一年之前，只是一直拖到這時還沒有辦理，所以還是準用，這件事情就這樣終於圓滿結束。

由於這件敘薪怠惰事件的發生，再加上這位教導主任平日消極的工作態度，廖校長就要這位教導主任轉調到別的學校，因為他跟學校的同事原本就相處得不是很好，廖校長要他乾脆換一個環境。

　　這位教導主任非常不高興。到了暑假人事異動的時候，廖校長就一直接到這位主任的太太、朋友以及他以前的長官打電話來為他求情。這些電話雖然有一點點施壓的意味，但是廖校長就跟他們明講，這個人他不能留，因為他自己當校長，還要兼教導，然後這位主任又給廖校長捅出這麼大的問題來。

　　對這位主任來說，換一個新的環境或許會比較好一點，不要繼續待在這所學校，不斷帶來人事糾葛。後來這位主任也就順利考到別所學校去了。

072　校長任用主任應避免先入為主

　　通常學校有的主任在主任的崗位上已經做了很久，一個校長剛到一所學校，在人事方面，可能不方便去調整，因為調整主任的位置對原來那個主任來講是很不尊重的，而且校長如果有先入為主的觀念常常會讓人起反感。

　　有一位前任校長在到任之前，就聽說學校有一個主任很厲害，可是厲害的範圍有很多啊！那個校長就因為那句厲害，就把那個主任換掉，然後在校內另選一個主任，讓那個原本的主任當組長。

　　可是被換下來的那個主任在學校當主任當了那麼久，他還是有他的人脈在，一個新校長，剛到一個陌生的環境，再怎麼樣也應該把整個群體當作是工作夥伴，而不應該把姿態擺得太高，以「**校長我最大**」自居。校長因為害怕厲害的主任會威脅到他，然後另外找自己的人去當主任，原本的那個主任就不會跟校長是一條心。因為你把那個主任換下來，他在學校就會變成一個破壞者，可能原本火氣沒這麼大，因為擔心校長會認為他會做錯事，會搞破壞，後來這個主任就離開了。

　　任何行政幹部跟校長是否一條心，並且是否能完全融入整個行政團隊，對整個行政團隊的運作是很重要的。偏偏校長所找來的這個新主任常常跟這個校長起衝突。其實，主任與校長起衝突，大多是因為校長自主性太高，不會考量他人的意見。

　　後來這位前校長又調了一個主任進來，但他和校長處得不好也離開

了，所以那個校長在這個學校四年換了四個主任。

後來由我接任這所學校的校長。我接任之後，就想在人事處理上保守一點，我寧願先融入學校文化，不要急，我認為在人事方面要先做了解比較重要。

所以我到學校時，我就重用以前的那個主任，因為之前那個校長說他在財務方面比較不清楚，我想他的長處一定不只總務這一方面，所以我就讓他擔任訓導主任，雖然他一開始說他沒接觸過，他不會。我就說：「沒關係，我可以幫你啊！因為我當過八年的訓導主任啊！」

很快地，我發現他也有訓導這方面的能力。現在他都不用我幫忙，就可以做得很好。後來我發現他跟他訓導處的工作同仁也處得很好。有一次學校要考評，他為了這件事就忙到晚上 11 點，後來我看了成品，就嚇了一跳。我發現，同樣是一個人，現實跟聽到的怎麼會差這麼多？

後來他也問我：「校長，你會聽外人的話嗎？」我說：「我之前也是被校長突然調到一個評價不好的班級去，我也確實發現有些孩子是有問題的，也有老師會來提供我一些關於那個班級上的事情，我就會說，我現在不要聽那些，因為如果我有先入為主的觀念，那些孩子永遠翻不了身。」

我就說：「同樣的，你也不要問我外面的人講了什麼，因為我的班級經營就是這種方式，我會給孩子一個全新的開始。也許孩子的行為是會變的。」我也沒有多說什麼，就這樣告訴他，他現在也都做得很好。所以我覺得不論是在教學上或是在用人方面，真的不要有先入為主的觀念。

73　主任之間因採購分工問題引發爭執

一個學校的不同處室主任，甲主任與乙主任，對事情的看法和處理的方式不一定會一致。甲主任是教務主任，乙主任是總務主任，有一次教務主任申請一些請購，要採買一些東西，總務主任說：「我看不懂你要買的東西。請你把詳細規格寫出來。」教務主任就生氣了。他說：「我申請的那個東西很通俗，誰都看得懂，聽得懂，不必寫規格，你明明是在刁難我。」

在各處室主任和校長一起開的主任會議之間，教務主任當場生氣就拍桌子離席。另一位第三者丙主任，他在事情發生的時候是低頭不講話。但事件之後，他就來責怪校長。他說：「校長，教務主任是對的，你應該指責總務主任，這樣教務主任就不會憤怒的離開會場。」

校長該如何解開這個結呢？爭端背後所呈現的真實問題是什麼？是校長的領導力出現了問題，以致於各處室產生本位主義嗎？問題的癥結恐怕是在於行政事務的歷程中，校內各處室採購工作的處理程序並未明訂清楚。

提出採購需求的單位是否應該自行提出採購標的詳細規格，交由採購的權責單位負責執行採購？抑或由需求單位提出大致的需求，剩下的詳細規格的詢問與相關資訊，均交由採購單位處理，將需求物件的各種類型與詳細規格提供給需求單位考量並做決定之後，再由採購單位執行採購？

074　主任與校長意見相左　被校長解職

美美國小在新學年度由鄭校長接任。鄭校長到校時，各處室主任皆留任，行政運作一如往昔。第二年年底，在一次行政會議中，輔導主任陳主任持不同的意見，鄭校長未採納，依自己的意見決定之。陳主任便站起來說：「每次開行政會議，校長都依照自己的意見做決定，叫主任們背書，參加行政會議有何意義？」

鄭校長不甘示弱，便拍桌子叫道：「你不想開會，可以離席。」於是陳主任便回應：「要我離席，我就離席，開這種沒有意義的會有何用處呢？」於是陳主任便離開會議室，從此鄭校長和陳主任便經常槓上。

其後鄭校長便放風聲，如果沒有接到兼職聘書，就代表原來的主任不再兼任行政工作。鄭校長在隔年六月便開出三個主任缺，一位是退休，一位是因公殉職，另一位就是陳主任的缺，並進行主任公開評選。

陳主任更憤怒不平，向教師們訴苦，他只為了因公殉職的訓導主任，建議應在學校設靈堂，供師生行禮追思已故主任，但校長不但不接受，更枉費訓導主任為學校盡心盡力付出，況且訓導主任在師生的心目中，是一

位優秀難得的人才，只因校長建議案不苟同，便被解除兼聘主任一職，且未事先告知，校長實在有欠厚道。

接下來新的學年度，陳主任便擔任科任老師，除了未被聘輔導主任一職外，其兼夜補校校務主任一職，亦由教師會蔣理事長兼任之，使得陳主任更不滿，同時認為蔣理事長在校長面前興風作浪，目的就是要奪取夜補校主任一職，一點同事情懷都沒有。

因此，陳主任和蔣理事長也因此槓上，互不往來，彷彿校內行政內鬨互鬥。有趣的是，事後陳主任翌年便當選教師會理事長，鄭校長也退休，又換來了一位新校長。新任校長和陳老師（亦即現任教師會理事長）關係良好，彷彿又恢復了校園的平靜。

075　團隊老師的心事 vs. 校長的領導風格

活潑國小的學校排球隊具有悠久歷史，長久在排球隊老師與教練的指導之下，向來維持優秀的球員素質與比賽佳績。球隊主力教練有兩位，一位是學校家長，擔任義務教練已幾十年，不支領任何薪水或補貼。遇到孩子的課業問題，還義務幫球員複習功課。

另一位教練為學校音樂老師，十幾年來為球隊盡心盡力，每天早上與課後，總是在球場指導學生練球，閒暇時則教學生吹直笛。所以，凡是活潑國小學校排球隊隊員，直笛一定也吹得很好。

但是，球隊教練最近心情不太好。偶爾，從訓導主任那兒傳來抱怨，抱怨這一任的校長比上一任的校長不關心球隊，抱怨出門比賽時，別校的球隊校長全程陪同，聲勢浩大，而自己的校長卻偶爾才出現，學校並無特別的加油打氣團，總覺得聲勢不如人，而且比賽歸來，學校似乎也無任何迎接的場面。

球隊教練覺得士氣低落，甚至放出不想再繼續帶球隊的「風聲」。而校長也覺得委屈，因為校長自認為自己已經很關心球隊，球隊要求的事項，能夠配合的一定全力配合，而且每次球隊要出去比賽，校長總是自掏腰包，提供零用金。長期以來，也累積了不少金額。

再者，校長必須綜理全校事務，而非僅是一個球隊，若要丟下全校師生，全程陪著球隊參賽，似乎也不合理。而且每一個校長都有其各自的領導風格，不宜以同一標準做比較。

球隊老師認真指導，積極投入，奉獻的精神不容懷疑。但是，認真之餘，仍存有許多的不滿與抱怨。而校長對球隊關懷與照顧，同樣亦為學校老師所肯定。然兩者為何仍存有誤解？面對這個問題，球隊老師與校長是否有面對面溝通了解之必要？

若兩者皆不願意，則居中協調者應如何扮演協調角色？球隊要什麼樣的關心？校長給的關心可以到什麼樣的地步？如何在其中找到平衡點？球隊老師從球隊角度看待校長，校長從全校的立場看待球隊。雖然角度不同，但是應該是有交集的。這個交集如何尋找？

076　女強人的戰爭──爭寵？

一天早上，某校的早會正在進行，台上的主任口沫橫飛的報告，台下老師們的嘴也沒閒著，整個會場嗡嗡嗡正熱鬧得很，突然之間傳來：「誰是主席？誰才是今天會議的主席？為什麼我還沒報告，就輪到合作社報告？校園倫理何在？」

接連幾聲近乎叫囂的嘶吼聲傳出，所有的聲音立刻停止。只見台上的教師會會長面紅脖子粗地大聲質問著：「為什麼使用教師會辦公室也沒有知會我一聲？這是尊重嗎？」……

「對不起，我是因為……，才先請合作社先報告的，再次請你原諒！」某處室主任立刻站起來道歉，但是語氣明顯地亦有諸多的火藥味。

終於輪到校長說話的時候了：「各位老師！校園的和諧……」，一語未畢，突然「碰！」的一聲，該主任掩面而出，校長急急叫著「阿x！阿x！」

緊接著這位擔任校長職務已有數十年的校長亦掩面哽咽。

唉！難解的女人心！她們之間到底有多少結？該如何解開？誰才是強者？教師利用教師會辦公室來開會，一定要事先徵求教師會會長的同意

嗎？

077　校長批示後　主任再加註

在學校的組織架構中，學校校長的下面就是主任。主任寫了簽呈，經過他所會簽的相關相關單位與首長核示蓋章同意之後，簽呈手續就算完成了。簽呈拿回去之後隔了一段時間，有一位業務與簽呈相關的主任把簽呈再拿出來加註自己的意見，然後歸檔。

這個簽呈的主旨是學生教科書的採購案，擬稿人是設備組長，案由是請示教科書採購，以限制性招標的方式處理。經過教務主任、總務主任、會計主任，校長在六月十二日核准了。核准之後這個公文歸檔在設備組長，可是在八月份新的校長來交接之後，為了處理教科書採購的事情，要叫書商送書、點書，八月底學生要開學了。

這之間再把這個簽呈拿出來看，在八月底的時候，新任校長發現借出來的簽呈多加了兩行字。設備組長說，在八月底總務主任把簽呈借去了，然後歸還時，總務主任下面就多寫了兩行字：「**本案因恐延誤學生上課權益，因時效性考量，擬於核可後辦理。**」

第一個問題是，簽呈經過校長核示後，主任可以再拿回來加註嗎？第二個問題，這個主任錯在哪裡？第三個問題，校長知道之後，怎麼辦？總務主任加註的那兩行字看起來也沒什麼。

簽呈本來的意思就是校長核准之後照辦，主任不必再寫「**為時效性考量，擬於核可後辦理**」，可是總務主任把簽呈拿出來之後加註了這一條。這個背後的問題可能是主任在推卸責任，因為簽呈本來就寫限制性招標，校長已經同意了，不必再加什麼註。

主任拿來加註，如果之前他對校長有疑問，要加註，必須在公文會他的單位時就要加註，以適當方式特別提醒校長：「**校長你蓋章要小心，你蓋了之後，我就照做了。**」

這樣的警語在加會他的時候就寫上去，而不是校長已經蓋章核准了之

後，再拿出來看一看，覺得簽呈對接任的校長的保障性不夠，趕快拿出來再加一句，問題就出在這裡。

之所以會知道是事後加註上去，是因為簽呈在校長簽准過之後，有人就影印了。後來把簽呈拿出來核對，才發現多了兩行字。原來是八月底主任借了之後才加上去的。

078　學校裡的「土地公」

台灣許多學校都有所謂的「土地公」，指的是在學校多年，落地生根的教師或主任。其實大多數的土地公對學校都具有正面的功能。他們積極謀求學校的進步與學生的福利。這些都是相當好的現象。

但是少部分的土地公的確令人望而卻步，他們是學校的既得利益者，具有嚴重的排他性，尤其是有作為的校長更是他們的眼中釘。因此，一個新校長新到任後，對於這些人都必須有良好的對策，才能順利推展校務

某校有一位服務多年的教師，他上課上班從來不遲到早退，可以說是奉公守法。但其上課的教學技巧卻讓人不敢恭維。而更令人害怕的是，他每天記錄校內每一個人（包括校長）的作息及言談舉止。如果發現有任何不當之處，就會在會議中大轟特轟，甚至一狀告到教育局。

該校校長亦是一位言行頗有爭議的人，因此校長對於這位土地公頗為忌憚。如此微妙的關係形成一個後果，經常主任於晨會所宣布的事項，如果這位「土地公」覺得不滿意（對其有利益衝突），只要到校長那邊一講，隔日必可推翻這些事項。朝令夕改讓行政人員士氣低落，教師彼此之間嚴重不睦，整個學校氣氛幾乎毫無生氣可言。甚是悲哀。

079　一個囂張跋扈的老師

在一次定期評量（以往稱之為月考）的前夕，學校那位喜歡生事的簡老師一步一步地走向看來柔弱的女教務主任。走到認真辦公的主任桌邊，簡老師以一種很不客氣的口吻說：「為什麼總是第一天考國語、自然，第二天考數學、社會？你是不是故意欺負我們社會科任？」

教務主任被突如其來的質詢搞得一頭霧水，好不容易搞清楚簡老師的意圖之後，她以委婉的語氣耐心地說：「簡老師，你說的問題，過去我們一直忽略了，很對不起。下一次我一定改進。」

豈料那位簡老師更是得理不饒人，大聲拍了一下桌子，很生氣地說：「為什麼要等到下一次？既然不恰當，就應當從現在改起。」此時教務處的老師都被那大聲的拍桌子的聲音吸引了過來。與承辦該項工作有關的教學組長走了過來，就說：

「簡老師，先不要這麼火大嘛！什麼事情都可以慢慢地談。關於你所說的這件事，這一次更改是來不及了。考試的科目及時間都已經公布，如果突然更改，可能會造成老師及學生的不方便，請你多多包涵！」

豈料簡老師一手把教學組長推開，並說：「你是什麼東西？我又不是在跟你說話，你憑什麼插嘴？」組長火氣也上來了：「那你又是什麼東西！不要欺侮人家女主任！有問題找我解決。」兩人你一句、我一句，互相頂了起來，現場氣氛變得十分火爆。這時主任打圓場也失去了作用。最後兩人拉到校長室，請校長裁決。

校長在了解狀況之後，請兩人坐下，先將火氣退下來再說。之後，校長把事理對簡老師說清楚，也請組長敬老尊賢向簡老師道歉，簡老師才欣然離去。但組長心中仍然忿忿不平，自此而形成心中的疙瘩。

本次事件校長的處理雖然圓融，其實是失去了原則。事件雖然落幕了，但卻造成行政人員士氣低落。

第 5 章
校長的行為

080 校長送老師生日卡片

　　以前我喜歡送老師生日卡片，但非當事老師並不知道我送某個老師卡片。很久了啦！剛開始是我自己做一個卡片送給老師，老師都表示很高興。我就自問：「不知老師是不是真的喜歡？」

　　後來，有一年我要去歐洲，卡片沒辦法做，我就跟主任說：「幫我做一做，送一送。」主任也是很配合，很用心。我回來之後發現，他做得比我更好。我就說：「好吧！那就幫我做吧！」他就替我做，做得很精巧。

　　但畢竟主任總是非常忙，有一陣子可能是忘記了，就沒再送。我覺得主任很忙就算了，反正卡片大概也沒有人要，就一張紙嘛！我也就沒在意。這件校長送老師生日卡片的事也就無疾而終，學校老師也沒什麼反應。

　　在有一次的機會，有老師在做一些成果報告的心得分享。有一個老師就提到：「校長送的卡片我很喜歡，我就把它收起來，夾在書裡，放一放。」我覺得應該還是有人會喜歡我送的生日卡片。後來，主任這麼忙，我也不好意思叫主任再做，就自己去做。

　　這個做卡片，第一點，我們可能覺得沒有什麼，但是老師通常都很當一回事；第二點，我寫卡片不是隨便寫兩句話，我都會把我對老師的感想很具體地寫下來，也就是說卡片是很客製化的，是為他量身訂做的。卡片寫的是有關老師本身的一些特別值得提到，而且特別值得肯定的事情。

　　因為校長要寫關於某位老師的東西，勢必要對他做一些觀察。這麼大的學校要觀察每一個老師並不容易。寫卡片當然不可能寫他壞的，要他改進之處。當然校長觀察老師的時候也會發現一些當事者的缺點，有缺點就等以後有機會再跟他講，或是找他喝杯咖啡時再說，生日的時候就先不要跟他講。

不過，送人家生日卡片有一件事情比較需要擔心，也就是要很謹慎，不能忘記任何一個人，要不然就很不好。

小小一張卡片，其實做起來負擔也是滿重的，只要不疏忽掉就好。其實這當中我也是有一些掙扎，比如說萬一我一忙，可能會忘記，就很麻煩。不過只要有好的東西，人家就會很在意，所以校長用生日卡片增進與老師之間的良好關係也是一件樂事。

081　校長發脾氣

欣欣國小來了一位年輕有為、充滿幹勁的校長，在校務行政上積極作為，戮力改革了學校內許多長久以來累積的弊端。而學校內除了幾位主任之外，大部分都是剛剛踏出校門的年輕老師或代課老師，清一色都是女的。她們一致感受到莫大的壓力，大喊吃不消，只是不敢說出來罷了。

在一次校運會預演中，這位年輕的校長發現了一些事情需要改變，心中也暗暗下了決定。於是在檢討會裡，他希望透過組織的討論，將他心中的決定化成大家的共識，但沒料想到事情並非如他所願。

校長在校運會預演中，發現學生在繞場時，老師跟在隊伍旁邊，而發號施令的學生，口令相當不整齊，造成整個隊伍顯得很凌亂。校長希望老師能走在隊伍前面，而且由老師來擔任司令的工作。校長要大家討論之後進行表決。這群年輕的女老師，一則無法善體上意，一則毫無經驗，內心怕怕。

在一陣討論之後，表決時，當然是壓倒性推翻了校長的建議。此時校長拉不下臉，很生氣地大大拍了桌子說：「我不跟你們這群人討論了！」接著頭也不回地離開了會場，留下了一群摸不著頭緒的女老師。她們實在想不通，為什麼校長這樣就生氣了。

082　某班學生郵政儲金效果不佳　校長痛罵老師

學校辦理學生郵政儲金，無非是要學生養成勤儉儲蓄的美德與正確的

用錢觀念，當用則用，當省則省，絕不浪費。

　　學生零用錢的來源幾乎都是父母，而每位父母給孩子的零用錢也不一樣。有些小孩子每月就有數千元，有些則三、四百元而已。因此每月各班辦理完儲蓄一比較，金錢數差距頗大。有的班級數萬元，有的班級才幾百元而已。

　　平時，校長對於儲蓄的事情根本不過問。但是有一年，學校承辦了全縣性的研習會，各處室均須把三年內所得到的各種獎項列出來，以做為學校概況介紹時的資料，而校長也把全校的儲蓄數目列為重要的項目之一。

　　辦理活動之前兩個月，校長特別關心儲蓄這件事情。召開教師朝會時，校長也要老師們多多鼓勵學生儲蓄。校長還報告了全校學生儲蓄總金額，如果下個月儲蓄率高一些，就可以突破上千萬。

　　結果，隔月辦完學生儲蓄之後，校長一看全校各班儲蓄率及金額，發現有一個班級儲蓄金額為零。校長相當氣憤，馬上廣播請這位導師到校長室來。當時有一位莊老師和另一位老師因為要參加研習活動，到校長室請校長蓋章，正好這位被校長呼叫到校長室的老師也進到校長室來。校長就問他，為什麼全班儲蓄金額為零？這位老師就說，動作太慢，來不及辦理。

　　校長一聽，當場大聲痛斥這位老師。這位男老師淚流滿面地離開校長室。莊老師和另一位老師把這一幕看得非常仔細，幾乎愣住了。校長怎麼會把這位老師罵得一文不值呢？這位老師沒有配合校務推展，固然是不對，但是校長如此嚴厲地責備老師，的確重重傷了老師的自尊心。或許換了另一位校長，處理的方式就會完全不一樣。

083　嚴以律人寬以待己的校長

　　俗話說：「有怎樣的校長，就有怎樣的學校。」這句話一點也不誇張。毛校長到這所學校服務已經四年了，在他的帶領之下，學校老師上班時買菜的狀況沒有了，上班遲到更不用說。

　　在他的堅持之下，鄰近學校的空地，建商想蓋大樓，門都沒有。毛校長服務的這一所學校鄰近市區，距離市場又近，老師幾乎都是在地人，只

有他是從較遠的地方調來的。

因為學校緊鄰市區，政府所擁有的公地，要在學校不徵收的狀態下，才可能出售，由政府賣給建商蓋房子。學校旁有一塊面臨大馬路的空地，建商想盡法子要這塊地，要學校開放優先承購權，但在校長堅持之下，建商只好無功而回，毛校長也因為此事而搏得清廉的美名。

在毛校長剛到學校履新時，前任校長未在規定三個月之內搬離校長宿舍，他為了維護公產及正義，凡是違規使用宿舍的教職員一律催討，並且告上法院。

當時凡是住在學校宿舍的老師全部都上了法院，前任的校長不得已也就搬走了，但搬得很難堪。毛校長這樣的維護公產，這樣的對待前任校長及老師也同樣的得到了美名。

某年七月，因為毛校長大公無私執行公務，縣府為借用他的長才，要把毛校長調到鄰近另一所小學。但毛校長認為縣府調動不公，不願意到新學校履新，縣府又不准他在原校繼續留任，所以他選擇了退休，縣府也只得按照當事人意願，讓毛校長退休。

八月，新校長到任，當然也一樣請毛校長搬離校長宿舍，可是毛校長竟然說：「不搬。」理由是校長宿舍是他當年要回來的，同時縣府也有輔建計畫，除非政府輔建，不然別想要他搬家。同時毛校長又有一項理由說他可以不搬，因為他當校長期間清廉，所以沒有錢購屋，也沒有地方可搬。

後來又經歷了兩任校長，毛校長還是沒有搬家。

084　校長要老師虛報學生成績以利參賽

莊老師剛從師專畢業時，分發至家鄉裡的一所小學服務，擔任一年級的導師。本著兢兢業業的態度，絲毫不敢怠慢。

一年級前十週的教學是注音符號直接教學。十週過後，全縣所有國小一年級學生皆須做「注音符號能力測驗」。校長與教務主任事先就告知莊老師。校長並且說：「本校往年成績皆相當好，不是全縣第一名，就是第

二名。」

莊老師聽了之後，倍覺壓力。莊老師心想：「如果我的班學生的成績比往年差，是否會受到指責？」還好校長與主任皆要莊老師放輕鬆，盡力教，不要有壓力。

很快地，十週即將結束。莊老師先替學生做一個總結性評量，結果比預期的分數還低，平均只有 86 分。猶記校長說過，必須超過 92 分以上，才可能擠入全縣五名之內而參加複試。

莊老師心想，這次可能要讓校長失望了。全縣統一測驗之後統計，學生成績平均只有 87 分。跟校長、主任報告了結果，並帶著請罪的心態，請其諒解。

校長說：「沒有關係，你分數就填 95 分，依然可以參加全縣複試。」一旁的教務主任默默不語。莊老師直覺反應：「這是違法之事，萬一複試成績差距太大，豈不露出馬腳？」莊老師如此回答校長。校長說：「你不必擔心，一切責任由我來承擔，絕對不會有任何問題。」

莊老師堅持不改分數。校長覺得莫名其妙，要給莊老師記功嘉獎的機會，莊老師偏偏不要，一直說莊老師很笨。

之後，校長又兩次到教室與莊老師談論此事。莊老師還是堅持不改分數。心想：「校長是個對老師蠻關懷、且辦學認真的校長，為何要我做此不合理的事呢？」後來莊老師才知道，原來是校長要在舉辦大型活動時，對外介紹學校的種種優異表現。

校長更誘之以利，對莊老師說：「學校經常承辦活動，敘獎機會很多。只要你多多為學校爭取一些功績，起碼會在一年之內給予你十分的記功嘉獎。」但莊老師仍然不為所動。

之後，校長常常對莊老師另眼相待（其實也還算對莊老師不錯），常常碰到莊老師就說：「我從來沒有見過這麼笨、這麼不聽話的女孩！」莊老師只是覺得委屈。難道切實做事也錯了嗎？

085 學校可否讓老師參與專科教室的設計？

洪老師曾經與學校教務主任及幾位科任老師參觀一所剛成立才幾年的小學，其校園的規劃與內部設備皆相當完善，尤其是辦公室內的設備及各專科教室的規劃，讓所有參觀的人都覺得自嘆不如。

這批訪客請教了這所學校的校長，怎麼把專科教室規劃得這麼完善？校長就說，都是老師們自己規劃的，比如音樂專科教室的設計，就請所有音樂老師提出構想，大家集思廣益。自然科學專科教室也是同樣作法，請所有自然科老師設計。結果設計出來的格式與功能性，可說是無懈可擊。

洪老師等人反觀自己學校專科教室的設備情形。學校的自然科任及音樂科任老師完全沒有介入，全是行政人員開會自己決定。結果，幾乎所有科任老師都不滿意。

比如自然科專門教室，學生分組用的實驗桌只是普通木頭做的桌子，很容易被化學藥品腐蝕。水槽的設計也相當粗糙，很容易割傷學生。水管線也密佈在教室內。每位科任老師都認為，專科教室補助款這麼多，做出的品質不應該這麼差。

學校裡許許多多行政事務的決定，校長與主任們當然是最有權力的決定者。但是一些關於教學設備及器材方面的行政事務，老師們可能是最知道缺失之處的。何不讓老師們表達意見，讓一些行政事務為老師所提供的服務更加完善呢？

086 校長調任新的學校之際　預備安插自己的人馬

校長的調動基本上是一件大事，其中會牽動主任的調動作業，也是教師調動與選擇學校的重要參考。所以往往大家都會關注這一件事情。

蔣校長在這個中大型的學校服務，工作還算認真，學校也有相當的建設。不過蔣校長是一個企圖心很強的校長，常常對於這個眷區學校較為貧乏的社會資源及較低的家長參與度，感到心有餘而力不足。因為任滿，所

以今年要申請校長遴選，以便調整服務的學校。

遴選作業完畢之後，蔣校長順利調到一所更多班級的學校，學校的環境和原來的學校蠻相似的。就在調任的消息發布之後（但是距離上任還有一段時間），蔣校長開始安排學校人事的佈局，他想將原學校的張主任帶至新學校服務，另外張主任的同學廖主任也想跟著蔣校長到新的學校去服務。

所以蔣校長在一次宴請該校代理校長的餐會上，表示要代理校長告知其餘的幾位主任，要他們自行協調出兩個主任缺，意思就是他要帶兩個主任到這所學校來，原有的主任請自行協調，誰要調離這個學校另尋他就，或是轉任為組長或教師。

代理的校長聞言之後，心中自然感到相當不愉快。心想校長都還沒有就任交接，就已經開始安排人事，而且不是校內做調整，還要帶著國王的人馬過來，而且一帶就是兩個。代理校長和這幾位主任，覺得蔣校長太不尊重他們了，於是向家長會投訴。

家長會長也覺得蔣校長有些過分，這幾位主任在學校的服務認真、績效也不錯，並沒有犯什麼錯。更何況也沒有問問家長會的意見。好像不把學校的相關人士放在眼裡，而醞釀抵制。

很快地這些人便聯合起來，對蔣校長的做法展開反擊。因為家長會長和鄉長的關係密切良好，便由這邊下手，鄉長也覺得蔣校長有些不妥。於是打電話給縣長，對縣長說：「你們派的是什麼校長，人都還沒有到，就要換下主任，自己還要帶人過來，如果是這樣的話，我們不歡迎他，叫他不要來好了。」

其實，根據這個縣的規定，所有的主任在新校長上任之後是要全體總辭的，等候新的校長選任學校的主任，所以蔣校長是有權力這樣做的。不過，事情仍在發展中，大家靜待事件落幕，看看怎麼收場。

087 校長中午外出小酌　逾時未回學校　被上級告誡

校長彼此之間聚會討論學校問題，常常是話匣子一打開就不可收拾，

大家越談興致越高，常常忘了時間。

秋高氣爽、氣候宜人的十一月，校長們調動到學校已有三個月的時間，學校裡的各項事務皆已漸漸上了軌道，對學校也已經大略熟悉。相對的，學校潛在的問題也漸漸浮現出來。此時較為熟識的校長們利用時間交換心得，討論學校經營的方式與技巧是常有的事情。

有一位在某縣靠近山地服務的校長，剛好要到沿海鄉鎮附近洽公，想起同期校長就在這附近服務，於是就以電話聯絡，驅車前往該校，一來拜訪聊天敘舊，二來可以交換一下學校經營的心得。見面之後當然是聊得很高興，對於這幾個月來的工作甘苦，也都一一道盡。

時間過得很快，外面的秋陽早已升到天空的一半，看看手錶該是午餐時間了。於是身為地主的校長邀請好同學一起用餐，順便將附近的同期校長一起找來，共進午餐，把酒言歡。

於是找了一間海鮮餐廳，作為午餐的場所，很快地大夥都到齊了。一邊用餐、一邊聊天，氣氛融洽，大家也都感到相當高興。

就在酒酣耳熱之際，包廂薄博的隔間板的另一端傳來了熟悉的聲音，眾人於是注意傾聽，果然就是這個聲音。「嗯！是局長的聲音」，「沒錯！是局長沒有錯！」眾人在確定之後，就有人說：「局長在隔壁，我們在這邊，應該過去敬一下酒，表示敬意。」

其他人也就沒有反對，走到隔壁包廂向局長敬酒。原來局長和幾位長官在視導某項工程之後到這裡用餐。敬完酒之後，幾位校長又回到自己的包廂，繼續他們的談話，誰也沒有把局長知道他們在這裡的事情放在心上。

沒想到局長沒等用餐結束，便驅車趕回局裡。回到局裡之後，立刻電告各駐區督學，即刻向這幾位校長服務的學校，確認校長是否有回到學校。結果可想而知，這幾位校長仍然在進行他們的非正式會議，學校裡都找不到校長。

有些人是接到學校電話之後，匆匆趕回學校。有些人立即打電話到局裡向局長解釋，當然此時一定找不到局長。

幾天之後，學校便收到一份公文，內容是要求校長不要藉故在上班時間到外面喝酒，荒弛校務。那一段時間，幾位校長的臉上都畫著三條線。

088 學校新設校　能幹的原主任卻被新校長遣走

這是一所新的學校，從分校獨立至今不過第三年，由於鄰近學校學生人數眾多，且皆為較為老舊之校舍，所以附近學區之家長都想盡辦法將學生轉入這一所新學校。毛校長新接任這一所學校時，自然有許多的期許與想法，不過做事的方法，卻是依照自己的風格來行事。

剛要接任之時，由於該校為新學校，所有的教師都還沒有聘用，只有一位從原校留任的蔣老師，且該位老師已具有主任資格，並且已經接手分校建設的後續工作，他本人的原意是想要留在分校，俟分校獨立之後繼續接任主任的位置。這樣的想法無可厚非，只不過是接任原來的工作罷了。

可是毛校長心中，並沒有這樣想。他在獲悉調動之後，即準備將他的愛將帶至新學校。不過新學校有三個主任缺，他帶來的主任佔一個缺，也還有其他兩個缺可以運用。但是毛校長對蔣老師說：「我要帶顏主任過來，請你另找新的學校。」

這時候，蔣主任心急了，原先的規劃都亂掉了。但是蔣主任平時待人和善，做事實在，很快的就被另一所學校（同樣是新設校）網羅了，蔣主任也欣然就職。

就職前，蔣主任將分校所留下的財產、設備、所有文件，以及目前的進度與學校各項事務交接給毛校長和顏主任之後，隨即到新的學校就職。

後來，毛校長在處理新設校事務時，遇到不明瞭之處，還要顏主任打電話向蔣主任詢問。多次之後，毛校長發現新設校事務繁多，當初不應該將蔣主任遣走。

於是對外宣稱：「當初我也是很希望他留下來」、「很歡迎他回來」等話語。不過蔣主任已經在新的學校過著相當圓滿快樂的主任生活了，聽到這樣的話，蔣主任表示：「當初趕我出來，把我當賊一樣，我怎麼可能回去呢？」

089　校長為學生安全　打算封路　卻釀出事端

　　大大國小位於都市的邊緣，校地的規劃還算完整，介於舊村落和新市集之間，並且鄰近工業區。學校的四面都緊接著馬路，在大門的那一邊，面對著舊村落，路面不算窄，往來的車輛，還在容許範圍之內，不會對於學生上、下學有著太大的影響。

　　學校老師執行導護工作，也在可以負荷的範圍之內。學校的正後方，就是 30 米的大馬路，為了學生的安全，學校在這一邊並沒有後門。

　　學校校區的左方，是一條 15 米的馬路，往來的車輛不算少，但是這一邊的側門，只提供附設幼稚園的家長接送孩子，所以學校的學生也沒有從這邊進出。校區的右側是一條既成巷道，約莫 4 到 6 米，沒有固定的寬度。

　　由於這一條路和學校左側的馬路平行，除了特定的車輛，還有不願意等紅綠燈的車輛之外，並沒有太多的車輛會從這裡經過。學校在這一邊開了一個側門，提供學生上、下學之用，分攤大門放學時的擁擠。

　　簡校長是一位非常認真的校長，對學校的建設很多，本身對於教學也非常有研究，不過對於自己的看法也相當有自信，並且對自己的看法頗為堅持。

　　簡校長到任一年之後，基於自己的觀察，發現學校右側的巷道狹窄，來往車輛又不多，一邊是學校，一邊又沒有住戶進出所需的通路。

　　如果可以將這一條巷道封起來，不讓車輛通過，做為一條步行的通道，學生上、下學就方便多了。這樣的想法很快的在簡校長心中發酵，並且開始著手進行。

　　過去雖然有學校學生上、下學，主要通道封路的成功案例（不讓大車通過、只供小型車通過）。不過那是由家長發起的，並不是由學校來主導的。簡校長便聯絡村長，開始向附近住戶溝通。

　　殊不料一位鄉民代表，因為家就住在這一條路的附近，且距離學校不

遠，平日他都是利用這一條巷道做為出入的聯絡道路，雖然使用另一條道路只需拐個彎，且以開車的路程來算，可能花不到一分鐘的時間，但是仍引起了他極大的反彈。

由於簡校長對於自己想法的堅持，於是就再尋找其他有力的人士，企圖說服這位鄉民代表，不過卻引起更大的反彈，演變成地方勢力的角力，並且嚴厲指責簡校長不尊重地方，不顧地方之便利。

最後，封路的想法，仍然以既成巷道之土地非學校所有，而鄉民利用此路交通之權利不容抹煞而作罷。

事情雖已落幕，但是以此鄉民代表為主的一派，便認定學校校長不尊重社區之權益，處處與之作對，並且不和學校配合，造成學校和社區之關係不甚和諧，做起事來總是不很順利，簡校長也於此任內因病過世。直到新校長來了之後，情形才開始有改善。

090　校長縱容承包商草率行事

某年大大國小獲得教育部補助經費四百餘萬元，興建圖書室一間。原訂工期 90 個工作天，惟發包出去之後，承包商卻遲遲不施工。雖然合約訂有工程逾期罰款規定，但承包商卻不在乎。最後完工要結算時，已逾工期 40 餘工作天。

按照合約是要罰款的，但是校長卻指示總務主任，在監工日誌上，多列幾天雨天，並加列一些因為大大國小的學校因素影響，導致工程無法進行的原因，以便可以扣除工作天數，使得包商不會被罰款。雖然總務主任力陳，如此有圖利包商和偽造文書之嫌，惟校長仍指示總務主任不要為難包商。他說物價上漲，包商已經沒有利潤可言了。

工程驗收時，因為包商工作草率，開挖地基，破壞道路、排水溝等，總務主任極力主張，應要求承包商重鋪，恢復原狀。校長則表示不用了，學校可向上級再另外申請經費，自行修復。總務主任於是屈服於校長壓力之下。校園道路到現在仍然是千瘡百孔。總務主任深覺難為，在大大國小充滿了無力感。

091　禮堂的開放與借用

　　一所學校如果沒有禮堂是非常不方便的，舉凡大大小小的會議，各項研習活動、簡報、演講、慶祝表演、各種競賽及畢業典禮等，都需要適當的場地。有了一座禮堂，所有的活動與會議進行起來就很方便。

　　只不過，校方要爭取興建禮堂，實非易事。其中最重要的便是經費的問題。找好了地點，除了由縣政府撥款之外，還要爭取家長配合捐款。禮堂落成之後，內部的設備當然也是一筆甚大的款項，這一部份也要靠家長及地方人士的大力贊助。最後禮堂終於蓋好了。

　　禮堂內部各項設備都裝潢好了之後，落成使用，帶給全校師生及社區莫大的福祉。除了學校教育之外，由於學校也肩負著社會教育的使命，社區及學校的聯結更加密切。

　　禮堂內規劃了羽球場地，除了平日提供學校教學使用之外，也開放給社區民眾從事休閒活動。而且禮堂除了平時作為辦理各項會議與活動之外，也借給社區民眾作為婚喪喜慶的場所。接連幾年下來，許多的問題與困擾一一產生了。

　　總務處在各項會議上一再反映，禮堂設備遭到嚴重破壞，維護困難，而且多為校外借用所造成，包括布幕、窗簾、舞台、地面、牆壁，都嚴重毀損。

　　而借用單位大多不願意負責，學校也無力修繕。於是校長毅然決定，學校禮堂除了縣政府公家借用之外，其餘一律不外借。

　　校長的決定雖然解決了禮堂設備遭受破壞與維護的問題，但是隨後所產生的衝突與困擾也很多，諸如學校老師想借用禮堂辦喜宴，家長也希望能借用禮堂辦喜事。

　　社區私人機關要借用禮堂辦理康樂活動等，他們都是當初禮堂興建時的大力資助者，現在想獲取一些回饋，借用一下禮堂，卻吃了閉門羹，心中總是不平。地方上的議員與其他民意代表，也常常想要借用禮堂。諸如

此類事情層出不窮，而且甚難處理。幸而校長均能堅持立場，雖然起初反彈強烈，但之後也就漸漸平息了。

092 民之所好而好之

欣欣國小是鎮上交通方便，制度、校務運作上軌道、組織氣氛和諧的學校，因此成為主任、教師爭取進來的目標。某年八月，訓導主任將榮升校長而出缺，從二月起，就有幾位在職主任和校長接觸，希望調到欣欣國小來。

縣內主任調動，以拿到校長同意書者優先分發。校長對這些毛遂自薦的主任並不放在心上，都以「時間還沒到，再看看吧！」婉拒。

校長屬意的人是當時在偏遠學校服務，風評很好的楊主任。楊主任和校長並不是很熟，也沒有表示要調進欣欣國小，卻得到校長的邀請。為了尊重校長的誠意，沒有再去找其他學校，安心地等待校長的同意書。

沒想到一年前考上主任，由欣欣國小調出去偏遠學校服務的廖主任想回來。他已耳聞校長中意楊主任，便透過在教育局服務的親戚，向校長說項，並放出風聲，為自己造勢。

廖主任想回來的消息傳開之後，校內引起一陣陣反彈之聲，因為廖主任在欣欣國小任教期間，為人處事的態度並不被大家所認同，他曾因細故多次和同學年老師發生爭執，這些事情校長都知道。基於人事和諧的考量，不敢主動邀請他回來。

廖主任對這件事頗為不悅，因為在他之前調出去當主任的老師，於偏遠地區服務期滿之後，校長都曾主動邀請他們回來，唯獨他沒有受到這種禮遇，便抬出校長的長官來給校長製造難題。

雖然校長面臨長官壓力和實際需求的兩難，但校長不急著去做決定，以靜觀其變的態度，讓事情自然發展。

楊主任的太太就在欣欣國小服務。教學、工作能力都受到肯定，和同事之間的相處也很融洽。這就成為楊主任調進來的助力。同仁由對楊主任

太太的情誼，轉而對楊主任的支持。那些曾和廖主任衝突過的老師強硬地說，如果廖主任敢回來，一定要給他好看。

　　五月，傳聞廖主任和鎮內其他國小校長有過接觸。六月，聽說廖主任拿了某校校長同意書。消息一經證實，校長便在沒有得罪長官，又順應民意的情況之下，欣然開立同意書給他所屬意的楊主任。

093　校長介入福利社與廠商的生意

　　學校的員生消費合作社每年利用舉行社員大會時，由全體社員共同投票選舉理監事及理監事主席。照規定，校長無法參與理事人員的選舉，頂多只能當選監事人員，站在監督的立場，來監督員生消費合作社的營運，不可參與或干涉合作社的運作。

　　然而，雖然規定校長不得參與或干涉合作社營運，事實上實在很難避免。例如，製作學生服裝時，合作社應該邀請廠商競標，但廠商往往捨棄這個辦法，而利用走後門的方式，到校長那兒去拜託，然後再由校長向經理或理事主席推薦廠商或予以暗示。

　　有一次，經理要將服裝廠商解約，引起服裝廠商的緊張，便到校長室，向校長抱怨。隔天校長就約見理事主席，請理事主席要求經理，不要更換廠商，繼續與原廠商合作。

　　另外，有一年暑假，合作社理事主席及經理，有鑑於每年的暑假作業簿都是由同一廠商供應，但品質卻令人不甚滿意，所以打算更換簿本，便到處去尋找令人比較滿意的暑假作業簿。找了兩本，連同原來的作業簿，共計有三本，拿去給校長比較，請校長提供意見。

　　此時，校長推說作業簿的事情，請教務主任協助做決定。於是兩人就去找教務主任，要求主任決定一本，做為學校的暑假作業簿。教務主任誤以為這三本都是校長推薦的，都是由原來的廠商供應的，於是便挑選了其中他比較滿意的一本，但卻是與往年不同的暑假作業簿。

　　教務主任挑選的那本暑假作業簿，與兩人的意願剛好不謀而合，兩人

便興沖沖地去找校長，將教務主任挑選的結果告訴校長。校長得知教務主任挑的不是往年那一本，便面無表情地說：「好！」

結果，隔天原廠商不知為何，卻將暑假作業簿送到合作社來。合作社經理拒收這批作業簿，要求廠商自行帶回，並且問他：「我並未向你訂貨，你為何將貨送過來？」

廠商無言以對，便直接去找校長，並請校長代為關說。於是校長找來教務主任，說了他一頓，並要求他去和理事主席及經理協商，看看能否採用原廠商的暑假作業簿。

經理回答說：「已經向新的廠商訂貨了，無法再退。」協商無結果，不久校長請教務主任及理事主席到校長室溝通。原本校長提議兩種版本都要採用，一種第一年先用，另一種第二年再用，福利社才不致於虧損太大。

但是教務主任說：「明年五年級更換新教材，所以今年的暑假作業簿如果留到明年，對於五年級來說，無法使用。」為避免同一學校使用兩種版本，所以不採用校長的建議。

後來，理事主席及經理在感受到相當大的壓力之下，決定兩種版本都買，但只收學生一種版本的錢，學生可擁有兩種版本的暑假作業簿。

094　合作社重重疑雲

毛校長來得正是時候。合作社經理是剛畢業不久的老師，雖然事情既繁且雜，卻也難不倒肯做事的年輕人，可是權力遊戲畢竟沒玩過，哪裡比得上資深的行政主管懂得箇中訣竅。所以一年下來，經理做得很辛苦，背後有一隻黑手，掌控全局。

年輕經理卸任之後，又出現一個不知天高地厚的小夥子，仗著教了幾年書，業餘做過一點生意，就自告奮勇，到處拉票，搶得了新年度的經理寶座。新生報到賣制服，脖子上圍條毛巾，腰間綁幾串塑膠袋，裝大鈔的、找零的、再加上裝衣服的，儼然路邊擺地攤的老闆，但他用的是最新式的經營手法，不用記帳，也不拘小節。

不久，開了很久的小破車換上了白色新喜美，手裡也多了一支大哥大，來來往往，好不威風！興致一來，呼朋引伴，就到附近的小店吃個飯、喝點酒，廠商來找也很「阿沙力」！

毛校長看在眼裡，心中自有定奪，檯面上風平浪靜，合作社營運自是經理一肩挑。檯面下，怎可讓他如此囂張！目無校長！於是著手收集與廠商間的來往資料。

好景不常，下半年，合作社的財務出現危機，廠商到期貨款領不到錢，一個一個找上門來，越近期末洞越大，教職員工的福利金也領不到。聰明的廠商就找到校長那裏去，終於讓毛校長有了大展長才的好機會！

學期雖未結束，立刻由校長宣布停止合作社營業，凍結一切現金支出，以破產管理方式全面接收，開始逐一清算。整個暑假，別人高興、度假、進修去了，毛校長坐在校長室裡，開著冷氣，全天候的細查每一個營業項目的成本、進價、售價，與合作社的帳面利潤。

約談的廠商陸續到案，並且紛紛輸誠，毛校長也在詳實記錄、精算之後，保證廠商一定得到應得的貨款，結果是皆大歡喜，對未來都充滿了希望。

經過這一番劇痛，合作社再也沒有人自願當砲灰，避之唯恐不及。於是票選之後，四個主任全都金榜題名。平日不怎麼順眼的，就成了理事，具有制衡作用的，就成了監事。

一番人事重組之後，合作社出現了理事主席、經理、出納、會計、司庫……等之外，還有一個幕後的「總經理」，訂多少貨要問他、付多少款要問他，開完支票要等他面談之後才能支付，跑銀行弄定存是他，從定存轉活存，轉存開支票也是他。只要照口令，做動作，合作社理事哪有什麼難當的？

光陰似箭，轉眼又到年度結束，當理事們高高興興準備開合作社年度大會，把說燙不燙、說涼不涼的棒子交出去時，只顧著自己盤算，忘了還有三個監事一年當中，沒有看過一份帳冊，沒有看過一張憑證！就這樣要讓監事主席在年度業務報告書上蓋私章、簽自己的名字，寫「通過」二個

字，又何其強人所難！

瀕臨大會的前一個禮拜，蔡主任以監事主席的身分向出納提出：「請提供帳冊、憑證審查，以便順利召開社員大會。」毛校長聞訊召見，拉長臉說：「他們都不會做，怎麼拿得出來！如果你一定要看，就在星期六早上九點到十一點，到校長室隔壁的會議室來，我叫他們拿給你看！」

星期六，三個月的憑證與帳冊放在會議桌上，合作社會計坐鎮在旁。可想而知，大會當天，年度業務報告書上，監事審查欄位，沒有簽名、沒有蓋章，當然也沒有「通過」二字。

不過，蔡主任婉轉地向大會所有成員報告：「也許學期末了，大家都很忙，所以理事們沒有空及時完成憑證送核的工作，請各位容許我在這裡先行報告通過，事後再補做相關的程序。」於是，社員大會在全體鼓掌通過下落幕了。

暑假中，蔡主任請了公假進修去了。有一天上課中途，一位不可能出現的調校同仁在教室門口向他招手，意外的提到：「你被換成訓導主任，你知道嗎？剛才我回學校看到文書收文，你的派令已經到了。」

蔡主任教務主任七年，奠定了一些教務處的制度與基礎，從沒有被徵詢調任訓導主任的事，當場愣在那裡，覺得不可置信。

趕回學校找到人事，人事抱歉愧疚地說：「我們那麼要好，我卻不敢告訴你，每天看到你，都不知道該說什麼。可是校長說：這件事只有他知、我知，如果事先走漏消息，就唯我是問！」他連打字、發文都拿到校外，自己親自處理，自己送件，連文書組長都不知道，只要了一個發文號碼，沒填事由、主旨！

調任訓導主任這一年，蔡主任以一貫的行政態度與理念，圓滿地得到比以往更多的獎盃與表現，也發覺居然訓導主任所花的體力，比教務主任所耗的心力少得多！原來，他並非不能擔任訓導主任！

和過去唯一不同的是：和校長照面及直接對話的時間沒有超過三次。少數站在牆頭觀風向的同仁，竟然不敢和蔡主任多講話！好像他得了傳染病一般。

又到了年度末了，外校已有主任受聘到本校來服務，蔡主任也很識趣地拿了調校同意書，親自送到毛校長面前，說：「請校長成全。」「放在那邊。」公文回來時，蔡主任在這個學校的服務就畫上了句點。

095　反反覆覆的校長

「六月的風，清清地吹，吹起了哀傷離別的季節。」台下的畢業典禮，畢業生正滿臉輕盈地朗誦著。台上的闕老師正忐忑不安，深怕畢業典禮出現任何差錯。

闕老師回想這些日子，真是苦不堪言。闕老師身為六年級學年主任，畢業典禮本來是訓導處的事，訓導主任卻撒手不管，闕老師只好身披戰袍，戰戰兢兢。偏偏校長又愛插手。

打從畢業考之後，校長即緊迫盯人，由闕老師率領六年級老師協同合作，緊鑼密鼓，進行畢業典禮排演。

校長上午明明指示這樣子練習，而且還是由她本人親自校閱，點頭同意。偏偏到了下午，她又要求要換另外一種形式。闕老師心想：「這樣也沒關係，反正訓練自己臨危不亂、處變不驚的能力。」

沒想到隔天練習時，校長又要求全盤更動。奇怪，校長是忘了昨天的練習嗎？

又隔兩天，校長又要求再大幅變更練習。此時學年老師們紛紛抗議：「反反覆覆，何時能了？」身為學年主任的闕老師也無可奈何。於是，闕老師苦思應對之計。

事情既然如此，只好每次練習，不請校長，打算預演當天再請校長指點。莫名其妙的是，校長也不再變更了。反而是佈置會場時，她忙裡忙外，彷彿工友一般，而且樂此不疲。

闕老師有時真想不通，訓導處都不管了，校長卻越權代勞，反反覆覆。闕老師心想：「難道校長是不信任我們？還是需要我們尊重她？還是她只想滿足她自己的成就感？」

096　作育英才，踐踏庸材

妙妙國小一共有 12 個班級，校長宣布自下學年開始，成立兩個特殊班級，一是國樂班，另一個是合唱班。全校譁然，議論紛紛。依照校長的構想，成立這兩個班級，各班前十名的優等生都必須進入這兩個班級。那各班剩下的學生呢？是不是放棄了？

全校老師都知道校長成立這兩個班級的目的。第一，是為比賽爭取記功嘉獎。這兩個班可以整天集訓，不受課業及其他生活教育影響。校長美其名說是提升社區音樂水準，為學生著想，其實是為個人升遷。

試想，學校花五十多萬元為學生購買國樂樂器，唯獨國樂班學生使用，其他班級呢？可能連畢業了，都還沒有碰過這些樂器。這是推廣音樂嗎？

其次，作育英才是賞心悅目的事，但芸芸眾生呢？我們都知道，為比賽而練習是痛苦的，而且這兩個班級必須是優等生，得獎才容易。這不是能力分班嗎？往後，這兩個班級是校長希望之所在，其他十個班，悲哀呀！誰叫你功課不好，不會國樂，不會唱歌。

再者，視學校為個人私業，校長可拿國樂、合唱的成績，對外宣揚。殊不知，這樣的分班造成貴族、平民階級式的教育，也造成學生心態上的偏差，以及另外十個班級老師的不滿。

於是乎，有老師於校務會議上提出異議。校長竟說：「誰有辦法得獎的，誰就來教這兩班，其餘的免談。」唉！

097　越俎代庖　替代學習

這次節日壁報比賽，每個學年都耗費心思在做。詹老師所帶領的這班六年級的作品，在訓導主任的眼中是最差的，所以他找上門來，用警告的語氣說：「你們六年級不用心做，怎麼連五年級都不如？怎麼做事這麼草率？」

他接著繼續說：「你們不要以為校長很民主，就可以隨便應付。如果換成稍微嚴格的校長，非要你們重做不可。」於是詹老師與其他六年級的老師向五年級的老師請教。原來他們都是親自自己做，根本不是學生的作品。

在大大國小，凡事只求表面，有些比賽是掛學生的姓名，實際上卻是老師不眠不休，全部擔當下來。學生已經到了六年級了，實在不需要這些六年級老師越俎代庖，替代學習。

詹老師猶記得，壁報比賽的用意是訓練學生，況且報名單上寫的是指導老師，而非製作老師。在整個製作過程中，老師指導小朋友作畫、美工，老師們其實並不想為了追求名次，而抹殺了學生參與學習的過程。

學生們自己畫的東西，吸引了他自己，同時也吸引了別人。在訓導主任眼中，那不算傑作，也得不了好名次。

但確確實實是小朋友的壁報，而非大人的壁報。六年級老師並沒有逾越小朋友製作的權利，老師們只是沒有親手替學生畫而已。

詹老師認為身為行政領導者，應該有一個起碼的體認。大人的作品和小朋友的作品是截然不同的。壁報製作是教育小孩，不是教育老師的。這一點常識行政領導者應該懂吧！

098 男校長與女主任 一對應酬好搭檔

斯斯國小袁校長很喜歡應酬，而該校輔導主任吳主任是女的，酒量不錯，因此每次袁校長要出去應酬，都會帶吳主任前往。因為相處日久了，上班之外，又要額外應酬，在一段時日之後，校內教師時常會在校長室或輔導室發現兩人打情罵俏，態度不甚莊重。

於是在校內盛傳兩人關係曖昧，但兩人又各有家室。這種關係在維持一段時日之後，不知是校長自己想通了，還是另有其他原因。總之，袁校長不再帶吳主任出去應酬了。吳主任因此情緒不寧，常常到校長室去鬧，但袁校長卻不再像以往一般，對她那麼好。

後來吳主任由愛生恨，常常寫匿名信到教育局，檢舉袁校長。次數一多，督學不堪其擾，只好常常到斯斯國小來視察了解。由於督學太常到學校來了，老師皆怨聲四起，整天在應付督學巡視中教學，戰戰兢兢，非常緊張。而袁校長也被調查得很煩。

有一天，在教師朝會，袁校長終於忍不住地對老師們說：「到底是誰一直在寄匿名信？不要再寄了！」一聽到這話，吳主任馬上搶來麥克風，很激動地說：「不是我，不是我！」這一講，大家雖然早已明白，但還是一陣驚愕。

學校整天都風風雨雨的，在這樣的氣氛之下，學校如何能辦好教學呢？最後袁校長被調到一所偏遠學校，換來一位新校長之後，學校校務總算又逐漸重新步上軌道了。

099　國小的特殊專長班

會唱歌的就會讀書，功課好的也一定會敲打樂器。

在純純國小，柯校長很寵幸一位沒有經過音樂專長訓練、由代課轉為正式的老師。柯校長讓她成立音樂合唱班，巧立名目是為了參加音樂比賽，實則是為了補習方面的利益。

專挑一些功課好的，家長有能力讓孩子補習的，學生就會獲得錄取，其餘的才分配到各班。不僅把學生分等級，也把老師劃分為名牌與非名牌，讓後段班的老師產生無力感，沒有被選上的學生也有自卑感，認為自己真的什麼都不如別人。

繼任的姚校長更誇張，不僅不認為這是違反教育的政策，為了抓幾個心腹老師效忠他，更把四、五年級學生再劃分為手球班、田徑班，錄取的方式也因為個人的私慾，再把好的學生瓜分走了。

試問：為了一兩個班的對外表現（其實參加對外比賽，成績仍然殿後），卻犧牲了十幾班的大部份學生，真是情何以堪。柯、姚兩位校長的專業素養又何在？

100　月光晚會

　　欣欣國小柯校長為了展示暑期所辦的舞蹈夏令營的成果，特於中秋節前一兩週召集各處室主任開籌備會議，卻遭到訓導主任以學生安全為由，及增加老師額外負擔而反對，其他三位主任亦以中秋返家團圓為由婉拒參加。

　　柯校長心意已決，不顧四位主任反對，找了負責舞蹈事務的老師主辦，其他老師則自由參加，並給予參加的老師優厚的條件。參加的老師有不少。在校長領導及主辦老師的策劃之下，一步一步展開中秋晚會的籌劃與推動。

　　月光晚會在美麗的校園如期舉行。晚會在來賓的掌聲及主持人穩健開朗的主持中展開了。蒙古舞、新疆舞、西藏舞、扇子舞，各個舞蹈節目一個接一個接力出場。

　　表演的小朋友個個身手柔順，在輕快悅耳的配樂中，每一個舞蹈者展現著曼妙的舞姿，不論是柔順地搖手、擺腰，或是輕快的跳躍，每一個細膩的舞步都表現得絲絲入扣。

　　校長帶著一抹一抹驕傲及肯定的微笑，不斷地點頭。來賓不斷地掌聲喝采，在旁的指導老師也頻頻點頭。全場來賓個個嗨到極點，充分展現出月光晚會的成功。

　　月光晚會結束時，學生在家長的陪伴之下，很有秩序地離開校園，老師們也把會場處理完畢之後，在校長的肯定與感激聲中，工作人員相繼離去。

　　隔天朝會，校長報告時，沾沾自喜地說：「月光晚會辦得很成功。雖然主任們不支持，卻有熱心的老師們幫忙，使得月光晚會圓滿成功！」此事完畢之後，卻種下校長與主任之間溝通協調的障礙，以及意見屢屢不一的後果，尤其是校長與訓導主任之間，自從此事之後，常常互相批評，使得行政效率倒退不少。

101　綠化美化

　　綠化美化工作是學校行政計畫例行工作之一。每年縣政府訂有視導考核辦法，以學校規模大小，分智、仁、勇三級，並由智級第一名學校承辦全縣校園綠化美化觀摩會，由各校校長或總務主任主持。

　　這一年度考核比賽辦法公布，先從各區選拔前兩名，代表區參加縣賽。欣欣國小簡校長平時與各階層機關主管交情頗佳，素有「政治校長」之稱。該區督學於是內定由簡校長任職之欣欣國小，代表該區參加縣賽，並囑咐簡校長特別加強學校環境衛生及綠化美化之內涵。

　　簡校長得知消息之後，立即召開行政會議，決定排除萬難，在最短的時間之內，完成校園綠化美化，以獲得最高榮譽。簡校長籌措經費，總務主任購買大樹、花卉、盆景，訓導主任加強環境衛生打掃工作，教務處及輔導室則負責資料彙整，全校師生人力支援各處室交辦事項。

　　歷經半個月，整個校園煥然一新，紅花綠葉，生意盎然，美不勝收。評鑑結果早在意料之中：全縣冠軍。觀摩會時，各校對於欣欣國小短期內之傑作，大手筆開銷，為之咋舌！

第 6 章
校長的難題與校園危機處理

102　教材園的圍放問題

　　我們學校有一個教材園，後來我們弄一些圍籬把它圍起來，但是我們一直覺得不妥當，因為把它圈起來好像隔離了。當然學生要上課我們要開門進去，但是感覺上不是很好，倒是完全開放比較好。

　　但是這當中呢，要圍教材園是經過一番革命。因為教材園裡面所種的一些東西，老師跟學生很辛苦地把它種起來，看著它長大。有時候會種一些蔬菜，一些什麼東西，這些教學上都要用。

　　不過，老師跟學生常常覺得，他們前兩天來看好好的傑作，等到第二天就不見了。不見了還沒關係，他們的菜園還被人家賤踏得不像話。一兩次也就算了，但一而再，再而三的，後來就發現原來是早上在這邊運動的老和尚就去拔人家的東西，好像是他自己的，學生就很傷心，久了以後，老師也覺得很困擾，所以就建議學校把它圍起來。

　　圍起來當然是就沒有這個問題，種的東西都長得很漂亮，長得很好，大家也都很高興。但是，校長與幾個主任覺得不對勁，看了有點不對。為什麼沒事把學校一個地方圍起來呢？所以又想，看看有沒有什麼辦法能夠解決這樣一個問題。

　　目前正在思考，要不然就把那個教材園的門往裡面縮，儘量不要影響到觀瞻，然後再設計一個戶外表演的舞台，讓學生去表演。教材園裡面當然種的東西也要得到保護，或許可以去發動一些義工，進行園區設計，以這種方式來來照顧教材園。

　　教材園這樣圍起來感覺起來很奇怪，而且會讓學生的心理有一個隔閡。學校要顧及到學生的成就感，不要讓他第二天起來在學校辛苦做的東西不見了。圍或不圍？各有為難之處。所以任何事情常常要有兩方面的思考。

103 全心投入與付出，卻情何以堪

莊老師國學根基不錯、參加國語文競賽獲頒教師組作文第一名，平時情緒穩定時教學投入，視學生如己出，假日願意犧牲時間帶學生從事戶外教學，對於班級經營，全憑個人之喜好，全心投入與付出。

由於莊老師管教經營的方法與態度，常憑個人一時之喜好，部分家長引以為憂，在莊老師情緒失控時，孩子常遭其大聲責罵。莊老師常常無法控制情緒，常常以拍打桌子或摔丟椅子等動作使學生受到驚嚇，有時長時間的責罵亦讓孩子受不了，回家後常會如數轉告家長，引起家長跟著不安。

班上稍為調皮的學生，家長常會被通知：請到班上來溝通。聯絡簿也常有情緒化的字眼一大篇，惹得家長頭痛不已。

莊老師在學校行政各方面的配合度也很不協調，常常根據自己部分之了解，不管真相為何，易受有心人士之挑撥而衝出檯面，據歪理而力爭，很難接受別人的意見，造成行政部門的困擾，學校組織氣氛也受到影響。

最近為了處理調皮孩子的行為，莊老師與家長爆發了激烈的衝突，當著全班學生的面用眼淚哭訴，不是該生走，就是老師走。家長很擔心孩子繼續留在班上會受到影響，無法正常的學習與成長，而要求轉班，學校為了盡量協助平息雙方之情緒而沒有答應。

家長為了孩子，亦百般容忍與配合，特於聖誕節送盆景給級任老師與班上，同時也送到各處室。莊老師目睹此景頗為激動，認為家長有錢有勢，利用其優勢羞辱她，每天目睹那些東西，忍耐不住要發作的情緒，揚言若不把盆景搬走，她要當學生的面予以摔毀。

為了維持其情緒之穩定，盆景暫時搬到校長室擺置，學校多位老師協助幫忙設法穩定其情緒，最後皆受到波及，不得善終，唯趙校長這個新上任的校長及輔導主任感覺事態嚴重，不得不肩挑此項大家視為燙手的山芋。

如今在多方的肯定與包容下，獲得了莊老師初步的信任。當她情緒不穩時，輔導主任可以給她抱著痛哭發洩。當她心裡又疑神疑鬼的時候，衝到校長室，趙校長亦能適時給予真相之澄清，以解其心中之狐疑。

如今，一個學期結束了，總算有驚無險，也取得家長的諒解。分析其個性，在離婚後帶著兩個孩子，經濟吃緊，沒有安全感，疑東疑西，經常無端興起一些不必要的風浪！

像趙校長剛到任，莊老師就懷疑有人會來向校長報告她的底細，所以先發制人，衝到校長室來探個究竟。局長到校視察，她會到各處室打聽，是否家長一狀告到教育局。在校內，只要有一些風吹草動，皆能引起她最大的不安，所以情緒上時好時壞。

看到別人婚姻幸福、她會嫉妒，自怨自艾自己是孤家寡人，別人（家長）常欺負她。因此學校目前極力肯定她的長處、容忍她的一時情緒，以安定其情緒，從事教學為要務，設法獲得她的充分信賴。可憐她這一段跌跌撞撞的走過來，已是滿身傷痕了！

104 女兒教師甄試失利 家長要拉白布條

斯斯國小有一個家長張先生很希望推薦一個他屬意的人到學校來當老師。學校都是教評會運作，因為七、八十個人報考，只要錄取五個，張先生的女兒好像是排在第八名，他沒有辦法如願，所以一直很希望校長能夠看在他的面子上，破格錄取。不管校長怎麼樣跟他解釋，他都不接受。

這個家長把整個事情拉到面子的問題。由於他很激動，只有他認為的好老師才是好的老師。因為他很激烈，非常的激烈，他決定要向學校抗爭，他要去拉白布條。他正在找人來共同討論。第二天要拉白布條的時候，他找人來跟他一起合作，結果跟他合作的人就先把消息告訴學校了，所以學校就立即採取了各項措施。

首先，學校先透過各種管道找到當事家長張先生。學校先找到張先生在工作上的好朋友，以及情義上的好朋友，要他們一直打電話跟張先生溝通，但是因為張先生躲到山上去，根本不要見到學校任何人，因為第二天他要拉白布條啊！

第二，學校也很怕他真的把白布條拉了，處理上比較麻煩，所以學校仍然持續想辦法要跟他溝通。校長也親自打電話給他，一再跟他說明，希

望能夠舒緩他的情緒。第三，學校也找那些他預備找來要跟他一起合作拉布條的人，希望他們能夠勸他打消念頭。

同時學校還透過其他的管道，找到重量級的家長，也就是過去好幾年來都在當家長會長的人，把他們全部都集合在校長室，準備萬一他拉白布條出來的時候，有這些人出面來做因應，來跟他勸阻。

學校很怕張先生真的拉白布條出來，吸引一大批媒體記者來。如果到這地步，學校希望能夠由這些家長會長出面作平衡的說明。

由於校長一再嘗試要勸阻他，他都不接電話。他情緒還是很高亢，學校就一直試圖跟他溝通。他不願意溝通，學校就找他太太。主任們也都輪流打電話給他，學校也一直透過他的朋友跟他說。那時候已經是下午三點多。他本來預計第二天上午要拉白布條，結果後來第二天就沒有拉白布條出來。

其實，張先生自己也在公立學校服務，其實也很知道事情的分寸。只不過有時候一個人為了自己的利益，或是當一件事情未如自己所願，把事情淪為面子的時候，舉動就會變得比較不理性。校長如果不能有效化解這個結，就變成是校長很為難的地方。

105 無圍牆學校招致家長抗爭

1990 年代，在信義特區有一所學校，依照教育局的政策，要奉行所謂無圍牆的學校。那時候學校還沒有圍牆，所以學校用臨時的水泥板圍籬圍起來。圍了十幾年，臨時圍籬都已經風化了，產生危險。

在當時學校所有的設計都要經過都市計畫委員會審議通過。這個委員會就審議出來一個叫做樹籬，用樹籬來當圍牆。此一政策一出來，這所國小少數的家長就非常不滿意，他們事先也沒有來學校溝通。

有一天正常上班日，學校就發現校門口有人貼大字報，也拉了白布條。三個家長非常機動地在校門口發傳單，要抗爭學校拆除臨時圍籬，反對臨時圍牆變成樹籬，將學生安全置之於不顧。這些家長也透過種種人脈

關係，企圖去邀請媒體記者來。

　　由於圍籬的改建有一定的程序，都要經過都市委員會的審議，並不如這些家長想像中的這樣。有關安全維護，也不是像這些家長想像的，置學生安全於不顧。在家長的抗爭之下，因為校長一個人無力排解這一個抗爭，所以學校就透過教育局、新聞局，以及整個市政府共同努力。

　　有關家長運用大量媒體的部份，就交由新聞局去處理掉。有關這些家長去找議員要來進行這些杯葛，或是議員要用怎樣的方式來處理，則是由教育局出面，召開說明會。

　　因為學校無圍牆是教育局的政策，不是學校的個案問題，所以針對當天家長拉白布條，在校門口貼大字報以及散發傳單的行為，學校就立即召開緊急校務會議，向全校同仁說明整個過程，以便讓老師們都了解。

　　學校同時也緊急進行學年協商，討論如何不讓學生心理產生很多的疑惑與害怕，以免影響對學生的教學，同時也讓所有的家長能夠明白整個事件的原委。學校也親自跟拉白布條、貼大字報的家長溝通。可是這些抗爭的家長因為他們認為有議員當靠山而拒絕溝通。

　　這時學校就透過家長去跟議員作說明。議員在了解整個情況後，就由議員反過來跟這些家長做說明。由於這些家長精力旺盛，學校就把他們引到學校來，讓他們了解學校所有的運作。後來這些抗爭的家長就成為學校很大的一個助力。

106　學校行政常年的問題

　　每次暑假一過，新學年開始，辦公室即有此起彼落的埋怨聲。校長、主任不是不知道，但仍以不變應萬變，只等時間來沖淡一切的不滿。年復一年，終於有人起而拍桌子，抗議主管的鄉愿。有人大聲抗議喊冤，認為校長、主任圖利他人。更有聯合書面聲明，揚言若不改進，將拒絕一切班級外的額外負擔。

　　問題不但沒有解決，反而愈來愈有不可收拾之勢。校長、主任這種鴕鳥心態的作法，在這個事事講求民主的時代適合嗎？時機若未成熟，問題

是不必急著解決。但如今問題不但愈來愈嚴重，而且有燃眉之急。學校老師究竟在抗議什麼呢？

一些常見問題如下：編班為何級任老師沒有參與？編班為何不抽籤決定擔任班別？擔任年級，為何高者恆高，低者恆低？行政工作勞逸不均，且沒經過當事人同意，合理嗎？行政工作和擔任年級為何直到開學前一天才公布？是否有內幕？

各科任及級任之授課時數及專任科別，有何標準？編制增加，主任、組長之減課均加在級任身上，合理嗎？有些組長領錢，工作卻是級任老師在做，公平嗎？

很多學校其實也都發生上述問題。瑣瑣碎碎的事情，要分派得很公平，真的也是不容易。小學校老師少，或許拍拍肩膀就解決了。但在大型學校，如果沒有一套標準可遵行，主管想怎樣就怎樣，往往不能讓多數人心服。

107　傳統制度的再檢視：由家長的一封信談起

自從 1996 學年度「臺北市教師聘約準則暫行條例」公布後，教師的授課時數，要由學校與教師會共同協商。藉此大大國小的教師會亦一併檢討教師的出勤時數，並提出公務人員一天的上班時數為八小時。

教師因工作性質特殊，中午仍要照顧兒童，不得休息，故以八小時的到班時間計算，出勤時間應從上午八時到下午四時。

原來的作息是上午 7:50 開教師朝會，下午 4:10 放學。此案經校務會議討論通過，並修正將原來每天的教職員開會時間改為每週一、三、五的 8:00 至 8:20 舉行。原來每天的兒童朝會時間，改為每週二、四、六的 8:00 至 8:20 舉行，並自 1997 學年度起實施。

大大國小規定兒童的到校時間為 7:30 至 7:50（一般都緩衝到 8:00），8:00 以後開始登記遲到。針對 7:30 至 8:00 到校的學生，因已取消早自修，再加上晨光家長的招募又時斷時續，所以這段時間就讓兒童自由運用：或

吃早餐、或看讀物、或晨間打掃、或操場運動，並由內崗導護老師作校內巡視。

至於 8:00 至 8:20 這個時段，每週的二、四、六 8:00 至 8:20 是師生共同參與兒童朝會的時間，每週的一、三、五 8:00 至 8:20，因為老師在開會，學生就要在教室做靜態活動等候。

有些老師請到一些家長來輪流幫忙，或說故事、或教英語、或背唐詩。有些班級的家長人力支援就比較困難，故各班的發展不一而足。

這一學期的師生座談會，有一個班級的家長談到了孩子早上的學習及老師們開會時間的問題。家長們建議將老師開會的時間作一調整。家長們希望校方調整一、三、五早上老師開會的時間，使老師 8:00 能在教室指導學生學習，或進行其他的學習活動，以幫助學生有更好的學習。家長的主要理由如下：

1. 老師開會時，有些教室的秩序很亂，學生的情緒浮動，往往影響接下來半天或一天的學習。有的學生 7:30 即到校，而正式上課要到 8:20 或 8:40，學生未能充分利用清晨的時間，十分可惜。且因無人照顧，學生易生意外

2. 不少班級的家長都十分熱心，於老師開會時間主動輪班，前往教室支援。但由於家長們基本上並未受過幼教的訓練，因此學生們比較聽老師的話，比較不聽輪班家長的話，使輪班的家長往往管束不住班上的秩序。曾見有的班級，每日有三至五個家長值班，但不是每一班的家長都能提供這麼多的人力。

3. 家長很願意協助老師在教室布置、課外教學、專業的指導等方面配合老師。如此人力的利用，可能比早晨代替老師照顧學生更合宜。

4. 上學年因運動會的緣故，老師的會議曾多次延長至 8:40 或 8:50，再加上團體操的練習，以致影響到學生的課程進度。老師到學期末，必須快速地把課程教完，學生的吸收力自然也受到影響。若校方能讓老師充分利用早上 8:00 至 8:20 的時間，當可避免以上的缺點，也可使學習緩慢的學生有更多補救的機會。

　　家長上述的建議，在隨後召開的家長代表大會上獲得了廣大的迴響。這些意見在學校行政會報上引起了廣泛的討論。

1. 「校務會議」通過老師到班時間，自上午八時到下午四時。這個會議的成員沒有學生，但有兩位家長代表。家長可以管到老師的出勤嗎？

2. 簡校長的反對聲音敵不過贊成的票數，何況老師所提並不違法，校長自不宜動用行政裁量權，更何況將來校長還要遴選。在「理念」與「人和」之間，要先考慮什麼呢？

3. 既然每週的一、三、五，老師都要到 8:20 才進教室，那麼學生能不能 8:20 才到就好？為什麼國小老師早上都要開晨會？用書面通知或張貼佈告來取代面對面的溝通又如何呢？如果取消教師晨會，那是改為每天升旗好呢？還是改為老師回到班級去照顧孩子？如果回到班級去照顧孩子，那麼 8:00 至 8:20 的照顧時間，要算誰的鐘點數呢？如果取消晨會，學校真有急需的問題需要共同討論時，該利用什麼時間呢？中午時間嗎？那是午餐指導時間！下班後留下來，大家願意嗎？

4. 家長認為學生要到 8:20 才正式上課，學生未能充分利用清晨的時間，十分可惜。在家長的信念中，晨間時段應該怎樣利用才不可惜？學生一定要和老師形影不離才有學習嗎？讓我們的孩子擁有一段「自己的時間」，做他們喜歡做的事是浪費了嗎？

　　行政會報上大家七嘴八舌，並沒有做出結論。簡校長心想：「現在的校長真難當，左一個教師會，又一個家長會，真不知是校長該聽他們的？還是誰該聽誰的？」

108 童校長的難題

　　童校長是一個資深的校長，距離退休還有好幾年，自從到陽光國小就任以來一切倒也順利。雖然這一年各校教評會、教師會鬧得兇，但在這裡，教師同仁相互之間對校長還是相當尊敬，可能是對童校長治學的理念是相當認同的，另外也是對快退休的老前輩的尊重吧！

就在學期快結束時，在學校服務的莊老師，有一天突然到校長室來，找校長拜託一件事情。原來莊老師的太太劉老師目前在某私立幼稚園服務，今年六月剛從師院幼教系畢業，已取得幼稚園正式老師的資格，希望有機會能到陽光國小服務，可以使他們夫妻不必再兩地相思。莊老師希望童校長能幫助他的太太順利考到本校服務。

童校長心想，這雖於法不合，但莊老師在校內也算是一個不錯的老師，對學校行政的配合度相當好，同時校內的人緣也不錯，相信有許多老師會幫助他，況且他本身又是教評會的委員，相信應該不會有問題才對。想到這裡，童校長認為做個順水人情也不錯，於是滿口就答應了。

在甄試前，童校長倒是很幫忙，替莊老師講好話，就是幼稚園甄試的簡章也都徵求莊老師的意見，看看有什麼問題。其他教評會委員因為知道是莊老師的太太要來，大家都是老同事，也都儘量幫忙。

莊老師看大家這麼幫忙，也很慷慨的請客，當然也送一份不小的禮物給童校長。童校長雖然推辭了一下，不過還是欣然接受了。莊老師眼看事情這麼順利在進行，也向太太拍胸脯保證沒有問題。

日子過得真快，令人期待的甄選日子已然來到。劉老師跟著其他的競爭者一樣參加報名、積分審查、試教、口試等程序，雖然劉老師的表現不是最好，但也差強人意。

甄選委員也都特別的把劉老師的分數打高，在口試與筆試方面，劉老師都獲得第一名。莊老師更是高興得直向劉老師示意表示一切 OK。現在只等把所有的成績輸入電腦就大功告成了。

但是，等到電腦成績一公佈，結果令所有人都大吃一驚，因為劉老師的排名竟是第二名，而不是預先估計的第一名。莊老師大為吃驚，趕緊趨前察看究竟是怎麼一回事？

沒錯！就是第二名，與第一名之間只差了 0.5 分而已。莊老師趕緊提出重新計算成績的要求，認為可能是電腦程式設計錯誤所致，或是成績輸入錯誤所致，否則不可能那樣離譜。

經過一番折騰後，確定成績輸入沒問題，程式設計也正常，劉老師的

確是第二名沒錯。莊老師像是洩了氣的皮球一樣垂頭喪氣。究竟是怎麼一回事，口試與筆試都是第一名，為什麼會變成第二名呢？原來在積分審查的項目中，有一項是著作與特殊表現，每一種特殊表現是兩分，總積分共是十分。

第一名的老師剛好有五項著作獲得滿分，而劉老師因為沒有特殊表現與著作，且口試與筆試的評分都有上下限（75～85）的規定，所以雖然在其他項目排名獲得第一，但在這一項卻輸了很多，因此落敗。

莊老師趕忙找擔任積分審查的兩位甄選委員提出他的看法，認為特殊表現所佔的積分太重，影響考試的公平性，希望兩位老師能重新評定積分，但兩位老師認為事關重大，並不是他們所能決定，因此希望召開教評會議決較為恰當。

這時獲得第一名的老師也獲知消息，特地要求參加，並提出要求，要莊老師依迴避的原則離席。這時教評會主席相當為難，只好請莊老師離開，但也不同意該位老師參加的要求。

會中大家討論得相當熱烈，不過大家認為：

1. 莊老師參與了甄選簡章的籌備工作，而且簡章大部分都依照莊老師的要求修正，當時他都沒意見，此時發現問題又要求修正簡章實在沒道理。

2. 甄選簡章已經公布，並依規定辦理甄選工作，此時若貿然修正，不但使事情更為複雜，且於事無補，因為第一名的老師一定不會善罷干休。

3. 若強行修正通過，不但須負行政責任，違法更可能要負法律責任。

最後，大家決定維持原辦法不做修正，並將此議案列入下學年度教師甄選的參考。莊老師又請校長來幫忙，但童校長認為茲事體大，不容易改變，並沒有答應。因此就大事底定，沒有轉圜的餘地，而確立甄選結果。

莊老師越想越不甘心，又受到嬌妻的數落，就在校務會議中放炮說：「吃的也吃了，喝的也喝了，拿的也拿了。」但大家還是沒幫忙，實在不知羞恥，然後又意有所指地說，有人拿最多，但幫忙最少。暗示校長拿最多，但幫忙最少。當場就有老師站起來跟莊老師理論，甚至捲起袖子就要

打起來，還好有其他的老師把他們勸開，才沒釀成事端。

童校長臉色紅一陣白一陣，氣得心臟病差點就發作起來，在家病了好幾天才上班。事後莊老師又到處去投訴學校的種種不是與不法行為，讓教育局與調查單位來了學校好幾趟，折騰了好久一段時日。童校長心想，這時候應該退休了吧！讓一些年輕力壯的校長來處理可能比較好，他這把老骨頭也該休息了。

109　秦校長的兩難

秦校長是新學年度奉派到旭日國小的新校長，在就任前就有好朋友告訴他，這個學校有很多問題，要秦校長小心，尤其這個學校的合作社已經上報好幾次，若處理得不好，將會很難下台。

因此秦校長一上任，就對於合作社的問題特別留意。果然不出所料，上任第二天，就有調查站的某調查員來拜訪校長，希望校長能提供資料協助調查。當然校長以初到任，對事務不熟悉為理由，委婉加以拒絕。

秦校長也警覺事情不單純，立刻由側面打聽事情的來龍去脈，並向原校長請益。不過原校長並沒有講出重點，以有心人要誣陷、栽贓為由搪塞。當時，適值暑假，學校相關人員都不在校內，秦校長又剛到任，對老師也不太熟悉，心裡雖著急，但也無計可施。

還好那位調查員經校長拒絕後，就也沒再露過臉，事情總算平靜下來。不過他心裡已好好盤算過，下一學年度學校合作社的經營方向應該怎麼做？

在開學的前兩個星期，好不容易找到學校合作社擔任理事主席與經理的老師。擔任經理的這位老師一見面就表明，他在上學期就已經跟前任校長與理事主席辭職了。而擔任理事主席的老師則不是很合作，一再說合作社是獨立單位，希望新校長能尊重他。真是好笑得很，好像合作社是他的獨立王國一樣。

當然秦校長也很明白地告訴合作社理事主席，合作社絕對是學校的一個單位，而他替學校代辦的各項物品是學校決定後，交由合作社代辦的，

絕不是合作社辦理什麼，學校就接受什麼。

最後秦校長還是要他們負起責任來，同時說明利害。他們兩位也很配合的，趕快把下學年度依照教務處所需要的課本與代辦簿本預定下來，以便學期開始時，讓學生有課本與簿本可以使用。

同時秦校長也安慰他們，只要依法辦事，有事校長自會幫他們作主，他們也向校長說明以前合作社的運作方式。以前的方法的確是有可議之處，不過秦校長要求他們把合作社的帳做一個總結算，並準備在開學的時候召開社員大會，重新選舉合作社的新幹部。

另外，也交代經理要按照教育局的規定，除了代辦事項以外，合作社只販賣牛奶、麵包等符合規定的食品。當然這項新的規定會遭致部分廠商的抗議，不過也都順利解決。

秦校長認為要整頓合作社，首先合作社要改變它營利的形象，使其變為以服務為目的，少了利益的糾葛，糾紛應會少一些才對。

在開學的第四個星期，合作社的社員大會總算順利召開了。新的幹部也依規定產生。雖然經理沒有人要做，但最後總算協調出一位湯姓的老師擔任，合作社業務也很順利運作，秦校長總算鬆了一口氣。

但在十月中旬的一天，有一位廠商氣呼呼地跑來，說合作社的經理與理事主席不接受學校訂的貨，不是要逼他走向絕路嗎？在秦校長還弄不清狀況時，合作社的理事主席與經理也跑來向校長報告事情的緣由。

原來這批貨是前任校長與理事主席為今年新生所預定的制服，而廠商並不知道學校校長已換人，還是依合約內容製作送來，但是原任的理事主席在移交時並沒有說明清楚，所以有這樣的誤會。

最後校長只好跟新任的理事主席與經理說明，基於同事和諧與後任應概括承受前任所定的合約精神，要求他們要點收這批貨，並販賣給一年級的新生。事情好像很圓滿結束了。

但又過了一個月，合作社的出納跑來告訴校長，說經理並未把販賣制服的錢入帳，因為這些制服的販售都由經理負責，而出納老師是一年級的

級任，並未看到經理把錢入庫，因此特別告訴校長一聲。

當然校長立刻把經理找來了解，經理只說他是要把所有錢全部收齊後才要入庫，校長則告訴經理，這是違反規定的，依規定公款一經收集，是要當日入庫才符合規定，希望經理立刻將公款歸墊入庫。

經過一星期左右，湯老師總算把公款入庫了，不過所收的錢數與各班的總數卻有十萬多元的誤差。反過頭去查各班的存根，有的老師有留，但有的卻不見了。湯經理倒也很皮，只要是存根在的，他都賠，但存根不在的，就不認帳。總算起來，扣除原有的利潤，還差四萬多元。這時公說公有理，婆說婆有理。秦校長明明知道問題出在哪裡，卻無法處理。

正在傷腦筋的時候，承製的廠商得到消息跑來找校長，說明願意承受貨款的差價，使事件落幕，以解決校長的難題。問題總算解決了，不過秦校長要求湯經理，把所有的資料整理之後送到校長室，並告訴湯老師，希望他下學期調離學校，以免考核會議上被考核為貳等，畢竟這是他作業的疏忽。

經過這件事情以後，學校部分老師已對其產生不信任感，換個環境對他可能是比較好的。湯老師倒也乾脆，立刻提出調動表，在下學期就調動到其他的學校服務。

事件過了一陣子之後，秦校長心裡一直想，不知他的作法是否正確？會不會太主觀？或是太鄉愿了？

110　托兒所借用學校教室辦學

有一個托兒所借了某一個學校的教室來辦這個托兒所。目前這位校長到任之前，托兒所已經存在很久了，是社區的有力人士來經營的，社會局有立案。

學校要趕走托兒所也趕不走，一方面社會局有立案，另一方面，地方上的勢力太大了，學校也覺得得罪不起。不把它趕走，也沒繳租金，再說有繳租金也不恰當，所以學校也是左右為難，這個問題在這位校長離開之前都還沒解決。

市政府也不敢明著去干涉它，因為有一個很大的勢力在那邊。不過，其實雖然這樣，但也不是營利啦！有一點比較特別的是，這間托兒所算是服務社區，因為社區比較落後，照顧這些社區的小孩，真正的圖利應該是沒有，但這件事還是讓學校很為難。

111　工友只聽命於總務主任

有一天，秦校長想要找男工友來幫他釘東西，釘個釘子。秦校長就跟總務主任說：找某某工友來幫我釘一下。總務主任就回答說：「唉呀！我們六個男工友都是一起行動的，不可以單獨行動，你不可以單獨找他。他們會計較的，所以我現在叫他來，他一個人釘，其他五個人都站在旁邊看他釘。

他們所有人做事都是這樣，一個人換燈管，一個人拿燈管，其他人就在旁邊等。」總務主任跟校長說：「校長，工友由我來叫就好，你不必叫他們，你叫他們也一樣。」總務主任這樣回答。

校長要叫工友做事，一定要經過總務主任，因為他們已經跟總務主任非常好，他們跟總務主任的關係，好到總務主任才叫得動他們，校長叫不動他們。秦校長是新來的，若秦校長叫工友，工友根本就瞪你一眼，完全不理你，因為他有總務主任當靠山呀！

如果是這樣的話，一個工友就夠了，何必要五個呢？可是學校編制可以編六個，另外五個是來領薪水的。既然他們都是編制內的人員，校長也不能把他們炒魷魚呀！問題的癥結在哪裡？工作分配的關係。

可是校長沒有權利去分配工友的工作嗎？在教育人員任用條例第三十一條裡，學校職務分配權是校長。可是問題是校長與工友中間有個主任。工友聽命於總務主任已經很習慣，因為以前的校長已經十分信任總務主任，他很習慣什麼事情都是由總務主任來做，所以總務主任才是工友們的頭家老闆。

秦校長是新來的校長。工友對新來的人完全不認識，聽不聽校長也沒有關係。現在校長也沒什麼權力做考核跟處理。這跟學校組織文化與氣氛

有關，跟主任運用他職務的職權的模式有關。這是秦校長目前遇到的問題。

112 聘任新主任的難題

某年 5 月 23 日，國內各大報都刊登了某縣新學年度國民小學校長調動及新派校長名單。鄧校長從北海岸的小型學校調到文山區的市區中型學校，都還沒上任，就有很多人士恭喜他，甚至新學校的家長委員會委員都和他聯繫，希望他先拜訪新學校的家長會。

因為只有報派，沒有接到任何正式公文或教育局的指示，所以鄧校長都很低調處理。這樣的事情當然繼續不斷，這些事都沒什麼大不了，但其中就有一件事，讓鄧校長很煩惱，不曉得應該如何處理比較好？

事情是這樣的。新學校有一個主任缺，新校長都還沒上任，人情壓力就來了。在人情壓力裡，一些是來自以前的老同事，這樣的人情世故都難免，其中比較困擾的是來自地方議員先生、地方仕紳及上級長官，他們很關心學校行政運作，推薦的人選都是一時之選，都是優良的強棒。

但缺額只有一人，同時鄧校長在北海岸服務時，曾答應跟他一起共事的一位主任，有機會的話和校長一起調動。

其實最感困難的是，如果真的調動，也是 8 月 1 日才生效，而按教師法及教評會的各項法令規定，教師甄選一定要在 7 月 31 日以前完成，校長也只能從現有的教師群中，聘請有主任資格的教師擔任主任。

所以要成為主任之前，一定要先以老師身分參加教師甄選，先成為該校老師，才有機會擔任主任的工作。

而鄧校長與原任校長溝通，但沒有得到回應。他堅稱，這是教評會的職權，他不方便過問。在這種情況之下，鄧校長真的左右為難。當初，填寫調動表時，有請議員先生幫忙關心，事成之後，要不要還這份人情？

他答應原服務學校主任同時調動，要不要算數？文山區當地議員先生的推薦信函，他要如何處理？前輩校長的囑咐，該如何回絕？地方仕紳的大力推薦，又如何善了？

其實，鄧校長也深知，這些人情世故，處理得不好，不只得罪了一群人，甚至會妨礙到校務的正常推動，更何況聽說新學校新年度要舉辦百年校慶，百年校慶要動用不少資源。這件事如果處理不好，百年校慶也不用辦了。更困難的是，教評會要如何溝通，才會了解聘請主任對校長的重要性？

113 主任不適任，校長怎麼辦？

廖中強是一位能力強又敬業的資深主任。原本在規模大、歷史悠久的學校任職。因為服務的學校離住家較遠，乃改調到離家較近、規模較小的學校，服務績效始終良好。

兩年後，廖主任因為身體違和，體力不繼，各項校務推動，出現了進度落後，無法如期完成的缺失，校長乃請組長代勞主任部分業務。由於自尊心強，導致溝通不良，往往造成主任和組長之間的摩擦，影響彼此的工作情緒，這種情況延續了一個學期，因為關鍵點在於廖主任的健康未能復原，所以情況並無改善，反而有每下愈況的趨勢。

這段期間適逢「候用校長甄選」，廖主任原本各項條件都很優秀，於是在校長的協助與輔導之下，順利榮登金榜。

在廖主任候缺派任的一年期間，校長有鑑於他的健康狀況不佳，如果讓他續任主任原職，恐會影響行政績效，乃情商他改任組長，可是擔任組長必須承擔較多的教學時數，因此廖主任希望能留任主任，以減輕體力之負擔。

校長面臨了兩難的情況，如果答應廖主任的請求，必然影響校務的順利推動。如果否決了廖主任的請求，又違背了「人和」的行政需求。真是左右為難！

114 不是冤家不聚頭？

陳主任在妙妙國小服務已將近 20 年，其中擔任主任迄今亦有 15 年之

多，對於主任角色與職權之轉變，自是感觸良多。尤其這一兩年來，教師會、教評會的干預運作，年長具有傳統倫理觀念的前輩老師相繼退休後，學校是年輕者當道，不但顛覆傳統、也挑釁權威，挫折之餘常常讓陳主任興起不如歸去之歎！

舉個例來說好了。去年學校行政與教師會在磋商教師聘約準則時，行政單位堅持寒暑假既然老師都領有薪水，「寒暑假期間，學校若因校務需要而通知教師返校，教師有到校服務之義務。」聘約上的這條要求並不為過。但教師會副會長彭老師卻堅持刪除。

他認為這一條是「帝王條款」，學校憑著這一條就會動輒對老師予取予求，這一條也擺明了行政對教師的不信任，何況以前沒有這一條，老師那一次沒有配合返校呢？

行政方面雖然也說明既然老師都願意配合，又何必在意有此一條呢？在各有堅持之下，校長裁示交付校務會議表決。在行政人員的觀點：老師是具理性的知識分子、當然會做有具教育良知的選擇。沒想到表決下來，行政輸了！原來理念與實際是有落差的！

想到去年「授課時數」的表決，行政版的也全軍覆沒。表決之前，學校曾做職務意願調查，調查結果，老師們擔任行政的意願普遍不高。既然組長沒人做，就應以較高的誘因來鼓勵。沒想到表決結果，主任、組長的授課時數全部達到最高限。

這樣的結果不但導致組長全體請辭，還惹得校長被怪罪沒擔當：「這種事怎能用表決呢！」。校長和主任忙著充當救火隊，努力安撫組長，以澆撫他們的忿怒之火！而我們的彭副會長還幸災樂禍的說：「沒人當，我來當！」問題是沒人敢請他當！

說起我們這個彭老師，拜教師法之賜，他可是鹹魚翻身！他是個嘴巴說說、快活快活的人，常常說的是冠冕堂皇，做的又是另一回事，譬如當導護常常遲到，上臺報告卻又是義正言辭；上課常常丟給實習老師，自己卻在瞎忙合縱連橫；各種表格問卷不到最後關頭不交、體罰學生，行政得幫其收拾善後等等。

　　但是他對級任老師卻是有求必應且服務到家，重要的是他會為級任爭取「權益」，譬如代表老師向校方建言；拒絕擔任外崗交通導護；月考試卷不需作試題分析雙向細目表；級任教師帶學生做戶外參觀教學，當天有課的科任老師需隨行或補課；畢業生資料造冊是註冊組的事，級任不需填寫名冊；公務人員上班是八小時，老師只要八點來上班，下午四點就可放學，為什麼要七點五十分來開朝會，四點十分才放學？教具管理是設備組的事，老師們只是使用，不負保管責任……。

　　這些有的沒的的論點，搞得主任們對他是一個頭兩個大。問題是他卻具有超人氣的民意，不管選教師會、教評會、人評會、考核委員會或合作社理監事會，他都能高票當選，雖然老師的小孩從不會放到他的班上……。

　　新學年度的任教職務意願調查表又來了。彭老師這次又有話說了：「職務意願調查表，只是假民主之名，卻無民主之實！我願意當組長，卻沒有主任肯用我！不是國王的人馬，就永遠沒有機會做行政，這合理嗎？行政職務應尊重老師的選擇，為什麼不開放出來，讓大家公平來競標呢？如果有人願意多教幾節課，他是不是可以優先選擇呢？」

　　這一嚷嚷的結果，彭老師果然得標了！他不只想當組長還想兼級任（明星國小班級數只有20班，依編制需有級任兼代組長）、還要當實習輔導老師。這些願望他都實現了！

　　最重要的是：他當了陳主任的組長！想到以前為了一些理念之爭，陳主任和彭老師好幾次在公開場合針鋒相對、形同水火，如今卻要共處一室，怪不得陳主任心事重重，看來他是得好好思索如何和這個「冤家」聚頭了！

115　教師兼辦人事與主計業務之爭議

　　純純國小為了配合學校組織再造，在員額總量管制、經費總量運用下，學校專任人事、主計在 2003 年合署辦公，擴充其業務量，人事部份業務轉移到教務處，主計部份業務轉移到總務處，於是學校必須在全校教師職務分配時，開設學校人事和主計協辦人員，負責統籌這兩項業務，使

學校人事和主計業務能和區中心（合署辦公處）配合運作順暢。

惟目前縣政府對人事和主計業務量到底多少歸給學校，遲遲不明確，學校協辦人員可減多少節課亦不詳，使學校在職務分配時，無法明確告知老師協辦的業務項目和授課時數，教務處和總務處也徬徨無助。

於是總務處提出化整為零的方案，由總務處組長（出納和事務）分別掌控經費預算和帳目，使出納和主計業務能順暢進行，而出納組和事務組各減四節課。原本校長、主計都同意，認為此案可行，並可避免設專人協辦授課時數更少，而直接衝擊到其他教師的教學時數，影響教師權益。但此項初步構想遭到務主任極力反對。

教務主任認為總務處組長只授課二節，和主任一樣，其他組長和主任會如何想？聽說某教師要接主計協辦，她有經驗又曾得獎，為什麼總務處要去防堵她，不讓她做呢？

教務主任的反對立場引起總務主任的不滿。總務主任認為協辦主計人員的業務不明，授課時數不詳，如由總務處自行吸收，僅減兩位組長八節課，如由專人協辦，不但業務不熟，更至少也要減十二節課，無形當中也影響到其他專任教師的權益。

教務主任則認為，總務處組長兼主計協辦人員，有球員兼裁判之嫌，況且減少組長授課時數，會引起其他處室組長的不滿，而且聽說有老師有意願擔任此職務，總務處又何必去防堵呢？

針對此一爭議，校長在行政會議提出人事、主計協辦人員的人選方式，並請現任人事、主計及各處室提出意見。人事和教務處認為人事業務量較多，應設專人處理業務較易順利進行。主計和總務處認為主計協辦應由出納兼任之，較熟悉整體業務，運作會較順暢。

校長再度召集教務主任、總務主任、人事、主計和出納共同討論協辦人員產生的方式，由相關處室和人員討論和敘述優劣後，校長裁決開缺，由現任教師有意願者自行填寫職缺。職務分配開缺時，人事有人填，主計卻乏人問津無結果。

116 課後補習的老師

剛剛接手光明國小，徐校長一則以喜，一則以憂。喜的是從二十多班的學校調到七十幾班的學校，這是一種榮譽，也是一種挑戰。憂的是新到一個文化、傳統、班級人數都和以前不同的陌生環境，不知是否能順利接掌校務？會不會有阻力？

初到學校，好似單槍匹馬，深入荒原。所幸舊部屬已有幾個調至同一所學校，減少一些惶恐與不安。到校的第一件事，就是到校園各處走走，認識環境。再者召集各處室主任，了解學校現況，以便心裡有個底，比較好辦事。

各處室主任陳述了學校概況，並極力推薦一位能幹的組長，謂其為學校台柱。校長召見之後，果然視之為心腹，凡事必與之磋商。舉凡人事之安排、科任之分配、課表之編排、科學展覽、田徑隊之訓練，均由其一手策劃。學校老師雖然也有不滿的聲音，但大致都能正常運作。

時至第一次考查完畢，有幾位老師透過學年會議反映，謂校內有多位老師課後補習，並有洩題之可疑。校長多方了解，赫然發現其心腹兼左右手也在課後補習之列，而教育局一再強調，老師不得從事不當補習，否則從嚴究辦。面對此一難題，校長唯有在朝會一再強調不可補習，其他也拿不出好辦法。補習之事，就此不了了之。

117 別具居心的老師

某縣縣內教師調動會場上，一位步履蹣跚、滿頭白髮的老先生上台去，選填調入這一個縣內的一所每天只有兩班交通車，雨季一來、洪水一沖，交通中斷，就要跋山涉水上班的迷你型學校。

調動當天，包括莊老師及簡老師在內的大大國小六位老師，都想離開大大國小，但大家苦於住家附近的學校沒有缺，而大大國小只離家二十分鐘車程，還可以接受的情況之下，勉強留了下來，其他四位老師都找了交通狀況較好的學校調走了。真沒有想到這位老先生，居然有這麼大的勇氣

調進來。

開學後，這位童姓老師攜著輕度智能不足的太太，風塵僕僕地趕到山上來。他無心教學，也不關心校方安排給他的職務。來的第一件事就是找宿舍。主任告訴他，學校只備有簡單的單身宿舍，沒有帶眷的宿舍。

童老師不曉得哪裡得到的消息，他說學校有校長宿舍，校長通勤，不需要用，他要住校長宿舍。童老師並且擺出一付無家可回的可憐相，請校長成全他。校長雖不住校，中午會在那兒休息，但童老師需要，便答應把宿舍讓出來。

總務主任馬上出面制止童老師的搬遷，因為他已經多方面打聽童老師為人及調來大大國小的原因。據悉，童老師看似年邁，身體卻十分硬朗。在其他學校時，總有辦法弄到公立醫院證明而請長期病假。

即使不請假，教學及行政工作都敷衍了事。他待過的學校，校長都不喜歡他。這次調到偏遠學校來，是要佔用宿舍，半年後退休，就在這裡養老。

果然，校長表示要讓出宿舍之後，童老師就以強硬的態度說：「宿舍我住了，明年二月退休，我不會搬走。如果要我搬，學校要支付十萬元搬遷費。」校長一時間傻了眼，不知道該怎麼辦。

還好總務主任洞悉他的心思，早已把借用宿舍的相關法令準備好，並寫好一式兩份借用契約，其中一條即是：「借用人因調校、退休，需無條件歸還宿舍，否則依法究辦。」

童老師一貫以其要賴作法，讓很多校長傷透腦筋。這次遇到強勢主任，一切依法辦事，自知大勢已去，當日便捲了舖蓋打道回府。連續兩天看不到他人，校長急著到處打電話找人，誰知第三天童老師又不知道怎麼弄來一張重病證明要請長假。

這一請，已經接近他退休之日了。他不來上班，學校少了一位麻煩人物，大家快活。但縣府卻得支付一筆為期五個月的代課津貼，而學校主計、出納更得為這「幽靈人口」的薪津、保險、食物配給等福利事宜，增加工作上的負擔。大家唯一感到安慰的是，他請了假，避免了傳道、授業、解

惑而污染小朋友純潔的心靈，這是不幸中的大幸了。

118 鄰近學校教師調動的困擾

鎮上在方圓一公里內設有四所國小，平時各國小之間往來密切，學校行政人員經常互通有無，感情良好。但是，四所學校校風差異頗大，其中甲校為一新設學校，教師流動率高，每年大批新進人員到校，學校文化難以成形，問題叢生，迭遭家長反彈。

2000 年年初，甲校部分資深教師想要到鄰近之乙校參加教師甄選。甲校之校長認為此舉將影響學校校譽，會使得家長對於學校產生不滿，於是便在一個校長聚集的場合提出鎮內教師不可互調的主張，並獲得二位學校校長的同意（乙校校長並未在場），並在教師朝會向教師宣布此項訊息，引起部分欲調動教師不滿，乃連署投書縣政府，掀起一陣波瀾，經過許久方才平息。

為貫徹前項主張，甲校校長乃委由另一所學校校長告知乙校教務主任此事，希望乙校校長能支持此項決定。乙校教務主任向校長報告此事，並分析相關利弊得失，認為乙校本身也深為代課教師問題所苦，而且如不允許鄰近教師報考本校，在處理上有相當的困擾，容易招致教評會的反彈（乙校教評會向來自主意識強烈），讓事情趨向複雜化。

經過商議，乙校決定對於此事採取不置可否的態度。到了當年夏天教師甄選的時候，果然有四位甲校資深優秀的教師（其中包括學年主任兩位）到乙校報考，並以其優異的表現獲得錄取。此事在四所學校之間掀起一陣波瀾，久久方才平息。

119 新任校長候選人校務經營發表會停辦聲明

尊重來自於瞭解，瞭解來自於溝通，溝通來自於接觸。拒絕接觸，我們痛失一個互相瞭解、彼此尊重的機會。

春天國小原訂於 2003 年某月某日舉辦的「新任校長候選人校務經營發

表會」，因為沒有校長報名，而決定停辦！

在目前校長遴選制度無法做到兩階段遴選之下，春天國小家長會與教師會共同發出期待，希望能主動邀請校長們到校發表校務經營理念，透過校務經營發表會來進行雙向溝通，真正落實「學校本位」以家長、教師、學生為主體的實質教育權。

春天國小嘗試以知性、和諧的發表會方式，主動邀請校長們到校發表校務經營理念，希望帶動教育夥伴們關心學校事務，共同為教育打拼。可惜的是，這樣的期望卻無法實現。學校人員此刻的心情是失望但不落寞，平靜但不悲情。失望的是校長尚不能跳脫傳統體制的框框，與家長、老師們攜手共進。

但學校人員並不落寞，因為藉由這次的活動，這所學校成功的凝聚了家長與教師的共識，實踐了「親師合作」的教育模式，落實「社區參與學校經營」的教改目標。

教育是一個歷程，是一連串不間斷的嘗試，家長與老師已經跨出合作的第一步，擁有一個美好的過程。觀念的種子已播下，相信他日必能豐收成林。同時，也期望明年能有學校前仆後繼，繼續舉辦類似活動。

春天國小主動做事，用心教育，雖然失去第一次接觸的機會，但仍衷心企盼一位用心的好校長來到春天國小，和學校的老師與家長共同創造美好的明天。

春天國小家長會與教師會所辦理的說明會有這樣的結果並不令人意外，因為早在該校發布辦理訊息的同時，台北縣校長協會即已透過管道，要求全縣的候用校長及現任的校長不得參加這次的說明會，否則將會有一些問題產生。所以，屆時，果然是沒有人參加，而讓這個說明會流產。

為了這件事，讓校長協會與家長會及教師會產生一些心結。

120　校長遴選組織被架空

校長遴選組織被架空？在萬國國小所舉行的「校長遴選茶會」上，台

北市國小學生家長聯合會會長砲轟校長遴選的「同額競選」情況，無疑是一種違法的「工程綁標」行為，不但遴選會的實權被架空，連基本的精神都遭到漠視，造成優秀的人才在壓力驅使下，得不到出頭的機會。

在台北市的國小校長第 1 階段的遴選茶會上，家長會在會場一開始之際，就砲聲連連，將槍口指向教育局，會場上火氣最猛的家長聯合會會長沉痛指出，校長協會不該在報名之前，就私下做出協調動作，使得有意願的參選者，在同儕的壓力和團體制約綑綁下，得不到自由參選的空間。

聯合會會長表示，根據部分校長候選人對他所投訴的資料指出，校長協會在遴選會前，確實以無形的制約力量，要求若學長報名了，學弟就不要報名；後來的要「禮讓」前任者，而教育局也對此種違法的狀況表示出默許的態度，讓家長會不得不質疑校長遴選的公平制度何在？

聯合會會長認為，根據當初遴選會的精神，只要符合遴選資格者皆可自由報名參選，但校長協會此舉，無疑是阻撓自由公平制度，因此，他在發表不平的聲明之餘最希望的，還是主管機關能正視這個問題，讓遴選制度回歸到原來的體制。

121　隔夜或不隔夜，安全責任與學生願望的兩難

臺北縣某國小發生六年級校外教學，小木屋起火燒死學生的悲劇後的第二年，安安國小訓導處以前車之鑑不遠，希望六年級規劃校外教學能以安全為第一考量，以安排一天往返為原則。

不料這個訊息引起學生極大的反彈，因為每年所舉辦兩天一夜的畢業旅行是六年學生期待已久的事情，突然之間在這一年改變方式了，對於六年級學生衝擊極大，因此透過學校留言版、日記……等等方式，表達他們的心聲，甚至出現負面情緒。

六年級老師為此事召開過多次會議，並且做了家長的意見調查。贊成兩天一夜與持反對意見的雙方僵持不下。後來訓導主任參與六年級的討論會，表達校長的行政裁決，決定不辦理兩天一夜的校外教學，但六年級可以規劃另類形式的學生活動，例如園遊會、跳蚤市場……等。

六年級教師當場對校長裁示表示不滿，且決策過程過於專斷，有違校園民主，而學生更是失望，在網路留言批判訓導主任、校長，認為他們無疑是帶頭違反民主精神的一群。

辦理畢業旅行是否為學校教育所必須承擔之重？其教育價值性為何？安全責任、學生願望、教育價值，孰重？衡量的尺度為何？贊成與反對兩天一夜的雙方，進入表決時，所謂責任，是否可以透過表決，決議共同承擔？自由意志與團體規範的界限為何？學校決策過程，校長動用行政裁量權之時機為何？介於學校行政與學生之間，教師應扮演何種角色？

122 支付憑證的疑團

文主任在這個學校服務已經第二年了，好不容易熟悉了這所學校的氣氛及文化。在這個暑期中，校長外調，調到更偏遠的小學，因為學校實在經營得不理想，教務主任不務正業，兼開計程車。

訓導主任覺得學校不可為，經常參加救國團舉辦的活動。總務主任不受校長器重，連學校印信都無法保管，只好到校看報、喝茶。只有文主任比較有教育良心，不受環境影響而忠於自己的崗位。

新上任的校長很有教育理想，開學後要求的第一件事是「正常上班」，也就是每天上班八小時。平常鬆散的老師當然怨聲載道，起了不小的反彈。學校的人事管理員謝先生是當地人，住在學校旁邊，平常上班還算正常，但是要去要求老師準時上班，對他來說畢竟是一件苦差事，吃力不討好，所以心裡對新校長也就不大喜歡。

學校管理嚴格，在文主任看起來是很正常的一件事，他也樂於見到新校長以這樣的方式來改變學校，更重要的是新校長是他師專畢業後第一次擔任老師的訓導主任，當然更樂於協助校長來改革不正常的教育現象。

本來尚未調換校長之前，文主任因為正直，並且待人誠懇，而得到大部分老師的認同。但新校長來了以後，嚴格管理學校，因此學校老師認為文主任本來和校長熟識，又同事過，所以把文主任歸為校長的人馬，慢慢的對文主任就有了防備之心。新校長認為文主任來這所學校已經一年了，

已經被學校鬆散的校風同化，而且為了表現大公無私，對文主任也一視同仁。

文主任在這種微妙的關係之下，心情真的是很尷尬，但是他還是堅守崗位，努力任事，只要是他輔導主任該做的事，絕不推諉。

時間過得很快，一年已經過去了。一年來，文主任在校長囑咐之下，向家長會籌募了一筆 25 萬的基金，準備將校刊付印出版，當然是依照合法手續。

學校各方面行事也在新校長的要求之下，慢慢恢復常態，但民怨相當大，所以總務主任也申請外調，訓導主任也很配合校長的要求，很少參加校外活動，當然教務主任就無法兼差，天天留校，但經常和人事管理員打桌球，並不很關心校務。

新學期開始，學校當然有一番新氣象，新來的女總務主任年輕能幹，不只有背景，又有良好的公共關係，所以受到大家的喜愛。當然啦！校長也不例外，因為主任是校長發同意書才能到新學校服務，所以校長對女主任就寵愛有加。

經過了一年相處，三位主任都有這樣的感覺，校長對他們不很公平，好像學校有重大的措施或決定，三位主任都是事後被告知，新學期開學後更嚴重。天下戲法人人會變，但巧妙各不同。

既然這樣，教務、訓導及人事管理員就又輕鬆做事，經常打打桌球，聊聊天，反正薪水照領，日子照樣可以過，只是比較不自由，必須留校八小時。人畢竟是有人性，有人願意被忽視嗎？當然沒有，只要找到合適機會一定會反擊的。

文主任雖然受到這樣的待遇，但天性善良的他還是正常上班工作，校長要他籌劃印行的校刊如期付印，也受到相當大的肯定。但工作環境不良，不受到主管的賞識，最好的方法是離開，再去找合適的工作環境。

因此，暑假來臨時，文主任自動申請調動，雖然校長一再慰留說：「衣服還是舊的好，何況我們是老同事，你這樣的調動方式，不了解內情的人

會說校長不照顧你，你才會請調。」

文主任認為，在哪裡工作都一樣，但要工作得有尊嚴，可以貢獻心力在教育上，不要處處去防範別人，太辛苦了，所以不為所動，調到隔壁學校，擔任同樣的工作。

這個事件好像已經結束了，但事情總會讓人意外。新學期開學沒多久，文主任接到檢調單位的通知，通知他到調查站作證，查詢他原任學校校長被人檢舉貪污的案件。

文主任依文指示，來到調查站報到，調查員依手續查問身分及有關事項後，拿出一份支付憑證，上面支付金額新台幣 6,000 元，支出用途是校刊費用。

調查員說：「這張憑證你記得嗎？它是作何用途？你能說明一下嗎？」文主任回憶辦理校刊時，所有的費用都是家長會募款支付，怎麼會有這張憑證？他到底要怎麼回答呢？在他的認知裡，校長雖然對他不是很信任，但也不至於為了這區區6,000元而受到貪污的惡名，他到底要怎麼回答呢？

123 有驚無險的總務主任

毛主任剛調到美麗國小擔任總務的工作。她完全沒有總務的經驗，幸好先生是總務主任，因此有許多有關總務工作的事情都請教先生。並且美麗國小的校長本身也是總務出身，熟悉總務工作相關的法條，因此一學期下來，皆依規定辦理採購的事宜，一切還算順利。

美麗國小現有的校舍大約都有一、二十年的歷史。經過幾任校長的努力，牆面貼上磁磚，門窗從木質改為鋁製，看起來還很新。但是校區的運動場還是紅土跑道，雜草長在跑道上總是參差不齊，影響體育教學的進行。因此校長積極爭取上級補助款，擬重新蓋一個 PU 跑道的運動場。

經過多方的努力，終於獲得數百萬的補助。毛主任未曾參與過2,500,000元以上的工程，因此對於本次的招標準備工作特別感到緊張。她到處詢問有關運動場興建必須注意的法條規定和事項，終於完成招標之前的前置作業。

之後在縣政府進行招標，也順利招標完成。工程在五月中旬進行施工，所有安全措施和進度都掌握得宜，一切都符合預期。

暑假到了，毛主任每天上班都準時到校，不敢輕忽！因為下學年她將轉任其他職務，所以她希望能夠密切掌握工程進行的各項事宜，以便無縫接軌移交。廠商也頗配合，故一切都在毛主任的掌握中。

七月底的一個星期六下午，毛主任偕同先生南下，路經學校附近，心想請先生一起去看看學校工程狀況。到了工地，不料卻看到廠商用大卡車將操場施工地的級配裝載出校外。

毛主任眼看不妙，立即遏止廠商停止！鄰近居民也在一旁觀望。毛主任立即電告校長和建築師至現場共同處理，次日與廠商召開緊急會議，要求廠商立即將級配運回原地。

翌日，地區專門揭發弊案的民代，不知從何得知消息，立即到校了解狀況，知道學校已妥適處理，便不加以追究。此案總算「有驚無險」落幕，但對毛主任而言，卻是卸任之前永難忘記的驚恐！因為若非當時在現場發現廠商不法並及時阻止，也許就得背上失職與圖利的罪名而惹上官司。

學校在廠商施作工程時，若發現有偷工減料或其他不法的情事時，校方除了應立即遏止事件外，尚需循何種途徑做後續的處置？一般而言，總務人員巡視工地的時間大都在平日上班期間進行，星期假日則較少至工地瞭解。但廠商亦較少在假期中施作。為了預防不法廠商利用假日進行不法行為，校方可透過何種機制防範？

124 要不要另外做一個新的工程？

勤奮國小新來的蔣校長上任沒有幾天，主任就來請示了：「校長，如果颱風天放假，我們要不要派人來？」主任又問：「校長，幼稚園要做水槽，以前的校長答應過了，現在趁工程還在做，我叫廠商一起做，然後我們再另外付錢可以嗎？」

那個廠商就是一個只撿簡單的工程做，難的就不做的廠商。主任說：

「我們請他做好不好？」蔣校長是校長，他要不要立即做決定？決定的時候他必須考量哪些因素？

其實那個工程，那個水槽在原任校長時已經就做了。可是呢？他們有告訴原任校長，卻沒有拿發票給原任校長蓋章，請款。新校長來接這所學校卻必須負責。原任校長什麼也都不知道，錢怎麼付的，怎麼坑掉他都不知道。

就是這樣，校長就是會碰到這樣的問題呀。當然啦，如果都不去管他，都不去想的話，這些就都不是問題，大家也都睜一隻眼、閉一隻眼，這些問題都不要去想。

蔣校長對於這位總務主任一直都沒有做任何處置。因為他任期是一年，是原任校長聘的，他新的任期要七月三十一日才結束。蔣校長八月一號來接這所學校之前，原任校長就一直稱讚這位總務主任，說他非常好，非常優秀。

蔣校長想，當然嘛！我們要尊重前輩的話，既然前輩校長告訴新校長，原來的這位總務主任很認真，很優秀，而且什麼事情都會做，新來的校長當然就相信他。

校長都不相信校長了，還能相信誰？蔣校長心裡想，上任不到一年就要調動總務主任，對校內人事的影響很大。而且總務主任在學校裡已經建立了不少的人脈，他與老師及工友之間，已經建立了很好的一種默契，早已鞏固了他自己的管道。如果校長把他換了，他就一定會跟校長唱反調。其實有些老師很清楚，可是他們不想惹事，所以他們都是旁觀。沒有人願意講真話。

125　學生得獎，教師會長邀功

有一次光明國小在開教師朝會的時候，因為有一位老師指導小朋友比賽得獎，所以學校就在教師朝會的時候頒獎給這位老師。當大家都沈浸在一片歡樂氣氛中時，有某位資深的老師，他是四年前的教師會會長。他站起來對大家說：「各位老師！你們別忘了，指導比賽頒獎、頒發獎金，是

我們教師會經過這幾年來，努力為大家爭取來的福利喔！」

由於校長身為教師朝會主持人，接下來還真不知道要如何做結論呢？毛校長雖然是這所學校的新任校長，雖然一來到這所學校就一直面臨各種挑戰，但他其實在教育界已經服務三十年了。

他一畢業時在原來的母校，算是最年輕的老師，也是那所學校很多老師的學生，因為他是回自己的母校教書，所以還有很多以前教過他，但是還沒有退休的老師，包括隔壁班的老師、叔叔、姑丈等都在那個學校教書，所以毛校長當時在那個學校算是年紀最小的老師。

有一次就發生這樣的事情，有一位老師在朝會之中抗議某些事情，那個校長就說：「李老師，你不要生氣，生氣對身體不好。如果你覺得不妥，這樣好了，你等一下找幾個人一起來，還有幾個主任，我們來校長室研究應該怎麼做比較好？」然後校長就結束朝會了。

所以現在毛校長就知道，在朝會中老師怎麼講，生氣也沒有用。毛校長認為，其實指導孩子是各個老師及學校所有人員共同的責任。孩子得到比賽的前幾名，指導老師的確是非常辛苦，我們學校也與有榮焉。不管是誰得獎，都是學校的喜事，毛校長很感謝老師們。他也勉勵老師，希望以後能繼續指導學生，讓學生有得獎的機會。

126　家庭突然發生重大變故的一對苦情姊妹花

青春國小的學生有一對姊妹，大的是小六，小的就讀幼稚園。她們的爸爸是某一原住民族。媽媽是閩南人，很漂亮。這是簡略的背景說明。有一個白天，爸爸把媽媽勒死了。

據說媽媽是有外遇，造成爸爸不滿，所以爸爸就把媽媽勒死了。這個爸爸很難過，他還是愛著兩個小孩子的媽媽，所以就開車出去引火自焚了，造成父母雙亡，剩下這兩個小孩。

這件事情發生以後，大家都不知道他們夫妻雙亡的真正原因。只是有人在說，這兩個小孩就很可憐，因為爸爸是原住民，爺爺就希望把小孩子

帶回去，但是這兩個小孩子很聰明，成績好，又長得很漂亮。

青春國小校長就怕這兩個孩子回去後，可能得不到很好的照顧，說不定還會有一些挫折，因為她們回去之後，如果家境不好，可能就沒辦法升學了！另外一方面，學校也實在很擔心兩個姊妹被帶回去之後會被欺負。

青春國小的裴校長就一直在思考著，要怎麼幫助這兩個小孩。所以裴校長開始請社會各界出主意，請記者幫忙，也請電台代為說明此一困難，於是就引起了社會很大的關注。社會各界就開始捐款，包括當時的教育局副局長、現任的局長都捐款，還有市政府很多員工也都捐款。

其中有兩件事讓裴校長印象很深刻。首先是有一個裴校長從來沒見過的女生打電話來。她告訴裴校長說，她是銀行的經理，她沒有結婚，收入還不錯，她自己有房子，還有一千多萬的存款，她很喜歡小孩，她希望這個就讀幼稚園的小孩可以送給她。

她每天都打電話來，一直到一個禮拜之後，青春國小就已經募到了五百多萬，青春國小就把這五百多萬交給她們的親戚。可是這個經理還是一直打電話來說，她很喜歡這個小孩，希望能讓她收養她。

裴校長就跟她們的親戚講，她們的親戚就說，他們現在有錢可以養活她們了，而且也不希望她們兩個姊妹分散，所以不考慮讓別人收養。可是這個經理還是每天打電話來煩裴校長，說她要來看她，後來裴校長真的是不勝其煩。有一天早上裴校長又接到了她的電話，她又一直跟裴校長囉嗦個不停。

裴校長就說，人家已經不願意了，請妳不要再打電話來。但是她還是很堅持，她說她要來看這個幼稚園小女孩。後來裴校長跟她說：「既然妳經濟情況這麼好，妳又這麼有愛心，這個小孩子就讓你收養好了！」。結果她就把電話掛掉了，以後就沒有再打電話來了，所以這個人就這樣解決掉了。雖然她是很有愛心沒有錯，只是她一直打電話來，讓學校真的沒有辦法。

針對這一對雙親發生變故的苦情姊妹花，當媒體把這個請社會各界踴躍捐款的消息發佈之後，裴校長所碰到的第二個很奇怪的案例是這樣的。

有幾個來自三重的人，就打著一個名號來跟裴校長說：「我們很願意幫你募款，但是募到的百分之多少要給我們。」後來裴校長沒有答應。

這次募款募到的錢大概五百多萬，爺爺這一邊就跟學校開口說，他兩個孫女的爸爸媽媽死掉了，埋葬花了五十萬，要學校來付。所以小孩子父母的埋葬費用是學校付的。

後來處理喪葬之後，剩下的錢大概還剩下四百多萬，青春國小就要把剩下的錢給這兩個小孩子的外婆。青春國小原本預備成立一個帳戶把錢存起來，但銀行不願意。銀行說要一個人的名字，要扣稅比較容易。後來裴校長就打電話到某一家銀行，是一個女經理接的。

裴校長就把事情的原委告訴這位女經理，後來這家銀行就同意了。同意了之後，就用小孩子的外婆、姑姑和這個幼稚園的小孩，三個人的名義來存款。為什麼用這樣子？裴校長希望他們任何一方都不要單獨把錢拿走，因為另外兩邊都有牽制作用。如果光是給那個小孩，這筆錢很可能會被騙走。

這兩個小孩子呢？大的比較開朗，小的卻總是悶悶不樂的。後來青春國小的輔導室每個禮拜都帶她去台大那邊，用音樂、繪畫做藝術治療。大概治療了一年的時間，這個小孩才脫離這個夢魘。

這個大的姊姊，成績不錯，但是她不敢選擇北一女，後來是選擇念北部某一知名技術學院，目前已經念技術學院三年級了。小的已經小六了。所以她們這兩個沒有雙親的苦情姊妹花，後來調適得還算不錯。

裴校長只告訴兩姊妹一件事：「很多人都對你們很關心，如果你們將來有成就的時候，不要忘了回饋社會。」看起來這兩個姊妹應該是會往好的方向走。

127 午後的繁忙

某一天午後一點十分，陳校長與一位教授剛用完午餐正閒談著。突然間，訓導主任在校門口向陳校長招手。陳校長的直覺告訴她，有事情發生

了。果然不出陳校長所料，主任輕輕地告訴陳校長：「校長！有學生連續嘔吐，也有腹痛的。」

陳校長馬上告訴主任：「不要慌，請主任也不要大聲嚷嚷，先讓不舒服的小朋友到健康中心來，請護士幫忙處理。另外，馬上通知廠商。」「已經通知廠商了。」主任回答。

就在此時，走廊傳來：「你吃午餐有想吐嗎？」陳校長一聽，馬上衝出去，把他引導到健康中心，協助護士、老師處理小朋友的狀況。

約過了五分鐘，總務主任帶著午餐供應公司的老闆趕到健康中心。他一再表示願意全權負責。因此，陳校長建議他，馬上找個醫生過來為小朋友診斷，劉老闆拿著手機不斷聯繫。

此時，學生一波波的湧進健康中心，有的想吐，有的拉肚子，有的肚子痛，其中以5年11班9人吐最多，護士阿姨忙壞了。幸好，衛生組、級任老師、訓導、教務、事務等相關人員都在協助，大部分小孩吐了一次就舒服了，只有兩位小朋友吐了以後還肚子痛的，陳校長請他們躺在床上休息等醫生，並通知家長。

半個小時後，三軍總醫院的醫生來了，內科兼小兒科的鍾醫生，開始為小朋友一一問診並指導。此時，陳校長及主任們再把所有吐過的小朋友請到健康中心，請鍾醫師仔細指導小朋友。

他說：「從現在起，四到六小時不要吃任何東西，六小時之後如果沒有狀況，可以喝熱、溫開水。再沒狀況，可以吃點白稀飯，再慢慢恢復正常飲食，這兩三天內，最好不要喝豆漿或牛奶。」

接著，主任們請醫生到較嚴重的五年11班、1班、9班，請醫師再向全班小朋友宣導一次。鍾醫師說：「各位小朋友，你回家後，想吐或再吐，要馬上告訴爸爸或媽媽。若再嚴重，要送醫院。如果沒有狀況了，在四到六小時內不要吃東西、喝水，如果再沒狀況，可以喝些溫開水，吃點白稀飯，慢慢恢復正常飲食。這兩三天內，不要喝豆漿或牛奶，讓腸胃慢慢恢復。」

緊接著，陳校長再到5年11班向全班小朋友說明：「各位小朋友，今

天的午餐，全校有四百多人用餐。到目前為止，有 16 位小朋友吐了，也有 12 位小朋友有『想吐』的感覺。我們已經將午餐內容及小朋友吐的檢體送衛生局化驗，相信結果很快就會出來。不管結果如何，我們一定會告訴大家。但是不管如何，請小朋友記住醫生的吩咐，回家後再仔細的觀察。萬一有狀況，馬上照醫生的指示處理，以確保平安。」

放學後，5 年 11 班的老師在一樓走廊碰到陳校長，告訴陳校長：「校長，經過你的說明後，小朋友比較安心，但是他們提出一個問題：『如果是食物有問題，廠商是不是應該賠償我們？』有關這個問題，我們有沒有必要再跟小朋友說明？」陳校長說：「那當然。我們依合約履行，同時請你利用晚上打電話，請今天小朋友有吐的家長，主動跟家長說明，以免家長擔心，並同時掌握小朋友的狀況。」

直到五點半，陳校長實在忍不住了，到訓導處了解一下，只見訓育組長留守，陳校長問邱組長：「請問有沒有家長來電話？」「有啊！有兩位家長打電話進來，經過李組長、紀主任的詳細說明，我聽口氣，都還平和，應該沒有問題。」此時，陳校長一顆心才稍平靜，午後的繁忙才告一段落。內心祈禱，希望天天都是平安天。

128　沉重的負擔—學校午餐衛生

妙妙國小是市區的一所中型小學，對於學生午餐一向很重視。開學之初，在訂約前，經評選小組書面審核，必須為商檢局甲級優良廠商或 GMP 廠商方可承做，並且到製作地點訪視，經過評比查核製作流程及衛生情況。

評審結果，學校的學生午餐由甲級優良廠商全全公司提供。經過一個月的試吃，都很正常，也得到師生的好評。正當承辦單位覺得可以放心的時候，卻發生了意想不到的事，令學校相關的人員大感無法承受。

某一天，學校在學生食用完午餐後，一切作息如常。但當天晚上就傳出有學生因為上吐下瀉而就醫，而且為數達百餘人，均為在校食用同一家學生午餐的同學，因此確認為集體食物中毒事件。

事情發生後，立即由學校校長向上級呈報，教育局接獲校長的電話報

告，隨即由督學及主管科科長前往學校了解案情。衛生局接獲報案，立即到學校及醫院偵查案件，蒐集檢體，並前往供應商午餐製作地點，採集證物及相關線索，將事先保留的午餐樣品提交化驗。

因事出突然，後來經過聯繫，發現鄰近兩所學校同屬該廠商供應的午餐，也傳出學生集體食物中毒。有三校學生發生集體食物中毒，並且為同一家廠商供應。案情升高，不再是單獨學校個案，因此由教育局相關科主導善後，處理協調會議，共同要求廠商負責。

校園午餐衛生安全有了問題，發生數校集體食物中毒的案子，各家媒體競相報導，取得最新的新聞消息。學校午餐衛生安全，家長最關心，雖然是訂學校午餐的學生受害，但是有這麼多人受到波及，家長會長到校協助處理，並表示要代表所有家長追究廠商責任。

事後負責人移送法辦，三校多次由教育局主持協調會，要廠商負擔醫藥費及學生理賠事宜。家長代表成員要求廠商保證負責到底。會中廠商除公開道歉之外，並表明一定負責。會議之後廠商採取低姿態，請求學校和解，學生治療後也都復原回校上課，並沒有重大傷害。

事後的檢討，訂學校午餐的學生人數甚多。如果學生食用的是自己家的便當，就不會有集體食物中毒的事情發生。但是學校因應家長需求，又不能不提供代訂學生午餐的工作。製作過程無法時時查核，時效上無法檢核後再食用。

學生午餐由廠商於當天上午開始製作，並於中午前十一時四十分前送達學校，但無法即時送交檢驗，以確保安全後再食用，僅能保留樣本。如果發生了問題，再送檢確認。而該廠商經過此一事件之後也宣告倒閉，事後所談之理賠不了了之。隨著時間流逝，此一事件慢慢被大家淡忘。

129　女學生上學時間回家拿課本卻趁機逃學

某校一位女老師，平日教學認真，且工作經驗豐富，形象良好。有一天上數學課時，有位女學生忘了帶課本。她請求老師讓她回家拿，老師知道她家離學校相當近，來回不過五分鐘，於是就答應讓她回家拿。沒想到

她竟然一去不回。這下老師可急壞了。先通知了訓導主任與校長，又聯絡了其家長。整整找了一天仍無所獲。

家長很擔心女兒可能被綁票或誘拐，責怪老師不應該讓她出校外。學校校長在朝會報告時，再度重申，絕不可以讓學生在上課時間之內出校外。一個星期已過，家長把小孩可能去的地方都找遍了，還是沒有一點消息。如果真的發生意外或是被誘拐，學校方面實在無法推掉責任。導師為了這件事更是心力交瘁，不知如何是好。教育局也派員來了解此事。

大約兩個星期過後，家長打電話給老師說，女兒已平安歸來。原來她跑到北部的姑媽家。因為父母近來經常吵架，她實在受不了，故意做此決定，要讓爸媽擔心一下。

130　校慶補假調整到週五　導致週一廠商供餐亂成一團

這一所學校剛設置不到幾年，由於原先在分校的時期，就已經讓學生吃完午餐再放學，包括一、二年級下午不上課的時間，都是用完餐再回家。家長也樂得高興，因為大部分的人，沒有時間為小朋友準備午餐，下午直接送到安親班去，也是方便不少。

學校獨立之後，很多家長要求學校辦理午餐。學校沒有廚房的設備，只能委託外面的便當公司代為製作便當，或是以合菜的方式，送來學校給學生用餐。整體來說，維持這樣的用餐情形，家長也還滿意。

星期六，學校辦理校慶活動。按照往例，都是在星期一補假。不過呢，這一次不同，因為學校配合教師自強活動的關係，將補假日期挪到星期五，這樣就能夠讓老師有充足的時間做一次身心休閒活動，提高教師的工作士氣。

負責午餐的老師認為星期一本來就要上課，過去都是需要補假，特地提醒廠商，星期一不用送午餐到學校。這一次並不是在星期一補假，於是並沒有向負責送學校午餐的兩家廠商說明，星期一要送午餐到學校來。

午餐的時間快到了，其中有一家廠商已經把飯菜送來，並且開始配送

到各班級，所有的人都不覺有異。也都開始準備吃飯了。此時學生跑來說，一年級的飯菜還沒有送來。

了解之後，是一年級和六年級的午餐還沒有送來。當天校長和總務主任外出去開會，並不在學校。教務主任便與訓導主任商量如何處理。

首先請負責午餐的老師，聯絡廠商到底有沒有送出來。一開始，廠商推說尚沒有送到，已經在路上了。可是已經十二點十五分了，還沒有送到，於是教務主任再向廠商查詢。

一再逼問之下，廠商以為今天補假，所以沒有送午餐。問題確定之後，教務主任便找來相關人員，請大家幫忙處理這一件事，並且通知校長，告知處理的方式。

一年級學生人數較多，並且吃過午餐之後要放學，所以請衛生組長到一年級各班，要老師安撫學生情緒。訓導主任到附近的麵包店買麵包，先讓學生充飢。請六年級兩位老師告知學生狀況，要學生等候，肚子餓的可以先吃麵包，然後請學校附近的麵店煮八十份的麵。

訓育組長和體育組長分別至學校大門及側門，向家長及安親班說明今天午餐廠商忘記送，一年級學生每位學生發兩塊麵包及一瓶飲料先充作午餐，並且今天午餐收費，完全奉送。

學生大概會延後十到十五分鐘放學，家長要先接學生回家的，可以先接走。麵包與飲料順利買回來，家長的不悅，看見學校處理的迅速與誠懇，加上今天奉送午餐，也就不再計較。六年級的同學則是意外吃到一頓熱呼呼的現煮麵。

事情結束之後，便向校長報告處理的經過，家長也認同學校的處理方式。今天的經費，請廠商自行吸收。最後免不了要開一個檢討會，但是還好大家都犧牲午餐的時間，度過這次的震撼教育。

131 學校因臨時停電而延誤學生午餐供餐時間

過去的學生，一到了午餐的時間，不是回家去吃飯就是帶著便當到學

校。後來漸漸有學校辦理午餐了，學生不必再奔波學校與家庭之中，也不用帶著便當吃著悶過許久的發黃菜餚。

這個學校學生有將近 2,000 人，由學校供應午餐。學校的午餐廚房很大，設備一應俱全。負責加熱來源的是一具很大的鍋爐，只要一停電，學校的午餐供應就會出問題。除非學校添購發電的設備，否則這種擔心停電的情形，是不會改變的。

學校也和電力公司保持良好的聯繫。電力公司如果要停電，會事先通知學校，所以有了這樣的協定，情形稍有好轉。不過對於無預警、無法預期的停電，就要考驗學校的處理能力了。

這一天的天氣炎熱，才五月就已經熱得讓人受不了了。學校的廚房一如往常正常的運作，工人們都在準備學生的午餐。就在這個時候突然停電了，學校緊急向電力公司查詢，才知道是某處的變電設備損壞，必須緊急加以更換，才能夠繼續送電。

經過再三確認，修復的時間約要一個半小時。學校緊急會商，估計修復之後，若是趕一些，可以趕得上午餐供應，只不過會比往常慢個 10 到 15 分鐘。

於是學校廣播說，因為停電的關係，要學生在教室等候 15 分鐘，等到午餐用完再放學。於是學生無奈的在教室等待。由於這一天是星期三，學生下午沒有課，吃完午餐就可以放學。

有些還要去參加才藝班等，個個焦躁不安，再加上炎熱的天氣，學生們已經忍耐不住，紛紛向老師表示不要吃了，回家再吃就好了。老師安撫學生的情緒，向他們說馬上送來了。

學生一看，已經是 12:25 分了，飯菜還沒有送來。加上用餐的時間、整理餐具的時間，放學時都已經超過一點了，心裡更加煩躁。老師則是盡力的安撫學生，並且關心飯菜有沒有送來。

看見一、二年級學生的飯菜已經送達，老師較為安心，向學生說明：低年級的弟弟妹妹先送，他們比較小，讓他們先吃。老師繼續安撫著學

生……

就在此時，學生看見一位科任老師在教師餐廳裡用餐，已經用完餐，手上還拿著一根香蕉從教室前面走過。學生不滿的情緒終於爆發出來：「老師都已經吃飽了，我們還沒有飯吃！我們不吃了！我們要回家！」

種種的聲音，也引起老師不滿，便對學生說不准吵鬧，安靜坐好，學生無奈只好坐好。等到午餐送來時，已經 12:30 了。學生們大多做做樣子，隨便吃一吃就放學了。

第二天有許多家長向學校表示質疑與不滿，學校也一再向家長表示，學校盡力處理這類事情，以後會加以改進。不過，老師吃飽飯，輕鬆走過學生面前的那一幕，已經在學生的心中留下深刻的印象了。

132 新電腦連續失竊案

這是一個新設立的學校，學校設備在逐漸擴充之中，也漸漸完備。校長相當有理念，想法也相當先進，於是準備為學校各班級添購個人電腦設備，以便讓教師能夠利用資訊科技帶來的便利性，協助教學，讓教學更加生動活潑，同時也可以協助教師處理一些文書事務，計算學生的成績。

星期四早上，電腦開始送到各教室，並且進行組裝測試的工作。老師們都感到很興奮，這下子不用跑到辦公室去和其他人搶電腦用了。（遇到經費不足的學校，這種情形是很普遍的。）

星期五的時候，資訊組長表示，今天會來幫大家裝設網路的部分。老師們更高興了，因為可以上網之後，許多的教學資料與教學準備都可以在教室做了。尤其是一、二年級的老師，下午通常沒有課，正好有很長的時間可以利用。

星期五下午，一年乙班的老師留下來改作業，並且做一些教具，忙到了下午五點多，準備離去時，資訊組長帶著廠商進來裝設網路。

老師對資訊組長說，離去時請幫我把門窗鎖上，於是老師就離開了。至於資訊組長他們處理到何時，就沒有人知道了。

到了星期日一大早，學校警衛先生打電話給一年乙班的老師，說他們教室的門被打開了，請他到學校看一看有沒有損失。老師到學校以後，發現窗台上有許多腳印，還留下了一件衣服，並且電腦不翼而飛。

於是立刻通知學校校長與總務主任到學校處理。警衛先生表示，昨天晚上不是他值班，是另一個警衛先生值班。

不過他昨天值班時，有發現一個小朋友和兩個國中學生，在教室的附近閒逛。根據警衛先生的形容，這個學生是該老師去年教過的學生，學習上有障礙，今年還回到一年級乙班上注音與數學。且曾經有侵入教室的情形。大家便往這方面去追蹤。

校長與總務主任到了之後，發現不只一年乙班的電腦被偷，一年丁班、一年戊班同樣被偷了。根據判斷，小學生與國中生，沒有辦法帶這麼多電腦爬牆出去。並且桌上和窗台上留下的腳印是成人的。

東西掉了總要亡羊補牢，更何況那一批新電腦尚未噴上學校的名稱。老師問總務主任說，東西掉了怎麼辦？總務主任說，掉了就掉了，已經去警察局備案。

警察來了，問要不要採指紋。大家沒有概念，所有的地方都摸過了，指紋可能也不容易採了。警察先生就回去了。

隔天星期一，校長向老師們報告說，學校遭小偷光顧了，要大家注意各項設備財產的保管。資訊組長也報告說，要老師將門窗關好，意思是東西掉了是老師沒有注意關好門窗，才讓小偷有機可乘。

老師就回話說，那天最後離開的就是你啊。私下還小聲地說，剛買新電腦就被偷，搞不好還是行家做的……。

校長表示，考慮將學校的普通教室也裝設保全系統。大家則討論失竊的事情。不過星期二一早到學校時，又發現有兩個班級的電腦又掉了，同樣是這一批新的電腦，同樣是沒有噴上學校的名稱。這時其他班級的老師紛紛把電腦搬回辦公室，表示不想保管這些電腦了。

133 蓋新校舍 廠商任意將廢棄污泥埋於校地另一側 引發事端

　　一個市區的老學校，學生數已經爆滿，需要設新校來加以分攤消化。但是因為縣府的經費不足，無法成立新校，只能夠以分校的方式來處理，所以就要由原校來成立，運用現有的資源來辦理新校。然後等到規模完成時再獨立，於是在這種人事交疊之下，問題就產生了。

　　由於分校的建設並不是一次整體完成，而是以整體規劃，然後分期完成。常常是第一期工程由原校發包執行，第二期工程就改由新校長來發包執行。在這個學校的第一期工程時，由於地點是在工業區附近，原先的校地堆滿雜物，甚至有一些工業廢棄物。

　　負責第一期工程的廠商，在整地時並沒有把它運走，就把這些廢棄物及雜物就地掩埋。校方知悉之後，並沒有立刻要求建築廠商清理乾淨，反而睜一隻眼、閉一隻眼，就讓廠商將廢棄物及雜物在校地的另一邊掩埋，也沒有去管這些廢棄物到底是否有毒，或是會對人造成危害與否。

　　就這樣第二期的工程開始執行時，開挖地下室時，一時臭氣沖天，連附近的居民都感到無法適應，紛紛電告學校儘快處理。第二天更有二十多人，群集到學校找校長，要校長即刻解決。

　　新任校長允諾儘快處理此事。只看到學生紛紛戴起口罩上課，老師們也感到無奈，不知道這些臭氣是否對學生有危害，又不能隨意停課。

　　校長更是心急，便請求承包廠商將這些廢棄污泥載走，但是承包廠商表示，合約並沒有這一項。校長又向原校校長求援，要原來廠商負責，但是原承包廠商已經不知去向。原任校長又不願為此事負責，而這個情形又必須立即改善。

　　新任校長又不願意此事曝光，避免上報，也不願呈報上級，讓原校長受到責難，破壞兩校的關係。於是奔走於學校和廠商之間，請廠商表示善意，協助學校處理這個問題，學校會在相關行政方面儘量配合，減少行政作業時間，讓廠商的各項公文作業能夠更順暢。

　　最後廠商願意配合學校清運廢土污泥，也讓家長知道已經清除。不過廠商要求，不要過問他們載到哪裡？這也是處理這事件中唯一的遺憾。

134　學校遇到颱風　教室進水

　　9 月 17 日颱風來了。這次颱風來了之後，是在台北市育成抽水站故障之後，我們市政府這裡就開始淹水了。因為我們學校有派人留守，所以當學校發現水開始往校園流的時候，工友第一件做的事就是趕快堵住地下室的出口，不要讓水灌到地下室去，因為地下室會變水池。

　　所以最優先要處理的是不要讓水灌進地下室，然後第二優先就是教室，水能擋的就儘量擋。所以這次颱風，學校後面的吳興街淹水淹得很嚴重，我們學校的地下室因為有處理，所以沒有進水。

　　教室進水十幾公分，事後緊急處理。如果地下室進水，那就不只十公分了，可能變成蓄水池了。問題就會比較複雜嚴重了。也就是說，當主任在問颱風天要不要派人留守的時候，校長第一個不做猶豫，馬上說要，要派人留守。以免有緊急事情的時候不能馬上處理。

　　放颱風假的時候，如果遇到學校有淹水，老師就會被叫回來清理校園。老師自己教室的部分當然要老師來清理，因為小學學生個子小，不能要求學生清理，而老師卻是學校中的大人。

　　當然學校沒有強制性規定老師要打掃。如果老師加入打掃，效果一定更好，這時候已經不是法的問題了，而是情與理的問題。

　　其實校長角色的問題跟老師想像的問題是有落差的。因為校長看到的層面跟老師看到的層面不一樣，因為老師看到的層面是一個班級的問題，或是從他的角度瞭解到同事之間的問題，可是校長看的問題不是局部性的，而是全面性的。全面性包括行政、教學、硬體設備、整個學校文化氣氛的問題，甚至包括學校家長會的問題。這些問題通通都會匯集到校長的腦裡來，可是不會到老師的腦海裡。

　　所以當校長其實是另一種成長，因為在老師的角色看不到、學不到，想也想不到。我覺得危機的處理與管理跟個人的特質很有關係。因為個人的敏覺度與覺察度，事實上會關係到危機的擴大或解除，當個人的敏覺度與覺察度不夠的時候，會讓危機擴大，如果個人的敏覺度夠、判斷力夠，然後果決度也夠的時候，就會讓危機儘快落幕。

第 7 章
校園體罰、校園暴力、學生輔導

135 體罰風波

鄭老師是個認真教學，嚴格管教的明星老師。從前教過的學生，畢業後雖然升學成績不錯，但是對老師懷念的並不多。

鄭老師今年帶的畢業班，從五年級到現在已經一年半了，兩個月後就要送走這一班。學生們流行寫「畢冊」（學生對畢業紀念冊的簡稱），看他們所寫的內容，最完整的就是「個人檔案」，詳記姓名、綽號、英文名字、出生年月日（通常加一句：記得送禮物喔）、最喜歡做的事情、最要好的朋友、還有地址、電話等。留言內容大都是開玩笑，或者「勿忘我」等等，到底是幼稚的小孩子遊戲。

因為孩子們常給喜歡的老師題字留念，校長桌上常有「畢冊」排隊。鄭老師交代小朋友不可亂寫，要保持高尚的風格。老師會趁學生上科任課程，不在教室時做檢查。

合該今天有事。鄭老師才被幾個小朋友凌亂的作業，搞得情緒不佳，看看孩子們桌上的「畢冊」，想起要來檢查看看。她一一的翻閱，咦！小玲的畢冊已經快寫滿了，這一頁寫什麼：「母夜叉好兇！真想殺！殺！殺！…七殺！」。

母夜叉不是我的綽號嗎！？這女孩子豈有此理！她媽媽當初請託放在我班上，要求我嚴格管教，必要時可以打一打！

鄭老師幾乎等不及學生從自然教室回來，下課時小玲回到教室，鄭老師把她叫過來，沒問兩句話，小玲還有些辯駁，鄭老師生氣起來，拿起手邊的藤條，狠狠的打！打！打！氣出完了，小玲已成了淚人兒，兩手紅腫，好像上了發粉的紅片糕！

一直到了第二天，小玲的媽媽到校長室告狀。小玲的手心，雖然已經看過醫生，還是腫得很明顯！據說，醫院裡許多醫生和家長都同聲譴責，鼓勵去控告，所以也做了驗傷。

家長會出面要討公道，校長除了安慰小孩，向家長陪不是，也找來鄭老師，希望她下班後到小玲家裡看看孩子，見面三分情，一切應該好解決。

沒想到鄭老師礙於老面子，雖然去家裡看了孩子，但仍辯駁是孩子的錯。因此家長不諒解，孩子也怨恨在心。堅持要提出告訴或更換老師。校長由教務主任陪同，到家中去拜訪慰問，聽阿嬤和爸爸的口氣，仍然忿忿不平！責怪鄭老師不誠實，說話顛顛倒倒，不堪為人師表！

校長隱然感覺，班級家長之間已經採取聯合陣線。鄭老師事發後在班級裡，還是採取高壓姿態！雖然找主任去給孩子們說話抒解，效果卻是不佳。顯然是新仇舊恨一起爆發！

晚上有記者打電話來詢問，說是第二天星期日，孩子們要召開記者會。校長趕緊透過關係，找人把記者那邊的消息先壓一壓。

第二天和鄭老師商量，暫時換資源班教師去，以便把學生和家長的怒氣壓一壓紓解一番。

就這樣，鄭老師這個畢業典禮真不好過，隨即鬱鬱不歡，提出了退休申請，留下校園中一陣議論紛紛。

136　老師體罰事件

希望國小是市區一所中型學校，教職員工將近百人。賴聰明老師是希望國小的高年級級任老師，在希望國小服務已有三十多年，是出了名的勤教嚴管型的老師。他在過去是很多家長指名要求的老師，但是近幾年來，每接新班總要出一些問題，造成學校行政的困擾。

因為老師的嚴格要求，不僅造成學生的壓力，也造成家長的壓力。加上社會型態的轉變，家長希望的是能對學生多包容、有愛心的老師。而學生的成績不再是唯一關心的事了。

學校的多元評量政策，也使得傳統名師少了一個揚名的指標，不再有全校總平均最高，一百分最多等等的事了。所以賴聰明老師的臉上，不免顯出了失落的神情。

每當賴老師新接一個班級時，學生和家長往往一時還不能適應老師的作風，所以總不免向行政投訴。但是賴老師是相當自信的人，對行政同仁的溝通總是一笑置之。次數多了，大家也就不願意再對賴老師多說些什麼了。

這個學期開始，賴老師又接手一個新的班級。經過兩個月的適應，大致上的風波都已經過去了，學校正為了這一年的風平浪靜感到慶幸，沒想到大的風暴正在形成之中。

開學一個月轉來一位台北縣的新同學許大明到班上，功課和常規都不太好。家長送孩子到學校來報到時，特別向老師說：「**小孩子不乖，老師儘量處罰。**」

賴老師既然受到如此託付，當然就更放心處罰了。因為基於過去的經驗，所以就不再用打的方式。面對不守規矩的學生，或是沒寫功課的學生，賴老師改為罰跪或跪著補寫功課的方式。以為這樣就不會讓家長帶去驗傷了，可以放心的施行。

許同學因為經常不寫功課，所以常被賴老師罰跪在前面補寫功課。時間久了，好像他的位置就是罰跪在講台前。賴老師也沒有考慮這樣的方式，並沒有改善不寫功課的問題，只是一直處罰下去。

學校又接到家長投訴老師不當的體罰，因為家長不願指明班級，所以校長也只能在教師朝會上，公開說明，提醒老師們要禁止體罰。

而賴老師並沒有警覺到是指他，所以還是依照往常的方式處理。當然不久學校又接到家長再度投訴，這次有指明是賴聰明老師的班上，教務主任找賴老師來談。賴老師還認為是不是學校故意找他麻煩，怎麼會是他的班上有問題？但是回到班上後，對其他學生的處罰略加減少，對許大明還是一樣處罰，因為家長有交代老師儘量處罰。

這一次家長直接到學校，而且怒不可遏地找到校長，質問校長為什麼經過多次投訴，老師仍然對他的孩子體罰不止？是不是沒有處理，他要直接上告到教育局。學校這才知道是許大明的家長投訴。為了避免親師衝突，校長並沒有直接找賴老師來面對家長，只承諾會好好處理。

校長找賴老師面談，賴老師還是認為不可能，因為家長有說，請老師儘量體罰。因為時間已經到了學期末，校長以為放了寒假事情就會過去了，所以放假後就出國旅遊。

沒想到家長並不是這樣想，到學校來找了校長好幾次，都沒有見到校長，其他人員也沒有妥善處理，家長認為校長不重視此事，又避不見面，於是就告到教育局，並且到醫院驗傷，事件變得更擴大了。

等到校長回國後，家長到教育局投訴的事也引起校長的不快，向原來轉來的學校查詢，得知許大明的家長在該校也是如此得理不饒人，要老師賠償幾十萬才離開。校長決定以強硬的方式處理，公開該生的輔導資料，要同班學生說明許生在校的情況。

家長在教育局的協調未能獲得他想要的賠償，轉而向法院提出告訴，並提出醫院所開具的許大明的心理檢驗報告，教師的長期體罰造成了他的心理傷害。賴老師在訴訟期間覺得萬念俱灰，提出退休申請。校長也被教育局認為處理不當而改調他校。許大明再轉到他校就讀。而最後法院裁決許大明的家長勝訴，獲得賠償。

137 自然課乾冰事件

新新國小有一位自然科任教師，因為生病請病假，學校請了一位代課老師。一位小男生在下課時到學校合作社買了一塊乾冰。上課時，學生拿了乾冰把玩。老師看了很生氣，罰他握乾冰三十秒。

由於乾冰是二氧化碳成分，由低溫高壓製成，乾冰不經液態，直接吸熱汽化成氣體。三十秒不到，小男生的手心皮膚已經被乾冰黏起一層，於是緊急送醫急救。

事後學生家長便到學校興師問罪。家長本來是要告這位代課老師，後來經過校長、主任等人協調，決議馬上辭退這位代課老師，並且由這位代課老師在學生不能到校上課期間，義務到學生家中輔導學生功課，直到學生到校上課為止。

處理完家長與代課老師之間的問題之後，校長找來合作社經理訓斥一頓，並且命令經理將合作社所有的實驗器材全部退貨。校長此一決定馬上引起自然科任教師的反彈，因為有些自然科的實驗材料需由學生自行購買。

如果由學生自行到校外購買，非但浪費學生時間，而且平白浪費許多錢，因為校外實驗材料定價不一，而且偏高。校長如此作法，可說矯枉過正，而且也損害到了全校其他小朋友的福利。

138　立可白事件

某年三月的某一日，上午 10 時左右，邱校長突然接到一通電話，那端傳來:「邱校長，貴校中年級某一班李老師實在不適合當老師，我們接到班上家長的舉發，她用立可白塗抹孩子的耳朵，不准他洗掉，用很粗的竹子打孩子⋯⋯等，我們正準備讓她領不到退休金，你是校長，我們尊重你，先告訴你一聲，也請你幫我們查一下，是不是確實有以上之行為。」

電話掛斷後，邱校長即積極展開處理。事實上，在這之前，已經有愛心家長來告知，李老師用立可白塗在孩子的耳朵上，用以懲罰學生。愛心媽媽不忍心，把小孩帶到水槽洗乾淨。同時，李老師也用一些宗教的話語來嚇唬小朋友。邱校長一直從旁觀察、求證中，沒想到，在事情未確定之前，卻已引爆了。

因此，邱校長先請教務主任了解整個事情經過。一方面，人本基金會那邊也一直打電話給李老師，李老師不知所措。就在此時，邱校長從旁關心李老師，問她是否碰到困難，有沒有邱校長可以幫忙的地方。

李老師把她的疑慮一一的提出來，邱校長再一一的分析給她聽，並告訴她事情的嚴重性，同時表示願意站在她的立場，幫她解決問題以取得她

的信任。另一方面，人本基金會也表示，只要老師能改，他們可以給她一次機會，也願意與校長合作，解決此問題。因此，邱校長請人本發文給教育部的同時，把副本寄送學校，學校才有處理的依據。

當公文送到時，李老師很緊張，可是卻一樣也不承認。學校接文後，必須依公文內容加以調查，於是教務處、人事室一一的查證，也得不到什麼結果，邱校長也非正式與李老師閒聊了好幾次。

從過程中了解到，她對其中一、兩項有鬆口的對象，用竹子打孩子屁股，用語言想嚇孩子。邱校長告訴李老師，其中只要有一項體罰、恐嚇的事實成立，不當體罰的行為即成立。邱校長並且有意無意將人本基金會的意思透露給她，她也有些害怕了。

邱校長再順勢加以遊說，站在同理、將心比心的立場，由於邱校長剛好學過音樂，而學校剛好有一位老師四月一日辭職赴日進修。藉著此一難得的機會，學校重用李老師的專長，請她轉任音樂老師，而原班請代課老師上課。經過多次的協商，李老師終於點頭，事情圓滿落幕。李老師保全了退休金，而該班的孩子也免於體罰、恐懼的陰影。真是皆大歡喜的結局。

139　老師體罰學生

某年 12 月 24 日星期四天氣涼爽，早上八時全校師生在操場舉行升旗典禮例行活動。各班於八時開始整隊，依序進入位置，以班為單位，導護廖老師整理隊伍，準備請校長主持兒童朝會。他發現有許多班慢到，且有部分班級人數，除公差球隊，清潔任務未做完外，少了許多。

4 年 18 班導師陳老師也發覺，詢問在場同學，未獲得滿意答案，升旗後回到教室興師問罪，發現學生張生等共有十多人，請這些人說明，有的同學是遲到，有的是身體不適，有的是沒有充分理由，共有十二位。

陳老師就很生氣，導師時間第一節時，一時氣憤，順手拿起他平日用來抓癢的竹板，給小朋友打手心。有的同學因為姿勢不夠高或害怕，轉動被處罰的位置，教師更加生氣用力之下，閃到了部分小朋友的臉頰，並痛加責罵。

有些學生怕疼而在哭泣。被打的小朋友，手心、臉頰有瘀青現象，受傷的小朋友也未在下課時到健康中心擦藥。中午該班之家長詢問陳老師及張同學等十餘名後，難以接受教師的說詞及處罰方式，馬上到辦公室找主任及校長，吵鬧一番，訴說上情，要求校長處理。

在陳老師集體處罰 12 位四年八班的同學時，隔壁班的師生及行政人員並未馬上知道並協助遏止，因此中飯時間校長才根據家長報告得知此事，馬上親赴該班進行了解。陳老師也頗感後悔，向校長請求原諒及處分，也當面向校長道歉。

訓導主任、教務主任也請受傷之小朋友，到健康中心檢查受傷之情形。雖然已經隔了二、三個小時，腫脹、疼痛、瘀青仍在，先予以冰敷，期望減輕其痛苦，也順便檢查被傷及顏面之小朋友之聽力是否受損。

輔導主任給這些小朋友作心理輔導，隨後亦將較有問題的小朋友送到學校附近的國泰醫院做進一步檢查。家長順便也拿到了驗傷單，其他的學生、老師也知道這件老師集體處罰小朋友的事，媒體記者便火速進校了解並採訪。

校長為了安撫家長，認為導師陳老師的案件，在該班牽涉甚多學生，為考慮師生互動，將老師調班，總比學生換班、轉班，甚至擔心學生轉學來得好。針對班級學生，校長、主任給予追蹤式長期心理輔導，校長並在教師朝會中再次宣導教師管教學生應注意的技巧，希望今後不再有體罰之情事，讓學生能在學校快樂學習。

市政府教育局獲悉後，非常重視，立即指派督學到校調查處理，同時與家長溝通，並說明教育局嚴禁此一不當的管教方式，並擬對不當管教的老師予以嚴懲。行政人員應加強督導，防範處理，並且要負連帶行政責任。

140　體罰學生的老師

新學期剛開始，又是新班，一切都還亂哄哄的時候，井老師的班上也不例外。兩三天以後，班上一位媽媽，很熱心地向老師自我推薦，願意每天來班上幫忙。井老師非常高興，逢人就說他今年真是幸運，尤其是在他

擔任幾年主任工作，再次回任老師的時候。

每天，這位媽媽在教室裡幫忙管理學生，幫忙改作業。起先老師還有一些顧忌，後來熟稔之後，老師也不管這位媽媽在不在，學生不乖就罵、就打，小朋友們回家之後就向家長反應。這位媽媽也曾經不只一次向老師提出意見，可是這位老師卻不為所動。漸漸地這位媽媽不再到學校來幫忙了。

她反而將起先在班上收集到的資料，提供給班上其他的家長，聯合全班家長，向學校、教育局反應，老師的體罰學生、上課的不當等等，要求學校能換掉這位老師。全班家長的聯名信，到處告發。

家長們一天到晚在學校裡走動，造成校園人心惶惶。教務主任請來這位老師溝通，老師不但全然否認，還一直問是誰告的？在班上的行為也依然不改。在家長舉證確鑿之下，教評會只好受理檢討這位老師是否不適任？因而開了許多次會。

如何處理此案，才能讓老師受到最少的傷害（因這位老師已達可退休之年齡）？才能讓家長撤回告訴？真是兩難的問題。

141　教師體罰學生事件

詹老師身材高大，教學方式比較嚴厲，是一位求好心切的老師，曾擔任過高年級級任，有體罰學生的紀錄，現今擔任三年級某班級任。

有一天黃同學被詹老師體罰，黃太太就直接找詹老師溝通，不料親師溝通不良，爭議不休。於是黃太太就逕行打電話給該班每位同學，詢問是否曾經被詹老師體罰過，一一做記錄，並追查以前被詹老師教過的班級同學，是否被打過，其時間、地點、原因皆筆筆紀錄詳實，並把相關資料逐送報社和教育局，同時到校找教務主任和校長理論。

當天校長見報甚為詫異，瞬間督學到校了解案情，記者也到校採訪，教育局副局長也來電詢問情形。不久，記者撥電話給局長，謂之校長逃避採訪，此時局長親自打電話給校長，詢問詹老師是否有體罰學生，校長回

答「沒有」，局長就說：「你敢說沒有就由你自行負責。」

督學在校長和教務主任陪同下，到該班查問全班同學曾被老師體罰的舉手，督學並請校長和教務主任暫時離開教室，結果有一半以上的同學舉手，事後督學告知校長和主任，但督學也問學生，喜歡上詹老師課的請舉手，卻也過半數。

教育局長認為，如有體罰事件，絕不護短，由學校行政人員依法辦理。駐區督學認為，學生有被體罰事實，卻也喜歡老師上課，可見詹老師並非惡到極點。學校行政則認為，詹老師是較嚴屬的老師，但並非家長所形容的那麼壞。

學生家長則認為，詹老師罪大惡極，嚴屬體罰學生，造成小孩不敢上學，常做惡夢，要求學校換老師或學生調班。詹老師則自述，有捏捏小孩的臉，並非家長認為打頭用腳踢身體，其間落差很大。

針對此一親師衝突，學校召開危機處理小組，由校長召集教師會，家長會和學校行政人員商討解決方法。會中決議學校發言人由教務主任擔任單一窗口，對外發言。

依個案處理方式准予家長要求學生調班，並請教務處安置黃同學到隔壁班簡老師班級上課，教務處事先亦請簡老師同意，請其多注意黃生的行為和學習情形。

校長請輔導室和教務處、訓導處發揮教訓輔三合一的功能進行了解和輔導該生，並安撫教師。並請教務主任、家長會長、教師會會長、詹老師和資深民意代表至黃家致歉意。

142 教師體罰

某校五年級簡老師是一位新任的教師，是一位剛出校門沒有多久的年輕人，沒有許多的歷練。本校是他教師生涯的第一所學校，在處理學生事務上不是很周延。班級上有一位廖姓小朋友，本來就十分好動，喜歡打別的小朋友，捉弄女生。

有一天上課，廖姓小朋友因為拿了隔壁小朋友的鉛筆，隔壁的小朋友就與他大打出手，造成班級的秩序大亂。簡老師就很生氣，將兩位小朋友找來問話，用教鞭把廖姓小朋友打了兩下，手上出現紅腫現象。回家之後，父母發現手上的紅腫，就很生氣，氣沖沖地跑到學校興師問罪。

143 又見體罰

蔣老師是學校出了名的「兇」老師，曾有幾次因為體罰學生招致家長的反感。有一次擔任總導護時，中午休息時間，他到學校各個教室巡視。當他走到勤學樓五樓樓梯口時，聽到從教室傳來陣陣吵雜的聲音，於是飛快的跑到教室，原來是從五年忠班傳出來的。

蔣老師看看級任老師不在教室，於是大聲的叫道：「吵什麼吵！全部都給我安靜！」全班被這突來的聲音震懾，霎時安靜了下來。

這時蔣老師在五年忠班教室巡視了一番，正巧看見一個名為簡大衛的學生拿著剪刀把教室的桌墊剪成一堆小小的碎片。蔣老師對於學生破壞公物的行為感到很生氣，就大聲斥責簡大衛，並且要他立刻停止該破壞性行為。

簡大衛用力的把剪刀摔在地上，並且擺出一副很不服氣的模樣。蔣老師看在眼裡，頓時怒火中燒！揪起簡大衛的衣領，把他往牆的方向推去，並且忿忿的離開教室。

簡大衛回到家後，把在學校被蔣老師抓起衣領往牆上推的經過向母親告狀。簡大衛的父母非常憤怒，認為孩子在學校被老師欺侮，也認為孩子的自尊心深深受到傷害，便帶著簡大衛到醫院驗傷。第二天早上，便邀集兩位孩子亦曾被蔣老師體罰過的學生的家長，到校長室狀告蔣老師。

校長看見一票家長氣沖沖來到校長室，臉色很不好看，深知事態嚴重，先是極力緩和家長們的情緒，希望家長們能原諒蔣老師不當的管教行為，但是家長們不願意接受。校長只好請蔣老師至校長室，當面和家長說明。

蔣老師到了校長室，馬上向家長道歉，但是幾位家長的孩子昔日曾被蔣老師體罰，造成不敢上學的傷害深深烙印在家長的心中，因此在一旁舊事重提，使得簡大衛的家長不願意「大事化小」，執意要追究。

經過一個多小時的互動，學校幾位主任在旁勸說，家長終於願意妥協原諒蔣老師，只要求蔣老師不要再擔任總導護。在蔣老師允諾後，風波才算平息。而蔣老師經過教訓後，也調整作風，不再用體罰方式管教學生了。

教育部在「輔導管教辦法」明訂教師不得體罰學生，亦三令五申宣導教師應本著專業指導或管教學生。但「體罰」事件在校園中依然層出不窮。身為行政主管應如何改變教師不適當的管教方式？在師資養成的過程中，學校除了應設計教學相關專業能力的課程外，尚應如何規劃師資培育課程，以提昇情緒管理的能力？

144 學生惡作劇遭受處罰

某國小六年級教師，中午午休時間回家用餐，留下學生自行在教室用餐。午餐之後，幾名學生從學校側門跑出校外，購買零食並嬉戲。教師吃完飯後，回到教室，詢問同學用餐時之情形。有同學據實以告。

老師一怒之下，處罰違規外出的同學清掃廁所。受罰學生頑皮，竟拿尿液倒入老師茶杯之中。老師不察，就把茶杯的茶喝了。班上同學忍不住笑出聲來。老師察覺笑聲有異。追問之下，得知幾名學生竟將尿液倒入他的茶杯，讓他喝了。如此師道尊嚴何在？

老師乃將頑皮學生叫出教室，痛打一頓。放學之後，學生回家。家長發現傷痕，經驗傷之後，持驗傷單向教育局提告老師。教育局本想大事化小、小事化無，希望家長息怒，撤回告訴。

只不過家長早就對該師不滿，乃趁此機會大肆宣揚，並且找記者將該事件刊登在報上。此時事情已無法善了。教育局要求校長必須據實以報。校長無奈，再加上該教師平日服務態度本來就有可議之處，於是將其簽報記過一次，考績丙等。至此事件乃告一段落。

145 學生家長掌摑老師

　　某國小教師師專剛畢業兩年，個性好強，被分至一年級帶班。因要求甚嚴，而該班一名小朋友，生性頑皮，一不小心跌破了嘴巴。老師因該天剛好請假，而代課老師卻因放學在即，草草處理，引起家長不滿。

　　某日，該名學生作業未交，被教師掌摑耳光，留下印子。事後家長持驗傷單來校，叫罵老師。翌日該學生母親到校，二話不說，掌摑老師就走。該教師愣在當場，不久亦持驗傷單欲提出告訴。而家長亦想擴大事端，讓該教師幹不下去。

　　校長得知此訊息之後，除了安撫教師之外，並告知其理虧，體罰學生行為之不當在先，處於不利地位，應忍耐放低姿態，並請教務主任會同家長會代表之有力人士斡旋，企圖勸退家長，並答應立即將老師調動。家長在面子已滿足之下，暫時不提出告訴，且看事情發展。不久該教師被調為科任教師。該班換了一位新的級任老師。此一事件就此落幕。

146 校園暴力知多少？

　　鍾老師從學校回來，心裡愈想就愈不妥。已經有多年行政經驗的校長，怎麼會這麼草率地處理這樣的孩子呢？

　　事情的發生是這樣的。由於學校處於較偏遠的鄉鎮，這裡的家庭，普遍經濟條件並不富裕，而父母受教育的程度也都不高。因之，平日除了忙於生計之餘，對孩子的教育仍舊停留在傳統式的打罵教育。而對於孩子的評定，也仍然以浮面的成績為標準。分數考得高，表示書念得好，是個品學兼優的好孩子。

　　相反的，對於成績低落的孩子，不是被心急的父母嚴加懲罰，就是強迫其接受嚴酷的補習班教學。另外一些行為偏差的孩子，非但無法耐心輔導，反而將那群孩子集中起來，成立一個「吸菸室」，讓這群少年在那兒為所欲為。

　　而外界自然也對這一群孩子投以有色的眼光，無形之中，更加具體地為他們貼上不當的標籤。師長們甚至以一種消極的心態來應付這群少年。心想，反正一天過一天，只要三年時間一到，他們就趕快跟學校說拜拜。那時，校方即能重回太平而無煩惱的日子了。

　　然而，這種鴕鳥的心態對事情非但沒有幫助，反而助長了孩子犯罪的可能性和增加被傷害的個案。鍾老師想到下午班上學生王俊男流淚而羞愧地還向他報告這件事時，他的心就猶如刀割。

　　國三班也就是「吸煙室」的大頭目，居然利用午休時間，夥同另外二個同學把王俊男找到一個沒有人的空地上，拿個保險套給他，強迫他在眾人面前（當時在場有三位女同學）自慰，並且在一旁嘲笑、給噓聲。

　　當鍾老師把此事呈報給校長知道後，卻只見校長通知該生（國三的那個男孩）的家長來把孩子帶回，並囑咐今後不必再到學校來，只要在家自學即可。

　　鍾老師想，該男孩是個被母親遺棄的小孩，長久與 85 歲的阿嬤相依為命，在長期失去愛的情況下，那男孩心中充滿怨恨與不平，就算他不來學校，也不一定能夠保證他不會去傷害校外的人啊！況且無人加以耐心輔導，那孩子是否能夠那麼「明是非辨事理」呢？

　　最重要的是，校方也沒有提到將如何輔導那位飽受羞辱及心理傷害的王俊男，充分顯示校方避重就輕的逃避心態。

　　鍾老師雖然調任到這所學校的時間不長，但對於孩子的疼惜和當初在學校教授的諄諄叮嚀言猶在耳，他認為無論是對於加害者還是受害者，都不應該默默地坐視這樣的事件持續發生。

　　隔天，鍾老師就陪同王俊男求助於長庚醫院的精神科醫師，希望能協助輔導心理受創的王俊男。長庚醫生認為此事嚴重，而將全案轉介社會局。

　　雖然教育局人員夥同社工人員到該校視察並瞭解其前因後果，但該國三的孩子，自從被校長趕回去「自己學習之後」便行蹤飄忽不定，社工人員雖然有心輔導、牽引，卻仍然沒有他的蹤影。

唉！黃昏的校園看起來景色優美，但鍾老師的心情卻是沉重無比。

如果身為教育界的工作者都不能負起「作育英才」的重大責任，社會的祥和何日可待？如果不能真正落實「有教無類」的崇高理想，社會的治安如何能夠回復到以往的寧靜與溫馨？鍾老師此刻的身心，竟然湧起未曾有的無力感了。他不斷反問，到底問題出在哪裡？整個教育的環節到底哪裡出錯了？

147　五年二班事件

某星期一廖校長抱著輕鬆的心情到學校上班，在兒童早會後依例是行政會議，會中訓導主任特別向校長報告，說五年二班導師簡老師剛才向他說：他班上有一位陳姓同學，在上星期六被他發現零用錢有異常使用狀況。

經簡老師問話的結果，確定是向家裡偷錢，而且數目還不少，而且錢偷得太多，還分給其他的小朋友用，他在星期六已將剩餘的錢拿還給家長，並且向其說明事情的來龍去脈，並且希望家長注意查明。

廖校長聽到很高興，因為他一直強調希望老師對孩子的生活要注意，尤其家長雖然很疼孩子，但在小學階段還不至於一次就給孩子一千元作零用，希望對於零用錢有異常使用的學生多加注意。對於簡老師的用心應該給予獎勵。同時也要求訓導江主任能把這位同學找來做記錄，使事情更加清楚。

當天下午，江主任把做好的紀錄呈給校長看，其中有一段記載著，該位同學偷錢的理由是因為班上有一位同學恐嚇他，如果不拿錢給他花用，那位同學就要打他。廖校長覺得事情有深入調查的必要，就請江主任再查清楚一些，才向家長說明。江主任也說他會再查一查。廖校長也沒在意，因為孩子偷錢的事相當普遍，也就沒再問起。

不料在隔天上午十點鐘左右，訓導江主任匆匆的帶著一位自稱是被害學生的舅舅的人士到校長室找校長，說他的外甥是被害者，為什麼學校把它當作是小偷在處理呢？

原來，該位學生家長於星期六接獲老師告知時，因為要下南部去參加親戚的婚禮，可能太忙或是不想破壞氣氛，並沒有追究孩子的過錯，而星期日很晚才回到家，無力也無心處理。

一直等到星期一晚上，級任簡老師再打電話告知學校處理的經過時，他的父母才猛然記起，當晚就對孩子加以問話與責備，同時發現現金短少了好幾萬元，而孩子則說他是受到同學的脅迫才出此下策。

這時孩子的舅舅就自告奮勇要替孩子討回公道，於是就到學校來找主任理論，而江主任覺得這位家長不可理喻，於是就帶他到校長室，請校長處理。原來簡老師將原先的紀錄影印給家長參考，由於這位同學在記錄中所說的偷錢原因，是受到同學的脅迫。

但事後江主任所查的是：該位同學是先偷錢，因為用不完才當散財童子，把錢分給班上與其要好的同學或成績好的同學，一共有十二位同學拿到錢，只有一位李姓同學因為一直分不到，曾向其恐嚇要告訴他的父母，說他太浪費了。

但任憑訓導如何說明，這位舅舅就是不相信，認為學校既然有記錄就是事實，不再接受其他的解釋。任憑校長怎麼說，還是要學校把這些錢全部還出來。

校長見他十分不講理，於是要求他回去轉告孩子的父母，請他們到學校來談，不再理會這個舅舅，這個人只好悻悻然地離開了。校長告訴江主任，趕快把紀錄依照事實重新寫好，並要求江主任當面向家長說明。不過江主任向校長報告說，一直聯絡不到家長。校長心想只好明天請家長會長出面，一同向家長說明。

星期三上午大約十點半左右，突然有自稱分局刑事組的刑警到學校找校長，說有家長到分局報案，說學校有小朋友涉及恐嚇取財，要到學校找小朋友問話。校長聽了非常生氣，除了要求看他們的證件外，同時也拒絕他們的要求，認為他們無權這樣做。

尤其小孩子的父母均不在家，學校若是讓他們帶去問話，將會惹出更大的事端來。這些刑警只好不高興地走了。到了星期四，一到學校，就有

老師告訴校長說學校上報了，雖然報上並沒有指出是哪一所國小，但明眼人一看就知道，指的是學校發生的這件事。

同時報導也有很多地方與事實不符。廖校長趕緊打聽相關人士的消息，原來分局的刑警在昨晚的時候，以電話個別通知被指認拿錢小朋友的家長帶孩子，到分局去做筆錄，巧的是記者也在場，因此報紙就報導出來了。

大約在八點鐘的時候，有關的學生家長都跑到學校來了解，為什麼會發生這種事情，甚至有些家長忿忿不平地要告那位同學的家長誣告。

經過一段時間的了解，原來那位陳姓學生的舅舅在警分局服務，為了替他的外甥出這口氣，不分青紅皂白地亂捅，其他的刑警也為了爭取績效，柿子挑軟的吃，畢竟結夥恐嚇取財是一個大案，但要抓五年級的小學生可就比抓其他的通緝犯容易多了，所以也不經查證就跟著小題大作。

於是廖校長便召開臨時家長會，在會議中決議由家長會出面，向警分局長提出抗議，同時由校長向報社說明事件的原由，要求報社不要亂登新聞。另外也向該位家長說明事情的經過與處理情形，希望他不要把事情弄得不可收拾。那位家長一直向有關人員說抱歉，因為他也不曉得事情會變得如此複雜。

事情過後，該位同學因為班上的學生都不願意與其交往，大約在二星期後也就辦理轉學手續到他校去就讀了。

148　老師手機被竊

一名小六男生，行為自我、狡猾，常說謊欺騙同學及老師，因此，在校內並不受同學及老師歡迎。因是家中獨子，甚得父母寵愛，家長甚至被懷疑替兒子隱瞞曠課事宜，而與校方關係不佳。

某日，這名學生因有某事，要到教師休息室見學務主任。休息過後，坐在這名主任後排的一名老師表示，原本放在桌面的手機不翼而飛。而在休息期間，除了這名男同學進去過教師休息室之外，還有多名學生曾經進入。不過，只有這名

學生所經位置最接近失竊地方，其他學生均未須經過失竊地。

因此，這名學生嫌疑最大；加上其不誠實的習慣，於是在該名學生上課途中，由老師監管下，要求他帶著書包到教師休息室接受調查。調查過程中，這名學生被要求取出書包及口袋內的東西，但仍未尋獲手機。老師在嚴厲審問下，學生大哭，承認偷取老師的手機，且表示願意帶老師尋回。老師此刻才打電話通知家長。

從法律角度而言，以上程序是正確的，因為老師懷疑該名學生是適當的，這是由於該學生的行為紀錄不好，而且也只有他是經過那地方唯一的學生，所以嫌疑最大，老師是有理由懷疑他，並對他作出審問的。

在審查過程中，並沒有侵犯該學生太多的隱私。不過，為了避免引起該名學生及其家長覺得不公平，老師亦可同時向所有曾於休息前進入教師休息室的學生進行調查，並且向鄰近座位的老師查詢。

從訓輔組老師的角度而言，審問過程上，若由失物老師或主任進行審問，便會構成利益衝突，所以最好由第三者老師如輔導老師進行審問。另外，要避免偷竊事件在校內發生，除了由輔導老師懲誡那名偷竊的學生，還要加強輔導工作，以改變學生貪小便宜、不勞而獲的心態。因此，訓輔組應互相配合，讓全校學生知道偷竊是不可容忍的行為，以預防同類事件接踵而至。

從行政角度而言，教師休息室座位除了擺放老師的財物外，亦擺放了學生的習作、會議文件、私人或工作文件等。因此，可考慮禁止學生進入，或由老師陪同才可進入。

從家長的角度而言，由於以往校方與這名學生的家長關係並不佳，因此，在老師嚴厲審問下，逼迫兒子哭著承認，並要求學生帶老師去找回失物的做法，家長可能難以認同。

因此，學校是否應向家長解釋學校正常處理問題的程序及目的。當校內遇到失竊事件，必須由第三者老師立即進行調查，務求儘快找回失物，並讓偷竊的學生得到正確教育的機會。

此案可能引伸出一些問題值得探討。首先，老師向有嫌疑的學生進行嚴厲審查，會否受到法律的挑戰？若是在普通尋找真相的程序下，向學生

作出嚴厲審查，令學生承認自己犯錯，而非「屈打成招」，是不是會受到法律的挑戰？

再者，老師事後才通知家長，程序上是否合適？從以往經驗中，知道這名學生的家長對兒子是偏頗的。學校如果及早通知家長，家長必定會立刻趕到學校，當場阻止老師作進一步的調查，如此是否會令事件更難調查？所以，面對這類型的家長，最後才通知家長，程序上是否比較合適？

149　學生極具破壞性

有一名極具破壞性的國中一年級男生，經常違反上課秩序，不單是擅離座位，大吵大鬧，更粗暴以武力對待同學，亦曾危坐窗框，以自殺威脅老師。學務主任曾與該男生的家長面議，勸喻家長帶兒子一同前往精神專科作診斷，並告知懷疑學生患有「品行問題」。可是家長常以工作忙碌、無暇管教及無法理會為理由，遲遲沒有採取行動。

有一天班上一位學生家長到校向學務主任投訴及索賠，表示兒子被一名班上頑劣的同學以武力對待，以致於手腳又瘀又腫。該家長並表示，其兒子遲遲沒有向家長報告的原因，是害怕該名頑劣同學因此而自殺。

這名家長表示兒子不單身體受傷，心靈更終日受著該名頑劣學生的威嚇。這位家長表明，若得不到合理交待及賠償，將採取法律行動。

校方事前雖未接獲受傷學生的投訴，而被投訴的施暴者在校內的確有襲擊同學的紀錄，這已涉及校方並未做到以適當的措施來保護其他學生免於受到傷害。

就處理過程而言，在班級導師方面，由於家長通常不會願意接受學校評定他們的子女「有問題」，因此會以不同理由拒絕接受事實。可是，該名具破壞性的學生並非初犯，其經常性的破壞行為，已對師生構成一定程度的威脅。

在家長未盡其責任的過程中，校方亦未採取有效的措施以保護其他學生和老師。班級導師應先向受傷學生及其家長作出安排，了解事件的起因

及過程，並承諾協助解決。導師事後必須向同班同學查詢，並向校長匯報。

在學校層級的學輔方面，訓導處可向施暴學生的家長解釋問題延續的可能後果，如被控傷人罪及因情緒失控而作出自毀行為等，迫使家長早日採取行動。若家長沒空帶其子女去檢查，學校可在獲得家長同意下，由社工帶學生去見醫生。校方亦可與家長商量暫時停學的安排。

若家長拒絕，校方可採取一般學生違規行為的留校停課或隔離監督的行動，以保障其他學生和執教的老師。另外，校方要清楚紀錄學校曾經採用對待施暴學生及保護其他師生的具體措施。

若遇到法律訴訟或索償，此紀錄能減低學校所需負責的部份。此外，校方亦可考慮啟動危機小組，商討如何處理此類學生，因為這學生的行為不能預估，如果他真的自毀或是傷人，均會構成很嚴重的問題。因此，必須制定危機處理程序，讓老師有所依循，並進行工作分工，以預防未來事件再度發生。

學生的危險行為常常是無法預料的，校方應處處加以防範，才不致於導致不可收拾的後果。若校方已備妥以上的措施，而受傷同學的家長仍然追究及控告，學校仍須負法律上責任嗎？

150　學校執行校規　導致學生發生意外

有一名國中二年級男生，性格反叛，喜歡挑戰權威，校服儀容常常不合校規標準。校方亦曾就其染髮未有改善而多次作出勸諭，並曾就此問題與家長在電話中談論，尋求家長的協助。但家長表示忙於工作，無暇為此小事管教，並表示髮型服飾乃人權，只要兒子不太過分，是可以接受的。

一天早上，這名男生被發現染了咖啡色的頭髮，於是老師發出命令，要求學生回家染回黑髮才可回校上課。校方此項決定並未通知家長而先執行。殊不知，這名學生在回家路上，遇上意外，需入院接受治療。

在學校行政及法律方面，學生到校上課的時間是學校應該負責的，如果學生在此期間發生意外，學校不能推卸責任。因為是學校要求學生在上課時間離開學校，現在既然學生遇上意外，學校需承擔此一責任。學校應

向家長明確表明學校的立場，以及預備如何處理學生再犯。

另外，若要命令學生停課，必須依照合法程序，由校長執行或由學校授權老師執行。正確作法，上課期間不應要求學生離開學校。較好的做法是要求學生在放學後染回黑髮。

就老師方面而言，學生在染髮問題上一直未達到校方要求，老師可與學生溝通，了解學生的心理。若學生重視的是形象問題，老師可與學生共同找尋其他建立個人形象的方法，並教導學生內涵的重要性。

雖然有些人認為染髮乃屬學生個人行為，不會影響學生的學業，但從另外一個角度來看，染髮難免會吸引他人的注意，令同學在上課時專注在染髮同學的身上，不能集中精神學習，實屬騷擾其他同學上課。

因此，學校是有權去管制學生的服飾和外表，因為服飾和外表會影響其他學生學習和仿效。另外，學校有責任讓學生知道，染髮損害頭髮的程度是十分嚴重的。因為染髮次數愈多，脫髮愈快。

另外，其實老師並沒有權力要求學生停課。就算要停課，也可採取留校停課安排。此外，若要懲罰學生，不一定要即時要求他離校。建議應留學生在校內安全的地方，比如圖書館，讓他自修。若要求學生回家染回黑髮，亦應先致電學生家長，要求他們接其兒子離去。如家長沒空，亦應得到他們的同意，才可讓學生自行離去。

就家長方面而言，事前校方應向家長表明，兒子校服儀容不合標準的後果，並可要求學生於回家前，獲得家長同意或聯絡家長，告知校方將採取的行動。家長於此事件中，明顯會站在兒子一方。因此，校方須於事後立即向家長作交待，並向家長重申校方對學生髮式儀容的要求及目的。

就此個案而論，學校究竟有沒有權力要求學生不准染髮（保持頭髮原有顏色）或要求學生染回原色？老師可以在學生應在校時間內，令學生返家嗎？是否影響學生的受教權？

151 挽救一個中輟學生

訓導處檢閱晨檢簿時，發現三年甲班一位張同學，連續一週曠課。級任導師並未呈報中輟通報，於是請生教組長去了解一下，確定係連續曠課的轉入學生。

經約談導師瞭解詳情，級任導師也語焉不詳，只說家庭訪問時找不到人。黃校長要訓導處列入追蹤，發出中輟通報，函知家長速與學校聯絡。

過了幾天，有好消息回報，家長已經向訓導處報告他們的困境。原來這是個單親家庭的困境，媽媽帶個男孩相依為命，而且還有仇人恐嚇，為了孩子的安全，只好把孩子關在家裡。但是從愛心媽媽那兒傳來訊息，卻是看過小孩騎車在街頭玩耍，叫他上學，回答說：「我不必上學！」

黃校長決定邀集相關人員，包括教務主任、訓導主任、輔導主任、導師、家長會代表、學校警衛，一起來幫助這個孩子。家長把小朋友帶來了，是個長得很矮小的單親媽媽，談話相當開朗。自己的事情，講起來好像第三者說故事！

她說這小孩子是因她被強暴而懷孕，本想拿掉的，自己媽媽說，墮胎會惹嬰靈來纏！於是就把孩子生下來。強暴者也不負責任，沒有收養他，只有母子相依為命了。

去年，她工作處所的老闆，因經營不善而倒閉，積欠半年薪金，還要她繼續工作，並且開始做不法的事。

這位單親媽媽擔心自己會受到連累，不想再去，卻遭到恐嚇！只好一狀告到法院（她展示法院起訴被告的通知）。想不到被告卻帶人到家裡來打她和孩子，她只好搬家到這裡，聞之令人鼻酸。

黃校長動員學校支持系統來幫助孩子，照顧孩子在學校的安全，並請家長會聯繫里長多多給予關懷。

孩子終於回來上學了！

152 過動兒的管教問題

開學才一個星期，三年級一位老師就已經整天唉聲嘆氣，甚至出入輔導室好幾次了。原來是今年她的班上有一個小朋友非常調皮、好動，每天、每節課，不管是上課、下課時間，都不停的捉弄同學，甚至打同學，拉女生的頭髮，……等等，說也說不聽，罵也沒用，為了他，整天都不能上課，科任老師也抱怨連連。

老師請家長到學校來談談，家長就一直道歉，說她也沒有辦法，輔導室經過一段時間的溝通以後，才知道這位小朋友的父母，在他很小的時候就離婚了，他一直由母親獨自撫養長大，母親又很忙，所以有時候就將他一個人關在家裡。

上幼稚園以後，他就一直以打人、罵人、搗蛋為樂，一直就是老師眼中的頭痛分子。一、二年級時，就曾經把同學的頭打破，送醫治療過。

情況一直沒有改善，班上同學的家長抗議了。他們連袂來到校長室，要求校長處理：必須讓這位同學轉班或轉校，否則要告到教育局去。

極有教育理念的校長怎肯讓此事發生呢？他一方面和家長溝通，一方面和媽媽及小朋友溝通，另一方面也請台大的心理醫生來幫忙做心理測驗，看看是否能找出小孩子的「病因」。

可是這一切，班上的家長們都無法等待，他們都不願自己孩子的受教權受到傷害，仍然兩三天就來校長室，要求校長立刻解決這個問題。學校裡各處室及級任老師也沒閒著，大家都為了這個孩子在忙著。

153 解決自閉症學生的問題

有一個小女生有自閉症。之前在其他學校就讀，但她和小朋友之間相處得不好，班級會議中甚至建議這個小朋友轉學，可是父母親認為這樣不妥當，於是並沒有轉學。但小朋友還會有攻擊他人的行為，使得學校老師相當頭痛。

　　後來父母就將小朋友送到美國去，但是送到那邊，一年都沒有改善，最後又回到國內。而這所學校則撥了一通電話給其父母，告知校內有一資源班，對於自閉症小朋友的輔導有一點小小的成果。後來小朋友被送到學校來，透過校內制度認養的方式，讓老師自願去輔導這個小朋友。

　　目前這個小朋友適應得非常好，就讀得非常高興。對於這樣的小朋友，老師要給予包容與協助。在課業上，老師要給予符合這小朋友能力的作業，而不能與其他小朋友相比。在心理輔導方面則交由資源班。

　　另外安排愛心媽媽，輔導室的輔導人員加以輔導。陳校長發現，對待這樣的小朋友需要整個環境都能給予包容，而非教師而已，而且還必須不時給予正向的刺激。

154　小朋友行為異常

　　有一位三年級的小朋友有歇斯底里的行為，在班級中無法上課，新老師無法處理，於是請家長帶回家給醫生檢查。經過醫生檢查後，發現原來小朋友在生理上有一些問題，後來醫生開藥給她吃就好了。

　　以前小朋友常常是生理上有些問題，我們都以為他是調皮，其實是生理上的問題。目前這孩子經過一年多，透過每個禮拜輔導室的紀錄，發現他進步很多。不過後來已經轉到別的學校去了。

第 8 章
校園安全與校園意外

155　陳校長的兩難

　　陳校長在週一時主持導師會議，都會聽到許多老師發出這樣的不平之鳴。

　　「報告校長，昨天我們教室的門被撬開了，裡面雖然沒有貴重的物品，但是有些孩子的名牌和彩色筆都不翼而飛，我的抽屜也被翻動得亂七八糟。」

　　「我的書桌更慘，莫名其妙被噴了鐵樂士噴漆，連窗戶和黑板通通都是，有夠可惡的啦！」

　　「哎呀！我們班更倒楣啦！就在廁所旁邊，要負責打掃廁所。哎呀！你們都不知道，每個禮拜一的早晨，廁所之恐怖和噁心，好像來這裡運動的人屁股都長歪了似的，非得拉得滿坑滿谷才滿意似的。」

　　「校長，我們能不能不要開放校園呀！上一次，還有幾個年輕孩子躲到廁所不知道做什麼，但隔天就看到垃圾桶裡有許多支針筒了。」

　　陳校長最害怕週一的導師會議時間了。總是會聽到這麼多令人膽顫心驚的報告，因為這些報告都只是浮面的現象，誰也不敢保證，今天的噴漆行為會不會只是下一次放火燒教室的前奏。

　　校長真的很擔心，只因為半年前，校園的溜滑梯，是家長會提供的，用最好、最新的材質建造的多樣性城堡型遊樂器。隔沒有多久，居然黑煙從城堡的煙囪中竄出，原來兩個小男生躲在城堡裡頭玩火，還好那次發現得快，沒出人命，否則真不知該如何是好。

　　其實，這些年來，社會亂象持續不斷，陳校長身為校長也並不贊成校園開放。奈何處於都市的學校，受限於都市人口的濃稠密度，而沒有提供孩子適當的玩耍空間，因此教育當局一再喊話，要校方資源與社區資源結

合與共享，也鼓勵校方開放假日的校園，讓附近居民可以放心地帶孩子來操場玩。

然而，有人就會有危險，校園一旦開放，便會常常招惹一些遊手好閒的人進入，若無法有效控制時，危機則可能隨時出現而不自知。記得以前有一個婦女，帶著一群孩子在角落處玩耍，不知何時，竟然跑出一個全裸的變態男子，不但讓這少婦嚇得花容失色，孩子們也尖叫奔跑。

記得有一陣子，在教師們的全力支持下，校園關閉不對外開放。但沒多久，即引來家長會強烈的反對聲浪。家長們普遍支持校園開放，一來可以讓學校與社區資源共享，二來提供親子運動的場所，可以增進親子情感。至於校園安全的問題，則可聘請保全人員駐校維護。

點子雖好，卻受限於經費毫無著落，整個保全系統的配置和人員的全日值勤，是一筆相當可觀的費用，教育經費裡並沒有這筆預算。有人提議由家長共同募款，但仍會受到多數沒有得到利益者的反對，尤其是父母根本沒有時間和孩子來學校活動者，反對聲浪最大。況且，任意募款，大夥兒也害怕落入有心人的口舌，而惹來不必要的麻煩。

到底校園開不開放，陳校長落入了兩難的情境。

156 校園開放的問題

快樂國小學校校園向來每天固定在下午五點鐘之後開放，一直到隔天上午七點二十分讓社區民眾使用。社區民眾每天習慣性的呼朋引伴到學校操場跑步，人來人往，絡繹不絕。學校與社區也因此建立良好的關係。

某一天晚上十一點多，學校警衛接獲運動的民眾通報，廁所裡躺了一個人，學校警衛到現場察看，驚覺此人已經往生。警衛趕緊通知校長、總務主任、派出所匯集處理，派出所並在第一時間完成筆錄，也找到家屬。

家屬仔細查看學校廁所，初步判斷可能是學校地板濕滑，導致跌倒受傷，傷及要害致死。學校則認為學校鋪設止滑磁磚，而且時間在晚上，應該地板不致於還潮濕，但對於意外事件，學校亦無百分之百把握。還好，驗屍報告證實非外傷所致，學校雖仍覺得遺憾，但是不免鬆了一口氣。

接著暑假中，學校因為工程進行，前車之鑑，為了安全起見，學校決

定暫停開放校園。此舉引起社區民眾不滿，上縣民網站投書，也向教育局投書，認為學校關閉校園不當，罔顧社區居民權益。

但學校認為安全是最重要的考量，萬一工程中有任何意外發生，都不是學校或社區所樂見。因此，學校寫了幾次報告給教育局，但還是堅持校園暫停開放。

社區民眾在校園中發生意外事件，誰該負責？如果是學校設施安全上的缺失，學校是否應該負起全部的責任？學校校園開放，是否為學校對社區民眾之義務？例如 SARS 期間，或校園在施工期間，學校是否有理由關閉校園？

學校若因為校園開放，而引起安全上的問題，例如因為施工情形引起進校園的社區居民受傷，誰該負責？在 SARS 期間，學校雖然盡力消毒，但經過開放，所造成的防疫漏洞，誰該負責？

157 校園意外

婉婉是一位年輕的女老師，畢業後就到向陽國小任教。向陽國小是市區新設的學校，各項設備都很齊全，還有地下停車場，這也是婉婉老師會選擇這所學校的原因之一。來學校任教之後，為了上下班的方便，拿到駕駛執照馬上就買了車。

對於車子也愛護有加，經常清洗整理。後來看到學校同事，有人利用下班的時間在學校洗車，可以省下請人洗車的費用，所以自己有時也在學校地下室洗車。

婉婉老師過去在學校時，就有不錯的男朋友。現在雖然兩人都忙於工作，但是感情持續發展。周末假日常相約見面。星期六下午一時左右，婉婉老師在學校等男友，看看時間還未到，所以在地下停車場洗車。

雖然停車場只有她一個人在，學校事故時有所聞，但是學校中師生的警覺性一向比較低，而且在主觀上認為學校是很安全的地方，好像獨立於社會亂象之外，也不覺得有什麼害怕。但學校地下室對外的出口，為了車輛進出方便，是由圍牆向外開，警衛室無法完全監控出入。

由於學校實施場地開放給附近的社區居民活動，所以星期六下午，警衛劉先生還留在學校執勤。星期六下午是下班以後的時間，學校沒有學

生，警衛劉先生的心情也比較放鬆，沒有特別留意校區各個角落。誰也沒想到，一向寧靜的校園裡，發生了一樁慘案。一名不明歹徒潛入學校地下停車場，姦殺了正在洗車的女老師婉婉，做案後潛逃無蹤。

學校警衛劉先生下午二時，開始定時巡邏校園，發現地下停車場鐵門半開，驚覺情況有異，前往察看，看到婉婉老師橫屍地下停車場。事情發生後，立即報警並通知校長。校長接獲校警通知，立刻到校處理。除了保持現場給警方辦案之外，立即由學校校長向上級呈報。

教育局為主管機關，接獲校長的電話報告，隨即由督學及主管科科長前往學校了解案情。警察局接獲報案，立即到校偵查案件，並通知檢察官及法醫相驗，採集證物及相關線索。新聞界對校園安全有了問題，發生老師陳屍校園的案子，各家媒體競相報導，以取得最新的新聞消息。

因事出突然，校長未能掌握全局，也未能指揮相關主任及人員了解現況，並且不善於處理媒體事務，只能以不確定回應，給人一團迷霧的感覺。教師會對學校同事發生慘案，除了悼念亡者之外，並要求設法維護校園師生安全的可行方案。

對於學校安全，家長最關心。雖然是老師遇害，但是家長聯想到學生的安全也受到威脅，家長會長到校協助處理，並表示哀痛。

事後星期一，教師會、家長會部分成員要求校長保證，給予一個安全的學校環境。校長一時無法提出有效方案，致使會中代表不滿，氣氛惡劣。隨著時間流逝，事件慢慢被大家淡忘。而這件懸案也一直未能破案。

158   學生放學在校門口被公車撞傷

學校剛開學不久，有一天放學時，一個學生在校門口被公車撞了，結果肩胛骨斷掉，有人就馬上將孩子送醫院，有人就留住公車司機，報警請警察來處理，由警察來對司機做筆錄。

醫院這邊就趕快通知家長，導師跟護士也跟過去，訓導處行政主管也去了，我知道了也立即趕去醫院。醫生說已經開始處理，並且說沒有立即性危險，然後我才回來學校處理一些事情。當然事後對學生及家長的慰問

也是需要的。

公車司機這邊由警察來判定肇事的責任。學校要做的是孩子的心理輔導。學生在學校出事情，家長一定會非常的慌張，一定會責備學校為什麼沒有盡力照顧孩子？針對這點，學校要有心理準備，先讓家長責備。因為家長在情緒的氣頭上，不要與家長爭辯，就讓他責備。

後來我們慢慢瞭解，意外的發生是因為孩子走到對面又衝過來才被撞倒，而且已經放學了，是媽媽遲到。如果媽媽已經在校門口了，孩子就不會一下子來，一下子去。

但是學校不能跟家長爭辯，等家長情緒慢慢穩定下來，能夠理性地面對事情的時候再來談。學校遇到學生出了意外，將孩子緊急送醫，維護孩子的生命安全才是學校首要的任務。

159　學生在教室中發生意外

南部某國中，一天中午午餐時間，有學生慌張地向導師報告，教室內一位學生血流滿地。到場後，見到一名男學生手臂有一道很深的傷口，血不斷流出，但卻表現得很冷靜，而教室內其他同學也不知所措。

另有一名女同學手持一把美工刀站在傷者旁，全身抖震、滿面發青、驚恐萬分、張大了嘴巴，嚇得呆住了。經初步了解後，才知道因女同學在教室內玩刀，在不小心情況下，傷到這名男同學。校方指派一名老師送學生往醫院急診室，到達時卻遇上媒體記者，並被追訪事件是否與校園暴力有關。

面對此種突發的校園危機事件，校方首要考量下列情事：

1. 有學生受傷，必須即時處理學生傷勢，以免傷勢惡化；

2. 貪玩惹禍學生的激動情緒，需要即時進行輔導；而她貪玩惹禍的行為須進行訓輔及其他相關措施；

3. 在課室內發生，要關注目睹事發經過的學生的情緒，並向學生詢問事件緣由；

4.在召喚救護車到校時，必然驚動傳媒，校方須安排人手面對傳媒；

5.受傷學生家長的通知及安撫工作；

6.針對貪玩惹禍學生的家長，必須儘速通知並協助調停事件；若有涉及賠償的爭議，校方亦須擬出妥善的調解方法。

160　學生擲物誤傷同學，老師連帶賠償

2001 年某月某日上午，呂姓老師在上國文課時，認為廖姓學生的作文寫得比小學生還差，表示要將他的作文唸給同學聽。廖生要求不要唸，但呂師還是繼續唸。廖姓學生於是站來口出穢言，並走到講台欲從呂師手中搶回作文簿，呂師跑著讓廖姓學生追，只見他拿起講桌上抽座號用的籤筒作勢要丟，未加以制止，還說「好膽，你丟過來」，廖姓學生果真擲出籤筒，不料卻丟中班上的另一名廖姓學生左眼，致被害人眼瞼撕裂傷、視網膜破洞、合併視網膜出血。

傷人的廖姓學生經台中地院少年法庭法官裁定予以訓誡，並實施假日生活輔導。被害人則提起民事賠償，要求呂師、廖姓學生及其單親母親連帶負損害賠償責任，要求賠償 2,810 元醫療費及 100 元精神慰撫金。

台中市教育局調查報告指呂師「教學雖用心，方法宜調整」；台中地院法官認為呂師授課過程中使用「消極的批評、負面情緒性話語」，已傷到廖姓學生的自尊，因其過失而不採取積極輔導、防止之行為，應負過失不作為侵權損害賠償責任。

經台中地院判決呂姓老師、廖姓學生及他的單親媽媽應負連帶賠償責任，給付被害人精神慰撫金及醫藥費廿萬餘元。呂師對法院的判決表示「不公平、難以接受」。

從以下相關人物的立場來看，本案情可提供下列啟示：

首先，老師的作為恰當否？老師的工作是如何將學生教好，而不是去把學生教壞，事件中的呂老師，有幾項作為值得三思：（1）在課堂上指稱廖姓學生作文寫得比小學生差；（2）不理會學生的要求；（3）與學生在教

室中追逐；（4）意氣用事，不經考慮的命令「好膽，你丟過來」。這些作為無形中影響了學生的思考與行為。（老師都可以這樣了，我們為什麼不可以？）學生將是老師的翻版。

第二，學生的訴求：該名學生是單親家庭，在身心上可能已有某些程度的低落，對於自己的作文寫得不好，可能已經很懊惱了，老師又當眾要將他的作文唸出，更傷了學生的自尊。在這種情形下已失去理智，才會做出不當的事情。

第三，其他學生的心理：年齡愈小的學生，模仿力是很強的。老師的行為、其他同儕的行為，都是互相模仿的對象，國中學生的心智尚未成熟，在這一團混亂的情形下，孰是孰非根本搞不清楚。

第四，學校行政單位的立場：以校長的行政能力，應可將此事化解，非一定要鬧到法庭，對校譽、學生的將來，都是一種傷害。學校的輔導工作是多方面的，心理與課業都同樣重要。

161　家長在學校跳樓事件

大哉國小是一所位於某市市區的的知名小學，不只社區環境佳，家長學歷也非常高。老師個個教學認真，學生在各方面的表現也非常優異。校長到任雖才一年多，但在行政人員的充分配合下，對學校事務已經能夠完全掌握，因此很快就獲得家長對學校的肯定與支持。

某日中午，一位家長利用中午低年級放學時間，未依照學校規定，就強行進入校內，送便當給其兒子之後，直奔學校五樓欄杆上，欲跳樓自殺。

輔導主任接獲報告後，隨即通知正在校外開會的校長趕快返校。因開學之初，該校校長曾經在行政會報中，針對「危機處理」，對學校行政人員有所宣導，並已組成該校危機處理小組。所以在校長趕回學校之後，看到危機處理小組成員都已展開運作：訓導處已通知警察人員及救護車到場支援，並考慮不要刺激該女，要求警察人員均躲在暗處。

另外派二位老師搬來兩塊厚厚的跳高墊，放置在該女所欲跳樓的地面上，盼能將傷害減至最低。輔導組長帶來該女就讀本校的孩子，勸止其母，

並通知其丈夫到校。

教務處控制下課鐘聲，延長午休時間，讓全部學生都留在教室內，不讓學生聚集。總務處則管制門禁及現場，避免閒雜人等之干擾。

最後，經勸阻無效，該女從五樓跳下。幸而摔到學校事先準備的跳高墊上，僅下半身骨折，未有生命危險。

此時校長立即接下指揮之責，請救護車緊急送醫救治，並派送學校護士隨行，提供必要的協助與聯繫，請輔導室對該女之小孩實施心理輔導，並派遣輔導老師至事件發生地點附近，對曾目睹該女跳樓而受到驚嚇的班級學生，給予心理輔導，並親自電話告知駐區督學事件始末。

請訓導主任撰寫校園事件即時通報，傳真教育局。再由學校危機處理小組發言人（教務主任）統一對媒體發言。事件發生後，因發現已有不實謠言傳出，該校校長隨即指示訓導處透過麥克風，將事件始末簡要報告給全校小朋友知道。

學校事後發現，該女本有異常舉動。據其丈夫及兒子表示，因參加某宗教活動後，其思想行為即有異狀，於事件發生前幾天更形嚴重，因而造成該意外事件。因該校有成立危機處理小組，且平時亦曾預演、研討，故該事件除該女受摔傷骨折之遺憾外，整個處理流程，尚屬良好，故亦受到縣政府敘獎表揚。

學校事後檢討：在校園管制方面，對於欲強行進入校園者，學校除了勸導及通知警方之外，是否還有其他良策？針對該事件，如果造成人員死亡，學校應負什麼責任？國小孩童欠缺自保能力，校園保全與警衛，急待有關單位重視、改進。

162 孩子，媽媽害死你

一個田徑場上滿場風光的教練，為田徑隊爭取了冠、亞軍的獎盃，年復一年，引起其他學校多少人羨慕與嫉妒。而在學校裡，他何嘗不是一個細心而又盡職的體育老師？

　　平時上體育課，蔡老師總是細心呵護著每一個孩子，不要受到傷害。一個學期下來，倒也平安無事。可是就在某一天下午的第一堂體育課，蔡老師如同往常，要求身體不適的孩子在旁休息，可是今天居然全班無一缺席。在熱身後的第一趟折返跑，班上最優秀的模範生莊同學突然倒地不起。

　　蔡老師很有經驗地馬上做 CPR，派學生通知訓導主任、護士、校長。訓導主任毫不猶豫的馬上開車載了學生、護士、老師，直奔距離學校最近的醫院。一大群醫生不敢遲疑，展開急救。

　　校長立刻召集了行政幹部成立緊急處理小組，統一對外發布消息、傳真、電話連絡主管科、教育局督導室，通知孩子家長。

　　從事發到送醫沒有超過五分鐘，結果家長趕到醫院，眼看級任老師、體育老師、學校同仁都在場協助，醫生也盡力救助，卻不能挽回孩子寶貴的生命。起先家長很激動要責怪學校，後來經學校護士緊急透過管道了解，該孩子在鄰近某一家醫院求診過，設法取得其病歷，發現其早在年幼時就有先天性心肌梗塞。

　　唯該孩子一直被隱瞞，媽媽每次在其病發時，均告知其為氣喘，而該生品學兼優、獲選為班上模範生，好勝心極強，只要別人行，他一定也要行，才會有今天之悲劇發生。眼看真相不能再瞞，媽媽才失聲痛哭說：「**孩子！媽媽害死了你！**」

　　體育老師、學校行政同仁、級任老師盡力安撫家屬，協助家屬在醫生宣布無救後，應家屬要求，求助於偏方，只要還有一線希望，排除萬難，均予以協助，結果仍然無救。家屬對於學校的各項協助，充分了解亦能體諒。

　　級任老師、體育老師在悲痛之餘，會同他們班上同學發起全校愛心募捐，加上平安保險理賠，總共獲得將近七十萬元，全數送交給家屬。由於孩子的父母親、甚至於外公、外婆均在金融界服務，家境算是不錯，所以家屬對於學校整個協助過程，甚至於後事料理的配合與協助均能諒解，也表示感激。

此事件從頭到尾均沒有上報。雖然級任老師、體育老師均感到良心最大的遺憾、不安，惋惜這麼優秀的學生英年早逝，仍能獲得家長之諒解與感激，總算也平安無事的落幕與過去了。

綜上之教訓，把握時效及時處理類似之危機，處理小組及時發揮運作功能，才能及時化險為夷！

163　校外教學意外

每年十月份是小朋友最喜歡的一個月，因為在這個時段，學校就會舉辦秋季校外教學。大明是五年七班的學生，聰明好動，對各種新奇的事物均很好奇，經常情不自禁的去探索。老師在上課中也經常提醒他，要他自制。

明天星期三正是五年級校外教學的日子，大明很興奮，因為校外教學的地點是小噹噹科學遊樂區，聽其他小朋友說，裡面有很多又有趣、又好玩的科學玩具。大明很期待明天的到來。

星期三一大早，小朋友興奮的到學校集合，老師也特別叮嚀小朋友在各種活動中要注意安全。來到遊樂區，小朋友們也都能遵守老師的規定，依園方的各種指示參與活動。

在「水從天上來」這個單元裡，大明看到水，看來也沒什麼危險，就玩起水來。一不小心，把衣服給弄濕了，小朋友也好心地告訴大明，洗手間旁邊有一部脫水機，建議大明可以把衣服放到脫水機中脫乾，老師就不會知道大明玩水了。

大明接受建議，就脫起上衣放到脫水機中脫水。機器開始啟動了，大明看著脫水機，希望脫水機能幫他忙。這時候大明突然聽到哨聲，原來老師要集合小朋友了。

大明一心急，打開脫水機蓋子，手就伸進去，準備拿了衣服趕快去集合。但是他沒有想到脫水機尚在轉動，他大叫一聲，接著就大聲哭叫。他的手沒有知覺了，他的手臂斷了。

這時候，小朋友通知了老師，園區的醫護人員也來了。醫護人員做了簡單的包紮，趕緊送他到醫院。其他的小朋友繼續下面的教學行程，但都替大明擔心著。老師及主任留在醫院照顧大明。

隔了一段時間，大明的父母也來到了醫院，就對遊樂區的設備及老師多方指責，並且要園方賠償。園方認為脫水機使用不當，才造成意外，園方有保意外險，願意用保險金負起道義責任。大明的父母無法接受，就向醫院要了診斷證明，準備訴訟。

這次意外事件的發生，使這次的秋季校外教學蒙上陰影，學校上上下下都很不愉快。這時，學校校長又生病住院中，所有有關此次意外事件都由訓導主任負責和家長及園方協調。

家長的要求和園方的賠償始終都無交集，學校地區的民意代表介入了，縣府教育局也正式行文全縣各小學，不准到科學遊樂區做校外教學。這件意外事件也上了報紙，科學遊樂區不甘名譽受損，更不願意賠償了。

本案到終了，由學校學生家長會和園方達成協議，教育局也撤銷公文。因園方將脫水機放置於無人看管的地方有疏忽，學生未按規定使用機器也有錯誤，老師也未盡到照顧之責，都應該要負責，各自分擔一定金額的賠償金，而老師的部分由家長會負擔。當初介入的民意代表把事情弄亂了，他競選完後，亦不予理會了。

164　學生從樓上摔下來

上完了半天課，劉老師鬆了一口氣，邁出教室之前，還特別叮嚀班長，要注意午休秩序。接著劉老師到辦公室休息，預備要吃便當。辦公室空蕩蕩的，大多數老師都回家用餐、休息，只剩下幾個路途遙遠的老師。大家都很疲憊了，便各自扒著飯，想早些休息，打個盹，繼續下午的奮鬥。

忽然，班長和一群學生匆匆跑到辦公室，大聲地叫著：「小胖掉下去了！」劉老師丈二金剛，摸不著頭腦，著急地問：「什麼掉下去了？說清楚一點！」學生又結結巴巴地搶著回答：「小胖從樓上摔到樓下去了！」

劉老師一聽，心裡確實著了慌，三步併兩步趕到了出事地點。完了！

學生氣若游絲，面目全非，血跡斑斑，有氣無力地哼著。此時校長、主任、護士也聞風趕到，叫了救護車，送往附近醫院急救（所幸醫院就在隔壁），並緊急通知家長。

醫生診斷結果，有輕微腦震盪，牙齒掉了五顆，下巴骨頭斷裂，臉部外傷嚴重，肋骨斷兩根，一支腿骨折。所幸內臟無嚴重內傷。醫院表示，該生即使能治好，恐怕臉部也會變形扭曲，成為鐘樓怪人。

這件事情的起因，乃是因為小胖生性頑皮。老師雖然三令五申，禁止學生在教室玩球，但是因為天氣熱，外面不好玩，吃飽飯又閒不住，乃與幾個同好在教室玩丟球遊戲。由於一時興起，小胖跳上窗台，專門負責接球。外邊有一層百葉窗擋著球，以免球掉出去。

多棒！多好玩！冷不防有一強勁的球丟來，小胖生怕漏氣，想奮力接住。身體往後一仰，重心落在百葉窗上。小胖人高馬大（約 160 幾公分，又是鉛球選手），「砰！」的一聲，百葉窗斷了兩葉。小胖摔下去了！時間是 12 點半，距離 12:40 的午休時間尚有十分鐘。

小胖受傷後，學校將小胖緊急送醫，通知家長。學校表明願意付醫藥費。學校向家長說明事情的原委，請家長諒解。家長因為知道自己孩子平時就特別調皮，也不敢怪罪校方。而且小胖出事之後，校長、主任、導師經常前往探望，表示關心。

小胖後來被轉送到大型醫院。校方協助出面，請整形外科、腦科、骨科等醫師會診，了解病情，全力予以治療。經過醫院各科醫師全力搶救，及校長與家長妥善照顧，小胖恢復情況良好。腦震盪無礙，腿骨、肋骨接好，臉部經過三次整容、補骨，也大致恢復原狀。真是九死一生，不幸中之大幸。

小胖經過數月休養，恢復健康，返校上課。老師抽空專門為其複習功課，進行補救教學，學習狀況良好。

165　電箱門下留情

某年三月的某日午後，老師、護士帶著一位小朋友到校長室走廊，一隻手攙扶著小孩，另一隻手用一把衛生紙搗著小孩的臉頰，急忙地告訴劉校長：「小孩被電箱門割傷，傷口不小，必須縫合，馬上要送馬偕醫院急診。」

當時，劉校長正與老師約談，無法陪同，因此，特別囑咐老師、護士陪同，並妥善照顧。一忙，到下班時劉校長才又想起這件事。一問之下，才知道孩子傷口已經縫合好，回家休息了。

第二天一早，馬上有老師、家長來告訴劉校長，受傷小朋友的家長責怪學校校長、主任不關心小朋友，臉上縫了一百多針，沒人過問。於是劉校長馬上到該班小朋友班上了解，小朋友沒到學校，於是劉校長與訓導主任馬上帶著一盒水果到小朋友家中。

一看，確實傷得很嚴重，臉頰上大約有一道 15 公分長的傷口，因傷得很深，裡外縫了三層，因此總共縫了一百多針。爸爸、媽媽非常心疼，期盼藉著醫學科技的進步，不要在孩子臉上留下永遠的傷痕。

劉校長一再加以解釋、道歉，也帶著孩子父親到現場會勘。儘管仔細勘查，均查不出為什麼會傷得那麼嚴重。所幸，經過道歉，每天去探望，老師加以補課，同學到家陪他，孩子的父母慢慢的比較能夠諒解，同時也提出寶貴的意見，讓學校能夠加強防範。這真是一次難忘的教訓。後來經過研判，原來是由於電箱門搖晃，未即時關妥，才釀成如此重大的意外。

166　被火吻臉的女孩

在妙妙國小四年級的自然課，有一次上實驗課時，張老師正在指導學生分組進行「空氣、燃燒」的主題。突然有一組的女生將酒精不慎灑在右前額的頭髮與臉頰上，偏偏她正好低下頭，湊近正在點燃的火苗上。一時之間，火苗竄燒，眼看學生上半身著火，張老師見狀，竟然和學生一樣驚慌失措，呆愕半晌。

之後，一位在隔壁教室上課的男老師聽到了極不尋常的驚呼聲，馬上衝上前來，拿起學生一件外套，撲上傷者頭部，用力抱住矇起，這才使火苗熄滅。

然而該生頭部卻已造成嚴重灼傷，面頰肌膚變形。燒燙傷的整型外科醫師說，要長期治療，植皮、換膚。預料要花費上百萬元的醫療費用。

167 風雨天的噩夢

中度颱風芭比絲造成菲律賓百人傷亡。所以，外圍環流從 11 月 24 日及 25 日開始下雨，傾盆大雨，造成基隆河水暴漲。

連續兩天的大雨，讓基隆和汐止百福社區一帶再度造成為水鄉澤國。24 日及 25 日兩天的大雨，還好是假日，大家也不在意，可是氣象報告只發佈芭比絲颱風海上警報而已。26 日一大早，學生頂著大雨到校，學校已經有接不完的電話了。

雨勢實在太大，彭校長不得不請老師安排好路隊人馬，一方面也調查市府有否放假的消息。到了八點朝會時間，彭校長還特別叮嚀老師，今天一定要特別注意出缺席的小朋友，好好掌握。彭校長並且告訴老師們，放假不是校長可以做主的，必須市長下達命令，所以，請大家聽從指示。

午餐的飯菜在這時也已經送達，因此，決定在風還沒來時，上課到十二點再做定奪，主要的理由是學生家中大部分沒有大人在。然而在九點鐘，市政府宣佈七堵區停課，而且在有線電視上打出字幕，學校鄰近的兩所學校也都放學了，家長一窩蜂地跑到學校。

在此狀況下，彭校長不得不做出決定，趕快趁水未淹上來時放學，且電視媒體一直警告，基隆河已滿水位超出警戒線。放學的命令下達之後，也順便要老師注意下列事項：一、家中無人者，在學校等家長，並打電話。二、幼稚園和安親班的小朋友，一定要等家人來接。三、每個人直接回家，不可逗留。四、注意安全。然後快速放學。

在每位老師護送小朋友離開學校的路途之中，全校順利走完路隊，水

卻快速上淹，學校大概還有 30 位小朋友家長陸續來接，也有家長到處找不到小朋友的，因此亂成一團。

11:50 左右，606 班的簡老奶奶打電話回家，見不到孫女，有家長自稱親眼看到兩位小朋友被洪水沖走，並且由 TVBS 及各電視媒體直播畫面，讓簡老奶奶更誤以為孫女已遭不測，在指揮中心傷心欲絕，因老奶奶未到學校找小朋友，所以學校也不知道狀況。

彭校長親自前往危險處查看時，當場被里長痛責：「有小朋友被水沖走，水淹到一人高，叫你不要放學還放學。」在廣大的媒體前，彭校長當機立斷，告訴媒體：「小學放學時，水尚未到百福社區，並非里長所說的一人高。」

彭校長匆忙之間就趕回到學校尋找簡小朋友，經過電話查詢，知道小朋友還在。11 點鐘看到老師和簡小朋友在一起，到此時才由娟娟老師往班導師家中找，結果是老師帶她到家門口進不去，只好帶回老師家中。大家遍找不到，還真冤呢！電視此時打出找到小朋友的字幕。

但是到此時為止，大家仍然不放心，因為疑團還是未解。在市長的指揮之下，全校只好總動員，每一位老師用電話查詢小朋友到家的情形。1766 位小朋友查完，剩下 30 位電話不通的，再一家一戶去探訪。查到最後一個，再向外方發佈是一場誤傳。

此時已經是晚上 6:30 了。彭校長安排主任和老師吃完便當後，請大家回家休息，已是晚上八時。彭校長仍不敢大意放心回家，和會長、副會長等到晚上十時，才拖著疲累的身軀返家，徹夜未眠。

心想，如果真有小朋友因此而犧牲，不知如何向父母交代。雖然歷經短短幾個小時，但期間身心倍受煎熬，猶如十年那麼長。回想起來，有如一場噩夢。

辛苦了一天，到第二天仍然不放心。反省起來，如果遇到颱風天或危急時，為學生安全，應讓家長親自來接走小孩才可以。

168 調查「販賣機錢失竊」案外案

有一天中午，學校經營販賣機飲料的簡先生，匆匆忙忙跑到訓導處報告，訴說他清收販賣機時，收的錢放在身後地上，一轉身忽然不見了，要學校協助尋回。

當時訓導處劉主任立刻請訓導組長協助調查，並向校長報告，並要廠商簡先生提出錢不見的證據，以及現場有何證人能證明他正在清收錢。廠商簡先生回憶，當時是下課時間，好像是看到有一些染紅髮的學生，正在周邊遊蕩玩耍。

訓導組長也就循線調查，找來那批學生，嚴加詢問，口氣非常兇，言語犀利，有些言語劉主任聽了，都覺得已深深傷到學生的自尊，因此劉主任悄悄地走過去，先安撫那些學生，並請訓導組長到門外，輕輕告訴他：「不要急，慢慢查，而且絕不可以打學生。」

但沒想到訓導組長再回去面對學生時，說話卻比剛才更大聲，而且趁劉主任離開辦公室時，摑打某生耳光，並告訴該生：「說，到底是誰拿了錢，你們以為有主任讓你們靠，就可以不說嗎？」

放學後，家長來電說：該生發燒，醫生診斷有輕微腦震盪現象，並附診斷證明書要和學校理論，並希望還該生清白。於是當晚劉主任和校長、家長會長、級任老師，火速先到該生家裡慰問、關心及道歉。

但家長要求第二天要到學校找訓導組長談談，希望告訴他，今後處理學生的事不可以這樣，於是校長答應，並安排第二天在校長室讓兩人見面。

沒想到第二天早上，家長 7 時 15 分就來到學校，當時訓導組長也正騎機車到校，看到家長來了，他心一慌回到辦公室後，不動聲色坐下來，就先把一把水果刀預藏放在隔壁老師的抽屜。

家長看到訓導組長已在辦公室，也沒按照昨天的約定，到校長室找校長後兩人再見面，就直接進入訓導處找訓導組長，當時這位家長的口氣和肢體動作都不雅，雖然訓導組長一直向他道歉，但他仍得理不饒人。於是

訓導組長心一橫，就把預藏的水果刀拿出來，往自己的大腿深深的插了一刀。家長看到這樣，心也慌了。

這時劉主任正在站路隊，老師跑到校門口通告，劉主任趕緊奔回辦公室，見鮮血滿地，訓導組長已送醫，劉主任則趕快把家長請到校長室，這時許多正在訓導處打掃的學生及路過訓導處的學生、老師都看到了，但誰也搞不清楚到底是怎麼一回事，有的人還以為是家長殺老師呢！

為免事件擴大，當天剛好有教師朝會，劉主任趕緊把事件向老師說明，並設統一發言人，才把該事件暫時先平息下來。

169　運動會有學生被強暴

在忠忠國小運動會的開幕典禮上，訓導主任告知校長：有一個孩子遭受強暴，目前正在處理當中。然而，此時正是運動員進場時刻，校長必須主持典禮。雖然校長不能立即到傷害現場處理事情，但是有吩咐其他單位及危機處理小組在現場處理。

例如：總務處封鎖現場、聯絡警察，輔導室聯絡受害者家屬，帶受害者至醫院檢驗。校長並口頭指示，要求同仁必須通知學校所有教職人員，也指示所有學生在此時間內不得擅自離開學校，以免加害者再犯。

中午，運動會結束後，校長召集所有老師開會，說明整件事情經過，避免若媒體報導強暴事件，而有老師不了解事件的情形產生。在開會過程中，校長有技巧地傳遞事件消息，使老師們有警覺性，讓家長們不要恐慌，也不要讓受害者遭受二次傷害。

開完會後，校長和教務主任到醫院探視受害者。此受害者並非忠忠國小的學生，而是欣欣國小的學生，她是前來忠忠國小參加表妹的運動會。輔導主任於禮拜一和欣欣國小的輔導主任聯絡。

另外，校長及危機處理小組幫助受害者及其家屬做好心理建設，確認對外新聞發言內容，並向上級單位呈報事件，向其報告學校採取的措施，以獲得家長會的支持，讓其他家長能夠對己身孩童的安全放心。

第二天，媒體報導了強暴事件，對孩童造成了傷害，媒體還到學校拍照。但因為學校這天因運動會補假，不用上課，所以媒體無法進入校園採訪，只拍到校門照片。

這一天也是校長參加研討會的日子，於是校長便向督學報告此一事件。此位督學聽到事件後倍感驚訝。因為他前一天和校長一同參加運動會開幕，沒有察覺到校長在主持運動會的同時，也在處理危機事件，甚至連參加的貴賓也渾然不知有強暴事情發生。

之後，校長也立即寫了一封信給所有家長，內容提及這件不幸的事件，並提醒家長注意學校週遭環境、孩子自身安全，也希望家長能夠放心。學校也會特別注意，防範類似情形再次發生。

第二天晚上，校長聯絡家長會的會長、副會長、律師。校長向律師請教文件撰寫注意事項，並請家長會會長及副會長於隔天七點至學校討論此一事件。

最後，加害者被逮捕了，是一名高職生。整件事件便轉交給受害者就讀的欣欣國小處理。

170 學校飲用水安全疑雲

闕老師師專畢業之後返鄉服務，選定一所距離家裡三十分鐘路程、校長人品又不錯的偏遠小學任教。闕老師原本貪圖學校離家近，殊不知新調來的校長竟然是因為貪圖學校經費、操守欠佳而被調到這所學校。由於學校沒有正式的總務主任，闕老師奉校長之命，代理總務主任一職，並兼辦午餐工作。

闕老師的行政工作受到工友及同仁的支持與配合，一切還算順利。可惜好景不長，學區內有一部分家長，因為對於校長的操守存疑，想盡辦法要將校長弄走，因此選定開辦不到一週的午餐大做手腳。

有一天，學校突然接獲不明電話，語音極其不自然，聲稱學生午餐用水已經被下藥。放下電話之後，闕老師馬上交代工友從總開關處斷水，並

立即向校長報告。熟料校長竟稱不要緊，只是有人惡作劇而已，只要將水塔儲水放掉，使用新進用水就好了，他會設法再爭取經費，購買新的水塔，放置在屋頂上，就不會再有類似情形發生。

當時相關同事都認為不妥，認為有必要採取防範措施。因此乃將儲水裝罐三瓶做為檢體，兩瓶封存，一瓶餵白鼠試喝。水塔清洗之後，繼續使用，並加鎖。如此相安無事，倒也過了幾週。

學校用校內相關經費購買水塔後，與底層水塔串聯使用。為了防範類似情形發生，學校電話加裝了錄音，關老師同時派員每天巡視水塔。果然有一天早上，關老師發現鎖被破壞。關掉水源開關之後，發現儲水池池底有白色小顆粒，於是在報告校長的同時，加錄了學校內所有通話內容。

未料當關老師建議校長報案之際，關老師卻挨了校長一頓訓。校長指責關老師連水都管理不善，還想要將家醜外揚，製造事端。校長訓斥關老師身為總務主任，遇到事情要自行處理。對外宣揚只會影響校譽，而且錄音也會侵犯同事對外通話的隱私。

關老師清洗完水塔之後，照樣留下檢體，同時請各班送繳學生出席記錄，發現有會長子女各一人因病假未到校上課。關老師於是帶著一瓶「開水」及錄音帶前去會長家裡「泡茶」。茶泡了一回合之後，關老師要會長使用學校那瓶「開水」，會長就是不肯，最後索性把學校的水倒到垃圾桶裡，表示他家的水質比較甘甜，喝不慣別處的水。會長不尋常的舉止，令關老師起了疑竇。

第三天，會長突然來電話，聲稱他聽說學校出事，他並已主動追查出，此一事件乃是社區幾名混混（不良少年）惡作劇，放了幾粒瀉藥在飲用水中，並無害人之心。這天，會長聽了電話錄音之後，只表示家長會會盡力配合，並關心學校，保證類似情形不再發生。學校飲用水安全之疑雲從此落幕。

由於上述事件已嚴重危及學生身心安全，然而校長始終並未明確處理，甚至藉機添購物品。校長是否從中牟利，不得而知。但學校校務每下愈況，同事之間對於學校的向心力，似乎愈來愈薄弱了。

171　SARS 期間的畢業典禮

　　某一年春天國小的六年級真的很特殊，四月底開始，SARS 在台灣造成恐慌性的傳染，學校為顧及學生安全，臨時決定將畢業音樂會取消，孩子們的失望可想而知，因為許多人為了上台演出，已經準備很久。

　　接著報紙上登出提早放暑假的訊息，學校也開始規劃，如果疫情不見緩和，全縣將會統一在六月十五日放暑假，則六年級甚至連畢業典禮都沒有了。學校很傷腦筋，學生很不快樂！

　　所幸，台灣 SARS 疫情在六月過後略為緩和，學校沒有因為 SARS 而提前放暑假，畢業典禮可以如期舉行，但是在形式上有所改變，因為學校畢業生人數六百多人，為了安全起見，仍考慮不以大型、集體、正式的典禮形式舉行，改採以同一時間在各班教室進行，校長透過電視轉播，頒發畢業證書。

　　為此，六年級學生仍然感到不快樂，因為少了一份隆重的感覺，而且家長並沒有被邀請參加。小學階段唯一的一次正式的畢業典禮竟然是如此，真是生不逢時。

　　春天國小幾年來都堅持給學生一個隆重、正式的畢業典禮，雖然少了時下標榜的創意活潑，但是春天國小認為學生幾乎快要沒機會參與正式的畢業典禮，也將永遠不知道所謂的慎重典禮為何。

　　因此在屬於重要時刻，創意固然充滿新奇與趣味，但是正式的典禮仍是無可取代。幾年來，很多學校仍然堅持所謂的典禮應該要藉由某種形式凸顯出慎重與正式的氣氛。

　　在教室裡舉行畢業典禮，固然不若大禮堂的畢業典禮盛大與正式，但是教室也可以展現大禮堂所無法達到的溫馨效果。如何在不得已的情況之下，安撫學生，與學生共同設計屬於他們一生中甚為重要的畢業典禮？

　　其實把規模縮小也正是班級級任老師與學生共同創意發揮的機會。SARS 期間，其實也可以有一個不一樣的畢業典禮。在這種難得的情境中，如何把無奈變為歡喜，或許學生也可以藉此機會學習到，如何在逆境中轉折。這的確是一個值得深思的議題。

第 9 章
校園紛爭與風波

172 化干戈為玉帛,好難!

簡組長在學校服務多年。她為人勤快,待人熱忱,口才與謀略都是頂尖好手。因此,無論是校方大型會議的主持人選,或是同仁之間有人結婚喜慶,都會請簡組長擔任司儀或更重要的角色。

簡組長不只台風穩健,口才流利,人也長得氣質優雅,社區的人也都和簡組長建立很好的人際關係,而簡組長只要不涉及利益輸送的問題或政治因素,她也都欣然答應。而學校的校長知道簡組長是個人才,也都儘量放手讓她盡情地展現才華。

因此,在她任內,她將學校的愛心媽媽全都組織起來,並策劃一系列的父母成長課程及定期的讀書會。她的專業和熱忱,引導了多位情緒低落及自我成就低落的家庭主婦,重新踏出人生快樂的旅途,重新找到一個可以肯定自我的快樂心情。因此,簡組長在這所小學裡,是個做事倍受肯定,做人也極受尊敬的好老師。

然而,在一年前,輔導室調派來了一位新的主任。這位新主任懷抱著「崇高的理想」,一到任之後,尚未拜會其他單位,也未與他人建立起良好的人際關係,即開始施展她的「理想藍圖」。

調來沒多久,即可聽到行政人員傳來耳語:「那個新主任神氣什麼呀!要她簽個公文,愛理不理的。」

「就是嘛!有什麼事要人家幫忙,也不會說個請或拜託,人家資歷比她老的主任都沒有她那樣子,也不會和簡組長多多學學,人家簡組長,人又謙和,做事能力又強,哪像她呀!」慢慢地,大夥都拿她和簡組長來做比較,真是不比還好,愈比氣氛就愈不對。

漸漸地，這位女強人姿態的新主任感受到簡組長對她的威脅。她捫心而問，自己無論哪一點的能力都不輸給簡組長，為什麼同事們就都喜歡她，而校長也相當地倚重她。這位新主任相當不甘心，怎麼說，她職稱也比簡組長高，她憑什麼把輔導室的光芒全往自己身上攬。

於是，這位女主任便是百般挑剔地找簡組長的麻煩。即使簡組長無論在任何大型的場合上，一定先介紹大家認識她的主任，並且在眾人面前誇讚主任的為人和能力都是一流的，而自己今天能夠辦這麼多活動，也是承蒙他們主任的全力支持。然而簡組長謙卑的態度，仍舊無法獲得主任真正的友誼和信任。

慢慢地，簡組長也聽到主任在背後惡意中傷她的流言流語，並且許多重要電話，都被主任攔截。簡組長心裡愈想愈是有氣，有道是：「我敬你一丈，你也該回我一尺，想不到主任竟然咄咄逼人。」於是，簡組長挾著她在學校的老資歷，超人氣，也不把主任放在眼裡。

雖然表面上，兩人尚且點頭平靜共事。但內心裡，彼此卻是波濤洶湧，暗藏玄機。尤其有什麼重要的提案時，這兩人一定互相拆對方的台，肯定是誰也不肯服誰。

校長看在眼裡，心想兩人都是學校的人才，而且也沒有任何不當行為，雖然曾私下個別晤談，但兩人卻都極力否認，校長雖有心從中當和事佬，卻又有不知從何下手的無力感。

173　制服爭議

在私立學校，制服似乎從來很少成為爭論的議題。但在 2000 年代，公立學校制服的問題一直都沒有定論。有一派是認為學生需要制服，另外一派是認為不需要制服。

究竟需要或不需要制服？學校規定了制服以後，如果家長有其他的意見，學校應該要怎樣處理？如果學校面臨要更換制服，六年級的學生要畢業了，六年級的小朋友如果又要花四、五百元去買一套制服，是不是造成浪費？

如果換個角度思考，用四、五百元的錢去買一套制服，或許可看成是一項廉價的法治教育。我們是不是要對於六年級的學生全年級不予要求，讓他自己高興怎麼穿就怎麼穿？他們就快要畢業了，學校為什麼一定要硬性要求他們再購置新的制服？

學校主事者也許可以站在學生的立場來考量，學生買了一套新制服之後，勢必穿不久就沒用了。不過一個校長有時候也許會思考到，整個社會之所以會發展到今天這樣的地步，是不是因為有些人太過於自我了？六年級的小朋友固然買了一套制服穿不了多久就要畢業了，可是如果我們讓學生花四、五百塊錢就能夠讓小朋友學習到守紀律的精神，其實可以看成是最廉價的法治教育。

當然制服存廢的問題是大家可以再思考的，家長經常會提出這方面的反應。另外一件相關的事情就是學校在做制服的時候往往不能符合家長的需求，也就是說制服的質料，恐怕不符合一些家長的需求。

另外，家長究竟需要買幾套制服？有的家長說，他回到家已經十一點鐘了，晚上還要幫小孩洗衣服，洗好了以後再晾乾等他明天再穿。家長是不是一定非要買兩套制服以便小孩可以換洗呢？這一些都在在對家長產生一些困擾。

至於學校呢？學校要求學生穿制服。難度好像越來越高。在難度持續升高的情況下，學校是不是要考慮廢掉制服呢？

制服的問題在各個公立學校都是普遍存在的。有些學校要求學生穿制服，禮拜一、禮拜二、禮拜三、禮拜四都穿制服，恐怕不是很容易，而且現在制服又有體育服裝，如果學校允許學生一般制服與體育服裝交替著穿，家長仍然會有不同的意見。

另外，穿制服的人是學生，像冬天女學生穿裙子，可是家長認為穿裙子太冷，可不可以穿長褲呢？或者是學校的制服不夠保暖，學生想要內添或是外加，學校能不能容許？這些有關學生穿著的點點滴滴，讓學校在管理上都會產生困擾。

174 老師的停車位問題

老師的停車位問題，在台北市來說應該算是蠻嚴重的。有些學校有停車位，而且可以容納學校老師的車子，有些學校就沒有辦法。比如說，一所大型學校有 241 個員工，停車位只有 50 個，就必須要去做分配，而且這 50 個停車位處理起來，就已經非常勉強了，學校究竟要怎樣處理這些停車位的困擾？究竟要以什麼樣的標準來劃分停車位？

不管怎麼處理，不可避免地，一定會造成學校和老師之間的衝突。某些老師會認為學校為什麼獨厚某一些人？某一些人就是不行。分配停車位時，有的學校是以距離的遠近來分配，有的是以老師在校服務的年資來分配。

如果經常考慮到年長，往往被認為是欺負新人條款。如果很多事情都把在本校服務的年資或教職年資作為最優先考量，或是評比的比重最重，年紀輕的人或是晚到任的老師就被排除掉了。

年紀輕的人可能住得很遠，年長的可能就住在學校附近，他可能只是把學校的停車位視為個人的停車場而已。在這種情況之下，學校要取得一個平衡點，勢必要跟教師會溝通，訂定出一個辦法出來。

175 停車場風波

位於台北市中心的忠勇國中是被台北市民公認為十大明星國中之一的好學校。楊校長在兩年前調任到此校，內心充滿期待與喜悅。對於楊校長而言，在整個行政生涯的規劃上，他曾經那麼企盼地能夠調任到一所明星大校，而今果然如願以償。可以知道，楊校長進入此校後，是如何以戰戰兢兢的心情盡忠職守了。

楊校長有二十年的校長資歷了。他為人謙和，具有良好的協調和溝通能力。他具有輔導人員積極傾聽的耐心，也具有高度的同理心。他白髮斑斑，更為他增添了平易近人、慈祥長者的溫暖特質。因此，雖然調任到這所明星國中，校內的工作同仁和家長會成員都極願意和校長好好共事，一

同為全校師生的美好前景努力。

原本以為，這般平順安逸的理想國度會一帆風順地行駛著。奈何，在今年四月，台北市交通局竟發下公文，擇期公開承標興建地下停車場之工程。

這件事引來忠勇國中全校師生極大震撼。雖然大家明白，台北市的停車位是僧多粥少的困窘局面，也知道已有許多學校早已配合興建停車場，而這所學校的停車場規劃提案，在多年前即已定案。然而，之前全無派員說明，溝通協調，突然來了公文要執行，難免引起師生們的反彈。

其中反彈最嚴重的莫過於家長會的成員。他們立即在會長的領導之下，凝聚力量，著手於反對和抗議的行動中，甚至發了一份家長問卷，上面呈現多項興建停車場的不利因素。其中，最重要的是學校地處巷弄之內，若興建停車場，將造成學童上下學的極度不便與不安。

再來則是根據施工圖來看，停車場的四個通風口全都是在校園中的操場上，在校內的全體學童不是要飽受汽車廢氣的傷害嗎？第三則是根據他們的評估，距離忠勇國中不及 500 公尺處，即有一座大型的公園地下停車場，其汽車停放率不到 20%，若在此再興建停車場，豈不勞民傷財？

楊校長雖然明白停車場的興建不是一天兩天的事，他總是期待在他就任的這段期間，能夠風平浪靜，專心辦學。然而，本身亦是公務人員的身分，很難表示什麼。所以楊校長在停車場的抗議風波中，總是儘量保持中立地位。然而，這種中立的立場卻很難獲得其他家長的認同。

家長會長還略帶怨言地說：「楊校長，從您到任以來，您的政策，需要家長會配合的，我們向來是二話不說全力支持，大夥兒盡心盡力。這所學校，上至校長您，下至每位學生，大家已如一個大家庭般地成員，您怎可不聞不問？您應該拿出正義公理的良知，站出來為我們近兩千位同學的健康與安全把關呀！」

眼看下週就要與市政府交通當局舉辦協調溝通會議。屆時，交通局長、民意代表及家長會成員均會出席。一向善於溝通的楊校長，礙於角色的曖昧，這次真是考驗他的智慧。

176　成績電腦化作業

兩年了！教育局推動校務行政電腦化，配置電腦設備，建構校園行政網路，逐批調訓教師學習電腦。兩年的時間，對於體認時代潮流，努力追求時代腳步的人來說，透過學習電腦應用資訊，並不是一件很困難的事。

但是拒絕學習、不願改變的心態，卻是一些老師或行政人員畏難不前的主要因素。如果缺少一些促動和激勵，進步的腳步難免落後。

這一年資訊輔導小組完成行政電腦化系統建置，並做了測試，同時也宣布班級學生資料建檔和成績處理系統開始推動。

面對全市教師會爭取增編行政幹事，謀求減輕教師行政負擔的浪潮，各校很少積極推動這些變動與前瞻的事。蕭規曹隨依循舊例，所受的衝擊最少。但這一所學校在積極推動之下，全校已完成課表輸入、班級學生輸入等基本工作，在各校中屬於按時完成進度目標者，接下來應可享有資訊化的方便了。

衡酌學生資訊電腦化的效率，考慮教師同仁過去花費在重複抄寫成績資料的辛勞，唯有要求行政單位做好準備，積極推動成績處理電腦化，是提升教師電腦能力的好時機。黃校長於是宣布本學期完成成績電腦化目標。

教務處印妥教師操作手冊，辦理操作研習，提供諮詢，積極推動這項校務目標。不料有兩位老師在教師晨會上，極言此事之困難，表示反對的意思。

雖經說明成績電腦化的目的係在減輕教師期末計算成績的麻煩，並免除製作班級成績一覽表、學籍表、成績通知單等多項謄寫工作。如有困難，一定教到完全解決為止。希望大家先試試看，如果有困難，再請系統管理師及助教群幫助。會中暫時停止了爭執，但部分教師反對的情緒還是高昂，議論紛紛。

黃校長召集教務處相關人員，再度確認系統運作之可行性，教師輸入

成績之過程與難度，評估任務達成之意義。工作同仁雖然感覺反對壓力頗為困擾，對於決策方針倒是頗為認同。

於是決定推展的方向不變，並與註冊組商量好，幫助少數確有困難的資深高齡教師鍵入資料。動員年輕的實習教師或組長，分配輔導責任區，空出週三進修時間，安排每一位教師在得到協助的情況之下上機練習，做好一切因應準備。

帶頭反對的老師寫了「陳情書」，並發動全校級任教師連署，希望暫緩本學期全面實施成績電腦化登錄作業。仔細審閱連署狀況，大部分都簽名了，但是也有老師私下向教務處表示，礙於全體連署，不得不簽名。陳情內容主要有：

1. 行政電腦化可帶動教學資訊化，唯如不先輔導老師熟練操作之能力，必遭抗拒。

2. 全面實施成績電腦化登錄的技術人力資源不足。只辦理一次講習，卻馬上要求全體老師自行上線操作，從嘗試錯誤及挫折中登錄建檔，罔顧教師工作壓力，非常殘忍。

3. 電腦機數不足，又分散在各處室，加上教務處未安排使用分配時間，將造成老師搶電腦的疑慮，漠視老師的尊嚴。

4. 教育局雖推展行政電腦化，但並無公文下達必須在本學期完成成績電腦化登錄作業。

5. 時屆期末，工作忙碌，無暇作業。

陳述理由顯示準備工作確有不足，教師畏懼及排斥的心理很清楚。為了進一步溝通，教師會部分幹部和陳情代表前來校長室面談。黃校長一方面接納並肯定陳情者所述之旨意，一方面請教務處把調整措施作一說明，安排每三人搭配一位指導者，擁有兩個以上的個別時段做練習。

如有高齡老師確實做不到，則由支援小組協助輸入，但要本人在旁瞭解輸入過程，並檢核成績之正確性。延長成績處理期限，放假後可繼續處理，學生成績單改於寒假後發給。希望全力達成目標，對於有困難的同事

多予鼓勵和協助。

老師們不再堅持，工作繼續推動。有許多資深老師也上機實作，黃校長多次參與他們的工作，瞭解到確實有幾個人畏懼電腦。上次輸入學生基本資料，是帶回家由家人完成的。此次必須在校內以電腦完成，害怕求助無門。

這一件成績電腦化推動過程，在行政計畫和溝通方法上，有一些值得思考參考。黃校長認為值得報告出來，以供研討。

177　學校風暴----學校倒會事件

光明國小是市區一所大型學校，教職員工將近 200 人。麗麗老師是光明國小的自然科老師，也是學校有名的互助會會頭，經常組民間盛行的互助會，也加入別人的互助會。

依照民間盛行的互助會，會頭可以不用經過認可，保證得到巨額的金錢。而參加的人可以得到比銀行高的利息。所以有國人在的單位機關，乃至於街坊鄰居都有互助會，學校自然也不例外。

學校同仁之間的互助會，有的人手上有好幾個會。而且出手闊綽，使人誤以為是有錢財主，其實他是以會養會，空心大佬倌。等到大家發覺有異，不再參加他召集的會，也不讓他加入其他人的會，只有宣布倒會一途。

老師之間的互助會由來已久。有些人的金融觀念不發達，會頭為了免向金融單位借錢，而參加者可以得到較高的利息，所以各單位中的互助會由來已久，無法禁止。倒會事件也時有所聞。

月初領薪時，就有人傳出麗麗老師付不出得標人的會錢，也付不出自己的會錢，眾人當場大哭起來。下午學校同仁和該老師有會頭、會腳關係的，全都聚集在學校會議室開會，要求當事人提出說明。

在哭泣聲中，當事人說明錢已投資失敗，所以沒有錢還給大家。於是哭聲四起，場面一遍混亂。痛罵者有，叫苦連天者有。有人當場要求會錢互抵，也有人傳說還會有人可能會倒會，一陣混亂之後，會議不了了之。

　　第二天教師晨會，校長了解此一情況，要相關人員到會議室開會，提出三點聲明。一、其他會頭要負起責任，不得有骨牌效應。二、請當事者提出善後還款方案。三、私人事務不得影響學校正常作息。

　　眾人於中午時間再行研商。學校經此鉅變，個個人心惶惶無心上課。見到當事者即向她哭訴要錢，此來彼往，人聲鼎沸。

　　學校為國家執行國民教育工作的機構，受到倒會風潮的影響，人心浮動，無心工作，學生的受教權受到損害。教育局為主管機關，接獲老師的電話申訴，隨即由主管科科長及督學電話了解學校處理情形。

　　新聞界獲知學校發生倒會事件，所涉及的金額不小，而後續如何處理頗有新聞性，紛紛來校採訪報導。學校家長會也來關心。學校發生倒會事件，引發連鎖骨牌效應。學校老師無法安心上課，學生學習也受到影響。

　　就倒會事件而言，學校同事之間相互信任，警覺性低。其實倒會事先都會有徵兆，但是大家都基於同仁之間的相互信任，所以有心人就會得逞，造成會員巨額的金錢損失，及受害人的心理不平衡。

　　對法律權益的無知不能保障，受害人到法院提出民事訴訟，所得不過是由會頭薪資中保留其生活必需的部分逐年攤還，每人所得不過數百，可能連利息錢都不足。如果還要代付會錢，更是不甘心。

　　而當事者麗麗老師也無顏繼續留在學校服務，即提出辭呈，校長立即批准。該名老師既然不再來學校上班，法律的追訴也由相關人員自行於校外進行，事情也就告一段落。

178　教師倒會風波

　　簡老師係音樂專才教師，調入學校時，因音樂教師名額有限，擔任四年級級任老師，平時和學年教師相處融洽。幾年之後，簡老師在學校以會員跟會，共參加九位老師的互助會，金額每月高達十餘萬元。

　　當年因為無法付會錢，造成學校九位會首老師，必須負擔其會錢，引起全校教師教學不安，倒會金額高達一千餘萬元。數目之龐大，涉及人員

之多，造成人心惶惶，深怕會首也同步宣布倒會，豈不是全校亂成一團。

簡老師在數年前調入這所學校以前，在其他學校也同樣倒會一次，然後才調進目前這所學校。平日自稱有房子三棟，每月教鋼琴可收入十餘萬元，讓學校教師無提防之心。事發後，會首們請她提出解決的方法，她卻不理不睬，高傲自居，引發會首們的不滿。

會首們曾請校長出面協調，解決問題。校長首先認為金錢是個人問題，而且學校三令五申，要求老師不可在校內跟會。如今發生問題才要請校長協助，有欠公允。

然校長考慮怕影響教師教學品質，於是把相關人員找來，召開協調會未果，便轉介由市公所調解委員會進行協調，但簡老師依然不配合，沒有悔意，並和會首們短兵相接，你來我往，一刻不休，最後只好由具有法律素養的鄭老師繕寫告狀，逕向法院提出告訴。

教育局也派駐區督學到校了解案情，並和教評會委員，會首們及簡老師會談，同樣無法解決，於是請人事單位和教評會依法辦理停聘、解聘相關事宜。

駐區督學認為，學校應先依校內協調機制進行解決，以免影響教學品質和學生受教權，更表示教育局對學校三令五申教師不可跟會，學校行政政策執行不力，教師更不可知法犯法，因此只好依法辦理。

學校校長則說明，教師朝會每每宣達教師不可組會或跟會，顯然上有政策，下有對策。等事發後再由學校行政來處理，實在有欠公允。但為了校園安定，教學正常，學校在不影響教學品質的原則之下，允協助解決問題。

互助會會首認為，簡老師倒會了還理直氣壯，態度傲慢，根本沒有誠意解決問題。簡老師則主張，她有房子可以做為抵押，薪水按月扣款，逐月償還，為什麼要逼她走路呢！

最後學校教評會開會決議，以簡老師行為不檢，有損師道，報府記大過，停職處分，俟法院判決定讞後再解聘。校長請各會首自行依法院判決

執行之，不可蓄意倒會，影響全校教師教學情緒，波及學生受教權和學習權。

179　戴口罩的記者會

中午的電視中播出了一則消息，一所學校的老師和會計人員，在議員的陪同下，召開記者會，投訴校長的不當及違法。為了要保護當事者，所以兩個人都戴著口罩。

事情播出後，大家都議論紛紛。教育局也馬上派出督學調查，而發生這件事的佳佳國小同仁，一眼就看出那兩位是什麼人，學校裡只有一位會計，就算是別的學校的人，也都知道那位會計是誰了。

而其中還有教育局的官員被指拿學校的鐘點費，當事人當然怒不可遏，馬上到學校找來那兩位，當面質問。而這兩位覺得受到威脅，馬上又向議員投訴。

議員不禁勃然大怒，在議會中質詢教育局長，要教育局長禁止那位官員再到學校去，並且要教育局馬上把校長停職查辦。

話說從前，卜大明校長兩年前調到佳佳國小，就聽說佳佳國小的閻忠勇主任在學校多年，已成為學校實際的掌控者。學校有許多事情不盡合理，但是在閻主任的手中，卻已行之多年了。

所以卜校長在第二年就以迅雷不及掩耳的方式，另外任用其他的人擔任主任，閻忠勇只有心不甘情不願地離開，請調到他校。

卜校長順利除去這個困擾多時的棘手難題，心中也感到十分快慰，以為從此以後天下太平，可以安枕無憂了，沒想到種下禍根還不自知。因為原來和閻忠勇過從甚密關係良好的人，都因為主任換人而失勢了。原來的好處和方便都不存在了，心中難免諸多不滿。卜校長心想，人已離開，應該無法在學校興風作浪了，卻不知道這些元老舊臣，還是互通聲氣，想出出一口氣。

由於卜校長自己的大意，加上有心人的蒐羅，就列出了不少卜校長的罪狀。學校有人再向議員投訴，所以就演出了那一場戴口罩的記者會，說卜校長言行不檢，吃學校女同仁的豆腐，溢領學校的鐘點費等等，洋洋灑灑列出了數十條的罪名。

而教育局因為事件上了媒體，又有議員施壓，所以不得不明快的處理，馬上將卜校長停職，並移送政風及檢調單位徹查。而在這漫長的調查期間，卜校長就改調到其他所屬單位。

每當有人看到卜校長一人獨行的時候，總不免引起一聲嘆息。心裡想，外國的法治是：「在不能認定為有罪時，就是無罪。」而國內是：「還不能證明無罪時，先當成有罪。」難怪國內的誣控濫告的風氣會這麼興盛。

經過了一年多的調查，檢調單位雖然還給了卜校長清白，可是教育局似乎沒有進一步的處理。卜校長在失望之餘，只有自行申請退休。連同仁們為他舉辦的退休歡送會也藉詞不參加，心中的落寞可想而知。

180 學生家長罷課風波

早上的報紙登載了一則消息，一所鄉下的學校悠悠國小，新上任的許校長的一些措施引起了家長的不滿，所以家長帶了小朋友，以罷課的方式抗議。許校長是一位不會說閩南語的外省籍校長，而悠悠國小的家長又全都是本地人，有許多地方仕紳還聽不懂國語。加上當地民風保守，對外來的人比較排拒。雙方在溝通上的語言隔閡，造成了彼此之間缺乏信任。

而初上任時，許校長因為語言不通，就沒有先行拜會當地的仕紳。他心裡想，只要認真辦學，一定就能讓所有的家長認同，不必在意這些應酬交際的虛禮。但是就是因為許校長不參加應酬，反而讓家長認為校長自視甚高，不屑與一般的鄉野村夫為伍。就在這種缺乏溝通而又誤會叢生的情形之下，造成了一發不可收拾的局面。

鄉下學校的家長們，對學生的課業要求不是很高。相對之下，老師們也沒有太多的壓力，日子過得很清閒。而許校長到任之後，因為一心想提高學生的程度，所以要求老師加強學生的課業，專心辦學以得到家長的認

同，這原來就是許校長的理念。但是有些老師願意留在鄉間，不過是為了圖個輕鬆。因為許校長的要求多，這個吸引力就不存在了。

而老師們不能認同許校長的做法和理念，在言談之中也多對許校長表示不滿，有些用心良好的改革，也不會替學校說明，僅只是以校長的意思來傳達。所以半年之後，老師們通通求去，加上原有的代課老師及流動率，變成有一半的老師調動。這就造成家長們的不滿，認為是校長不會辦學，以致老師們不願意留下來。

由於鄉間農忙的時候，學生都會自動缺課，幫助家中的農事。學校的老師習以為常，並不加以追究。許校長到校之後，認為學生缺課是一個嚴重的問題，怎麼可以這樣隨意缺席。

如果學生不上課，要老師把學生找回來上課。對不上課的學生，依照評量辦法，除了登記曠課之外，還要扣操行分數。許校長這樣子的要求，弄得老師和學生也不知道該怎麼辦？家長更是認為學校找麻煩，為什麼不能像過去一樣體諒家長的需要，於是對許校長更加深不滿。

由於許校長要求加強學生程度，所以測驗的各種題目的難度，在校長的要求之下也提高了。考試的成績當然也就不理想了，可是一般家長並不了解，只看到學生成績大幅下降，這些帳都算到校長的頭上了。

過去對學生的制服，學校並沒有嚴格的要求。許校長為了讓學生看起來更有精神，所以訂製了新的校服，並要求全校一至六年級的學生，全都要換上新制服。但六年級的家長認為，還有一年就要畢業，原有的制服尚可用，要學校放寬要求。而許校長卻認為，少數幾位學生穿舊制服會破壞整體的美感，所以堅持不同意。

這些種種的遠因、近因加在一起，就造成了家長帶學生罷課的事情出來。教育局即刻派督學前來調查，發現校長並無大錯，但地方人士堅持要換校長。為了平息紛爭，所以半年之後許校長另調他校，而調派另外一位新校長來悠悠國小任職。隨著時間的流逝，這件事也成了鄉民茶餘飯後的笑談了。

181 合作社風暴

學校合作社是一個教育和營利兼有的單位，因為不純為教育事項，所以必須要校長及全體老師獲選之理事監事們同心協力，才能達成目標。有些人很喜歡投入合作社工作，有些人卻避之唯恐不及。不管投入或躲避，其中都有很多理由。

歡歡國小缺少輔導主任，廖主任剛從甲校派入，成為歡歡國小輔導室主任。九月開學，在大家避之唯恐不及的合作社選舉中，廖主任一舉當選為理事主席。經過兩個月的拜託與折衷，理事主席照常無人可接。經過了兩個月，廖主任心有不甘，一狀告入法院。因為他尚未加入合作社，怎麼可能有被選舉權，顯然校長違法。

廖主任認為全校老師都欺負他，大小事情都叫他去做，學校校長也和其他主任聯合欺負他，而且校長是市長、局長的紅人，幾次告到市政府無效的情況下，只好向法院提出告訴。經過市政府政風單位和法院的調查，檢察官給予校長不起訴處分。

廖主任因為未入股，所以沒有當理事主席的資格。由於此一被告事件，校長覺得沒有什麼理由再留在學校，就申請調校。事到如此，卻換成廖主任對外宣稱，校長是被他調走。

182 英語比賽

上學期悠悠國小有英語比賽，比賽規章已制定好，其中受獎人數已規定。某班得了第一名，但是某位擔任導演的小朋友，工作最辛苦，卻無法得到任何獎項。老師向教務處反映，教務處認為規章已制定，所以導演仍無法被授獎，使得此班級任導師覺得這樣的結果對孩子造成傷害，因此向上稟告校長，向校長說明整件事的來龍去脈。

校長的思考方向會從老師與行政人員兩方面的立場來考量。行政人員認為老師得不到他想要的結果，所以才向上稟告。而導師則認為規章的制定可以再思考、修改，找出最好的解決方法，讓孩子爭取到應有的權益。

校長認為兩方都沒有錯，但是如果校長自己同意導師的作法，那麼行政人員將認為以後老師們若對行政事務有所不滿時，只要跟校長稟告就可獲得改善，那麼制定的規章就無法行使作用。所以最好的方法是先以孩子的角度去考量。

在頒獎的前一天，校長召集此事件相關的所有人員一同來協商討論，包括教務處的組長、導師以及英文老師們。英文老師的想法是擔任導演的孩子表現認真優秀，應該得到授獎的機會。

為了讓導師、行政人員各個立場都能得到平衡，所以結果是要上台領獎的人數原先若為五個人，仍由此五個人領獎。但是由校方另外頒發「指導獎」給予擔任導演者，此事件就這麼看似落幕了。

然而在開會討論當天，也就是頒獎的前一天，因為教務主任休假，所以他對於此事件的結果並不知情，直到頒獎當天才得知。教務主任認為自己都未參與此事件，而且制度早已確立，怎能擅自修改，因此他感覺不受尊重，在情緒上不舒服。

此時校長面臨一個新的狀況：要安慰主任或是要直接就事論事？雖然教務主任前一天因為休假而無法參與討論，但是此案的最終解決方法是由各方面的人經過慎重思考所得的結果。因此此案依照最後開會結果，依然另行頒發額外的指導獎給導演。

183　自強活動爭議

兩年一次的自強活動經費補助，好不容易今年又有了。雖然區區 1,200 元，但對老師們來說，拿來活動、旅遊，也不失是一個不錯的福利。

學期一開始，校務會議中有人提出書面臨時動議，希望今年的自強活動能打破以往消化預算、隨便就好的心態，辦一個能過夜，最好三天二夜的活動。這個提議，立刻找到連署人而順利成為議題，並且當面徵求自願籌備的同仁，於是五人規劃小組就在會議中產生了。

經過一、兩個月，終於設計出幾個旅遊景點及路線，開始做進一步的意見調查。先是四案表決，留下兩案，再用兩案表決，剩下一案，維持校

務會議當中的三天兩夜，路線也大致底定。剩下的是：日期的選定及經費的預估。經過商討以後，發覺每人所需費用約 4,000 元，比原先構想預算超出一些。

為確定行程，籌備小組發出最後一次問卷，並調查「希望另外籌辦一天活動」的有 3 人，「無論何種活動均無法參加」的有 12 人。數據顯示的結果，使籌備小組很有信心，積極辦理收取參加保證金、預購火車票等事宜。

沒想到一收錢，原先調查要去的部分人員都沒有動作，遲遲不肯報名。好不容易，到出發購預售票的最後期限，願意參加的同仁，比全校半數還少一人。所幸加上眷屬，尚能符合一輛遊覽車的經濟效益。所以承辦人員便進行預訂火車票事宜，並準備有關程序的發包等。

隔天教職員早會，一位不曾報名參加的老師提出：「自強活動是我們的權益，不是我們不願意參加三天兩夜的活動，而是孩子太小，無法出遠門，所以我們要參加當天往返的一天活動。」這樣的說法，激起了共鳴，也引起籌辦人員共同的憤慨。

老師說的是實情，但籌辦人員一再以意見調查，取得共識，也都有案可稽，究竟應如何兼顧，則成為兩難事件。

行政會報時，校長將此事件提出來進一步討論。一種聲音是：開放給未報名三天二夜的同仁自由組隊，如經費計畫審核通過，照樣可以動支每人 1.200 元之補助款，其他原訂活動不受影響。

但另一種聲音又出來了！這樣不公平，有些人就是因為原來沒有做一天活動的規劃，為了避免白白浪費了 1, 200 元，而勉強參加三天二夜活動。如果有一天的行程，他們便要求退出三天二夜的活動。如此一來，經過校務會議討論，並多次表決，調查獲得全體共識的三天二夜旅遊，便會因有人要求退出而瓦解了。

面對如此的情境，最後校長還是裁示：基於民主、自由的考量（雖然同仁民主的素養還不夠水準），仍然同意由不參加長程活動的同仁自行組隊，但有條件限制：一、必須超過未參加人數的半數以上同仁願意參加，

且提出負責人負責籌備。二、事先擬妥計畫，送有關單位審核，經校長批示後，始可依相關規定辦理之。三、已參加長程活動的同仁，不可因此要求退費，但仍可參加新團一天活動，惟經費補助以一次為限。

雖然組織活動尚未成形，事件也尚未落幕，但此事件給許多行政同仁一個無奈的體會——眾人之事難做！民主時代，即使經過表決通過，也不代表人人都有遵守的共識。未來，行政這條路該如何走呢？

184 資訊組長採購設備風波

學校行政會報時，校長指示各處室須掌握經費，多多比價、訪價或議價，以撙節開支。有一天資訊組長請購一批電腦器材三萬餘元，教務主任在單位主管欄批上「訪價後購置」，校長批「如主任所擬」。

俟請購單回到資訊組長時，資訊組長便詢問主任：「您批多訪價，是懷疑我嗎？為什麼其他組長請購，就沒有這些字眼呢？」主任回答說：「沒有呀！只要經費超過一萬元，我都有加註訪價後再買。」資訊組長說：「不、不、不，我有證據。」主任便很生氣地說：「我簽訪價後再買，有何錯誤？我又不貪污，你有何證據？」

接著主任因為要開會便離開，資訊組長便至主計室找主計主任印兩份憑證，有關教務處其他組長請購時，主任未加註訪價再買，主計主任竟然請資訊組長自行影印，組長並將掌握有證據的事告訴義工媽媽，義工媽媽乍聽下，誤認主任貪污被組長掌握證據，紛紛打電話告訴主任，主任更生氣，便一一解釋。

次日主任將此事告知校長，並要求主計影印所有有關資訊組請購的憑證，卻遭拒。主任認為主計此種作為有欠公允，於是發生爭執。經過幾天後，主計主動影印相關資料給主任。

主任發現電腦經費支出近 500,000 元，幾乎都找同一家廠商維修，驗收證明和採購皆由資訊組和事務組核章，主任並不知。其後更得知，如叫其他廠商維修，便屢屢遭資訊組長刁難，有時無法進行施工而放棄。學校行政人員突然恍然大悟，原來有這麼一回事呀！

資訊組長認為，教務主任簽「訪價後再購置」是懷疑他，也污辱他的人格。教務主任認為，加註「訪價後再議」，為國家節省公帑是理所當然的，有何不對，而且簽註多訪價，是請事務組長訪價，又不是請資訊組長訪價，有何不妥。

主計主任因為起先不知資訊組長的用意，自己有點恐慌，怕破壞行政和諧，所以拒絕教務主任要影印相關憑證，其後自省不妥，便主動影印給主任存查。

此事在處理過程中，校長安撫教務主任，說明他了解主任受委屈，並告知擔任行政工作往往會有這類的事，不要放在心上。校長並指示總務處購買任何物品，一律多訪價，並事先調查各處室需求量，統一購買，以減少購買次數，並爭取議價空間，以節省公帑。

經校長的安撫下，資訊組與教務主任各自做自己的行政業務。適逢二年一任的校內主任調整，教務主任轉為總務主任，更落實訪價和服務品質為採購之優先考量，不管任何關係，不獨鍾愛某家廠商，依政府採購法為之。

185　幼稚園採購風波

歡歡國小附設幼稚園辦理學生點心、教材採購，經申請後，事務組因工作繁忙，且幼稚園採購皆零星採購，於是加蓋「自行採購」字樣。幼稚園許主任就授權任教老師自行在外採購。

長期下來，學校員生合作社經理發現，幼稚園教師是學校員生消費合作社成員，有股金和合作教育，卻從未在學校員生社購買任何東西，引起經理不滿，為何利潤不讓學校員生社賺，寧可到外面採購，並在理監事會議討論。理監事一致認為幼稚園許主任不應該有如此行為，是不合群的成員，並透過簡經理、廖理事主席和許主任對話，雙方各執一詞。

簡經理和廖理事主席譴責許主任，股金要分，卻不購買合作社用品。許主任認為合作社物品較貴，為何要向合作社購買？雙方無焦點，廖理事主席並揚言，要透過教師朝會向全體教師說明，更引發許主任的不悅，當

場落淚，自感深受恐嚇威脅，非常難過。

校長知道此事後，立即個別晤談相關人員，了解整體衝突事件。校長語意傾向合作社，請幼稚園採購儘量向員生合作社購買，引發許主任當場再度落淚，為何要買同品質物品，價錢卻較貴，百思不解。

數日後，許主任提出兼主任職務辭呈書，認為同儕教師領導不易，行政又難協調溝通，不如辭去主任工作，回任教師較為單純，並提出幼稚園主任是否能採輪流擔任，以便互相體會行政工作的辛酸。

簡經理認為，經理負責員生合作社的營運，教師都是成員，教師可分股金。員生合作社和學校合作，若有盈餘，可以回饋給老師和學生。教師採購寧可給外面廠商賺錢，卻不讓合作社賺，豈有此理。

廖理事主席也認為，全體理監事成員皆認為幼稚園整年的採購金額不少，理應向員生社購買，取之於學生，用之學生乃合作教育的意義。許主任向外面廠商採購，實不應該，理當檢討。許主任表示，員生合作社的價錢比外面採購來得昂貴，為了節省公帑，幼稚園逕向廠商採購有何不妥。

校長召開會議，做成下列決議：幼稚園採購除了點心外，餘由幼稚園請購，事務組全權負責採購，以合乎採購法和採購程序。有關幼稚園使用紙張用品，其價格品質和合作社販售相當者，以向合作社採購為原則，促進員生社營運和合作教育之推動。

校長並以學校人事安定為由，慰留許主任，並說明有關採購案，應依採購程序進行，由事務組採購，採購物品如員生社有販賣，價格品質一致，則以向員生社採購為原則，於是暫停採購風波。

186　教師會會長與教師會監事之間的爭執

1997 年各校教師會成立，教師會成員可參與學校教評會遴選教師，彷彿教師的權力增加。教師會、家長會和學校行政，無形中成為三足鼎立的組織，各自暗潮洶湧，自成一股勢力。

愛國國小校長年齡稍長，即將退休，在權力受到削減時，為了學校整

體運作，於是將教師會理事長安排為生教組長，並兼夜間補校校務主任（未具主任資格），教師會常務監事安排為事務組長，雖然法條未規定教師會幹部不可兼學校行政工作，然此舉較為不妥，引起教師會的反彈。

　　未料連生教組長（原教師會理事長）和林事務組長（原教師會常務監事）因理念不合，在教師會大會中，林常務監事因現任的連生教組長在其原理事長任內動支 5,000 元經費，未經理事會的同意，擅自動用，引起林常務監事的不滿，造成雙方在大會中爭執，不歡而散。

　　事後校長知道此事，便召見趙訓導主任到校長室，拍桌叫罵為何當主管無法勸戒連組長，讓生教組長和事務組長紛爭不已，訓導處真是學校的亂源。此時趙主任聽得莫名其妙，因趙主任剛從其他學校調入愛國國小擔任訓導主任一職尚未達兩週，何況組長都是校長原本就找好的，而趙主任亦未參加教師會，根本不知連、林二位組長是在爭執什麼？

　　趙主任心中甚感不平，認為校長如果要了解整體狀況，應將總務主任一起找來說明，尋找衝突原因，解決組長之間的問題才對。令訓導主任百思不解的是，為何平白無辜被訓誡一頓，甚感難過和疑惑，於是有辭去訓導主任一職的念頭。

　　心想學校怎麼會有這種主管，跟著他做行政究竟有何意義呢？此訊息間接傳到校長耳裡，有一天行政聚會時，校長便親自倒一杯西瓜汁給趙主任，並寒暄幾句，叫趙主任勇於任事，好好做。

　　林事務組長（教師會常務監事）認為，教師會經費的動支應經理事會的同意，並受監事會的監督，怎能由理事長擅自應用，真是不尊重理監事成員。

　　連生教組長（教師會理事長）則主張，理事長在小額經費的運用握有實權，不必經過理監事，況且這 5,000 元是家長會捐的，他直接拿給曾理事辦理太陽能賽車活動，其收入支出有一定的明細記載，又非理事長個人使用，有何不妥？請常務監事不要隨便扣帽子。

　　趙訓導主任則認為，訓導處的連組長和總務處的林組長都是教師會成員，因教師會經費運用方法的不同觀點而爭執，實和學校行政沒有多大關

係，為何校長獨找訓導主任訓誡，理由僅是未管理好組長所造成的紛爭，又為何沒有找總務主任，令人匪夷所思。校長是否較偏袒總務處的成員呢？

校長知道教師會成員之間的爭執，便找了訓導主任告誡，要他掌握自己處室組長的行為舉止，不要因為教師會的問題造成學校行政處室間的對立。但因校長僅找訓導主任告誡，並未找總務主任，當時又有拍桌的情緒化舉動，反而引起訓導主任強烈的不滿。

187 家長懷疑老師教學不認真又貪污

有一天歡歡國小某年級甲班，有一位黃姓家長氣沖沖的來到校長室，向校長告狀該班趙老師收午餐費時，未找零錢給其子弟，認為趙老師有貪污學生費用之嫌，而且作業簿皆未批改，是不適任教師，要求撤換老師。

黃姓家長起先認為，孩子的作業都沒有改，老師是做什麼用的？孩子繳交午餐費，老師卻沒有找錢，有貪污瀆職之嫌，很不應該。

於是校長撥室內電話請教務主任到校長室，要求教務主任立即收集甲班學生的所有作業，檢查是否有批改。教務主任聽到家長的反映，認為老師怎麼可以不改作業呢？此事一定要去查看，了解問題的真相。

趙老師認為他很認真教學批改作業，學生說沒錢繳午餐費，先行幫其繳交，卻被誤解為貪污瀆職的不適任教師，真是倒楣。

校長責成教務主任立即進行甲班學生全部作業調查，了解是否如黃姓家長所言，趙老師完全沒有批改作業，作為進一步行政處理的依據。經教務主任調查結果，發現趙老師對學生作業批改認真，惟因黃姓學生有時未交，所以老師沒有改到。

其後俟家長回去後，校長請趙老師到校長室，將此事告知趙老師。趙老師認為他受到很大委屈。黃姓學生告知他，因家庭很清寒，卻無法申請中低收入戶，沒有錢繳交午餐費，於是趙老師代替黃先生繳交午餐費用，當然就沒有找錢喔！因此校長請黃姓學生到校長室問其原由，果真如趙老師所說，校長立即安撫趙老師，請其回教室上課，並通知家長告知事情原

委。

黃姓家長於是氣沖沖再到學校，將兒子揪出教室外，以牙籤刺其兒子手心多處。趙老師立即制止他，而教務主任隨即告知黃姓家長，教務處調查學生作業結果，發現趙老師對學生作業批改認真，惟因黃姓學生有時未交，所以老師沒有改到。黃姓家長當場向校長和老師道歉，是自己家教不嚴很慚愧，也很內疚，往後會更加嚴格管教孩子。

事後校長把此事在教師朝會說明，更讚美趙老師的認真教學和愛心行事，足以為學校教師楷模。

188　三個女人的戰爭

某個學校來了三個女老師，一位邱老師是在教師甄選中以英文專長第一名考進來，而第二位廖老師是在同一次考試中，以備取第一的資格進入。第三位裘老師則是代課老師考取正式老師。在進來後，教務主任根據各項條件選取第二位的廖老師擔任教學組長，而此時邱老師是一個自認為成績第一的人，便覺得比自己差的人地位卻比自己高，而內心有所不滿。

這三個人又成為一個教學小組，因為邱老師總是覺得自己比裘老師優秀，所以對裘老師的態度就都不是很尊重，也常常使得整個會議無法進行。邱老師又因為在宿舍中的生活習慣不好，所以造成人際關係不好，而且又喜歡將一些談話中，原本屬於中性的話語，轉化成有所好壞，並且散播出去，所以邱老師在學校內便有被孤立的情況發生。

而相反的那位廖老師在教師群中，人際關係相當好，對邱老師也有些意見，而邱老師又有點比較粗心，錯誤容易一錯再錯，所以擔任教學組長的廖老師似乎也有點刻意將邱老師的錯誤一再向上呈報給主任。這三個女老師之間的問題，校長要如何處理呢？

189　組長與主任之間的齟齬

某個學校有一個資深的女主任，做事相當嚴謹，但也認真負責。而學

校剛進來一個女組長，個性開朗活潑，一開始校長便先提醒主任，可以藉由兩人不同的個性來互補。所以組長一開始將教師們的意見反映給主任知道，也透過這樣的方式解決許多事情。

但漸漸的老師們形成了一個共識，認為只要有任何問題，透過組長跟主任溝通之後便可以解決，所以組長在老師之間的地位開始爬升，但此時主任並不知道有這樣的狀況，仍然相當的相信她。

不過主任也有向校長報備過，她認為組長做事算是認真，只是經驗略嫌不足，所以工作的精緻度不夠，且在提醒後進步也總是有限。此時組長在主任心目中的形象也就開始改變了，而且主任慢慢發現老師都不太聽他的話，反而是聽組長的話。

後來某次組長以老師的角度向主任建議事情，主任一聽便不高興，認為組長是站在老師那邊的。組長覺得委屈，便到辦公室向老師哭訴，老師們便建議她，乾脆下午回宿舍休息，但因為當天剛好是禮拜三下午，進修的相關事項都無人處理，主任火氣一上來，便放話：「若組長下午不回來，便要換人做。」有人將此話傳到組長耳中，組長便回來處理好應該處理的事情。

儘管這個事件之後，校長提醒主任要放下成見，但兩人還是因為此事而有了隔閡。

190　一位跋扈的主任夫人

這是一位認真負責的女性訓導主任，和一位夫人也在學校任教的教務男主任所發生的事件。

某次正預備辦理四年級的校外教學活動，但其中有一位四年級的導師為當天的總導護，於是要找代理導護。按照學校的規定，可以請機動組來當代理導護即可，但是教務主任夫人好意主動要幫忙，願意擔任早上的代理導護。

而下午導護的部分，除非那位四年級導師趕不回來，教務主任夫人才會幫忙代。此位四年級導師於是跟訓導處提起此事，但是訓導主任則說應

該要按規定來比較好，不要私底下找人幫忙。需要代理，他會安排。但是教務主任夫人依然堅持要幫忙，因此鬧得不歡而散。

校外教學的當天，訓導主任下樓巡視時，發現總導護不在崗位上，於是廣播，請擔任職務的老師趕緊就位。結果廣播之後沒有多久，就發現原本的那位四年級導師在校門口哭。

在訓導主任的詢問之下，該導師才解釋，因為教務主任夫人罵她，她才哭的。恰巧此時教務主任夫人走了過來，以為訓導主任把她給罵哭了，便指責起訓導主任來了。

訓導主任一氣之下便說：「訓導處的事不用你管。」接著就轉頭回訓導處去了。當天教務主任夫人便上學校網站怒罵。訓導主任知道之後，也難過地哭了，並到校長那兒抱屈，但是校長並沒有即時處理。

而訓導主任在聽取他人意見之後，決定上網回應此事就好。但隔天朝會，恰好有老師提到導護工作的事，便趁機公開此事。但是往後教務主任夫人還是不斷的找麻煩。

191 黑函風波

裴校長任期即將屆滿四年，四月份即將接受校務評鑑和遴選。但自三月至五月之間，陸續收到不利的黑函，唯恐影響遴選，因而感到不悅。

裴校長認為黑函是校內某位教師之舉，私下曾多次對幾位同仁表達不悅。

遴選結果公佈後，裴校長如願調動。在期末會議中，說明收到各項黑函，並認為是校內教師所為（未公開指名）。教師議論紛紛，認為無實據，不應認定黑函主謀者為校內教師。

裴校長新接任學校歡迎會上，教師未主動參加，僅行政人員和幾位教師參加，對裴校長而言，或多或少有些遺憾。

事後裴校長回想起來，四年來用心經營學校，行事光明磊落，不容許

他人對其個人任意誣陷。正值校長遴選重要時刻，一封莫名的黑函，會嚴重影響遴選結果。

校長認定黑函主謀者為該校教師，並告知部分同仁，也許僅為抒發個人委屈和憤怒的情緒，但可能讓好事者有借題發揮的機會，使事件變得更複雜。未有確實的證據，任何猜測只會讓當事人陷入泥淖中，難以做出明智的處理方式。

全校大部分教師則認為，校長在校務會議中的說法，已造成教師彼此之間相互的質疑猜忌，對於校長在臨去之前的作法頗不認同，彼此議論紛紛。未有確鑿的證據顯示黑函事件主謀者，校長不應私自認定為何人所為。領導者應有寬容的胸懷，毋須為不實的指控而影響情緒。

至於對於被點名的教師而言，沒有真憑實據，校長不應直指是何人所為。面對同仁們質疑的眼光，倍覺難堪。

由於教師不認同校長的做法，所以在校長接任他校校長的歡迎會上刻意缺席可看出端倪。老師以這種方式表態，對於一向用心經營學校的領導者而言，的確是一件憾事！

192　前後任家長會長的選舉恩怨

歡歡國小現任家長會長，因地方選舉未支持前任家長會長的人馬，造成前、後任家長會長爭議不休。前任家長會長認為現任家長會長是由他一手提拔的，家長會怎麼可以支持其他代表參選。

現任家長會長卻因某代表在其擔任家長會長時，配合款極力支持學校和家長會，使其擔任家長會長時左右逢源，非常順暢，故支持其選代表，而未支持前任家長會長的人馬選代表，因而引起前、後任家長會長產生衝突。

前會長在學校用三字經痛罵現任會長忘恩負義。現任家長會長以容忍之心，未口出惡言，表情凝重，離開現場。

前任會長揚言，絕不讓現任家長會長連任，使得家長代表大會時，現

任家長會長未出席，由副會長主持。而現任家長會長的確表現得可圈可點，和學校行政也配合得很好，是全校教師心目中的好會長，卻因選舉恩怨無法繼續擔任會長，是學校行政運作的損失。

前任家長會長認為，他在學校擔任家長委員、副會長、會長近十年，某代表也為學校極力爭取各項款項，為何現任家長會不支持，讓他很沒面子。況且現任家長會長是他一手提攜支持的，現任會長不支持前任會長，還支持別人，實在不應該。

現任家長會長則表示，他個人知道過去前會長很照顧他，提攜他，但某代表在他擔任家長會長期間，全心全力配合、支持他和學校。該代表出來選代表，他個人沒有理由不支持他。只不過他事前未告知前會長他所支持的人選而已。為了此一紛爭，他不再參選會長了，讓有能力的人去選好了。

校長曾經努力化解二路人馬的恩怨，卻無功而返。前任家長會長是老里長，地方派系脈絡強，現任家長會長又認真為學校爭取經費，出錢又出力，使得校長不知如何是好。

校長認為，不論前任或現任家長會長都是好朋友、好幫手，為學校付出許多精神，都獲得全校教師的肯定和家長的認同，希望二位會長能繼續為學校付出。

現任家長會長為了尊重前任會長，決定不再參選家長會長。當天家長代表大會由副會長主持。

校長請二路人馬不要各自推選人員參選，改由二路人馬共同推選人員參選會長，並懇求前、後任家長會長繼續支持學校。最後由現任張常務委員參選下屆會長，並獲得大多數代表的認同。

193　家長會搶生意，包商告學校

某彭姓包商去年與達達國中簽訂達達國中販售業務委託管理合約書，支付學校四百多萬元之後，取得合作社販售權利，可以販售食品飲料

及各科學習教材等。上學期開學前，彭姓包商突然收到學校公文，指「簿本」與「體育用品」不屬於各科學習材料，只有美術、家政、工藝與音樂上課用之材料才算。

彭姓包商認為與合約不符，行文縣府教育局要求解釋。結果教育局回覆，各科學習材料泛指學生在校學習時，學科與術科所需之材料與器材。達達國中將體育用品排除在外並不妥適。

彭姓包商原以為下學期學校會讓他辦理採購，但學校又在開學註冊須知上，要求各班自行統計欲購買簿本與家庭聯絡簿數量並收費，派學生到設備組購買，讓彭姓包商已經印好的簿本頓時成為廢物，因此他要求學校必需支付損害賠償三十萬元。至於針對達達國中校長部分，則請求損害賠償一元。

達達國中家長會會長說，學生消費合作社在委外經營前有一段空窗期，家長會受家長懇託，找來廠商以成本價賣簿本給學生，家長會完全不經手任何金錢。他說，與生產簿本廠商的契約要到今年六月底才結束，沒想到包商為了搶生意竟然控告校長。

此一爭議事件衍生了一些問題。確切而言，各科學習材料應包含那些？學校合作社所賣的物品（含飲料食品）應有哪些管制？會不會影響學生安全、健康？校長是不是怕家長會，才將簿本交由家長會代售？校長與家長會之間該如何互動為佳？

194 利益衝突

秦校長所服務的學校有不錯的傳統。家長會長是第二任，上一任也是他。他對學校非常投入，非常為學校服務，也很有教育理念。他對學校並無所求，但他會很關心學校的一些教育措施。秦校長跟這位家長會長互相配合得相當好。

秦校長到任第二年，換了一位新的家長會長。這位家長會長是做木工裝潢的，在家長委員會開會的時候，因為當時的經濟不景氣，一些委員就起閧說：「你做裝潢的，但是學校的一些裝潢也都沒有做，你實在很不夠

力。」

　　眾多家長委員起鬨久了，學校也知道家長會長有意願來做學校的一些工程，但是學校要施工有一定的招標程序，不能說指定誰做就由誰做，除了十萬元以下的零星工程，依照採購法不用有招標的程序。一些小型的、零星的工程，學校就會找家長委員來做一些修繕，這些都是人之常情。

　　後來有一個小型的工程，是幾十萬元的工程。由於學校知道這些家長委員們有這樣的意願，所以秦校長也告知總務處，只要有工程，一定要通知這些家長委員來投標，因為學校張貼的招標公告，他們不一定會看到。

　　如果他們在學校看到一些工程正在進行的話，就會跟學校抱怨，為什麼他們都不知道。學校於是會主動通知家長委員們來參加投標，至於要不要來，就是他們的事了。這個家長會長就派人來估價，估完價之後，他們就送到總務處來。

　　其實學校事先就已經跟他們說，你可以先估價，但是招標當天是否還有其他的廠商，或有更低的價格，這些不確定因素，學校無法事先知道。家長會長就說沒關係，還問秦校長說，這樣的價格會不會太高。

　　秦校長跟他說，這個工程依照學校的總預算來看，已經超過很多了，秦校長問他要不要調整一下，因為這樣的價錢基本上根本不可能！他說沒關係，他回去再作調整。

　　事實上他也真的做了調整，調整之後在招標那天就來投標，因為招標當天還有其他的廠商來投標。開標結果，有其他家廠商的估價比他的估價還低，所以學校就只能給估價比較低的廠商去做這個工程。

　　面對這種結果，這位家長會長就非常生氣。他認為學校通知他來招標，意思就是要給他做，為什麼他估了價之後，又不給他做呢？

　　一般的小學校或是比較偏遠的學校，對這幾十萬的工程，招標可能就只是一種形式，因為學校附近可能都沒什麼人，尤其是比較偏遠的學校，所以學校就會找來一家廠商或者是幾家來讓他們投標，來達到法定的程序。

但是事實上原先要做的那一家是已經跟學校講好了。譬如說，學校指定要你做，然後你就去找了幾家，因為法定是三家廠商。因為私底下講好了，所以其他兩家可能就會寫得很高，所以就是你得標。

這些都是事先說好的，其他兩家可能就是他叫他的朋友來投標的。但是針對這一項工程，學校並沒有這樣子做，也沒有屬意家長會長，只是把這樣的訊息告訴他而已。可是他卻誤認為學校會給他這樣的禮遇，會給他方便。

由於學校並沒有給他方便，這位家長會長就非常生氣，跑來學校跟總務主任大吵大鬧，還質疑學校跟其他廠商勾結。但是學校又能怎樣呢？

195　早餐事件

簡校長新就任的學校快樂國小是一所新成立的小學，它的學區包含七個里，最特殊的地方就是學校的學區內含包括兩個市場。這是一個新興的市鎮，有半數的人口與建物是近十年遷入和興建的。

以快樂國小為中心，半徑 300 公尺內，國小與國中為數眾多。快樂國小雖然成立僅僅五年，卻已是 80 班的學校，而且是該地最小規模的學校。

學校家長有 90%是勞工階層，雙薪家庭的比例很高，有相當多的家長在市場裡討生活。學生家長平均年齡也相當輕。孩子上學的早餐大約有 90%是在外面的早餐店購買的。所以學區內林立的早餐店是另一個特色。

簡校長到任後，發現這些早餐店對於學生上學的秩序影響非常大，因為該學區內大部分是八米的巷道，騎樓都被住家或商店佔用，很多家早餐店為了搶生意，不只佔用騎樓，同時也佔用馬路做生意。因為只有這樣才有辦法攔截學生，同時也讓學生方便購買。

這個現象從快樂國小設校以來就已經存在，學校老師也多次跟學校反應，同時導護老師和店家也發生過好幾次衝突事件。雖然校方有心改善這種情形，但商家不是置之不理，就是虛應故事一番，最後還是不了了之。

簡校長就任開學後約一個月，就想解決這個問題。因為導護老師的工

作因店家的影響，弄得導護老師士氣渙散，同時責怪學校行政無能。簡校長是新到任，很多老師希望校長能展現魄力整頓一下。店家的營運確實使學生的上學秩序大受影響，尤其是十字路口的那家早餐店與另外一條街上的早餐店更是囂張。

因為他們販賣的早餐以孩子的口味為主，常聚集許多學生購買，不但影響路隊行進，同時也影響車流，造成交通大混亂，導護老師去指導學生秩序，還常常被店家辱罵，說什麼看人賺錢眼睛紅，要老師少管閒事，否則要到教育局告老師補習、體罰等等。

簡校長曾與地方人士溝通，也拜託過里長、代表，去表達校方的立場，希望這些早餐店能與學校合作，幫幫學校的忙，使路隊能夠正常行走，但都沒有效果。甚至有店家說，學生要跟他們買，他們也沒有辦法。言下之意，好像是說學校無能一樣。

既然這樣，簡校長決定用自己的方法來解決。首先他徵求學校主任、老師的意見，提議一些可行的辦法。除了徵詢建議外，更希望凝聚共識。經過好幾次的開會與討論，最後達成了幾項共識。

首先，由訓導處擬定辦法，要求同學上學時，可以在住家附近買早餐，但在路隊行進當中，嚴格禁止脫隊買早餐。若有違反規定者，由訓導處登記，交由級任老師處罰。

其次，學校合作社除了販賣牛奶、麵包之外，準備按照午餐中央餐廚的辦法販賣早餐，相關辦法呈報教育局備核。再者，由學校召開家長會，向家長委員說明學校的困難，希望獲得家長會的支持，並希望家長會能共同參與自辦早餐。除了監督的功能外，更可以替校方背書。

校方經過一個月的準備，終於在十二月正式開辦營養早餐。期間，家長會共開了二次會議，對於自辦早餐相當支持與瞭解，會議紀錄也記載得相當完備。開辦時，參加的小朋友相當踴躍，約有兩千人左右，佔全校人數大約三分之二。

價錢相當合理，菜色變化與品質也很好，家長的反應相當不錯。小朋友不在路上買早餐，路隊出奇的好，學校也為此特別規劃了早餐時間，全

校師生同時使用早餐，生活常規比以往進步很多。

事情是發生在十二月中旬的時候。在第三週的週六上午，簡校長剛和家長會開完有關於這次自辦早餐的檢討報告，就有某報劉姓記者來拜訪校長，就學校辦理自辦早餐的事情，向校長請教。

當時，簡校長也一一向其說明事情的始末，不過因交談的時間已接近下午一時，而家長會在餐廳的聚餐正等校長參加，已多次來電催促。因此，簡校長只好交代訓導主任代為說明，就離校赴宴。

隔天上午八時許，簡校長突然接獲訓導主任的電話，謂某報在地方版新聞，以相當大的篇幅報導，快樂國小辦理自辦早餐的種種弊端。簡校長急忙買一份該報。

該報導大約有幾項重點：第一，辦理學校自辦早餐的廠商，是個不合格的工廠。第二，學校為了打擊早餐店，強迫學童訂早餐。第三，校長為了收回扣，才主張自辦早餐。第四，老師吃早餐不付錢，佔學生便宜。

簡校長閱讀該則新聞報導之後相當憤怒，因為這位記者事先有來學校瞭解現況，怎麼可以胡言亂語呢？過了不久，家長會廖會長也來電表示憤慨。當下兩人就決定在下午三點鐘，於學校召開臨時會議，由會長負責通知家長會副會長、常委到校商討，而校長則通知學校有關承辦人員及廠商到校開會。

會中作成了數項決議。第一，由會長代表學校家長會向該報表示抗議，希望做事實澄清。第二，於星期五召開學校家長臨時會，邀請該報撰稿記者蒞會說明。

第三，請學校撰寫書面報告，並準備相關資料，包括家長會會議紀錄、學校辦理自辦早餐的計畫與收費情形、與廠商合格資料等，由校長於星期一面見教育局長時，親自說明經過。

第四，因當時正是議會開議期間，由快樂國小向對該校友善的議員說明經過，並尋求協助。若有其他議員質詢此一問題，請其代為解釋。

事後，教育局並沒有怪罪學校，該報也沒有澄清，當然那位記者也沒

有來參加家長會議，學校的自辦早餐也繼續經營下去。經過此一事件，整個學校與家長會的關係更加密切，學生路隊排得比以前更好。

不過，自從此一事件之後，某位里長說他代表早餐店業者來跟校長溝通，希望學校能停辦早餐，畢竟早餐是他們的生計，希望校長能高抬貴手，他們一定會配合學校，把路隊排得很好。

正好學校自辦早餐在新鮮感逐漸消退以後，訂餐人數降到約 1,000 人左右，老師也開始埋怨工作量增加，所以簡校長也就順水推舟，在下學期停辦了自辦早餐的工作。路隊變好了，商家也比較能配合學校的措施，這是一大收穫。

196　校園裡的私人財務糾紛

校園是學生學習與成長的場所。在校園裡的成人，不論擔任什麼職務，扮演什麼角色，共同的目標只有一個：一切以孩子的學習與成長為中心。因此，任何有礙孩子學習，影響教學品質的直接、間接因素，都必須排除在校園之外。

近年來，政府三令五申，嚴禁在校園中發生私人財務糾紛，不但不能完全根絕，仍然有人趨之若鶩。這些以私礙公的私人行為，一旦發生糾紛，在校園裡產生的衝擊，對教學品質的影響，學校領導者雖然不便介入，實際卻有礙學校的正常經營。

大眾國小是一所創校不到十年的新學校，學校不論地理環境、人文環境或軟硬體設施，均堪稱一流。但是創校至今，已發生兩次校內人士惡性倒債的事情，讓校長困擾不已。

這次事件的主角是校警朴先生，在大眾國小創校時就到校服務，是位負責的年輕退伍軍人，在學校仍不失軍人本色，執行職務一板一眼，毫不馬虎。

朴先生家人開設電器行，據稱生意頗佳，平日上下班都以轎車或發財車交替代步，與同事相處亦頗融洽。一年前，朴先生因家中的電器行被倒

債 600,000 元，而影響工作情緒，在同事的關心下，倒是很快地穩定下來，且豁達的自認倒楣。這件事漸漸被同事們淡忘，朴先生則一如往常，認真執行他的職務。

今年暑假，教務宣主任標了朴先生的會。但是，會款並未全數付清，經過宣主任多次催討，仍然無法付清，宣主任將此事告訴其他會員，並透露，她還借款給朴先生，金額是 300,000 元，至今亦未償還。

而朴先生獲得購屋貸款，人事周先生通知朴先生趕快辦理手續時，朴先生卻請人事室替他辦理棄權申請。周先生為他感到惋惜時，他則透露付不出配合款，不得不棄權。

事情傳開後，幾位搭會和借款給朴先生的同事開始擔憂，準備標會和要求還錢的行動也逐漸展開。而朴先生一概答覆：「等我有錢時，一定還清。」

又過了兩、三個月，已是 10 月了，宣主任等人要求朴先生把還錢的期程作明確的交代。朴先生雖口頭答應，卻始終沒有給宣主任等人片紙隻字的承諾。接著，同事發現他不再交替開發財車或轎車上下班，而以機車代步，住家也由市內搬到郊區。

當同事問起時，朴先生表示為了節省開支，只好賣車子並住郊區。同事們都頗為體諒他的窘境，並未過度追討借款。

11 月 30 日，朴先生向學校請假，並交代另一位校警張先生，12 月 1 日可能繼續請假，並請張先生代理職務。可是一天下來，不僅沒有主動聯絡，同事到處尋找也沒有音訊。

次日，朴先生仍未上班。校長請人事邀齊有關的處室主任研商對策，出納組長則與銀行聯絡，了解朴先生的存提款情形。銀行告知存款於 12 月 1 日提領，餘款僅剩百餘元。

研商中，大家才發現情況的嚴重，除了宣主任之外，工友老廖借他 400,000 元，簡老師借他 400,000 元，李老師借他 80,000 元外加一個會未標，共 200,000 元，其他尚有搭會未標及零星借款的同事超過 10 人，金額高達數百萬元。

而校外債主催債及銀行信用卡刷爆，朴先生所欠債款絕非小數目。兩個就讀國小的女兒，在九月轉學金門，讓年邁的父母照顧。原來他早已安排退路，只是大夥兒不夠警覺而已。

事情發展至今，已經將近一個月，音訊全無。除了曠職部分必須依規定辦理外，校長還請人事等人到住處查看多次，留下關切的話語，也把去向不明所產生的後果分析敘明，用雙掛號通知，期望他與學校聯絡，卻仍然毫無音訊。

此案帶給學校十來位同事心緒不安，求助無門，間接影響服務品質，接下來還有許多行政程序需要辦理，在學校造成的困擾實在不小。此事也不禁使人疑惑，身為知識分子的學校教職員，為何還會成為私人財務糾紛的受害者？

197　教評會委員偷錄音　校長斥紅衛兵

某一所國小，某年某月發生教師會代表參加教評會教師甄選時，以小型錄音機偷錄校長談話，再播放給甄選未錄取的應徵者聽，造成校長及其他甄選委員困擾。

這名教師會代表認為校長甄選老師有個人偏好，才錄音存證。還把錄音帶寄給教育局教師申訴評議委員，做為申訴依據，引起軒然大波。校長忍無可忍，痛罵此行為有如「紅衛兵」，並到地檢署控告這名教師會代表洩密。

針對有校長控告教師會代表開會時錄音一事，某國小校長說，這簡直是白色恐怖。該縣教師會會長認為錄音當作會議記錄以示負責，何罪之有？他說以該縣教師會開理、監事會議為例，在會議上錄音、錄影是常態。

他認為某國小教師會代表只要不是拿錄音帶作不當利用，這是與會者合理的權益，縣教師會絕對相挺到底。

針對此案件做出評論的校長說，教師在會議上動輒錄音，何必把學校氣氛搞得這麼對立，對校長來說感覺很不好。如果大家都偷偷錄音，簡直

就是「白色恐怖」，諜影幢幢。

但教師會會長則不以為然，他說只要開會時負責任的發言，幹嘛怕錄音，何來恐怖之說？如討論到涉及個人隱私的問題，校長擔任主席可以宣布不可對外公布，或停止錄音，以保護討論的對象。

該教師會會長說，縣內「有一定數目」的學校，教師會與校長之間的關係嚴重對立，甚至到了水火不容的地步，校方極力排斥教師會，因此才種下亂源。

依據「高級中等以下學校教師評審委員會設置辦法」規定，各學校應設置教評會，由校長召集並擔任主席，委員則由老師互選，目的在防止校長專權。

但制度如此設計，果真能達到防止校長專權的目的嗎？此外，教評會委員可以私自錄音嗎？教評會所討論的事項，哪些可以對外公布？哪些不得對外公布？

198 級任與科任老師之間的爭執

學校的教學分工方式，有級任、有科任，這是無法避免的情形，也是一般普遍而正常的情形。學生學習內容的銜接與學習過程的順暢，有賴級任教師和科任教師之間的溝通，級任和科任的關係就顯得相當重要。

某學校六年級的一個班級，由廖老師擔任級任老師。廖老師是學校裡公認的好老師，輔導室尤其有深刻的感受，因為只要是較為特殊的學生，送到廖老師的班級裡，總是能夠得到完善的照顧，家長也相當信任廖老師。而彭老師是廖老師班上的自然老師，除了廖老師班上之外，還負責六年級幾個班級的自然課。

就在某一次的月考，廖老師班上考出來的成績，是彭老師負責的幾個班級中成績最好的。而彭老師認為廖老師班上平時上課較為吵鬧，上課不太認真，比起其他班級要差多了，怎麼會成績比較好呢？因為是級任老師自行監考，於是彭老師決定重考一次。

就在沒有通知，也沒有預告之下，彭老師對這個班級以同一份考卷進行重考。而成績的採計，是以第二次考試的成績為紀錄。有些人成績進步，有些人成績退步，學生感到有些不公平。

回家之後便告訴家長，家長也覺得讓學生質疑考試的公平性，不是這麼妥當，便向廖老師詢問。

廖老師覺得事情有擴大的趨勢，便問彭老師為何要這樣做？彭老師也向廖老師告知心中的想法，並且認為有學生作弊，他才會重考。廖老師認為這是對他監考的質疑，心中也是相當不愉快，有一番小小的爭執。

事情並沒有結束，學校校長在幾天之後收到一封黑函，內容表示學校考試不公，任由教師考幾次就考幾次，折磨學生的身心，學校教務處與教學組都不管。

而彭老師說他也有收到一封黑函，不過他不願公佈內容。校長於是想查清楚事情的始末，而彭老師表示，一定要知道黑函的來處。

而推演事情的經過，彭老師把矛頭指向廖老師，認為知道事情這麼清楚，又與他發生口角的人就是廖老師，要廖老師承認，並且賠罪。可是廖老師表示她並沒有這樣做，她也犯不著這樣做。

事情因而陷入僵局，誰也不能證明什麼。不過彭老師到處散布廖老師就是元凶的說法，造成廖老師不堪其擾，校長也曾介入溝通，但是彭老師並不願意就此放手息事寧人。

最後廖老師不勝其擾，尋求民意代表出面協調。最後的結果是廖老師的先生出面承認，該黑函是他聽到廖老師回家，向他訴說學校發生的事情之後，由他所寫的。並且向彭老師道歉之後而落幕。

199 山區小學甄選校車司機的爭議

這個學校是一所山地的小學校，全校只有 6 班，不到 100 個學生，學生都是泰雅族的原住民，就在這個不太大的校園裡學習。因為是偏遠地區的關係，多年以來，學校的校長任期都不長，所以校長大多是兩年或三年，

就會離開這個地方。

於是常有人戲稱，到學校的第一天，就想著何時離開這裡。這當然是一句玩笑話，到這裡的校長都是新任校長居多，每一個人都想有一番作為，為了自己、也為了這些可愛的原住民小孩的教育，在此上任的校長無不絞盡腦汁，想找出一些有效的方法，來幫助這些孩子有更好的學習與生活。

在山地偏遠地區，學生的家離學校大部分都有一些距離。為學生建設一個宿舍，讓這些孩子能夠有較好的生活環境，是每一個校長努力的目標。但是，有限的經費補助，並無法滿足這個學校的需求。

於是有一個變通的做法，就是為學生們準備校車，用來接送學生上下學，讓學生免於來回路途的奔波。這個方案也受到當地居民的接受與喜愛，且實施得蠻順暢的，果真也造福了這些孩子。

事件的開始是新任不久的校長，為了貫徹政府的法令，也為了學童們的安全，在遴選校車司機時，便決定要舉行公開遴選，用較嚴格的標準來選擇一個校車司機。這本是無可厚非，也是一個合理的決定，畢竟這事關係到幾十個小孩的安全。

由於是山地的關係，地處偏遠，較為不便，報名應徵的人並不多，只有兩位來報名，一位是當地的原住民，另一位則是平地人。

最後，選上的並不是原住民同胞。換句話說，選上的司機並不是當地家長所支持的本地人，而是那一位平地人。那位原住民同胞的生活習慣較差，常喝酒，對於從事駕駛工作令人擔憂。

而另一位則是具有職業駕駛的資格，生活規律。考量各種因素，學校決定由那位平地人來擔任學校校車的駕駛。這卻引起當地家長的不滿，認為是校長不尊重當地家長的意見，且不尊重原住民的工作權。揚言學校若不更改決定，就要讓學生罷課，以群體的力量進行抗議。

後來事情愈鬧愈大，原住民同胞以工作權的訴求，欲進行罷課，連媒體都開始關注這一事件，教育局也派出副局長關切，協助協調這件問題。遴選的過程並無瑕疵，但是牽涉到原住民工作權的問題，讓事件顯得不易

處理，學校的立場是先維護學生學習的權益，不要讓學生罷課，再來慢慢談。

但是原住民同胞不願意鬆手，所以仍在僵持中。被選上的那一位校車司機得知此情形之後，便願意自動放棄此一職務，另尋他就。學校也就由原先落選的原住民同胞擔任校車司機，不過學校也再三要求該原住民同胞要重視孩子的安全。現在，一切還算順利。

200　週三進修方式的變革

週三進修的方式，一般都由教務主任做決定。在開學之前，已經將週三進修安排在行事曆之中。由於平時的週三進修，不是請專家學者蒞校做專題報告，就是安排家庭訪視，或是由校內教師就專精的領域作報告，其餘的老師則只當聽眾。因此往往演講的題材並不符合教師的興趣。

面對此種情況，老師不是利用這時候批改作業，就是做自己的事情，甚至於就在一旁打盹。這樣的進修方式行之已久，既無變化，也十分枯燥，大家都不喜歡這種進修方式。因此週三進修便流於形式。

教務處王主任為了突破這種瓶頸，因此就廣爭眾意，最後做成決定，就是採用團體活動的方式，依興趣選項，大家分組，然後各組選出組長，再由組長聘請指導教授。如此一來，大家都十分有收穫，並且都期望週三進修的到來。一學年下來，大家都受益匪淺。

後來王主任在暑假時調往其他學校當校長。而現任教務主任廖主任接任時，雖然知道前任的王主任的作法深獲好評，但是他認為依照分組選修的方式，容易造成同仁偷懶，不做週三進修，因此就決定還是回復到依興趣選項之前的方式，也就是由教務主任一人安排週三進修的主題與進度，請專家學者或有專長的教師做報告。

此一決定引起了同仁的不滿。大家都認為前次的表決是否就此被否決了呢？

201 員工自強活動 電風扇風波

教育單位為了體恤公務人員的辛勞，每人每年補助一千元，做為員工自強活動的基金，但補助的前提是對於真正要參加自強活動之員工，才予以補助。

光明國小的員工自強活動，在上學期本來決議去溪頭，但因參加的人數太少而作罷，結果一延再延，延至第二學期五月中旬。

全校又決議到陽明山踏青。於是要參加的人員就忙著報名，不參加的人則視為棄權。這樣子的決定本來已經沒什麼可爭議了，結果由於大家決定去的地方陽明山很近，除了車資、午餐費、飲料費之外，幾乎沒有什麼額外花費。

因此，主辦此次活動的總務處便向校長提議，把剩餘的錢購買紀念品或抽獎。最後決議結果是有參加自強活動的員工送一台電風扇。學校購買了電風扇之後，由於電風扇數量甚多，而且體積龐大，若要放置於遊覽車上，因容量有限，不能完全放得下，於是放在學校內。又因前一陣子學校常遭竊或遭破壞，因此自強活動的前一天，電風扇送達學校之後，總務處就廣播，要有報名參加自強活動的人員前來領取。

結果引起許多沒有參加的人的不滿，認為學校如此做實在不公平，於是便在教師朝會大吵。吵到最後，校長及相關人員決議，再補辦一次自強活動，並且全校的教職員，不管有沒有參加自強活動，每人均送一台電風扇，作為端午節犒賞員工的禮物，不再發放禮金。如此才結束了這一場電風扇風波。

202 學生頂撞老師風波

某日，在青春國中校園裡，上課鐘已響。老師進入教室之後，大家都已經將課本拿出來，進入教學單元，只有陳大明懶洋洋趴在教室桌上睡覺，引起老師口頭糾正，起先是罰站，但由於陳大明在教室前面站著，顯得有些突兀，老師便喝叱他去教室後面罰站。

老師上完一單元，趁同學做作業時，繞到教室後面，問陳大明是否聽得懂。陳大明不回答。老師便一連串的訓話出口，陳大明便回頂老師：「我不喜歡你的課。我討厭你！」話一出口，老師怒不可遏，伸手一巴掌打了過去：「你不愛聽，現在就給我出去。不要來上課！」「你目無尊長，要記你過！」陳大明及老師先後拂袖而去。

之後，全班在混亂中，大家議論紛紛。有的去拉陳大明回來，有的去報告導師。不久，議處的單子已經送到了訓導處。任課老師堅持要記大過，訓導主任主張降低懲罰標準，改記小過，可是老師堅持大過議處。陳大明的家長到校，卻對老師頗不諒解，認為孩子只不過說了一句「實話」，就變成「頂撞老師，目無法紀。」

一個星期之後，陳大明辦理休學。他認為已經無法在學校就讀，但任課老師卻堅持陳大明的過要公布之後，才能讓他休學，否則明年再復學，那麼他還是無過，休學只是逃避處罰而已。而陳大明在臨走之前，卻對老師說：「我一輩子再也不會再進來這裡就讀了！」

此一事件不僅對學生造成傷害，也使得老師的教學熱忱大大降低。

第 10 章
校園插曲、校園風雲

203　學校營養午餐施行的問題

最近政府在鼓勵學童午餐，要訂定午餐計畫。學校來設中央廚房，然後供應給其它學校。有些學校是由其他學校供應，有些學校是要供應到其他學校去，對老師來講，指導午餐是一件非常麻餐的事情，尤其是低年級的學生。

老師自己吃飯吃不好，有時候學校要老師去陪學生吃個午餐，整個班級在那邊吃，對老師來講是非常沉重的事情，尤其是低年級的。因為低年級只有禮拜二上全天，禮拜一到禮拜五只有禮拜二是全天，剩下的時間都是上半天。

所以，低年級的導師只要能夠自己買個便當，中午以後他就會比較輕鬆愉快。他一遇到午餐就很麻煩，還要照顧小孩吃飯，假如一個禮拜要讓他吃五天的飯的話，對老師來講是晴天霹靂呀！

不過，我們學校為了讓小朋友能夠得到這樣的福利，同時替家長解決午餐的問題，校長與承辦午餐的主任就去遊說這些低年級的老師，讓他們來讓小朋友全體來參加午餐計畫，一個禮拜吃五天。

平常十二點就放學，吃完午餐大概就要十二點二十以後才能放學。起初，老師絕對是不願意的啦！校長就不斷地跟他們表示，參加午餐計畫對孩子比較好，希望老師能夠來參加。不過校長對他們說：「校長從來不強迫你們做任何事，你們自己去分析，自己做決定，我只是把這個問題詳細告訴你們，你們自己要去做決定。」

當然在會議上大家就你看我，我看你，大家心裡面都覺得這件事太麻煩，後來校長看在那邊一直沒辦法決定，就跟他們說：「你們決定了再跟我講，我先走了。」後來他們跟校長說他們同意參加午餐計畫。這個問題

就順利達成這樣的決定。這個問題當然是學校一片好心，老師也是很辛苦。

由於訂午餐吃午餐，學生的這個作息就要調整，也就是把導師時間從早上的時候移到 11:45，導師時間有所移動。導師時間我們都知道主要是做一些生活教育的指導，當然用餐也是一個生活教育的機會。可是 11:45 到 12:05 是導師時間。

然後，結果 12:05 到 12:20，這當中有 15 分鐘的時間，這 15 分鐘的時間，就連前面那個 11:45 的導師時間加在一起，有 35 分鐘的時間用餐，這 35 分鐘的時間就涵蓋 20 分鐘的導師時間。做這樣的決定真的非常的辛苦。

204　校慶出版品意外爭執

這是一個歷史悠久的老學校。黃校長接任校長時，學校已經九十八歲，正該籌備兩年後的百周年校慶。環境陌生、人事生疏，建築設備老舊待修，偏偏當年預算已經沒有修繕經費。而校慶所需活動經費更有待籌募，家長會委員雖然熱心，但社區中看來並無豪商巨賈，校友也無組織，心中不免惶恐。

安頓好學校新年度人事和計畫，黃校長隨即展開徵詢，試探教職員及家長對校慶的期望，蒐集具體可行而富有創新性的各種意見，與相關人士磋商籌備會組織，開展人際關係，構思校慶規模，逐步推進各項計畫討論，反覆思考、不斷增刪，務期建立共識。

點點滴滴籌募經費，同時建立經費管理制度，隨時徵信。這點點滴滴的工作，黃校長投注的精神，非親身經歷不能體會。

百年校慶活動，聚合了全體教職員工、家長會大多數家長、熱心校友及社區人士等，各方力量全力合作，總算轟轟烈烈、成果豐碩。但進行過程中有一件波折，頗值得提出來，作為行政決斷的參考。

屬於活動主軸之一的校慶出版品，有一本書用來敘述這個社區的發展歷史，介紹社區中的文物古蹟，作為校慶重要的精神獻禮，是籌備會重要的工作計畫。尋尋覓覓找不到一個（或一群）適當的作者，好不容易有一

位文學素養相當高明，又住在這個社區將近四十年，平日就關心鄉土的資深教師董老師，願意為學校寫這一本書。

他只有一個條件，為了書籍的品質，編輯和封面設計得聽他的意見。黃校長當然是求之不得，滿心歡喜的請他快快動筆。

果然是好人才，篇章內容詳加考據，事事必有所本，加上詞藻豐富，文情並茂，應是一本非常高水準的佳作。編輯設計更是典雅，令人稱讚。黃校長及一些人士在序言寫出校慶和鄉土教材出版的深遠意義，並於版權頁明白寫出校慶籌備會出資印行，做為校友來賓的紀念禮物。

沒想到自古文人相輕，書本編輯完成出版後，有人對於內容有部分質疑，有人對於封面未加印「校慶籌備會出版」，頗為在意。內容部分本應接受學術性討論的考驗，封面也可以補救，追加印上「校慶籌備會印贈」字樣。不料仍繼續有傳言批評董老師在篇末所寫的跋，跋中提到將此書獻給鼓勵他的愛妻沈老師。

又要求加製另一層封面，作者改為「校慶籌備會編印」等字樣！這些不合理的傳言，不僅不可能接受，更是令人生氣和難過！聽說有人要在檢討會之中放炮，並檢討經費是否准予核銷？對此，董老師很難接受，因他未取分文經費，還要受此打擊，真是情何以堪！

黃校長為了平息這些爭執的流言，對相關的委員表示決心：「如果籌備會不通過本書經費的核銷，就由校長出資印贈好了，不過是三十幾萬元的事！」這段宣言所顯露的支持，不僅贏得董老師的尊敬，並且消弭了籌備會部分校友的異聲，終於圓滿無事，解決了這件意外的爭執！

205　旗繩風波

1984 年 10 月 25 日是曹校長第一次當校長主持運動會的日子。因為是第一次當校長，所以特別小心、謹慎。10 月 24 日晚上約九點左右，曹校長請先生、小孩到校園巡一下，順便慰勞一下值班的兩位員工。

當曹校長到達學校二樓，她自然地走到面向操場的陽台上，往操場望去，並問：「謝先生，司令台上的國旗、國父遺像有沒有收起來？」馬上看

到謝先生打開樓梯門，往操場上跑過去。曹校長望著他的背影，按理他應該是往司令台上去，但並不，他卻往升旗台邊跑。

很快的，他折返小跑回來，站在操場上，行舉手禮，站得有模有樣的說：「報告校長，升旗桿上的繩子不見了！」曹校長非常冷靜的告訴他：「沒關係，現在五金行應該還沒打烊，請鄭先生到五金行多剪幾條旗繩回來預備，並召集所有男工友及警衛過來，裝好後，再回家去。」

一旁，曹校長的先生拉拉曹校長的衣服說：「明天早上幾點的儀式？」曹校長說：「八點半！」「那明天就可以了！」曹校長的先生說著，曹校長說：「好吧！」緊接著，曹校長馬上打電話給鄰近的派出所、台北市調查局，一方面報案，一方面請他們帶工具前來採指紋。

一旁的謝先生開口說：「校長，您打電話是沒有用的，他們是不會來的。以前每年也都會有這種現象，曾校長也打電話，從來沒有人來處理過。」「不！我不相信，他們一定會來，而且還要查得清清楚楚的。」

約莫過了 15 分鐘，兩位警員把曹校長叫到一旁，問曹校長說：「校長，您是真的要調查清楚，還是嚇唬他們？」曹校長肯定的回答：「都要！」「好，就這樣處理了！」

警員打開手電筒，拿出道具，前前後後採了指紋、作筆錄，從頭到尾，就是謝先生口述，前後約花了兩個多小時，整個調查告一段落。警員說：「我們繼續保持聯繫，有任何狀況，我們都會隨時支援的。」

警員走了，曹校長也告訴兩位留守職員：「好吧！大家早點休息，明天上午六時在二樓集合，我會買早餐來給大家吃，你們不必再去買早點了！」之後，曹校長也回家休息。

第二天一早不到六點，曹校長的先生陪同曹校長到學校，按二樓電鈴，約有 10 分鐘之久，謝先生跑過來開門，他行禮報告：「報告校長，我們兩個將功贖罪，將旗繩裝好了！」

曹校長說：「那不是很危險的事兒嗎？」「不會的，因鄭先生比較瘦小，爬上桿頂，將旗繩穿過滑輪，現在已經沒問題了！」「好，謝謝二位，我們

一切按計畫進行，不必刻意說出來。以免驚動老師、學生、家長。」就此，運動會照常舉行，而且非常圓滿成功，真是謝天謝地。

午間，家長會設慶功宴。席間，謝先生過來向曹校長敬酒，拍著胸脯說：「校長，謝謝您，今天出這麼大的差錯，您一點都沒有責怪我，這比罵我還難過。以後，我一定會全力支持，赴湯蹈火，在所不惜！」

曹校長說：「事情過去就好了！」到了第四天，謝先生跑過來告訴曹校長：「校長，繩子在警衛室屋頂找到了！」至此，整件事總算告一段落，而從此，學校也平靜多了。

206　馬屁文化風波

人生有幾個 80？一個學校 80 周年，也是稀少難得的。天天國小適逢 80 周年校慶，在二、三年前，學校即為了是否要慶祝，開過幾次的籌備會，不僅徵詢家長會的意見，更得尊重老師、小朋友的意見，還更需了解幾萬名校友的意願。

從多年前校友們一直熱衷於校友會的成立，即可了解他們希望大張旗鼓，為母校慶祝的意願了。

某年八月接手這所學校起，梁校長即開始籌劃校友會的成立，辦理 80 周年校慶的任務。梁校長也自我期許，希望能盡心盡力辦好這兩件事。因此一次再一次的，籌備會雖然無從著力，也不斷不齒下問，一一打破僵局。

好不容易終於成立了校友會。校友們欣喜若狂，緊接著即展開慶祝的一系列活動，所有活動的安排、設計，均以孩子、校友、家長、老師為主，雖然有許多外在因素學校無法控制，但仍費盡心思動用各種人力資源，無非希望把 80 周年校慶辦好，讓全校師生留下美好的回憶，也讓歷屆校友返校重溫校園生活的趣味。

一切準備工作如火如荼的展開，籌備委員有時挑燈夜戰到半夜 12 點、1 點，每一細節、每一環節都仔細推敲。10 月 19 日終於來臨了，副總統是校友，想多停留一些時候，而教育部長也希望校長全程陪他，而台北市長是主人之一，因此，由籌備會所安排的兩個沙發就不夠坐了。

因此，安排了副總統與部長坐沙發。哪知，市長一開始致詞，即咬著紀念專輯上的題名文化，認為學校跳不出舊窠臼。這一切，梁校長虛心接受，但卻被記者先生、小姐解讀成市長吃味，沒坐到沙發而發脾氣，真是越描越黑。

起先，梁校長個人也不覺得有什麼不對，可是由於報紙、電視新聞，一而再、再而三的反覆播放，使得天天國小一夜之間全國皆知，甚至連TVBS全民開講也拿來當話題。

事情發生後，家長、老師、小朋友均反彈，認為是市長故意找麻煩，甚至有人說要去拉白布條。此時，梁校長也有些心慌，想了很久，拿起話筒，向教育局長官請教一番。

非常幸運的是，梁校長遇到了一位學公共傳播的長官，他一步一步的分析，並引導梁校長該如何解套，甚至安慰梁校長：「危機就是轉機。」可能因為學校處理得當，改變了市長的看法。

因此，梁校長開始定下心來。第二天早會，向全校老師、小朋友安撫，並將大家引導到正向的思考。梁校長告訴大家：「市長是我們的大家長，他看得比我們多，也許我們真的是有些疏忽，他提出來正是給我們改進的機會。若沒有任何疏忽，聽過之後，一笑置之也就算了，不必太在意。希望大家不要難過，公理自在人心。」

聽到梁校長這麼一說，老師、小朋友漸漸能安心上課，家長反彈聲也漸漸沒有了，事情也慢慢平靜下來。事實證明，根本沒事，因為從來沒有長官、記者、任何人來調查，可見這一切真的是記者過於敏感罷了。馬屁文化風波也漸漸落幕了。

207　老師與督學高來高去

這個事件可以說是解嚴之後，在民主法治社會，教育行政的法律素材。

話說某校是個惡補風氣頗盛的老學校，學校裡面許多資深的教師，在升學聯考時代，都因補習問題，在學校中和學生一起逃避督學大人的查緝。

其中也有幾位教師年輕時，在過去教育局長嚴格查禁補習和參考書時，不慎失風被逮獲，因而記過處分。老師們大都有一些應付或防避查緝補習的妙招，可謂各顯神通。

1981 年末梢，學年度才開始不久，一位督學新接視導區，蒞校來視察。他很認真地巡察各班教學情形。各班早就聞風，大玩捉迷藏、躲貓貓的遊戲。督學先生可以看到正常教學、沒有使用參考書，這些應該看到的情形。

督學走到最後一間教室，心想：「風聞這所學校補習猖獗，參考書到處都是，不過照今天看來，還算是個不錯的學校。」抬頭一看，這一班正好全班學生在寫參考書。督學站到教室門口，還沒表示身分。

老師是一位聰明絕頂、見過大場面的老資格，一看這個人身長不高，短小卻未必精幹，可能是督學吧？腦中順時轉了幾轉，穩穩地走出教室，一面下達「作業完成，收拾書包」的命令。學生們默契十足，若無其事地把桌上的參考書收個一乾二淨！

督學看到這位老師毫不慌張，不免心中有氣，心想：「我得來個下馬威，帶證據回去簽辦處分。」於是表明身分，要老師把他桌上的參考書拿過來。老師說：「沒什麼書啊！」督學一個箭步，走進教室，來到老師桌子前面，拿起桌面上的參考書，對老師說：「跟我到校長室來！」

在校長室，校長尷尬地陪著督學。參考書的主人閻老師正在大發脾氣，指控督學未經他同意就進入教室，而且「強奪」他的物品，「我夾在書裡面有金片，丟掉了唯你是問！」「校長！請你馬上通知派出所，這是現行犯！」

校長還沒弄清楚狀況，督學也沒想到主客易位，雖然指責閻老師違規使用參考書，證據確鑿，要求校長處分，但是閻老師已經向派出所報案，警員也來到校長室，閻老師要求做筆錄，警員只好照辦，因為閻老師是業餘法律顧問，對公然搶奪、犯罪要件、訴訟程序等，一清二楚。

事件繼續發展，轟動教育界。閻老師雖因違規使用參考書，被記過處分，但督學也被起訴，只好匆匆辦理退休！

208 老兵不死 奮戰到底

宋主任原本在美美國小擔任總務主任。他手下的事務組長，是一位以榮民身分讀完某一所師專來到美美國小服務的老師。事務組的工作可以說是工友頭，大小事情都要親自帶頭做。由於宋主任的授權與信任，可說了無後顧之憂，這位老師也賣命苦幹實幹，從無怨言。

三年後美美國小的校長調升，總務主任宋主任也他調，大家一分手，聯繫較少，後來得知這位退伍軍人出身的老師調到某校，由於該校環境複雜，一向耿直的他，被拱上檯面和校長槓上了。一件又一件的弊端由他手上提出來告發，惹得校長火大，來個行政調動，把他調到了另一所學校。

這一段期間，控告的案件一點都沒有減少，二造一次又一次地上法庭，此樑一結，沒完沒了。到了此一新學校，不斷陳情教育局，要求平反行政調動。局裡找了很多人來疏導，均不得要領。校長雖有耳聞想幫忙，奈何他老兄堅不吐實，校長也幫不上忙。

後來局裡硬把這位老師調離此一學校，再調到第三所，但他除了堅持回調到第二所學校以示平反之外，任何學校一概不接受，以致教育局最後使出「不報到視同曠職」的絕招而予以免職。如今賦閒在家，每天仍到處陳情，希望能平反以還清白。

退伍軍人的率性、耿直、剛烈，自尊心很強。當他感覺受尊重時，做牛做馬都願意。當他自尊心受到屈辱時，就是丟了工作仍不屈服。如今，雖然賦閒在家，仍不斷在蒐集資料，力求平反。看來真是誰也勸不醒他。

209 學校的經費大餅如何分？

校長喜孜孜地告訴全校老師：「我到教育部千拜託、萬拜託，好不容易才爭取到 500 萬元的經費，給本校好好改善教學環境……云云。」全校師生莫不額手稱慶。熟料沒有幾天，卻傳出某處室主任提出一個資訊教學研究計畫，對象只有三年級的三個班級，卻獅子大開口，要價 250 萬，嚇傻總務主任。偏偏又有一個教育部小班小校的教學研究計畫，五個班級，

亦有經費不足情況，也要 20 萬元。

總務主任非常為難，認為學校經費應以大多數學童利益為優先考量，全校學生共有 2,000 多人，單單三個班級 100 人就用去一半的經費，其餘 2,000 人卻只分得二百多萬元，合理嗎？

更何況，改善教學環境也是非常需要呀！因此和該主任起了爭執。校長卻認為學群的教學研究，亦為學校的工作重點，故擬優先給予充足之經費，使總務主任深感為難。

210　不一樣的畢業典禮

早會時，教務主任報告：「會後請各學年級代表及六年級各位老師到校史室開會。」只見某年級的級代表滿臉不悅，嘟著嘴自言自語：「煩死了！已經開過四次會了，他們還在自說自話，叫我們去做陪，真是浪費時間！」

原來今年的六年級來了一位新老師，有抱負、有理想、有熱誠，點子又多，平日在早會上早已是大砲一個，現在畢業典禮將屆，他又出了許多歪點子，什麼「要通通有獎」、「市長獎、議長獎……要由小朋友抽籤來決定，才不會打擊平日成績差的小朋友的自信心。」全場一片譁然。

無獨有偶的，該年級還有一位老師，不但支持他的論調，更在私底下要求其他班級，必須支持同學年的提議，否則就是叛徒。

就在畢業班老師的堅持之下，一再地流會，教務主任、訓導主任、註冊組長……，所有的與會人員都無可奈何，甚至校長也沒有辦法。

今天的會議結果會如何呢？是否和前幾次一樣，又是不了了之呢？眼看畢業典禮的日子一天天逼近，教務主任的眉頭愈來愈緊了。

211　甄選教師試務，教評會的工作？

暑假中，報章雜誌屢見如此的文字：「○○國小教評委員獅子大開口，只要○○萬元，就可內定，考上教師甄試……。」

這段文字讓身為教評會委員的大部分老師心裡很不是滋味。其實大家都是兢兢業業地在做這項工作，而且是義務性質，可是就是因為一些害群之馬，讓大家的美意被破壞無遺。

到底教師甄試的試務工作是不是教評委員的工作呢？根據教評會的設置功能，教評會最主要的工作就是「負責審議各校教師的聘任、續聘、解聘等工作」，並沒有「負責各校聘任教師試務工作」這一項。

可是有很多學校的教師甄試，從筆試、口試、試教，甚至連報名都由教評委員一手包辦，真是太辛苦了。有的學校甚至 17 位委員同時出任口試委員，何等壯觀！如此大費周章，有其必要嗎？

假使聘任的是特教班、藝能科、幼兒園、自然科教師，由教評委員來負責筆試命題或口試，專業知能足夠應付嗎？怎樣的方式最好呢？如何能防弊又能選出最適任的教師呢？

212　宿舍風波

某年 6 月中旬，兩年前通過校長甄試的劉校長接到要分發上任的通知，心中一則以喜、一則以憂。喜的是要新接任校長，在人生的教育職涯上是一個嶄新的開始，可以施展自己的教育抱負。

憂的是未來上班要到一個非常偏遠的偏鄉學校去服務怎麼辦？而教育局所開出來可以讓新派任校長選擇的學校，路程大約都要一個半小時。幸好這時劉校長已經學會開車了。最後劉校長選擇的這所學校純純國小，路況最單純，學校又靠近路邊，不必上山，劉校長比較有安全感。

當年 7 月下旬某日，劉校長第一次正式拜訪純純國小。劉校長記得很清楚，當時即將他調的校長任校長很親切的招呼，除了簡介校務，任校長也告訴劉校長一些應完成而未完成的事情，包括校長住宿的問題。

原來，任校長都和老師分住二樓一個房間，但有時家人或有客人來訪時，任校長總覺得不方便，所以今年就想辦法利用空餘教室多隔幾個房間，到時候工程若完成，以目前純純國小的住宿率和房間率算起來，校長

應該可以和老師分開住，到時候如果劉校長要搬到學校來住，任校長會幫新到任的劉校長先和老師溝通，儘量給劉校長方便，所以住的事情，劉校長就不再擔心了。

劉校長因此便開始忙著拜訪學校社區所在地的各機關首長，以及學校家長和地方熱心人士，做交接之前的各項準備。這時仍是原來服務的優秀國小總務主任身分的劉校長，在優秀國小仍有多項總務工程也要催工完成。

總之，上任之前，劉校長一直很忙碌，因為一個人要同時忙兩個學校的事，而路程又遠，劉校長真是累壞了。

同一年 8 月 4 日交接日，優秀國小師生依依不捨的把劉校長送到純純國小。當天客人很多，一切充滿歡欣的氣氛，而劉校長也開始她的新生活。宿舍當時未完工，所以劉校長也暫時搬到任校長所住的二樓小房間住。

開學後，新宿舍隔間完成，總務主任想重新分配宿舍，卻傳出住樓下的護士阿姨不想搬，因為她已經住習慣了。這時劉校長也沒有勉強要下樓，仍然住在二樓小房間，和老師們共宿。

劉校長心裡想著，因為剛剛調來新學校，一切要入境隨俗，不要太勉強，以免傷感情，而且劉校長也只有一個人偶爾住住，其實住哪裡都一樣，只是有客人來比較不方便而已。

但客人也不是常來，而且宿舍只是暫時的窩，何必跟老師們太計較呢？所以劉校長仍然很快樂地住在二樓小房間，而且儘量給老師方便。

當年 12 月，劉校長的第一批訪客從新竹攜眷到學校，想在北海岸一遊，並夜宿純純國小教室。這時沐浴成為一個問題，會吵到宿舍的老師，妨害他們的隱私，而劉校長也聽到一些抱怨的聲音，心裡很難過，從此劉校長也擔心有好朋友來要夜宿純純國小。

雖然劉校長曾和老師私下溝通，但天真的老師竟說：「他們來可以呀！洗澡可以到廁所洗，或是一個晚上沒洗，也沒有關係呀！」

這時劉校長的心開始掙扎，但是為了校園和諧，劉校長仍然住在二樓

小房間，同時開始婉轉地拒絕親朋好友們夜宿純純國小。因為長久以來，純純國小是一個寧靜的校園，創校數十年來，簡主任、廖主任都是當地人，分別待了 40 年，前年才退休。

去年劉校長調來，才開始有了新主任，而校長與主任雖然是新的，但老師卻是舊的、保守的。一下子湧來了人潮，他們是難以適應的，所以劉校長再度告訴自己，慢慢來。

第二年 3 月某清晨，宿舍一樓門開著。看到憨厚的大明老師還在宿舍裡，劉校長自然的走進去關心，赫然發現小小的房間除了堆滿了床、書桌、櫃子之外，還晾滿一屋子未乾的衣服，一片凌亂。

一問才知道，原來樓下宿舍沒有曬衣間，這幾年來，他們的日子都是這樣過的。因此，劉校長再度和老師溝通討論，共同探討幾個問題。

首先，樓下宿舍沒有曬衣間，要改善。其次，校長和老師住，客人來了要住宿不方便，要如何改善？再來，目前校長是一個人住宿，住哪裡都沒關係，但若校長有家眷，一定要和老師分開住，如何解決？劉校長希望住宿的老師們能針對上面的問題，全面思考宿舍修繕及住宿分配事宜。

後來大家達成共識，決定把一樓宿舍一個房間修改為廚房，而把緊鄰廁所的小廚房變成晾衣間，同時把置放在小客廳的大冰箱和一些碗櫃鍋盤都搬入新廚房，這樣原來三個人合住的一樓客廳，看起來也就清爽多了。

同時因為老師們難得假日想要充分休閒，不喜歡有客人來打擾，而且護士阿姨也習慣住在樓下，一時不想搬，所以劉校長明白老師的心意後，也表明宿舍修繕後，劉校長仍然住二樓小房間，盡量減少客人來訪夜宿。但如果真的沒辦法，需要招待客人時，也請老師們協助。

就這樣，劉校長開始募款，改善一樓宿舍，同時把它讓給老師住。但有一天劉校長又聽到護士阿姨及部分老師抱怨，說：「樓下的晾衣間太小了，很不方便使用……」這時劉校長的心很酸。

劉校長開始思索，為什麼老師們這麼不知足，只為自己想，沒有一個人想到校長已經委屈了自己，在宿舍已經夠住的情形之下，校長仍然住在

二樓小房間，把一樓讓給老師住，老師們對此都未表示感恩。

因此，那天下午劉校長很感傷，把總務主任請來，請他轉告老師。如果一樓宿舍修繕之後，大家覺得住不慣，那麼請大家考慮搬到二樓，校長到一樓住，這樣什麼問題都沒有了。

老師們看到劉校長生氣了，於是派了兩個人和劉校長協商，並告訴劉校長：「純純國小沒有「校長宿舍」，雖然目前二樓房間夠老師住，但校長若搬到一樓住，將來一樓被誤以為是「校長宿舍」，若有一天住宿老師增多，二樓不夠住，若校長您調走了，而新來的校長又不肯讓出一樓的房間，那麼老師要怎麼辦？」

了解了老師們的顧慮之後，劉校長的心也寬了。劉校長告訴他們，像劉校長這樣的校長是很少的，而且大概也不會有。其實大家都是出外人，宿舍是公物，只是暫住的家，大家互相方便就好。校長替大家想時，希望大家也能替校長想想。

結果這一學年度學期結束時，老師們高高興興地告訴劉校長，請校長在新的學年度搬到一樓宿舍住。護士阿姨也歡歡喜喜地到二樓住了。

213　幼稚園廚工聘請案

某學年度裘校長即將初派校長。在未交接前的 7 月 24 日，裘校長和前任校長第一次在學校見面。前任校長告訴裘校長，新學年度學校成立幼稚園，要聘一名廚工，現在有很多人爭聘，他很傷腦筋，要裘校長處理。

8 月 4 日正式交接校長後，裘校長仔細了解，總共有 4 人應聘，都是人家介紹來的。第一位是目前在學校代課的蔡老師，她是鄉長推薦的，而且是目前學校教導主任的小姨子。

第二位是現任家長會長的夫人廖女士，她是學校已退休的老總務詹主任介紹的。詹主任在本校服務 40 年，前年才退休，目前家住在學校對面，可說桃李滿天下，整個社區年輕輩的幾乎都是他的學生。

第三位是前任家長會長夫人美美女士。美美女士活潑大方，有影響

力。學校的義工媽媽都是她在帶領，只要學校有活動找她，要人來幫忙一定沒有問題。

第四位是前任家長會副會長夫人張女士，目前在一家自助餐店幫人家煮菜，手藝還不錯。但她比較客氣，說：「如果是現任家長會長夫人要當廚工，則我願意讓。」

面對四位都是當地人，而且都是和學校有直接認識和關係的人，裘校長真的是很頭痛。不管用哪一個，都會得罪另外三個。到底要怎麼做才會最圓滿呢？於是開學前那一段時間，針對這個問題，裘校長請教許多人，包括學校的老師、主任及校內外人士，大家都提供一些寶貴的建議給裘校長。

終於在開學前一個星期，學校幼稚園因安檢立案通過，確定成立。首先裘校長找教導主任面談，問他目前廚工爭聘案，他的看法如何？這次面談，裘校長與教導主任共同分析之後達成共識，若選擇代課老師蔡老師，以後家長配合校務推展方面，可能會有問題和困難。

於是裘校長很誠懇地找蔡老師、鄉長，和蔡老師的媽媽談，請他們共同體諒學校的苦衷，並安排蔡老師，若有機會，會繼續請她擔任學校的代課老師。

接下來是三位家長會長、副會長夫人的問題了。由於他們彼此都認識，而且也都和學校的老總務詹主任熟得不得了，而三個人的能力也都差不多。這時裘校長先私下探問全校教職員工的意思，大家大概都有共識，由他們三人做決定，這樣學校就比較不會為難了。

於是某日裘校長請總務主任邀約她們三人會面，共同研商討論。但她們都客氣婉拒，怕到時見面，意見分歧，無法定案。於是裘校長只好各個擊破，會面約談。某一個傍晚，裘校長和總務主任到美美家拜訪。

她是個聰明的女人，知道校長的困難，在談話中她也明白的分析出，因現任會長夫人是老詹總務主任介紹的，而她自己也和詹主任很熟，若自己勉強爭聘，彼此之間一定會有隔閡，若校長用抽籤決定，萬一自己沒有抽到，也是沒面子的事，所以現在學校既然有困難，她願意讓出來，而學

校日後有事，她也願意繼續協助。

第二天裴校長找副會長夫人洽談，告訴她美美女士願意讓，她一聽美美都讓了，而且之前她也表明若是會長夫人要來當廚工，她一定讓，因此裴校長的難關一一度過。

最後事情總算圓滿解決了。裴校長把好消息告訴現任會長夫人廖女士，並要她向所有讓出來的人致謝，希望日後大家一樣和樂相處。

214　美美哭訴校長

某一年邱主任擔任總務主任，業務多又不熟，可說忙得一蹋糊塗。大學校一、二百位教職員工及五千多位學生的瑣碎事務，每天都把邱主任和事務組長壓得喘不過氣來，於是邱主任開始檢討總務處的職務分工職責及工友的職務分配，重新調整業務，希望人人有事做，事事有人做。

學校很大，但卻只有六個工友，其中有五位女生，只有一位男生，而女生又有一位借調縣政府辦事。對邱主任來說，學校這麼大，只有一位男工友協助處理較粗重的事務工作，其他都是女生，只能處理文書及泡茶水、送公文的工作，使得學校許多修繕之事經常停擺，而遭受許多老師的抱怨，覺得總務處工作效率奇差的困擾，一天比一天嚴重。

所以某日邱主任約談所有的職工，希望工作重新調整分配，並列出工作項目，希望他們認養，並研究如何解決目前學校事務工作所面臨的困難。

當時邱主任與六位工友們開了一、兩次的會議，共同討論出一些可行的方法，例如水電修繕嚴重的部分外包，並由男工友負責。但如飲水機、電話修繕維護等也外包，但需分配項目，由女工友輪項認養。平時她必須去關心，若有損壞情形，主動報告事務組長，並負責聯絡廠商維護。

廠商來校維修時，也直接由她告訴廠商哪裡壞了。廠商在修復時，她要在一旁關心。修好時，要向事務組長報告。這樣大家分項負責，就不會每件事都要找主任或事務組長親自去忙，而使事情拖延，而總務主任及事務組長也不再忙得團團轉。

事情達成共識運轉了一段時間，有一天負責維修飲水機的廠商蒞校要維修全校飲水機並更換濾心，當日事務組長不在，剛好這項工作是美美工友負責，所以我按對講機請她下來，帶飲水機廠商到各個點去檢查維修，就這樣飲水機當日也換修好了。

沒想到當日下午，美美到校長室哭訴，說「主任」欺負她，她是未婚小姐，飲水機的濾心有一兩處是在屋頂上水塔邊，如果她和廠商在樓頂上，萬一發生危險怎麼辦？校長找邱主任去，邱主任聽了也一臉驚恐，這點是邱主任事前沒有周全考慮到的。

離開校長室後，邱主任誠懇地告訴美美，日後若有些事情主任沒考慮周全，可直接告訴主任改善，就不會有今天這種事情發生了。但她卻反過來對邱主任說：「你是大主任，我們只是小工友，我們怎麼敢向你說？」於是邱主任生氣了，和她吵起來。

邱主任很嚴肅地告訴她：「美美，請你說話不要中傷人，我從來就不覺得你是小工友，而我也不是大主任。大主任是你說的，我只想認真的把學校的事做好，如果工作分工，做的時候你有困難，可以隨時提出來，我絕不會用主任的職權壓你們，請你尊重我。

例如今天飲水機廠商要到樓上換濾芯，你一個人要帶他上去，你已經想到可能有危險，就可以來告訴我，或請另外一個人一起陪你上去，很多事情都是可以解決的，不是嗎？」。

之後，邱主任沉思了很久，當主管有時是很孤獨無力的，但是為了教育的理想，有些事情是需要堅持和溝通的，而且在行政的路上走著，時時反省才能讓自己更進步。

215　校長公出

某一年陳校長第一次派任校長，分發到某一所偏鄉國小服務。由於家住台北縣市區，每日車程一趟要一小時四十分左右，真的很遠，但陳校長仍然每日守時，準時到校。若早上在七時半前要到學校，則需五時多起床，五時五十分前一定要出發，冬天可說都是摸黑出門。

相對的，校長到學校上班很遠，而住校的老師若要到市區縣政府開會、送公文、洽公，也是一樣很遠。所以陳校長就常常扮演協助開會、洽公，或是順便購買領取庶務用品的角色。

這樣彼此互助，大家都不會那麼累，而且學校老師少，業務一樣多，有人出來洽公，就需要安排代課，大家就更忙了。陳校長沒有課，反正都是學校的事，只要有人做，能順利完成就好，誰做都沒有關係。

本來這樣的互助合作，就是單純的一種想法，而且陳校長也很高興協助做這些代勞的事，但哪知學校的老師有些人並不這麼想。他們覺得校長常常洽公，不在學校，因此特別去記錄陳校長洽公時，不在學校的時間，此舉讓陳校長非常吃驚。

殊不知每次洽公，陳校長都會知會教導主任兼人事，而且每次協助洽公，大都是接洽公事完畢後，會再返校處理校務。有時夜宿學校，也大都是在處理校務，真的是很辛苦。

學校的事是大家的事，若每個人都能懷著感恩的心，互相協助，那麼每件事情做起來，都會覺得很美好。但若往壞處去想，則好事變成壞事。偏偏某些老師這類偏頗的看法與作法，對於陳校長不是很公平的指責，卻都發生在陳校長學校的部分老師。

因此陳校長請他們來溝通，告訴他們，校長洽公，除了有正式公文的開會之外，有四分之三以上都是在協助老師們做他們原本應該要做的事，而且除非時間太晚了，當日校長大都會返回學校。校長這麼辛苦，不但沒有得到感謝，反而被認為故意摸魚慢到校，這樣的想法，對校長公平嗎？

說出了心裡的話之後，陳校長覺得自己舒服多了。以前這些事被誤會了，陳校長都悶在心裡。陳校長同時也告訴自己和老師們，日後各處室的事都自己去辦，若需要校長順道代辦，就自己拜託校長，免得校長吃力反而不討好。

小學校，年輕老師多，需要指導溝通的事情實在太多了，但這也是校長任重而道遠的地方。

216 開代表會後，大家都在說「校長的笑話」

　　某一年廖校長初派到一所偏鄉國小擔任校長，會計王老師教學認真負責，但個性兩極化，只要是她喜歡的人、事、物，她都會一頭栽入。但如果是不對她的胃口的事，則完全不關心。

　　王老師父母早逝，平日住校以校為家，在這所學校已服務五年，可說是目前學校最資深的老師，當初會由東部一所大學校調到臺北縣這所偏鄉國小來，是因為她覺得這所學校環境單純，有如世外桃源，正和她與世無爭的個性相符，故她選擇這裡，並希望能在這裡定居下來，平時也認真教學生，和家長打成一片，並喜歡研究野花野草，參加荒野協會所舉辦的系列活動。

　　廖校長剛剛調任到這所學校擔任校長，暑假中廖校長巡視校園各個角落，就記下許多在硬體上需要改善的事項，預備有機會時，爭取經費逐年、逐項改善，讓校園的學習環境更充實、更完善。

　　之後，學期開始了，廖校長在校務會議上報告未來辦學目標及改善軟體、硬體的具體作法，也希望老師們提供意見，大家一起來讓學校變得更好。會議中大家都沒意見，而廖校長也希望日後大家隨時有意見可再提出來。於是散會了，而學校也正常運轉。

　　十一月中旬開鄉內代表會的日子到了，按往例都會邀請各校校長列席，並報告學校概況、經驗分享。當日廖校長懷著興奮的心情前往，因為是第一次和所有代表和鄉公所及各機關首長碰面，所以廖校長也認真做校務報告，並努力爭取廖校長想要為學校改善的各項硬體設備經費，大約有七至八項之多，並請鄉長及代表們支持學校。

　　回校後，廖校長仍努力辦學，而鄉公所、代表會也沒有補助學校任何經費。翌年四月十二日運動會後，廖校長轉移目標向縣政府爭取經費，這次課長給廖校長許多補助款，於是廖校長改善了學校的車棚、地坪、漏水、避雨走廊、PU 球場，並增設中央監控系統，以及美勞教室的設備……等。

　　總之，去年廖校長很辛苦的做了一年，每一件工程廖校長都陪著主任

擬定計畫,做概算監工等,而每件工程也都順利完成,學校的環境也比以前更好一些,但仍有許多需再繼續努力之處。而廖校長也想繼續再向前邁進。

豈知第二年總務主任懸缺,由學校一位鄭老師代理。他和會計王老師是前後年調到這所學校的。兩人的個性類似,平日相處得很不錯。兩人都是喜歡這所學校環境的老師。鄭老師平時也以校為家。但廖校長始終沒想到,王、鄭兩位老師愛學校,但也怕學校環境被改變。

首先鄭老師開始數落前一年,廖校長所做的每件工程不好……。而王老師也提到廖校長在代表會校務報告後,「大家都在說校長的笑話」。廖校長深感訝異,請王老師舉例,為何會有笑話。

她說:「大家都在笑,校長到代表會要錢。」廖校長反問:「為了改善校園環境,校長有機會就向相關單位爭取經費,有什麼不對嗎?如果你們聽到了,為什麼不反過來,替校長說好話,反而也要笑校長,錢並不是要到我的口袋,我所做的都是為了學校。」

這件事之後,廖校長沉思了許久。原來校長覺得為了學校好所做的事,老師並不一定覺得好。但反過來想,若老師怕環境被改變,而覺得保持現狀就是最好的,校長是不是也就什麼都不要做了……。

最後廖校長告訴自己,為了學生,有許多教育的理念,廖校長應該和老師們再多多溝通,並期待建立共識,再一步一步向前跨步出去。

217　午餐評選風波

秦校長在主持學校新年度午餐評選時,發現評選結果非其屬意的廠商,於是會後和家長會張會長商討,欲改變合約期為半年,其理由是為了保障學生午餐品質,加強管控廠商,避免愈做愈差。

如果做得不差,再行續約下半年,表現不好,則半年契約到期就重新評選。不料此舉卻引起張會長強烈的不滿,理由是經由公開評選,是多數決,怎麼能夠改變評選結果呢!

此時張會長很大聲地對秦校長說：「你如果要改變評選結果，後果由你自行負責。」接著張會長氣沖沖離開校長室，做陪的委員面面相覷，不知如何是好。此時秦校長表明只是在討論，其目的是為了孩子和家長方便，如果家長能為學童準備便當，也就不用如此麻煩了。

雖然事後依合約書簽訂一年，但廠商卻認為校長總是刁難，不給面子。張會長心中亦表明，午餐廠商非校長屬意，就不能運作，當什麼校長，一定要堅持下去。

然而秦校長內心卻認為此家廠商是張會長運作的，午餐的品質並不好，應要求改進，否則依合約書規範執行之，卻造成家長會和學校行政，甚至廠商氣氛不佳。

在校務會議時，家長會和校長及學校教師互相攻訐，互不相讓，引發學校不當管教問題、環境清潔問題、教學品質問題，彷彿為反對而反對，可謂學校氣氛低潮期。

張會長平時到校，感受不到受尊重和歡迎，更添加其對學校的不滿。任期即將屆滿要改選時，更是二路人馬暗潮洶湧，學校頓然成為選舉區域，迷漫著爭權的濃濃味。

秦校長認為，學校的成敗、學生的安危、午餐的品質，校長都必須負起全責，關心孩子是校長的權利也是義務，對小廠商給予較短的契約期，是對午餐品質的管控，有何不妥？

張會長認為，學校午餐是經由公開評選，須依評選內容履約，怎能擅自縮短契約期，這是不合乎公開評選規則，會讓人有聯想空間。學校教師則認為，學校校務會議是學校最高決策組織，校長和會長不應該因為午餐事件，引發其他不相干的事，造成更多的學校問題。

為了處理此一午餐評選爭議事件，由校長召集學校行政人員、午餐執行祕書、教師會代表和家長代表，直接和午餐廠商面對面溝通，要求其品質管理，加強營養衛生和品管圈，以維護師生權益。

秦校長透過前任會長和現任副會長及學區里長協助，和張會長協調溝

通，不要意氣用事，凡事以學生學習權和受教權為考慮，沒有私心用意，請張會長能秉持幫助學生的心，繼續協助學校辦學。

本次午餐評選爭議處理結果，午餐廠商依學校要求，加派午餐服務人員，並派員駐守訓導處，協助午餐相關事宜。張會長經校長和其他家長會代表的說明和溝通，亦漸漸走出陰霾，主動和學校行政溝通，加強親師關係，協助學校處理其他教育活動事宜，彷彿又恢復了校園的寧靜。

218　畢業典禮變革風波

春天國小在某一年度六年級舉行畢業典禮時，因縣府函文規定，以創新、活潑、溫馨為主軸，跳脫傳統的頒獎窠臼和排排坐的方式，於是教務主任便規畫不同的畢業典禮方式，把過去歷年在白天進行傳統式的畢業方式，改為利用夜間在學校中庭舉行，除了佈置夜燈造景外，並張燈結彩。

從校門口至各教室走廊都布置得美輪美奐，無與倫比。儀式也改變為溫馨創意感恩的活動，諸如學生感恩、朗誦、教師祝福呼喚，及施放祝福煙火，讓親師生感受不同的畢業情懷。

但當教務主任欲破除歷年排排坐的形式時，卻遭其他處室拒絕配合，以及六年級老師反對，讓教務處深感遺憾。六年級老師認為，過去歷年都借社區活動中心，一個多小時就辦完畢業典禮，何必搞得那麼累？

況且晚上舉行畢業典禮，學生安全堪慮，家長的配合度又無法完全掌握，何必那麼辛苦呢？其他教師也認為，白天舉辦完畢業典禮就沒事，何必晚上舉辦？況且大家也有家庭，誰要幫他們照顧小孩，幹嘛多此一舉呢？

其他處室人員也認為，白天舉辦完畢業典禮，各處室就只做例行公事。如果改到晚上，工作量必然會增加不少，何必呢？何況經費又不足。校長也提醒教務處，溫馨創意感人的畢業典禮，構想很有創意，但經費來源呢？是否會下雨？下雨又有何配套措施？學生的安全性是否也要考慮？

教務主任感謝大家多方考慮問題，但身為教育工作者，應嘗試一一加

以突破。學生安全問題，除了成立校園安全巡邏組，並通知管區警察外，也請家長配合接送。經費問題，會儘量尋求家長會和社區協助。

工作量的問題是教師觀念的問題，教育人員不能因工作繁重而放棄教育理想。家庭小孩乏人照顧應設法解決，畢竟這是幾小時的事，不是經常的事，把幾小時的事換為應屆畢業生終身懷念的事是值得的。

雖然教務處堅持改變，卻也和上天搏鬥不能下雨，處室的不配合，造成佈置由教務處承擔，校長彷彿有多一事不如少一事的感覺，使得教務處成員頗受壓力和考驗。

其後校長召開會決議，由教務處初步擬定畢業明燈感恩之夜初稿計畫，審慎評估。校長並召集各處室和六年級畢業班級任老師，說明整體運作過程和工作分配事宜。進行各班彩排和預演，了解時間的整體掌控，俾有利於流程順遂，並且演練雨天改為室內辦理方案的流程。

最後在教務主任堅持理念之下，運作整體畢業典禮。在燈海佈置和情境感懷溫馨及家長配合接送學生下，完成了一次難以忘懷的畢業感恩之夜，獲得社區家長和教師的肯定，以及學生的感恩。歷經此次創新畢業典禮籌劃與執行，雖然辛苦，卻也甜蜜在心田。

219 畢業旅行天數的爭議

1998 年，大大國小本來六年級畢業旅行均為兩天一夜的行程，當年因為學生常規較差，老師想改為當天往返。經召開畢業班校外教學籌備會討論（由教師及各班班親會會長參加）後，獲得同意。

然而，當教師向學生宣布之後，引起學生的反彈，紛紛回家向家長抱怨，於是有家長向學校反映希望更改方式，並且彙集附近學校有關畢業旅行的資料，揚言如堅持原案，將採取激烈抗爭的手段。教師方面則認為，既已做成決定不應更改，學校行政方面對兩造不同立場，左右為難。

220　學校與媒體相處之道

　　某年某月，教育部到大大國小評鑑「降低班級人數」教室工程。家長會長好意邀請中國時報及自由時報記者採訪，當天上午活動進行得非常順利，記者也都有好評。當天下午三點多，聯合報記者打電話到學校詢問當天情形，學校人員描述當天優良事蹟。

　　記者請問有無問題，學校人員想了想，告以廁所要不要加設門，曾經被討論過。不料，隔天早報地方版，內容皆為正面報導，可是以標題為「**大大國小廁所要再加設門**」，便有學生家長詢問，廁所是不是沒有門，要不然為什麼要加裝門。校方發覺問題不簡單，於是開始啟動危機處理機制。

　　一方面，與家長會長聯絡，請其幫忙解說。另一方面，由於當天是會議開議期間，學校乃緊急向駐區督學通報。

221　校園遇到危機，要對媒體主動出擊？抑或儘量低調處理？

　　學校要的是正面新聞，但是記者要的是具衝擊性、爆發點的新聞。學校必須思考滿足媒體記者的需求程度，若為負面消息，有的校長會選擇主動出擊，直接發出新聞稿。

　　以前在學校附設的幼稚園中，有一個班級裡出現了三個腸病毒症狀患者。按照教育局規定，若患者高達三位以上，要通報病情、班級要停課、整件事情要讓班級學生的家長都了解。

　　然而有些學校會讓患者請假待在家中休養 而其他學生正常上課，這種作法是違法的。某一所學校就不採用此種方案。

　　然而停課的結果會面臨一些問題，例如:1.雙薪家庭會面臨孩子的安置問題。2.學校的安全衛生受到質疑，會影響校譽。 3.學校要花費金錢、人力在校園環境的清潔消毒方面。4.其他班級也會因為腸病毒風暴產生恐慌，這種恐慌與害怕會進一步擴大，影響到自身安全；此外停課時間的長短由誰決定？家長還是學校？

　　有鑑於以上各項考量，腸病毒案發當時便有七個家長和校方開會。由於腸病毒的潛伏期為一個禮拜，發病期為二至三週，因此決定停課兩週。

　　之後校方便展開後續工作，在環境方面，幼稚園教室、玩具、廚房、公共設施等都要消毒；在學生方面，無論是患者或未感染的學生要按時打電話聯絡老師，讓老師了解目前的情況。

　　對於孩子的安置問題，學校的彈性措施是學生仍可以來學校，學校方面會做好處置；但是校方無法保證孩子不會感染到腸病毒。由家長自行選擇讓孩子待在家中或是送到學校。

　　在決定停課通知後的一小時內，案發校長立即召開教師會議，說明腸病毒事件、老師對孩子的輔導以及加強清潔衛生工作等工作事項。

　　此外，在家長當中有身為媒體工作者，打算報導此一學校危機事件。校長的態度是寧願主動出擊，提供正確的消息給媒體，以免媒體過度渲染或報導不實。

222　老師告學生

　　某日下午打掃時間，悠悠國小四年忠班在外打掃，打掃時間結束後，僅有八位學生準時返回班上，其他學生仍留在外掃區玩耍。級任老師關老師親自到外掃區現場視察，發現上述現象，一怒之下動手打了正在玩耍的三位小朋友嘴巴，並且罰跪在外掃區。事後，該三位小朋友用三字經辱罵老師，並且寫在紙條上，被關老師發現，並核對筆跡。

　　三位小朋友當天下午四點左右寫下悔過書，可是關老師認為三位小朋友並沒有悔過之意，有意訴諸法律行動。家長曾與關師聯繫溝通，但雙方未取得合適之溝通模式。

　　悠悠國小之處室主任、教師會會長及駐區督導皆協助處理，但關老師依然堅持提出告訴，一狀告到板橋地方法院。此舉引起四年忠班三位小朋友之中一位家長及相關家長群情嘩然，並引爆新聞媒體大量報導，引起校園不安，影響校譽。

223　畢業光碟製作的爭議

　　欣欣國小的畢業生向來都有製作一本畢業紀念冊，以作為學生畢業後終生的留念。然而隨著科技的發達，光碟的製作日益普遍，學生家長便有製作畢業光碟的聲音出現。

　　1999 年秋天，一位五年級的家長委員便向學校提議，當屆的畢業生希望能夠製作畢業光碟，其個人願意提供技術協助（經查該位家長委員係某書局的業務代表）。

　　為因應前項提議，校長乃於行政會議中提出討論。經過一番討論後，大家認為該名委員提出此項建議的動機並不單純。雖然光碟製作為時勢所趨，但是否符合畢業班家長的期望是要探討的，建議由承辦業務單位教務處設計問卷，廣泛了解家長意見後再行處理。

　　教務處便製作了一份問卷，徵詢家長的意見，包括「製作畢業紀念冊、製作畢業紀念冊及光碟、製作光碟」等三種選項，並且普遍發給畢業班一百二十餘名畢業生每人一張。

　　事後經過統計之後，發現有百分之六十多的家長認為只要製作畢業紀念冊即可。此項問卷經過畢業班老師共同討論後，送交後來出席的畢業班家長會（由畢業班家長代表組成）討論，以尊重畢業班家長多數意見為意見，決定該學年度僅製作畢業紀念冊即可，並立即公布。一個潛藏的校園風波於是平息。

224　德育成績的爭議

　　關老師是一位國小六年級的老師，為人執著，喜歡做他認為是對的事情，也常常喜歡在各種會議發言，攻擊行政措施的不當，是一名所謂「大砲型」的老師，學校行政團隊對於他有一點莫可奈何。

　　關老師對於學生的教導還算稱職。他對於自己的教學，在德育成績部分，有一定的堅持。他是採用記點的方式，也就是將每一位小朋友平時的表現做成紀錄，然後在學期末的時候統計，依照平時的表現成績加加減減

以後，成為最後的成績。

這一年，闕老師班上有一名左姓學生是學校網球隊的選手，平常早上一大早都要先到網球場去練球，再到學校來上課。來到學校的時候，經常會趕不上打掃的時間，所以常常被記點扣分。到了學期末的時候，闕老師就根據平時的紀錄，給左姓學生德育成績 79 分。

左同學因為在網球場上的優異表現，有機會獲得台北縣體育委員會所頒發的獎學金，於是學生家長便到學校申請了左同學的成績單，到台北縣體育委員會要申請獎學金。申請的時候才赫然發現，德育成績必須是甲等（80 分）以上，才可以申請獎學金，而左同學的德育成績只有 79 分，所以不符合申請獎學金的資格。

家長得知這樣的結果之後，非常不高興，認為左同學平時東征西討，為學校爭取到不少的榮譽，沒有功勞也有苦勞，老師為什麼不但不加以鼓勵，反而還因為他去練習網球遲到，沒有掃地而給予扣分，害他的德育成績只差一分而沒辦法拿到獎學金，對於闕老師的作法很不以為然。

左同學的家長便到學校找闕老師理論，希望闕老師能夠加一分，以方便左同學可以拿到獎學金。闕老師則拿出他平時紀錄的成績，證明他的公平，並堅持給分是屬於教師專業的範圍，不容許家長干涉。

雙方就這樣你一言、我一語吵了起來，鬧得不可開交。左姓家長氣不過，於是轉向訓導處投訴，訓導主任便介入協調。

經過訓導主任在行政會議提出這個個案，並且會同教務處註冊組到闕老師處了解，發現闕老師的成績，的確是依照平時的紀錄處理的。闕老師也相當堅持自己的處理並無不當，並認為這是教師專業自主的範圍，學校應該要尊重他。

經過幾次協調，行政部門知道已經沒有轉圜餘地，基於對於教師專業自主權的尊重，也只好支持闕老師的作法。

家長對於這樣的結果很不滿意，又找來網球教練、地方人士來關切，但都被校方婉言拒絕。過了一陣子，家長氣不過，就將左同學轉到隔壁學

校。受到左同學轉學的影響，那一年學校網球隊的成績並不怎麼理想。

225 誰可以優先入園？

自從蘇貞昌先生當選台北縣縣長以後，為了實現他競選時普設公立幼稚園的政見，便提出三年增設 300 班幼稚園的政策，希望在現有的國中及國小校園中能普設幼稚園。

妙妙國小躬逢其盛，也在 1997 年的 6 月成立一班附設幼稚園。這一班幼稚園在學校行政的大力支援，以及兩位老師的認真教學之下，有著相當不錯的口碑。

幼稚園的招生是一件很讓人頭痛的事，公私立幼稚園之間可觀的就讀費用差距，讓人對公幼趨之若鶩。為了避免弊端，台北縣政府教育局訂定了一套相當完善的招生辦法，規定各幼稚園招生要以公開抽籤的方式產生，並且對於學生的報名等程序有著詳細的規定，讓各校有遵循的規準。

妙妙國小幼稚園不錯的口碑，加上公私立幼稚園可觀的就讀費用差距，於是有許多人便要想盡辦法，讓他的孩子進入妙妙國小幼稚園就讀。有人透過各種地方里長及民代等管道關說。也有人進入學校擔任義工或是家長委員，希望藉著這個機會，能夠和學校攀上關係。學校幼稚園僅有 30 個名額，竟然有高達 40 至 50 人透過各種管道，想要運用關係，不用抽籤就直接進入幼稚園就讀。

為了擺平各方的角逐，部分家長委員便提出分配名額的想法，也就是家長委員三個名額、義工三個名額、地方人士三個名額，希望大家雨露均霑。這個方案也提出來和學校的行政人員討論。

學校的行政人員在了解內情之後，認為在現行公開抽籤的制度下，想要把名額分配給特定人士有相當的困難，於是婉言拒絕，因此也引發部分地方人士的不滿，揚言對學校採取不利的舉動，並在外散佈抽籤可能不公的傳聞。

經過一天半的報名，有 130 人以上競逐 30 個名額。妙妙國小校方在戒慎恐懼的心情下處理抽籤事宜，是由家長自己來抽出中籤者。整個抽籤過

程公開透明，有不公的傳聞自然獲得澄清。

　　家長會有一部分家長，在此次抽籤中的手氣不好，排名在相當後面，對於學校的處理方式大表不滿，認為自己平時為了學校的事情出錢出力，想要一個幼稚園的名額竟然是不可得，在次年的家長會中結合一些不滿學校的人士運作，造成家長與學校關係持續的緊張。

226　幼稚園教師甄選

　　1997 年，妙妙國小響應台北縣政府推動的幼稚園 3 年 300 校的政策，要增設附設幼稚園一班，因此需要甄選兩位幼稚園教師。消息傳出，角逐者眾。有意參加甄選的老師多方角力，運用各種管道關說，希望能夠取得先機。

　　到了報名的時候，一共有 78 位教師報名，而地方人士推薦的八行書滿天飛，其中一名考生除了具有本校家長的身分之外，更有議員代表代為關心，而妙妙國小家長及校友在考生中佔有三分之一。這樣的情形，帶給學校行政人員非常大的壓力。

　　某位廖姓的考生，其舅舅為地方選出的縣議員，曾任鎮長，在地方素有名望，而且具有相當的影響力，而她現在任職於鎮上的托兒所，福利待遇都比幼稚園差很多，她一直想要轉換跑道到幼稚園來任職。

　　這次聽說妙妙國小要辦理甄選，便想要參加，於是透過她的縣議員舅舅向學校施壓，希望學校能夠想辦法幫她，而妙妙國小的教評會向來自主性強烈，而且參加甄選的教師與妙妙國小人員的關係錯綜複雜，如不幫助她，會害怕議員借題發揮，但是如果幫助她的話，不知道會不會消息外洩而衍生事故，真叫學校的行政人員左右為難。

　　衡酌當時的情況，介入甄選的風險性極高，一不小心很容易出事，會替學校行政人員帶來莫大的困擾，於是學校的行政人員，便有見機行事，不積極處理的默契。考前幾天，校長藉口出差遠避南部，直到甄選前夕方才返校。

甄選過程採取全程錄音的措施，並且以公開公平的方式處理甄選的相關事宜。甄選結果於當天下午出爐，廖姓考生以懸殊的分數落榜。為了避免不必要的困擾，學校在最短時間內將結果公布，並且上網公告周知。

幾天之後，該位縣議員打電話到學校詢問甄選結果，並且以很不友善的口氣質問過程，要求學校將成績在最短的時間內送給他，讓他了解，否則他要在當天下午的議會提出質詢。

學校行政經過緊急討論之後，決定提供成績讓他參考，並且透過適當的管道加以疏通，希望能夠取得他的諒解，減少不必要的困擾。經過地方有力人士從中調解，本案終於不了了之。然而後續引起的話題，卻陸續於校園裡引起討論。

227　義工的權益

學校義工顧名思義是學校的義務工作人員，是義務到學校協助處理一些事務，支援學校不足的人力，讓老師專心教學，做好小孩子的教育工作。學校許多工作的推動，常常需要仰賴許多義工的協助。

但是有部分義工到校服務的動機就不單純，希望藉著服務的機會，到學校與相關人員多多接觸，進而謀取個人的利益，取得諸如孩子編班的方便、推銷業務的順利等等。

義工常常在服務之餘，不忘謀取自己的福利，要求學校提供一些權利，因此而造成學校行政的困擾，進而讓校園動盪不安。

欣欣國小過去在推動義工工作的時候非常成功，是這個地區第一所由義工擔任路口導護工作而讓教師退出的。義工對於學校工作的協助非常投入，諸如圖書義工、環保義工、說故事媽媽等，給予學校許多的協助，帶動學校的發展與進步，對於學校的貢獻良多。

2001 學年度，六年級的江姓義工挾其豐沛的地方資源，取得義工大隊長一職，平時提供協助，作為學校與義工之間的橋樑，頗為稱職。第二學期初的一項義工會議上，有義工提出建議，希望學校能夠辦理「說故事媽媽」的研習活動，並提供故事媽媽適當的活動場所。

此項意見經過與校方溝通之後，學校在提供研習活動協助部分，答應要大力協助，但是在固定場所部分，則因為學校教室猶在改善之中，教室空間有限，只能在活動時，調挪部分場地提供活動之用，無法提供固定的場地。於是研習活動就在這種情形下展開。

但是幾次活動下來，義工媽媽對於每次調整場地的方式大感不便，於是請江姓義工大隊長代為反應，而江大隊長向行政反應多次，行政部分衡量現實狀況無法答應。消息傳來，故事媽媽們群情激動，認為平時對學校協助如此之多，此一小小協助，學校竟然無法答應，一場校園風暴於是逐漸醞釀著。

期末的家長代表大會，江大隊長於是以這件事為主題發表一些言論，並引起許多家長代表的共鳴，頓時行政人員灰頭土臉，校長起身應允私下協調盡力協助，一場風波始得暫時化解。

事後，總務處便邀請義工一起勘查學校教室使用情形，找到一間小的教室作為他們活動的場所，但是地處偏遠，活動空間不佳。幾次活動下來，義工們深感不便，最後這件事情也就不了了之。

228 備課天數的爭議

為配合九年一貫課程的實施，台北縣政府教育局於兩年前行文各校，要求中小學教師寒暑假要到學校做課程準備，暑假是三天，共計 21 小時，寒假是一天七小時，目的是希望平時忙於教學工作的教師們，能利用假期和學校其他教師一起討論教學心得，並且開拓學校本位課程。

此一立意良善的想法，到了各校在實施上卻產生了許多的差異。有的學校要求老師一定要到校準備，並且採取簽到、點名等措施。有的學校則採取比較彈性的措施，賦予教師以群體規劃自己的備課計畫，不管其中的實施細節，只要求最後要有課程準備的成果。

因為各校實施上的差異，以及教師認為寒暑假是屬於自己的假期，而且平日上課就會準備教學課程，因此認為假期備課的做法是「多此一舉」，所以便陸續有反彈的聲音出現，並且透過教師會的系統反應，希望台北縣

教育局能夠改變這項做法。

而家長及校長則認為備課仍有需要，只是方式做法可以更具彈性一些，以落實這項政策。三方面的意見不同，造成相當大的爭議，也造成台北縣政府教育局處理的困擾。

為了解決這項爭議，台北縣政府邀請教師會、家長會長協會、校長協會代表研商，共同討論中小學教師假期課程準備的做法是否要改進。會中，有教師認為，其實教師平日教學時，就會做課程準備，不一定非在寒暑假還要花一到三天的時間到學校做「*形式備課*」。還有學校要求教師要簽到，這種做法對於老師是一種不尊重。

家長會長協會代表則表示，家長尊重教師的專業自主權，但是教師也不能忽略學生的受教權，假期備課仍有必要，備課方式可以更彈性、更多元，符合教師需求，不要流於形式。

校長協會理事長表示，平日教師教學忙，很難找到共同時間一起討論，只能利用假期備課時間，讓教師聚在一起規劃，更符合九年一貫課程的精神與作法。

經過討論，會議最後做成決議，教師暑假備課時間仍維持三天 21 小時，其中兩天是課程準備，一天是開學準備日，課程準備時間和地點可依內容彈性調整，不一定非得集中在哪幾天，備課地點也不見得到學校，只要結合九年一貫課程與教學為原則。備課方式可由各領域召集人或學年主任提出計畫，交由課程發展委員會核備。

另外，教育局還放寬，讓課程準備可和教師研習相結合，只要參加課程準備，就可核予研習時數，內容可進行教學經驗分享、班級實務討論、教師專業對話。

229 誰來當總導護？

藍天國小訓導處依照慣例，由組長的行政編號順序，來編排各週總導護的人選。期末事務組長在擴大行政會議提出：「為什麼總導護要讓組長擔任？我寧可站路口兩週，也不願意當一週總導護！」

　　問題拋出後，組長們紛表贊同。校長表示，由訓導處研究後再作定奪！生教組長和訓導主任研商後，公開徵求全校有意願擔任總導護的同仁，結果卻寥寥可數，只有幾位年輕男教師願意擔任。最後，只好由訓導主任一一拜託，終於湊足了第二學期總導護的人數。

　　開學第三週後，由一位年輕有熱誠的關姓男老師擔任總導護。有一天下午掃地時間，當他正在督導學生掃除工作時，一班高年級的學生還在打球，當他阻止打球時，引起該班級任老師的不滿，並聲稱「我們還在上體育課！」接著兩位老師便爭執起來，最後不歡而散。

　　事件過後，關老師告訴訓導主任，決定以後不擔任總導護了，因為他認為這工作不僅要早到校，還可能會因為指導學生，而得罪其他班級的級任老師，真是「吃力不討好」。

　　事件起了連鎖效應，有幾位本來答應要擔任總導護的老師也萌生退意。最後經由校長出面安撫鼓勵，總導護人員總算願意繼續幫忙。訓導主任認為，若無法制定一個公平的制度或辦法，未來仍會發生「誰來當總導護」的窘境。

　　「總導護」工作攸關學生安全和生活指導，事實上是每位教師責無旁貸的。因此，訓導人員是否需要考量教師意願而編排總導護工作呢？教師考核辦法四條一款提及教師需配合訓輔工作，唯每次考核會議，除了少數教師因事病假超過規定不得考列甲等外，其他人人皆甲等。

　　如此，考核委員功能不能彰顯，教師不配合行政，無法可治，行政人員也將有責無權，這樣一來該如何推動業務呢？「校園民主風氣」是時代必然的趨勢，但卻也常常出現「校園倫理」逐漸走向蕩然的趨勢。

　　當教師的意識抬頭，積極爭取權益時，行政人員需要具備哪些溝通能力並提升 EQ 呢？「學生的安全」和「教師的權益」在行政上是位於天秤的兩端，行政人員應該如何兼顧二者，獲得雙贏，並能跳脫教師與行政壁壘對立的「囚犯理論現象」呢？

230　家長會想要承辦教學之外的各種業務

學校的家長會沒有財源，他們完全沒有錢。擔任家長委員不准捐錢，會長不捐錢，誰都不可以捐。但是他們有時候想要幫助一些窮困的學生或臨時發生變故的學生，於是他們就開始動腦筋，他們想要把學校的學校午餐、簿本採購、制服採購都接手來辦。

也就是家長會要辦，然後所有的利潤歸家長會。他還請求學校讓家長會辦理低年級的課後活動班，因為會有一點點利潤，可用來當作家長會的基金。

現在問題是，這些項目是不是可以全部都給家長辦？再來，家長會主辦之後，可能會產生哪些問題呢？明文規定是學校辦的，比如說午餐，為什麼不能給家長辦？很可能家長為了他自己孩子的利益考量，而沒有顧慮到大多數的孩子。

譬如說某一個家長的孩子喜歡吃什麼菜，喜歡什麼樣的便當，或者是說某一位家長的經濟情況很好，他覺得制服布料要買好一點的，穿起來挺一點、漂亮一點。也許他經濟情況很不好，他覺得制服要越便宜越好，反正穿一穿就丟了。這些都可能走上這一個極端。

另外就是家長沒有責任，不必負責任。因為行政處分處分不到他。出了事，沒有人會抓他、處分他。可是學校做事是要承擔責任的。因為沒有規範就沒有責任。或者說，這一屆的家長很有理念，辦得很好。幾年之後接手的家長是不是還能夠這麼客觀與超然呢？

要是萬一碰到一個家長有私心，把錢收了拿去自己做生意，到時候籌不出來怎麼辦？學生都沒飯吃，錢都付不出來給廠商怎麼辦？這是有可能的事。不過，家長會的財源就是自籌基金。就看家長會自己運作的模式。

231　誰要做橡皮圖章？

美美國小是一所郊區中型學校，每年教師的流動率極高，因為交通不便捷，因此每年教師甄選總是乏人問津。前幾年學校裡有二分之一以上是

代課教師，許多代課教師連續多年皆在美美國小任教，和正式老師之間建立了深厚的情誼。

惟近兩年來師資供過於求，所以代課缺額僅剩個位數，競爭之激烈可想而知。這一年的代課教師甄選，教評會兢兢業業，一方面要顧及昔日情誼，另一方面也要為校選才，因此個個莫不倍感壓力。

但就在甄選結束後，教評委員面對一個棘手的問題，因為校長對錄取的結果有意見。起初在教師甄選的過程中，校長並未擔任主考，他授權給教評會，但當他拿到教評會的錄取名單之後，發覺心目中優秀的應試者並未獲得錄取，並且因為受託要多關照該位應試者，若是榜上無名，校長勢必難以面對，因此校長在榜單未公告前，召集所有教評會委員，並要求委員們更改錄取名單。

會議從兩點開始召開，對於校長堅持的態度，教評會委員們低頭不語，以沉默表達心中的抗議。會議持續了三個多小時，校長的態度依然堅決，最後教評會委員只好順從校長的意見。

教評會委員們雖然妥協了，但在走出會場之後，大家都認為不被尊重，紛紛說：「既然授權了，為何還要干預？我們再也不要做橡皮圖章了！」事件的結果引發多數教師的不悅，認為校長獨裁，說一套做一套！對於未來擔任學校任何小組成員或委員會委員，皆感興趣缺缺，影響許多校務行政工作的推動。

身為一校之長，面對外界許多關說，若置之不理，恐引發後續負面的影響，但若全盤接收卻又違背原則，應該如何回應才得宜？行政與教師致力於學校教育的精神是一致的，只不過有時候難免會因為觀點和立場不同，彼此對事件所持有的原則和彈性會有些不同。身為行政人員要如何與教師溝通，才能免於落入所謂「說一套、做一套」的口實？

教師法規定，教師有義務參與並協助推動學校行政工作，惟多數教師對於擔任學校委員會委員的看法是：除了是無給職外，還必須時常開會，總認為被選上很「倒楣」。對此，如何建立獎勵的機制，讓教師樂於參與？

232　為何總是校服採購惹的禍？

梅主任剛從主任儲訓班結訓，透過推薦，參加一所新成立的學校水水國小的主任甄選，順利擔任輔導主任一職。因為處室尚無組長的編制，於是「主任兼組長」，認真推動自己的業務。

開學後，校長指派梅主任執行「校服」設計的案子，梅主任便徵詢全校教師、家長的意見，並尋找學生服款式相關書籍，公開召集家長代表，訂出幾種款式和質料後，請廠商（校長引進）製作，並由學生擔任模特兒，讓全校學生票選心目中的制服。

服裝款式決定之後，便將業務轉交給合作社，由合作社與廠商洽談服裝價格，公告家長購買。水水國小學生的校服於是定案。

學期結束後，梅主任因個人因素，申請異動至他校擔任主任職務。當新學年開始兩個多月後，梅主任突然接到水水國小發給他的公文，提及教育局接獲家長的控告，認為水水國小的制服價格太高，不甚合理，要梅主任出面做說明。

梅主任接到公文後，心裡很緊張，反覆思索服裝定案的過程皆公開，絕無涉及違法，而且並未參與價格訂定一事，為何會牽連到自己呢？

所幸當時處理過程的程序和時間，均記錄在梅主任的筆記本。梅主任便將執行過程，以報告回覆水水國小。事件涉及梅主任的部分即告落幕。

校服的制定有哪些必要與周延的程序，才不會引發日後家長的質疑？初任主任面臨採購時，應注意哪些採購的程序？擔任行政人員或是公職，對於不當的上級處置，其本身的權益或義務有何種維護的措施？

233　老師不願意拜託家長來站導護

有一次陽光國小召開教師朝會，校長是朝會的主席。會議快要結束之前，有一個老師舉手提問說：「學校叫我們邀請家長站導護，那是訓導處的工作，為什麼要叫我們老師做？我們老師不想要欠家長人情。」

這位老師當著全校所有老師的面這樣說。校長是會議主席，毛校長當場還真不知道應該怎麼回應並且將會議做結論。這個老師講了這句話，透露了什麼訊息？老師們連開口邀請家長做事的意願都覺得是一種負擔。

一般來說，台北市的家長對學校事務的參與度都很高，這位老師這個提議是個案，當然並不是每一位老師都是像他這樣想，但是大多數老師，尤其是傳統的老師，他們是不太能低聲下氣去拜託家長來站導護的。

因為傳統上，在小學的班級中，老師大部分都是在發號施令，長期以來都不太需要低聲下氣。因此有些老師對於要邀請家長站導護，必須具備一些說服力，有的老師會覺得很難克服心理障礙，會覺得欠人家人情壓力很大，負擔很重。這種事情比較有可能發生在比較傳統的老師身上。

不過新老師也可能發生這個問題，因為有些人不願意跟人家溝通，他以為當老師只要跟小朋友溝通就好。很多人以為當老師就是教書匠，上課時間只要拿著課本上講台教書，其他事都跟他無關。其實除了教室裡的教學之外，有一些生活教育的東西還是跟老師的工作相關的。

234 校園網路論壇

壯壯國小堪稱是一所民風善良、校風純樸的學校。學校教師多數認真優良，克盡職守，尤其在教育改革的過程中，老師們展現其優質的專業能力，在課程設計、學校教育活動的推行頗有嘉譽。學校重大措施更以民主、參與方式做成決定，尤其是推動校務會議法治化，更是其他學校學習的對象。

該校在校長大力支持下，很早就成立學校教師會。教師會成立幾年來，並未刻意彰顯其在校園中的角色地位，偶爾辦理一些教師聯誼活動、進修活動，反映部分教師對於學校措施的一些意見。校園中多了教師會，代表著教師多了一個支持團體，校園倒也平靜無事。

然而兩年前，新任教師會理事長，認為學校應有讓教師可以發表言論與意見的空間，對於校園民主應屬正面效益，因此在學校網頁上，開闢教師網路論壇，提供全校教師可以以不具名的方式，發表對學校應興應革與

教學心得的交換分享。

論壇開張後，剛開始發言並不熱烈，之後開始有人發表對學校措施、設備的不滿，或發洩個人情緒，亦有針對校園中某些人員提出批評，甚至惡意攻訐，有人提出不同意見，因而掀起網路上激烈論戰。一時之間，煙硝味瀰漫，多人遭受流彈攻擊。

學校行政協商由具教師會會員的主任與教師會理事長協商，是否可改變發言方式，或關掉網路論壇。教師會理事長認為網路論壇並無不妥，打算繼續維持，但答應會在論壇上，呼籲大家以理性發言。

然而理事長的呼籲效果似乎有限。論壇上，仍不時會有新的話題出現。校園的每一個人，尤其是行政人員，時時準備被流彈所襲擊。對於非理性或非事實的言論，有人一笑置之，有人氣憤難消。校園吹著一陣陣不平靜的風，直到流彈襲擊理事長本身。

對於網路論壇，不具名者所提出的意見，事件當事者是否有回應必要？學校應如何一方面提供學校教師充分發表意見的機會，另一方面提升發言的理性層次？

235 學校沒教室了！

文文國小是一所都會型學校，創校 25 年，歷經三位校長，秉其教育理想治校，學校教師教學認真，深獲家長好評。同時亦因學校社區周圍新興大樓不斷增加，因此學校班級數量逐年擴充，可用教室幾近飽和，甚至連學年教師辦公室、專科教室都充當教室。

又因教育部小班教學計畫，班級學生人數必須維持在 35 人以下，因此導致學校每年暑假都要為挪用哪間教室，召開空間規劃會議，傷透腦筋。

於是學校在學區協調會議，以學生上學安全及學校空間不足問題為訴求，建議將離學校較遠、且必須穿越大馬路的里別，規劃為其他鄰近學校的學區，然而卻每年遭里長們反對，認為學校拒絕他們社區孩子就讀，甚至請來民意代表對學校施壓。

學校屢次說之以理，動之以情，亦無法說服他們。而他們也相對展現解決問題誠意，召集該地區家長擔任學生交通崗的導護義工，維護學生上下學交通安全，甚至讓孩子們都坐娃娃車上學。

然而學校教室不足的根本問題仍未獲得解決。學校在學區協調會議中提出學校的困境，經過幾番努力，所獲得的最佳成果為：將介於本校與他校距離相近之里別，規劃為自由學區。

雖然如此，每年自由學區的學生仍舊選擇到該校就讀。學校附近大樓又一棟接一棟完成，總務處仍舊在傷腦筋，教室哪裡來？各個專科老師每年都在大聲疾呼：需要專科教室！級任老師也在傷腦筋，科任課時間，級任教師要到哪裡批改作業簿？

擁擠難道是都會型學校不可抗力的宿命嗎？學校吸納了超出其能力負荷的學生，是滿足了學生的受教權，還是傷害了學生的受教權？當學校招生人數超出其能力負荷，誰最該被摒除在外？衡量的標準為何？有否適用的法規條文？

236　社團比賽與正常教學

美美國小的教育理想是期待孩子能夠在學校教育中獲得適性發展，充分發展學生的潛能。學校中具有特殊專長的教師，亦在學校的鼓勵之下，成立許多性質的社團團隊，例如籃球隊、排球隊、足球隊、桌球隊、田徑隊、樂隊、合唱團、直笛隊等。

這些團隊利用每天早上晨間活動的時間練習。團隊教師的努力與積極，亦是全校教師有目共睹，團隊亦經常有優良的表現。但在優良表現的同時也面臨了一個難以處理的困境。

此困境為：團隊的存在固然是以讓孩子潛能得到充分發展的機會為主要思考模式，但是團隊既然成立，必然有追求卓越的願望，因此團隊參與校外相關競賽是不可避免。一方面有機會與其他同性質的團隊切磋技藝、觀摩學習，另一方面也可藉比賽激勵學生學習。

面臨比賽時，團隊唯有全力以赴，若僅為每天上午 50 分鐘的練習，必然不足，尤其在重要比賽時，通常必須利用上課時間加強練習。團隊學生無法按正常時間上課，而團隊老師也必須安排代課，其課程進行亦受到影響。

而團隊學生來自不同的班級，也因此影響了級任老師上課的進行，因而也有級任老師建議，希望能在放學後加強練習，但是團隊老師則考量，學生原本安排的課後活動必然受影響，而且團隊老師課後亦有其私人事務，因此面臨兩難的困境。

雖然總是說「志在參加，不在得獎」、以平常心參賽，但實際的操作模式果真如此嗎？誰參加比賽不想得獎？雖然「得獎」並非絕對必要，學校亦未做此要求，但是來自團隊老師與學生強烈的榮譽感與追求卓越的心情，驅使比賽產生強烈競爭，這是一個現實的問題。學校讓學生參加比賽，總應讓學生充滿自信，要讓他們抬頭挺胸，因此參賽背後的練習與努力顯得格外重要。

針對學生參賽，學校行政應該展現的支持力量限度為何？功課與比賽面臨衝突時，孰重？這其中學習價值、教育意義衡量的尺度為何？哪一項是可以留在孩子心中？如果從資源分配、適性發展的角度來看問題，對於參加團隊與一般普通沒有參加團隊的孩子，教育機會的公平性如何衡量？

237 留言板的投書

春天國小學校留言版出現學生寫給輔導主任的一封信，向輔導主任求救，投訴者為六年級學生，投訴內容為，因為上音樂課時學生不乖，所以班上級任老師罰全班學生在司令台上唱國歌。不但如此，老師規定全班不准穿短襪、規定考試沒有前十名，就叫家長到學校拿成績單。

另外，老師有一次很生氣的時候還罵三字經，學生問主任：「老師幹嘛罵我媽媽？」這個公開的留言，馬上引起班上其他學生加入附和，甚至其他班學生也加入討論，有些一起批評老師，有些表示同情，有些則叫他們自己要檢討，表現不好就該罰。一時之間，留言版加入各式各樣的言論……。

出現這些留言是在週休二日。星期一早上，學校資訊組馬上刪掉這些留言，同時輔導主任也開始處理這件事。他先約談該班級任老師，了解狀況。

面對一個公開的發表、討論園地，發言應該遵守哪些倫理？學生的做法是否恰當？如果學生不在網路上談，他去哪裡談？學校有否其他的申訴管道，可以讓學生勇敢的、放心的談論他們的問題？

學校要如何營造正向的發言風氣，讓發言傾向正面的、學習的、交流的發言環境？面對學生的投訴，學校行政是否應該建立一套處理的標準作業程序或模式？哪些留言可以留下？哪些留言應該刪除？網路管理人員判斷的標準為何？

238 教室更換的困擾

悠悠國小的校園文化向來崇尚民主，教師擁有高度的自主權，學校行政對老師的決定大都尊重。以教室編排而言，學校一、二年級教師，由於變動率不高，因此，幾年來基於尊重老師，教室以年段做安排，多數一、二年級教師固定使用某一教室。

為遷就老師不換教師的默契，隨著年級更動，例如一年級變成二年級的學生，還是使用一年級時的教室，造成課桌椅不合適，因此每一年必須耗時耗力，搬動全校課桌椅。

除了耗費時間與心力之外，安全上的問題，更是學校總務處所憂慮。因此，總務處在擴大行政會議提出學校班級教室固定，改採老師更換教室的提議。此提案引起一、二年級老師極大的反彈，認為對老師造成很大的困擾。

因為老師們幾年來固定在某一間教室，已把教室當成自己的家那樣經營與愛惜，而且老師用心經營教學，「家當」很多，搬來搬去，真的很不方便，因此堅決反對。

基於此，總務處與全校老師經過再次協商，決定再給一年的緩衝期，

請老師在一年之中，慢慢調整心情，慢慢整理自己的「家當」。畢竟，教室為公物，非私人的家。眼見一年期限已至，一、二年級老師又再一次在學年會議中，提出「再緩一年」的提案……。而事務組長堅決，為了學校長遠發展，已決議過的應該如期實施……。

總務處強制實施固定年級教室的措施，對於學校教師造成極大衝擊，尤其是對於長期使用同一間教室的老師而言，產生很大的不安。而總務處所提的理由雖然充分，但似乎尚不足以說服教師。總務處應如何以爭議最小的方式，完成這項改革？

一、二年級老師的認真為全校所敬佩，對於教室的維護亦頗為用心，「把教室像家一樣的經營」，理由充分。而且一、二年級孩子很小，更換教室很麻煩，因此希望能固定使用同一間教室的要求是否合理？教室為公有財產，公有空間若當作私有空間，兩者之間的界限為何？

239 炸彈滿天飛

學期初，大大國小校務會議上，童老師提案：「國民所得逐年提高，物價上漲，校內福利互助金額，應提高和一般民間行情相同。」童老師的提案，引起一片掌聲。大大國小原有福利互助辦法，主要內容如下：

一、福利互助對象為本校編制內之教職員工。

二、教職員工婚嫁、退休，全體致禮金 600 元。

三、本人或配偶死亡，致奠儀 500 元。

四、男教職員之父母、女教職員之翁姑死亡，致奠儀 500 元。

五、兩人同時服務於本校，以收支一份禮金或奠儀為原則。

除了童老師之外，調進大大國小一年的鍾老師也有意見。他認為自己剛調進來，都還沒有享受到權利，卻一直在付出。他要買房子，要養妻兒，經濟不勝負荷。互助辦法對新進老師不利，所以主張廢除辦法，一切以自行辦理方式實施。

邱老師則認為，互助辦法適用的範圍太狹隘了，教職員工新居落成、生育、子女婚嫁都不在互助之列。如果婚喪喜慶不包禮金、奠儀，好像對當事人過意不去，要包則經濟上有困難。能否由學校再增加一條款，非原來互助辦法內的婚喪喜慶，大家統一收點小意思致意。

邱老師一說完，大大國小元老闕老師有不同意見：「互助辦法實施這麼久了，突然要擴大範圍，那麼先前有過非互助範圍內婚喪喜慶的老師，從未享受過福利，卻從此要額外付出，是很不公平的。」

剎時，會議室熱鬧非凡。老師們熱烈討論互助辦法的存廢與修改的問題，一時之間也做不出結論。待大家討論得差不多時，校長做了決議：「各位老師！互助辦法的精神是在增進同事情誼，以互助為目的，請各位釐清一個觀念，這不是一個賺錢的辦法。如果大家都站在一己之私的立場看問題，今天的討論不會有結果。

大大國小是一所有歷史的學校，二、三十年來，只有辦法中互助金額的修訂，而沒有條文內容的修訂，並沒有發生過什麼問題。可見大部分老師還能接受它，辦法還是有存在的必要。

為了公平，我想也不要再擴大互助範圍了，唯一要修訂的是互助金額。除非哪位同仁能提出比現行辦法更為大家所接受的內容，否則請就互助金額來作表決。」

於是，那天的會議表決通過，喜慶禮金提高為 800 元，喪葬奠儀提高為 700 元。辦法實行已過了兩年，同仁之間並沒有微詞出現。只不過大大國小學校大，人員眾多，每個月一兩個紅白炸彈的開銷，也成了家庭支出的一部份。

第 11 章
人事與人員管理

240　遴選校外老師當主任　時有爭議

依照目前教評會設置要點，任用老師要經過教評會，當然一般老師沒有問題。校長要任用主任，校長直接聘用也不是問題，因為他已經是老師，任用主任當然是校長的權利。不過，如果校長要從校外聘主任，就會產生一些爭議性的問題。

教評會的人當然會質疑說，他不是本校的老師。要變成主任以前，要先變成學校的老師，校長才能聘他當主任，所以也是要經過教評會來遴選，一般的爭議大概也在這裡。但我的看法不是這樣，外面的主任只要是經過政府的資格認定通過，只要是通過具有公信力的甄選過程，不管是什麼職務，就具備這種資格。

主任的遴用必須要正式合格。既然他已經通過主任甄試了，就沒有必要經過校內教評會第二次的甄試。我的看法是，它是一種教師資格的審查，基本上有兩個階段，第一個是甄試的階段，這部份不一定要教評會委員去做，可以委任一些正式委員去做。

第二階段是審查的部份，審查才是教評委員責無旁貸的責任，一定要親自去做。所以，我們要質問，他必須要甄試合格，雖然不是在本校甄試合格，但政府已經幫他辦了甄試了，第一個階段已經是沒有問題了，

所以我們教評會要做的就是資格審查，審查看看要進來學校當主任的這個老師，第一，他有沒有教師資格，第二，他有沒有主任資格，教評會做這兩樣事情就對了。

當然，開學的時候，教評委員各有各的看法，不過大概教師會的人通常都是反對校長對這件事的解釋。雖然我做這樣的主張，不過我們教評委員開會常常沒有辦法達成共識，最後就只好動用表決。表決的結果，還是

校長的主張得到大家的支持。因此,任用的主任,就只有送資格審查,沒有再參加遴選。

像這樣的一件事,我覺得有很大的討論空間。任用主任既然是校長的權責,卻還要經過教評會這樣的一段遴選,我覺得對校長功能的發揮會有相當大的牽制,同時立法設計的精神並不是在這個地方。

一個用人制度的設計就是讓校長能夠任用有資格的人,有能力、合適的,能配合校長理念的人來擔任他的幹部,來推動學校的校務工作。雖然這是開學時的一些爭議與爭執,後來還是得到解決。主任就任之後,也得到了絕大多數學校同仁的支持,整個來看算是相當滿圓滿。

241 掌大權的教務主任

某一個台北市區的中型學校,大概是三十幾班。學校的校長是法律系畢業的。法律系畢業的有兩種人,一種是很守法,一種是會稍微「偏越」法律,因為他知法就玩法。不過這所學校的校長是很守法的人。

在這個新校長來到這所學校之前,這所學校原來就有一個奇怪的現象。這學校有一個教務主任,五十幾歲,家裡有兩個太太,一個有名分,一個沒有。除了擔任教務主任之外,他同時還兼任合作社經理。

因為擔任教務主任,擁有排課的權力,亦即擁有排任老師職務的權力。也就是說,老師要擔任哪個年級,完全由教務主任來安排。早期有很多老師都希望擔任五、六年級,因為五、六年級學生會補習,可以賺很多錢。

譬如一個學生收 2,000 元,30 個學生一個月就收 60,000 元,比他的薪水還要多。所以老師都想盡辦法巴結教務主任。因此就造成這個教務主任的一些問題。

譬如第一個,學生現在要選班、選老師,就要送多少錢。像從四年級升到五年級要重新分班,要選老師,就要送禮。教務主任先把老師的班級安排好,老師就要送禮給教務主任,這個禮可以收到很多。

　　第二個就是，如果有一個老師想要當五、六年級老師，教務主任就把他的課排在五、六年級。以前教務主任是要上六節課的。如果你要擔任五、六年級的老師，你就要幫教務主任上課。

　　再來就是，你幫學生補習，賺了很多錢，教務主任就跟你借錢，借錢是不說什麼時候還的，就是一直一直借下去，可能是 200,000 元，也可能是 300,000 元，數目都不小。

　　第四個就是以前政府規定學校的合作社要營利。但是他是合作社理事主席，負責執行進貨。凡是貨進到學校裡來，他要抽百分之多少。假設他要先從廠商那邊抽 20%，剩下的再由學校去抽，就造成教務主任的權力很大，收入非常豐厚。

　　因為老師幫學生補習賺很多錢，所借的錢，教務主任有時候有還，有時候沒還。所以後來老師就不太願意借很大的數目給他。可是他還是要向老師借！如果不借的話，他就不給你教，就讓你教科任或是什麼的。

　　到後來，這個主任的小孩好像有一些問題，就是打電動玩具輸了很多錢。他在一個公司上班。公司的錢，人家請他去存錢，他說他被搶了，但沒有證據，也說不清楚。所以一般臆測是，他的小孩把錢拿去玩電動玩具輸掉了。

　　所以那時候，這個教務主任就很需要錢，於是就開始跟學校的老師大量的借錢，包括上百萬的這樣的大數目，所以老師就不借給他。不借錢給他，他就被逼得很緊。

　　這個時候，剛好換了一個新校長，原來的校長都不敢動他。新校長上任之後，這個教務主任為了保住他教務主任的位子，請了很多過去的老長官來跟新校長關說，希望保有教務主任的位子。由於新校長一下子要將他主任的職位拿掉有困難，所以新校長想了一招，他把他原來教務主任的職務調整為訓導主任。

　　一經調離教務主任的職位之後，這個主任就出現了問題。第一，因為他沒有了老師的排課權，也沒有老師排職務的權力，所以對老師來講，他就借不到錢。第二，學生選班，他也沒辦法了。

第三，因為換了新校長，合作社主席也改選了，合作社主席的位置他也沒有了。因為這樣，他以前這三方面的收入都斷了，就只剩下薪水了。調為訓導主任以後，他也不可能請別人幫他上課了。

後來他就跑到國外去了。他發傳真給學校，說他生病，病得很重，要求要領退休金。他有附上國外的證明，根據判斷應該是假的。他離開學校也沒有辦理什麼移交，就突然跑到國外去不見了。他跑到大陸去，就找他的姨太太要來領退休金，學校就說要給他的大太太，不給他的姨太太。

他就一直傳真，要求學校把他的退休金給他的姨太太。因為學校一直想要知道他是不是真的生病，剛好新校長對大陸很熟，他就打電話到大陸的教育部，請他們的人去查一查，結果發現他是在那邊做生意。後來這個主任還是退休了。從此學校就風平浪靜了。

242 主任行事風格怪異引發爭端

這是一個民風純樸的學校，學生也都是在務農的家庭中成長，這樣的學校沒有太大的事情會發生，每天都是風平浪靜過去。不過教改的風潮也慢慢吹進這個學校，政治力派系的關係也對學校造成影響。

學校裡大多是年紀較大的老師搭配著新進的老師，在教學上，個人有個人的教法，倒也互不干涉，而家長多能接受。

事情的起因是一位年紀很大的主任，因為配課的關係，便安排了五年級的寫字課給這位主任教。他平常教學也算認真，每次都叮嚀學生要準備好用具，練習要認真。不過孩子的頑皮可是不分地區的，總是有人忘記帶用具，或是上課不認真。

這個主任的處罰方式很奇怪，他喜歡在學生的臉上眼睛周圍用毛筆畫上一圈，兩個眼睛看起來就像貓熊一般。過去 40 年來，他總是這樣做，雖然也有遭到抗議，但因為他在這個學校已經服務了近 40 年，所有的學生家長幾乎都是他的學生，也都見怪不怪了。

這個主任還有一點癖好，就是喜歡喝酒。常常中午出去喝酒，然後酒

氣沖天地回來，早期可能大家都見怪不怪，可是跟著社會進步的腳步，如果還是沒有調整是不行的。

校長也常常要求這位主任節制一些。不過因為這位主任在地方上也有一些勢力，校長又不願意和這位主任衝突，所以這種情形，還是偶爾會發生。

在地方選舉期間，派系爭奪得非常厲害，雖然學校這裡是個小地方，這種情形依然存在。由於這位主任是某位議員候選人的叔叔，所以難免受到波及。學生家長因為學生被劃圈圈而氣憤，找到住在學校學區的某議員，到學校興師問罪，並且陳述這位主任上班時間常常喝酒等情形。

校長立即深入瞭解家長的態度與要求，並且尋求解決的途徑。雙方僵持了許久，家長並且要學校把這個主任呈報到教育局懲處，不然家長要議員在議會質詢。經過磋商許久，最後以道歉做為結束，家長並且要校長保證，該主任不再有相同的情形發生。此事因而落幕。

243　體操隊管理

體育組長王老師是一位資深又注重人際關係的人。有一天他走進悠悠國小校長室，憂心地對黃校長說：「體操教練周教練經常不按時練習，常常放學生在體操教室自己練習，萬一孩子發生運動傷害，我這個體育組長也有責任啊！昨天他又沒來上班了！簽到簿也有十幾天沒簽名。校長是不是說說他呢？」

「這真是個嚴重的現象！你跟他也常在一起，是不是也去影響他？或者能告訴我，這些現象的原因？」王組長已經跟周教練談過這些安全問題，家長也曾反映過，並且有一位還在學期中退隊，這是個事實，也頗令黃校長憂心。因此黃校長希望王組長也能多多關心周教練。

「周教練就是愛喝酒，有時會耽誤正事，跟他講了幾次都沒有用處，如果這樣下去，不如把體操隊停掉算了！」王組長難得這麼主動來建言。這件事看來挺嚴重的。

「我來找他談一談，如果沒有什麼改善，說不定真的必須停掉體操

隊。」黃校長支持他。

悠悠國小體操隊是由教育局分發的專任教練任教，因為月薪大約 36,000 元左右，每年又不能晉級。周教練曾經表示，這樣的生活費，如果沒有其他收入來彌補，覺得很不足。

前些日人事管理員也報告，周教練這學期考到國立北體進修，未事前報備，星期五就不假曠職去上課，請示要如何處理？黃校長提示，由人事管理員先和周教練溝通，了解進修的情況，以及如何依規定請假。

基本上黃校長鼓勵進修，但得依規定辦理，因為悠悠國小另有一位老師從他縣市來應聘，未先報准進修博士學位，現在只能每週請事假一天，預計今年考績因請假超過，可能列到第三款。這些事應有一致性、公平的作法。

事情頗為緊急重要，黃校長看訓導主任又公假研習中，就直接找周教練來談。

「周教練，你上週擔任國際體操比賽裁判，公假是到星期日吧？昨天怎麼沒來上班啊？」黃校長開門見山的詢問。

「昨天我去送外國選手和教練到機場，因為我現在擔任本市體操協會總幹事，公假日期原本應該到昨天，是協會的小姐打字打錯了！」周教練找到個理由。

「好！你現在擔任總幹事，確實會有一些行政事務，也代表你的能力受到大家肯定！但公假是依公函核給，不能口頭說說就算！

你昨天不上班，怎麼沒有將學生交待好，卻讓他們自己在偏遠的體操教室自個兒邊玩邊練，你不擔心他們的安全嗎？」黃校長看他隨意搪塞，態度並不真誠。

「平常我都安排得很好，昨天是臨時狀況。」周教練還在解釋。

「我想你應該了解，這是一件很重要的事。體操是你的專業，我也曾和你談過，在專業上，我們都信賴你。

但是孩子的訓練安全是最重要和優先的原則，你也看到運動傷害的嚴重事例！我有個朋友因搭鐵架，從二樓摔落地面，胸部以下因脊椎斷裂而癱瘓，不僅他一輩子痛苦，他們全家也陷入困境中。這問題應該讓我們小心才是。」

「是啊！我知道安全很重要，我一直都很注意。」

對於體操隊，黃校長採取目標管理和支持鼓勵。為了關心練習設備的更新，向教育局力爭專案補助，在學校設備費中，提撥二成經費添購安全設備，體育獎金由教練專案使用。

比賽時親往加油，得獎時則公開表揚，並闡述長期練習的辛勞與寂寞。平日練習雖然無法天天關注，但全校只有校長看得最勤。

黃校長鼓勵周教練召開家長座談會，尋求家長的支持，編班在一起以便練習安排。今年也許周教練外務多，婚事又屢生波折，公事私事之間的分寸並未把握好。

黃校長和周教練懇談之後，請人事管理員主動向教育局報告進修處理原則，適度激勵後，再加強觀察協助。

第二天看周教練就正常多了。

244　身兼數職多頭忙碌的老師

紀老師年紀不大，自從畢業後分發到這所學校，便沒有調校過，所以以他十餘年的教書經驗，在學校也算是資深老師了。

國小裡男老師本來在比例上就少於女老師。只要有從事行政的意願，多半都是各處室爭取的對象。不知道是否基於此種因素，紀老師已在國小行政中，做過三個處室，多種不同工作的組長。

紀老師除了願意從事行政工作之外，也願意擔任級任老師，剛好學校規模小，必須有組長兼級任，紀老師就順理成章的身兼二職。這樣還不說，他有球類的專長，可以帶著自己的班練球、比賽，也得到不錯的成績。

此外，紀老師也有服務的精神，每年改選合作社理監事時，他也不排斥，所以年年都當選為理事，而且連任合作社經理。

換新校長時，紀老師聽說新來的校長不支持球隊的練習，而怒氣沖沖的跑進校長室談了足足一上午，才弄清楚不是校長不支持，而是教務處對紀老師要求菁英式的編班有意見。

校長裁示以常態編班的方式進行，同時也聽說一些紀老師身兼多職、應接不暇的耳語，而有意加以考驗。

此後二年間，紀老師依舊穿梭、忙碌於合作社、球隊、班級，以及他不知被經營不善而倒掉多少錢的債務。總之，要找到他並不容易。教師晨會時，看不到他，因為他在練球。

到球場找不到他，因為廠商來洽談事情。久而久之，學生的常規愈來愈差，各方面的表現均無法跟上別班，調閱作業亦多無法完成，作業批改少，而且未能給予學生應有的指導，家長抱怨連連。

行政業務延宕甚多，業務考評亦無法提出評鑑資料，即使承辦大型活動，也可以遲到。活動辦完一個月，所有資料也都沒有統整，公文積壓一個月、二個月也是常有的事。

凡此種種，在校園中形成不良示範，因為他並沒有因為服務、教學不敬業而受到糾正，年年考績都是甲等，考到四條一款。

由於紀老師在學校已屬資深，也因彼此投資，產生利害關係，所以有主任為他護航，校長查堂，主任會為他掩飾，甚至不計結果為他代課、代理，讓他可以自由放任。

當年度結束，這位主任在意氣用事之下提出辭呈，內部組長總辭的局面，正給了校長最大的運作空間，於是輕輕鬆鬆地換下了主任，換掉了組長。合作社的經理之職，也因超過任期而改任司庫。一下子，紀老師的職務便變得單純多了，只剩下級任教師兼球隊教練。

開學第一天，紀老師十分不平地走進校長室，表示他未受到尊重，因為當他的組長職務被換下時，並未得到他的同意。為了弭平這樣的不愉快

心態，校長特別以低調的方式告訴他：「你太忙了，給你一年的時間休息一下，把來不及完成的事情整理一下，也藉這個機會調整一下生活的步調，有助於你再出發。如果你有行政意願，歡迎明年再加入我們的行列。」

經過一番溝通，紀老師的生活已漸趨正常，教學也有了明顯的改善，但願明年他真正成為一個敬業專業的老師，重建好老師的形象。

245 高傲矯情的老師

姜老師是某師專音樂組畢業，由於平日潛心音樂，專研直笛，幾年下來，在北部地區的直笛界已頗具名望。任教多年，教學績效平平，大概是音樂家氣質的影響，浪漫而執著，對許多事情總有與眾不同的看法，在同事的眼中，不免覺得這個人，才氣是有，但有點傲。

教了幾年書以後，姜老師覺得空有一身本事，若不好好發揮，豈不有負上蒼所賜，於是尋求校方支持，專組直笛隊。幾經波折，家長會終於同意撥款購置樂器，接著展開選才訓練。

年度音樂比賽果然一如所料，一舉贏得全縣冠軍。由於校長即將退休，也不怎麼管事，管你冠軍還是最後，這種態度，引起這位天才音樂家甚為不悅，不免發牢騷，並揚言調校。

臨近一所學校有一位年輕校長，年輕氣盛、力求表現，大有盡收天下豪傑的梁山泊氣勢，早有耳聞姜老師是一位人才，卻有志難伸，因此展開遊說，爭取姜老師到校服務。姜老師亦覺此處不留爺，自有留爺處，於是調至該校服務。

人才就是人才，第一年的九月調入，短短一個月的練習，十月底的比賽，即奪得全縣第一，全校師生雀躍不已，校長自覺自己總算沒有看錯人，姜老師亦深深感覺：「知我者，莫若校長乎！」

為讓其有更充裕的時間從事藝術工作，校長在第二年即將姜老師職務調整為兼代人事，與主任平起平坐。課務減少，空閒增加，又有加給。然姜老師兼代人事業務之後，待人態度即有轉變，同事送公文待辦，卻聽其說：「我很忙，你先放下，等一下我會看。」

獎勵事件，也不知是有意還是無意的漏報某人，卻於事後表示：「我怎能搞錯？這案子已過了一個月，抱歉，不能補報。」類似紛爭時有所聞，校長礙於惜才，多方打圓場，掩飾通融。

接連三年，該校直笛比賽連獲第一，台灣北區比賽亦獲特優，表演邀約不斷，甚至連鄰國日本亦知台灣某校竟有如此優異成績，而發函邀請其至日本觀摩比賽，校長也極力配合，並向有關單位，縣府、公所、民代爭取經費，以促成日本之行。

經費籌措當中，校長即耳聞姜老師抱怨，校長不關心、不盡力，並說過去從某校到日本回來後，還有錢可分。

校長心想，錢夠用就好，要那麼多幹什麼，我又不是乞丐，欠人的情，又不是不用還。歡送姜老師到日本的歡送會上，某家長就對家長會長說：「唉！錢不夠，你們家長委員出，不就好了嗎？幹嘛那麼辛苦？」觀念偏差，聽在校長耳裡，的確不是滋味。

學生終於出發了，飛機在天空飛，但一場風暴正在醞釀。校長說：「玩得那麼辛苦，我不玩總可以吧！」

246 打小報告

校內訊息的溝通需要暢通的網路，學校事務繁多，大至行政決定，小至班級瑣事，如果學校有任何事件發生，而校長總是最後一個知道，那麼各行政的組織和效率必然發生問題。反之，如果傳來的訊息很多，而身為主管卻無法去判斷並辨別其正確性，如果做出不當的反應，也是很危險的。

開學後不久，約莫一個月左右，教學組長汪老師即至校長室反應，一年級某班簡老師，注音符號不會教，第二聲、第三聲分不清楚，家長有意見。

廖校長的第一個反應是，這種問題是不太會發生的，因為老師會不會教，必須看上課才能評斷，豈可以隻言片語來做判斷。於是廖校長謝謝汪老師的提醒及關心，並答應他，會去查查看，校長並問汪老師，這是從何

人聽來的。

結果汪老師說，是鄭老師說的，且家長有意將簡老師班上的某生，轉至鄭老師班上。廖校長當時可能太忙，或認為不是什麼大事，也就不以為意，不了了之。

過了兩個禮拜，汪老師又到校長室談及簡老師下午課輔班未到班上照顧學生，經常很慢才到。廖校長一想，不對吧，課輔班是下午留校輔導的學生，是混合編班，老師輪流上課，輪到誰上，有無正常上課，也是要多看幾次才能判定的。

廖校長的處理是先自行查看幾次，發現並無異狀，最後不個別處理，而以召集所有課輔班教師，宣示上課應以正常的方式，綜合其他事項，一併報告。

過了幾週，同樣的情況又來了，一年級十週上課之後，有個國語基本能力測驗，是一個由學校自行檢測的測驗，由教學組負責辦理。考試之後，汪組長將所有考卷交給校長，指其中某年某班老師，班上學生的試卷有塗改事項。

廖校長的處理是通知各班下週三，以聽寫方式重測二十個字詞，也不針對任何一個班級去處理。

接下來，廖校長就再也沒聽到汪老師對簡老師的批評。

247 勇於任事的教練

春陽國小為了參加鎮裡的足球比賽，組了二隊足球隊。因學校沒有懂足球的師資，乃由一位義工媽媽協助，每天一大早就開始在操場上練了起來。裘教練原來是一位計程車司機，家就住在春陽國小的對面，他很喜歡足球，曾在中學時代參加過足球隊。

當他每天經過學校時，看到並不太專業的義工媽媽，帶著一群小朋友在足球場上「亂踢」時，他那好管閒事的個性，驅使他自我推薦，加入協助訓練春陽國小足球隊的工作。

　　「裴教練」就從此成為每一個師生及家長稱呼他的代名詞。或許因為鎮內其他學校都沒有足球隊，大都是臨時抓幾位小朋友湊一湊，就出來比賽，春陽國小的兩組足球隊在第一次出賽，就包辦國小組冠亞軍，風風光光的凱旋歸來，也引起校方培養足球隊的興趣。

　　剛好，具體育專長的許校長於翌年調到春陽國小。在許校長的充分支持，會同訓導主任與裴教練共同研討之下，擬定了一個年度訓練計畫，並即刻增補選手，展開正式的訓練。

　　要訓練一個球隊，光是營養費及器材、比賽經費至少要二、三十萬，對於一個鄉下小型學校，實在是一筆龐大的負擔。所以當時校內大部分老師並不贊成繼續組這樣一支球隊，但在許校長多次與老師懇談溝通之下，不但校內師生不再排斥，連社區家長也願意出錢出力，來贊助這個球隊。

　　而許校長趁著足球隊獲得全縣足球比賽亞軍之際，又再獲得鎮長在經費上的大力支持，讓許校長、裴教練更能大展身手，不但陸續在縣賽獲得冠軍，並在全國少年組比賽榮獲亞軍的殊榮。

　　裴教練在協助訓練之初，因其訓練嚴格、個性剛直，時常會與人爭執，校內師生，對其時有怨言。但許校長覺得裴教練除了訓練認真，熱誠之外，並經常放下開計程車的本職，不計代價來協助學校處理很多的工作，所以當學校有一警衛缺，而裴教練又因對足球的熱愛，願意放棄開計程車來學校擔任警衛，以便專心擔任足球隊教練。

　　在主任、老師的反對之下，許校長仍然遴用了裴教練。裴教練擔任警衛之後，許校長雖然常常需要排解他與老師及家長之間的一些爭執，但從此之後，校園設施被不良青少年破壞的案件，越來越少；足球隊的戰績，也就是從此時開始，在全縣及全國性比賽嶄露頭角。

　　兩年後，校內一位工友因心肌梗塞，突然去逝。按照規定，此缺應透過退輔會推薦具榮民身分者方能接任，但在許校長得知裴教練亦具意願之後，乃向縣政府及退輔會極力力爭，經過半年的折衝，方在「**再有第三位工友缺，優先遞補退輔會推薦人選**」之條件下，裴教練終於成為學校正式編制內之人員。

　　裘教練繼任工友一職之後，仍本著負責盡職的精神，主動積極，協助總務處負起全校維護、修繕工作、協助老師製作教具、全校的綠化、美化工作，獲得縣府評為優等，更利用學校建築剩餘石材、磚塊，並向家長要來大理石廢料、木材等，與學校的一位陳老師合作蓋了一座水生植物園，提供師生教學之用。

　　裘教練更利用電視上「灌籃高手」卡通劇，引起小朋友喜愛籃球熱潮之際，花了極少經費，製作了五、六架活動的籃球框，給小朋友練習，也協助訓導處辦了一次三對三籃球對抗賽（中高年級僅十一個班級，就組了近八、九十隊參加）。

　　藉著教育廳長官一次蒞校視察時，許校長向教育廳長官介紹了裘教練的事蹟，獲指示報杏壇芬芳錄表揚，在經過一段時間的訪談求證之後，裘教練以罕見之工友身分榮登上教育界的至高榮譽──「杏壇芬芳錄」。

　　之後，如同往昔，只見裘教練仍是每天拿著他的工具箱、鋤頭，在校園各處認真工作，也還是會有一些老師偶爾會向校長告狀──「裘教練好固執、不尊重老師」，孩子們對裘教練仍然又愛又怕。但許校長已經覺得很滿意了。

248　教師招攬學生到安親班

　　李老師在學校推行讀經課程，平時獲得家長的肯定和讚許。有一天，教務主任接到一封信，表明李老師在某巷道內，以免費讀經為名，招攬學生至其設置之安親班，進行收費輔導課業。

　　教務主任便向校長報告，並依信封上的地址，協同校長和教學組長到現場了解情形，不料該地址卻為衣服修改店，無功而返。教務主任並請李老師簽切結書，承諾並無經營安親班收費問題。

　　惟經過不久，督學打電話通知校長，李老師在外經營安親班，被教育局和社會局人員查獲。時間、地點、收費標準等明細，皆詳實紀錄，並傳真李老師親自簽名的訪查單，標註時間為下午四點五分。為何在上班時間（4點5分才放學），李老師已到達安親班。

　　針對此控告案件，學校隨即召開處理小組，由校長召集教師會、家長會、學校行政人員，商討解決之道。決議由家長會長、教師會會長、學年主任、教務主任和考核委員代表，組成五人小組，至該地點進行實際訪查。五人小組進行訪查之後，發現的確有免費讀經，但參加課輔班的學生須繳交各種班別費用。

　　經進行訪查，課輔班的老師和學生皆證實李老師有收費，並處理輔導班各種事宜。教務主任並發現，參加課輔班的學生，大部份來自李老師班上的同學。訪查紀錄經五人小組簽名後，交由學校教師考核委員會處理，並請李老師到會說明。

　　學校教師成績考核委員會依相關資料認定，李老師確實在校外經營課輔班，決議以記大過並考核丙等，報府核備。學校行政單位並請李老師立下切結書，結束該課輔班，以免再度被查獲，再度記過而被免職。李老師向縣申訴委員會提出申訴被駁回，並結束課輔班之營業。

249　特立獨行的會計主任

　　美麗國小近年來更換會計主任。此一新會計主任自認為有學校會計員七年經驗，當其調至美麗國小時，卻經常出差錯。舉凡訓導處低收入學童午餐補助費十萬餘元，未依集中支付請款，教務處教學設備費八萬餘元跨年度未及時請款，總務處水電費、瓦斯費逾期未請款繳納，被罰滯納金，健保費及勞保費亦同，場地費收支對列的業務費，積壓公文月餘時間，造成九萬餘元未請款。行政會議有時遲到，教師朝會不參加，兒童朝會也不參加，真是罕見的會計人員。

　　當新學期開學月餘，校內年度學生活動費未編。總務主任提醒她，卻被告知是業務單位要自編。經說明之後，勉強請各業務單位編概算，並說明「零基預算」的概念，於是新任的訓導主任編列二十七萬餘元，教務處編列十三萬餘元，總務處編列十二萬餘元，輔導室編列七萬餘元，總額約六十萬餘元。由於學校經費總金額約四十餘萬元，會計主任便以責難口氣告知總務主任，學校經費給總務處和訓導處就用完了。

　　總務主任告知其願意影印上學期另一位會計主任編列預算表讓她參考，或請四處主任協商，會計主任卻一口回絕，表明她沒有必要參考別人的。於是她自行把各處室預算打折，各處室打八折，惟總務處打五折，並指示總務處將已編列好的預算表發給各處室，彷彿總務處是其下屬單位，引起總務主任的不悅，近一百五十班的學校，總務處竟然只編列五萬元修繕費，連買燈管都不夠，如何運作，況且上學期編列十二萬餘元。

　　校長知道此事件後，立即召集處室會議。然會議中，卻指責總務主任，要當校長的人還那麼會計較。其後請會計、總務各自說明，才知道上述情形，校長首度說出經費預算打折不一，有欠公允。

　　校長首先認為學校行政應以和為貴，不要爭執，以免外傳行政不和諧，又如何領導老師呢？總務主任認為，各處室學生活動費，會計部門應編列，應有「**會計管帳不管錢，出納管錢不採購，事務採購不管帳**」的概念。學生活動費，各處室應透過協調其業務輕重緩急，不是會計人員隨性打折編列。

　　會計主任則認為經費管控是她的權責，她有權編列，並審核各處室所提的預算。預備金額只要會計主任和校長知道即可，不必公開。

　　教務主任認為，當初會計主任請各單位編列預算，教務處以上學期實質經費編列，卻需被打折，有欠公允。

　　為了處理此一爭議，校長召集各處室主任會報，由相關單位說明過程和內容，了解各處室的需求，力求化解彼此之間的誤解。校長指出，各處室學生活動編列預算打折不一，有欠公允。校長裁示，各處室單位主管，彼此協調後定案，經費用在刀口上，落實成本效益。各處室依校長指示，經協調後重新編列預算，以符合實際經費效益。

250　一位特立獨行的老師

　　簡老師老是喜歡與權威對抗，但對於自然科學教學，有著相當熱誠與能力。教務主任彭主任，可以說是自然科的權威。在教學相關業務方面，簡老師時常會與彭主任討論關於教學的事項，也經常有許多建議。彭主任

建議簡老師可以將要改善的事記錄下來，於校務會議中提出。

但簡老師卻在校務會議當天，向每位老師發放類似傳單的資料，並在傳單上寫下彭主任一些莫須有的罪狀，例如：好大喜功……等等。此外，在教師進修時間或教學研究時間，教育局會要求學校做資料的歸檔，而教務主任便請教學組長將會議內容拍攝下來並歸檔。沒想到簡老師卻於會議前在黑板上寫道：「我們有個人肖像權，不准拍攝。若要拍攝，一張壹仟元，否則請滾蛋。」

另外，於上課考試時，學校有規定之格式，但簡老師總是不按其格式出題，且考試內容具相當開放性，即無測驗題（選擇、填充、配合……等等）。於是教務處向簡老師建議，是否可以在其考試內容中，增加一些傳統性的考題（亦即上述的測驗題類型），因為開放性考題對中下程度的學生是不適合的，會缺乏其鑑別度。試題可以一部分是傳統性考題，讓大部分學生達到其水準，而開放性考題可以降低比例。

但是簡老師完全不接受，並按照自己的方式出題，還將對此事的不滿寫在信中，送到教務處。最後教務主任無法忍受，將此事件向上呈報給校長。學校的老師本來以為簡老師只是喜愛對抗權威，後來發現他在辦公室內的時候，若和其他老師意見不同時，會轉身掉頭就走，並留下一句：「道不同，不相為謀。」所以後來只要他在辦公室內，其他老師都會自動閃避。

251 也是一位特立獨行的老師？

有一位張老師代課（代替實習的老師），是某大學英文系畢業，當時帶五年級。一開始來的時候，配合度相當高，但到後來就有家長反應，老師班級經營不佳，例如：作業不改、上課對小朋友的口氣、態度不莊重。學生覺得老師的態度很隨便。經過家長反應，主任便介入提醒，加以輔導，但發現她的態度依然如此，而且常常會在上課吹牛，課程內容一語帶過……等等。

原本以為只是家長的反應，但後來有女學生到校長室找校長，說張老師比較疼愛男生，都只罵女生或處罰女生。校長也還是先交由主任去處

理。經過主任的輔導後，得到一時的改善。但於某次學校晚會節目準備的過程中，張老師認為這項活動很簡單，便全部交由學生來負責，但其實學生無法自行設計出一個活動。

到了晚會的前一天晚上，節目都還沒有出來。因為張老師剛好會彈吉他，便決定彈幾首歌，然後由學生唱。但是當天的情況卻演變成張老師一個人自彈自唱得很開心，而學生因為對歌曲不熟悉，成了背景。整件事也讓整班學生對張老師的不滿升到了最高點，但是張老師卻仍渾然不知，還相當自以為是。

後來校長和主任都有加以輔導，張老師當下都會認錯，但後來發現她仍然不會改，最後實習輔導處給她低於 70 分的成績，讓她平均無法得到 80 分，以免她出去誤人子弟。

張老師知道此事後，還打電話跟主任談判。甚至在離開前，還在宿舍牆壁上寫滿了毛筆字。住在宿舍裡面的老師向總務處反應。校長得知此事之後相當頭疼，但又擔心在她還沒離開學校的這段期間，原班學生會在此種教學下被犧牲。這真是校長的一大考驗。

252　行事作風獨特的老師

1990 年的那個年代，說是已經解嚴了，但是仍有許多根深蒂固的觀念烙印在人們的心裡。同樣的，也有許多的人急於掙脫政治壓迫的那一套做法，於是就造成了許多不太理性的思考與行動。

這所學校是一所老學校，位在一個高級眷村的旁邊，學校的老師也都有相當的年紀，呈現出思想觀念保守的一個文化。一個老師形容得很好：「這個學校的文化與氣氛，就像是流沙一般，任何有個性的老師到這邊來，都會陷入其中，跟隨著流動，然後就看不見了。」不過這樣的文化卻也不敵整個大環境的改變。

顏老師是一位年紀約莫二十出頭的女老師，嫁入了過去所謂「黨外」人士，而當時是所謂民主進步的家庭裡，思想自然是當時主流價值所謂的較為「偏激」的那一種。所以在小學服務的她，就會有一些較異於一般想

法的舉動。不過平時同事之間相處也還算融洽，甚至成為一個次級團體，常常對學校的作法不以為然。

　　顏老師的一些舉動，例如：升旗典禮不唱國歌、升旗時走來走去，也不管其他小朋友（其他班級老師看不過去，會去協助處理）。週會時向國父遺像行最敬禮，她也不鞠躬。這一些表現出來的現象，看在其他老師眼中，雖然覺得不妥，卻也沒有人勸阻她。

　　學校主任雖有提醒，但卻總是碰個軟釘子。大家將其視為不同的現象，也不太理會。教師晨會時，只要台上一開始說話，她就開始吃早餐，甚至舉著小鏡子與口紅，開始描繪她臉上的圖案。

　　校長是一位受過日本教育的先生，對學生的生活教育要求極為嚴格。平日的灑掃、服裝、禮儀都相當重視，對團體的紀律亦然。看到顏老師這種種舉止，自是難以忍受，心中的一把火一直悶燒著。

　　經過了一段時間，終於燒了起來。某一天早上，一樣有著風和日麗的天氣，這天早上教師晨會時，校長開始報告學校的新措施。這時顏老師座位旁的一些老師，心情也很好，不知在討論什麼事情，總之是有說有笑的。那一群裡頭都是一些德高望重或是有錢的夫人，校長可得罪不起。於是乎坐在旁邊，年輕的顏老師就成為校長的箭靶。

　　校長不高興地說：「顏老師，你們在說什麼，現在開會不要講話！」就在這個時候，顏老師也不知哪來的火氣，拍了桌子就站起來，一手叉腰、一手指著校長，一邊向前走去，一邊就開罵了，說：「校長欺壓老師，一天到晚找老師麻煩。當校長有什麼了不起，我們又不是你的奴隸！」等等的話語。校長面色漲紅，只回了一句：「對於你這些指控，我不接受！」於是就宣布散會離去，只留下一群驚愕的老師和之後的議論紛紛。

　　事情當然沒有這樣子就結束，校長要人事紀錄顏老師的行為舉止，做成檔案，報請縣府行政調動。當然顏老師事後也透過夫家的民意代表，協調表示歉意，向校長道歉。最後因為學期終了，學校減班，顏老師改以超額教師調動，離開學校而結束。

253　頗有私心的總務主任

大大國小是一所大型學校。學校總共有五位工友，其中三位為男性，兩位為女性。後來三位男工友之中，有一位退休了。這個缺一向都是由退輔會派人來當。總務主任因為好友的弟弟有意來校服務，遂由總務主任以學校名義發文給退輔會，請退輔會不要派人來。

豈料退輔會不接受，仍然派了一位四十出頭，中尉退伍的退伍軍人來學校。這個人來報到的第一天，總務主任第一句話便說：「你的軍階這麼高，退伍來學校擔任工友，似乎不恰當。工友很辛苦呢！」這位新工友來學校上班的第一件工作就是割草。他倒也任勞任怨，花了五、六天的時間，把學校一大片草地剪好了。

新工友的第二件任務就是粉刷牆壁。他雖是門外漢，倒也勉為其難，擔任油漆工。一個月下來，他就怨聲四起：「為什麼同樣三位男工友，另外兩位只做燒開水、開門、修繕、澆花、種菜的工作？」

他心裡很是怨嘆。校長知悉了，便經常關心他，他也很樂於幫校長做事。只不過總務主任每一次跟他說話，態度都很不親切，口氣非常不好。

有一天，這一位新來的男工友喝了一些酒，藉酒壯膽，跑到總務主任的家，破口大罵三字經。如此騷擾主任，鬧了三次。第二天總務主任叫他辭職。這件事鬧到了校長室。

總務主任向校長說：「工友不走，我就走！」於是工友便提出辭呈。校長站在公正立場，盡力挽留工友。總務主任與校長就在人事室大吵起來。校長也動氣了。他說：「到底你是校長，還是我是校長？」

第二天校長就提出提早退休的報告。工友辭退之後，總務主任物色好的人就來到學校上班。從此就再也沒有看到工友拔草、通廁所、粉刷牆壁等事了。

254　行政「校工」變「校公」，校長怎麼辦？

某校位於臺北市，屬中型學校，全校共有 50 幾班，學生約 1,500 人，共有工友六位。由於他們久任此職，年齡偏高（平均約 45 歲），服務績效不彰。部分同仁在私下戲稱他們不是「校工」而是「校公」，要請他們服務，有時還要看他們的臉色呢！

有的工友，將屆 60 歲退休之齡，因為原來服務的學校減班，變成超額職工，經過教育局轉介，分派到學校任職。他在原校服務績效原本不佳，改調之後也無起色。反正再過一年就要屆齡退休，因而抱著「**多一事，不如少一事**」的消極心態，做起事來，有氣無力，有如老牛拉車，走三步退兩步，沒有績效可言。

有的工友，服務態度消極懶散、斤斤計較，事不可以多做、錢不可以少拿，總認為自己最辛苦，因而怨天尤人，心不甘情不願。遇事能推就推，能躲就躲，不能推辭時，能拖就拖，敷衍了事，過一天算一天。

少數工友，倒是認真守分，默默工作，頗能贏得同仁的敬愛。可是往往能者多勞，事情越做越多，有時也難免發發牢騷、吐吐苦水。

負責領導的事務組長、總務主任和校長，在目前的教育生態之下，難以發揮「獎優汰劣」的功能。如果任憑現況惡化下去，不但影響工友的服務情緒，也無法提高行政服務的績效。接到這樣的燙手山芋，你該怎麼辦？

255　工友考核

姜校長剛到朝陽國小服務時，發現有一個女工友做事並不是那麼積極，比較被動，校長叫她做什麼，她才去做什麼。最糟糕的是她經常遲到早退。聽說在上一任校長的時候，就有這個現象了，所以姜校長在一些會議的場合都會提醒同仁要準時到班。而且這個工友經常會請假。

到了學期中的時候，縣政府來了一份工友考核的公文，其中一些條件有重新修正，譬如說：「請假超過了多少天，就不能考列甲等。」因為這

位女工友經常請假，所以姜校長就會提醒她，有這樣的公文規定。

學校也不希望她因為請假的天數超過，而考列乙等。因為那是第一年的狀況，公文來的時間已經接近考核的時間，事實上她已經超過請假的天數了。所以學校就很掙扎，因為之前並不知道有這樣一個新的規定。

姜校長跟總務處的人員一起討論，認為法律不究既往，所以當年的考核，這位女工友依然還是很順利拿到甲等。

第二年的時候，總務處事務組就特別提醒她，有關第一年的狀況，請她留意有關請假的問題，千萬不要超過。但是她還是經常請假，雖然都是保持沒有超過的狀態，但是也已經很危險了。大家都替她捏一把冷汗。後來，她的孩子突然出了意外受傷，她必須要請假在家照顧小孩子。

如此一來，她的請假天數就超過了。學校考核時就不得不給她考二等。她的工作績效，其實並不是那麼好。一般來說，只要她不要去觸及到一些消極的要件，學校並不會去特別為難工友，但是因為學校在她第一年的時候，就提醒她要注意一下，到了第二年她的狀況還是這樣，所以就給考二等，她因此非常不高興。

她認為我們沒有體恤她，她說小孩子生病不是她願意的。而且她也質疑說，一些同事在工作上也犯了一些錯誤，校長為什麼不給他乙等？因為像一般的老師，早期是有兩個禮拜的士兵假，那麼請假只要不要超過兩個禮拜的士兵假，其他像工作的服務態度之類的，只要不要太過分，通常學校並不會在上頭做文章。

這位工友觸犯一些很消極、很明確的這些規定，所以學校就沒辦法替她說話，或者替她打圓場。但是她不瞭解這個，只認為學校對她特別苛刻，況且學校也有跟她說明原因，但是她不能體會。

她是因為小孩子受傷不得已，她覺得學校應該可以包容她。後來她跑到校長室來，跟姜校長當面抱怨，而且把學期末學校送給所有員工的禮物退回來，然後就離開回去圖書館。

她都是待在圖書館，不會跟別人打交道，如果要她做什麼，她都是做完又跑回去，不跟其他人交談，也不參加學校的一些聚會。於是姜校長

就到圖書館跟她說：「也許你很生氣，但是按照規定，我必須這樣做。」說完姜校長就離開了。既然她不接受，學校該怎麼做就怎麼做。

256　學校工友無法可管

妙妙國小工友闕先生在學校服務達二十餘年之久。學校有兩位工友，校長對工作分配不均，導致闕先生想比照另一女工友的工作量。校長因體諒女工友年輕，家庭需要照顧，老公因車禍死亡留下二子，所以分配女工友只負責校長室的清潔工作及文書收發，其餘工作都由闕員負責，引發闕員不滿情緒，經常藉故不在學校或身體不舒服等藉口，且其因與縣長有遠親的關係，讓校長不知如何處理才是，深深覺得闕員是學校的一顆瘤。

因為學校將辦理一年一度的社區及學校校慶運動會，闕員負責校園環境整理，整理學校所有花草樹木及周邊水溝清理。因校園花草樹木很多，加上學校周邊水溝常年未清，學校只派二十位高年級學生給他。

闕員馬上不客氣的跑到校長室咆哮，說校長不公，校長跟女工友不乾淨，引發校長大大不悅，馬上要闕員停止工作，並交代衛生組長負責其工作，請人事將闕員以怠忽職守、態度傲慢、目無校長、有違工友之服務規定，將所有事實報請縣府查辦。

偏偏該案送交縣府後遲遲無下文，讓校長不知如何是好。

257　吊兒郎噹的警衛

小俞是學校的警衛，在這所學校已經服務快十年了，從學校有警衛制度時就有他。當年進來時，是二十多歲的小伙子，每天在不當班的時間，不是穿著直筒的牛仔褲，鴨舌帽反過來戴，就是一身運動勁裝，十足是個耍帥、耍酷的年輕人。

一晃將近十年，學校裡同仁調進調出，也有一些沒有調動的老師從小姐變成媽媽，從媽媽升格成祖母，只有他，依舊酷酷的當著他的單身貴族。

由於學校小、交通不便、人員流動量大，所以不管年紀大小，多數同

仁都不及他來得資深，加上當年任用他的校長，早已調任別校，因此，他
成了校園中獨樹一幟的另類。

　　高興時他嘻嘻哈哈、沒大沒小，對任何女老師都可以搭著肩膀撒嬌一
下，脾氣上來，坐在值班的崗亭裡，故意把收音機開得很大聲，頭轉過去，
對任何人視而不見。

　　負責門禁開關鐵門，能不動手的地方，他一定用腳，正踢反踢，所以
不消多久，變形的變形，脫落的脫落，再落得他一句：「爛東西！還沒用
就壞！」

　　越來越多人對他的晴時多雲偶陣雨的脾氣吃不消，而向總務主任打小
報告，也跟校長數落他的不是。可是年年在考績會上，他的年終考核都能
低空飛過，名列甲等。所以，他有恃無恐，我行我素。對於校長，他採的
依然是他的方法。高興時，把所有好聽的話堆上來；不高興時，臉拉得長
長的，好像欠他八百萬……。

　　有一天，校長以非正式的方式，談起同仁對他的觀感。例如：下班時
催人早早離開，以便保全設定。別人一有耽擱，他就惡聲惡氣；值班接總
機電話，不高興回答時，不出一聲就把電話掛掉；郵差送進來的信件，無
論進出總務處多少趟，絕不肯順便帶進去，任它在警衛崗亭裡堆著。

　　對於眾多的事例，他一概以一派不在乎的態度，表示：「沒有這回事！
不問問那些人，他們自己怎麼樣！」於是校長耐著性子說：「沒有最好。
不過，希望你注意一下工作態度，以免影響到你自己的前途。」

　　總務主任是警衛的主管，由於資歷較淺，又是女性，小俞通常對這位
主管是不理不睬的。因此，主管沒輒，動不動就來向校長數落小俞的不是，
可是始終也拿不出好的對策，所以常常只會發牢騷。

　　這樣的主管對校長也造成不少的困擾。當校長出面要求，事情就可擺
平，也都能照著校長或總務主任的要求執行下去。可是校長沒出面，所有
的要求便像彈性疲乏的橡皮筋，沒什麼作用，於是和總務主任較接近的
人，便傳出另一種聲音：「校長不是要直接下達命令，直接指揮警衛，而
是要教育警衛，讓警衛知道服從自己的主管！」這樣的聲音傳進校長耳

裡，校長淡淡的笑笑，沒有回應。

又到了一年一度的考核會議，其他人都在考核委員一致的共識下，得到超過八十分的考績而無異議列為甲等，只有小俞，成了會上爭論不休的話題。有人主張給他一些薄懲，有人提出：「證據在哪裡？」有人則表示：「大家都是同事，何必當壞人，跟他過不去？」原定的會議時間不夠，不得不宣布會議暫停，隔日再議。

第二天，考核委員經過連番討論與溝通，終於決定：本年度暫列甲等，但擬出一封信，由所有考核委員簽名共同負責，內容大略是：「這是我們一致的決議，希望你在下一年度裡能做到以下各項……否則……。」

事情才不過一天，考核委員便從旁邊聽來小俞的怨言：考核委員聯名恐嚇他……。校園裡看到小俞，頭髮依舊長長的，快碰到肩膀，對人的態度依然忽冷忽熱，牆壁上還是豎著一張瓦楞紙寫著：「上樑不正下樑歪。」

究竟，小俞未來的命運是如何呢？校長是不是該檢討好自己沒有教育好警衛，讓他去服從自己的主管呢？

258　特立獨行的學校警衛

新的學年度，春天國小各處室主任更換或輪調，總務處事務組長也更換。簡組長為了尋找較能配合的值勤人員，於是將原先的李警衛更換掉，換來一位黃先生。李警衛反映，他在學校擔任警衛多年，盡力盡職，殊不知為何被撤換，內心頗感不平，但亦無奈地離開學校。

黃先生到職時，便要求中午 12 時至下午 1 時半，學校必須請工友代替值勤，讓他去午休和吃飯，晚上 7 點至 7 點 40 分也須讓他外出吃飯。當時總務主任和事務組長怎麼會答應，只知簡組長在其他學校任教時，曾經和黃先生共事過。

更不可思議的是，另一位鄭警衛卻須二十四小時值勤，不能回家洗澡和外食，而且鄭警衛會隨時協助學校處理一些雜物，對老師進出管理也很客氣，非常盡職，然而待遇卻不同。其後雖然更換總務主任，卻也依樣畫

葫蘆。

又經過二年的時間，其間雖有夜補校學生和主任的反映，黃先生經常在晚上 7 點到 8 點 40 分幾乎都不在學校，有時九點多才到學校。總務處雖有告知請其改善，卻依然故我。

學校老師，不論是在學校加班或運動，經常被黃先生趕走，意謂自己要去吃飯要鎖門，因此也常和老師發生爭執，甚至有時把老師鎖在樓上，引發老師的不滿。

總務處又更換主任和事務組長，黃先生依然受到學校老師非議，總務主任便依觀察期、輔導期到評議期的方式面對警衛。有一天凌晨一點，保全公司撥電話給總務主任，謂學校被破壞。於是總務主任到校，卻發現黃先生不在學校值勤，因此將此事告知前事務組長簡老師（介紹黃先生到校服務的人），請其轉知黃先生。

簡組長認為，他只不過是引進黃先生，學校要怎麼處理他不管，那是學校的事。現任總務主任認為，以前黃先生在前任總務主任時，就如此值勤，所以我們就依舊執行。

現任總務主任同時也認為，黃先生和鄭先生都是學校警衛，理當工作待遇一致性才對，豈能黃先生可擅自離開工作崗位，回家吃飯洗澡，況且學校都設有衛浴設備。

縣府文函他們，告知必須二十四小時值勤，學校應跳脫介紹人的關係，更換值勤人員，一直鄉愿下去不是辦法。依校長的作風，校長極力尊重和支持各處室的做法，不適任人員一律更換，況且有時校長到校時，黃先生也不在，值勤期間也很不盡責，理應撤換。

事後縣府又來文函，要求各校警衛人員必須二十四小時值勤，不可擅離職守。事務組長便將文函給兩位警衛簽知，然而黃先生依然故我，一如往昔外出，不視文函規定。總務主任便在行政會議報告，並把相關資料彙整，簽給校長，欲更換警衛，尋找殘障人士代替之，以符合學校顧用殘障人士之人數。校長也批准。於是總務處依合約書，在六月初通知黃先生，七月一日起不再續聘，解決多年來的困擾。

針對此案，學校的處理過程是先依觀察期採道德勸說，並請前事務組長告知其應依學校規定值勤。輔導期無效，乃蒐集相關資料，依合約書內容辦理，簽請校長核准。

總務處將相關資料會知黃先生，並依合約書內容規定，在不續聘之前一個月告知之。學校向社會局尋找殘障人士到校擔任值勤人員，並符合學校晉用殘障人員人數之規定。

259　人地不宜的老師

秦校長接任忠忠國小之前，有先跟家長會一些委員碰面。有家長跟校長反應，有一位蔡老師之前在這所學校帶班，他的班級經營及教學都不好，大家對他的評價都很低，他到班上女學生的家，要進行家庭訪問，可是學生的父母都不在，老師卻還賴著不走，這位家長就很不滿。

聽到了這樣的話，秦校長心裡先有個底。秦校長要去接校長的時候，蔡老師剛好當兵服務期滿要回來學校，這位家長就跟秦校長反映，希望校長不要讓他帶班，因為家長都很擔心。秦校長就跟他談，因為他帶班的能力比較差，問他要不要擔任組長。

由於忠忠國小很缺正式的老師，他又是正式的老師，所以就讓他來當訓育組長，這樣子一來，他跟學生的接觸就不會像帶班那樣密切了，而且既可以擔任行政工作，幫學校的忙，也可以抒解來自家長方面的壓力。

但他擔任組長之後，秦校長發覺他的某些基本能力比較不足。當學校要他規劃一些事情時，他都會害怕。他會說：「需要這樣子嗎？」秦校長發現他好像很膽怯。因為原先的人事都沒有更動，原本學校眾人對他的評價就不高，現在看他的工作表現，對他的評價還是不好。

本來當他在帶班的時候，家長反應說他教得不好，班上又帶得亂七八糟。現在請他擔任訓育組長，他變得跟老師的互動更密切了，因為有一些活動是要透過老師去執行、去推動，但是他通通沒做，就把事情推給老師，老師就很不服氣，跟他產生了衝突。

由於忠忠小學是一間小型學校，家長跟學校的互動也是很密切的。學生回到家都會跟家長訴說，所以家長對他還是很有微詞。

有些老師對蔡老師很有成見，到了學期末的時候，秦校長就問他：「其實你還很年輕，還有很多事情可以做，你要不要換個環境？看看會不會好一點？」學期末的時候他就提了縣外調動。

他的縣外調動成功了之後，結果他又說他不去了，因為外縣市調動牽涉到一些問題，就是學校成立了教評會，老師的聘用都要通過那個教評會。那時候好像成立第一年還是第二年，像台北縣老師的聘用是採取自辦的方式，也就是由出缺學校的教評會自己去辦理教師甄選，自己去聘用老師。

其實這種學校自行聘人的方式，對小型學校來說很麻煩，因為時間是在暑假，學校的人本來就很少，所以就會花很多時間。如果學校不想自聘，可以透過台北縣一個機制來辦，也就是委辦。

如果要從縣外聘老師的話，就一定要以自辦的方式，這樣就會給學校、給其他老師帶來麻煩，因為如果要去縣外調動的話，還要自己去高雄或別的地方去考。

但這位老師調成功了之後又不去，其他老師就很生氣。學校就跟他說：「我們已經開缺額了啦！」他就說：「沒有啦！我只是不想縣外的。」他就去考縣內的考試，結果就調到台北縣的另一所學校。

但是他在這樣的一個過程裡，一直很不滿，因為他覺得其他老師也有過錯，為什麼要他去調職，而其他老師卻不去調職。

可是在秦校長的觀念裡，沒有人是完美的。當一個人的能力沒有達到學校的平均值的時候，像在忠忠國小這樣一所小型學校裡，學校會很希望有正式的老師進來。

而秦校長為什麼還要把這位正式老師請出去？就是因為大家對他的評價真的不太好，所謂的不太好就是同事間的反應、家長以及學生的反應。為了要讓這所學校順利運作，秦校長就要做這樣的處置。

在小型學校裡，一個老師是否適任，很快就看得出來。在一兩百個老師的大型學校裡，或許他的班級經營不好，小事不斷出現，但只要不出大事的話，他還是可以存活下來。

但在小型學校裡，一個老師的缺點很容易就被看出來了，除非那一所學校的老師都是比較柔弱的、不計較的，不然有些老師如果比較強勢，比較會計較的話，學校就會產生很多問題。

秦校長表示：「我不會稱這位老師不適任，我會稱他是人地不宜的老師。對他做一些調整，並不是要對他全盤否定，因為目前這樣的人事組合可能對這個人比較不好，或許換個環境會比較好。」

秦校長說，在他擔任小型學校校長期間，他請走了一位主任、兩位老師。這對小型學校來說，是相當高的比例。雖然這些人被請走當下會有所不滿，但是還好都沒有後續的動作，而且這些老師到別的學校去，也都待得蠻好的。

260　公務人員考績的爭議

美麗國小的公務人員只有兩位，一位是護理師，負責美麗國小的衛生工作，另外一位是幹事，負責學校的出納工作，兩位都是認真負責的公務人員。服務認真，深得各方肯定，歷年來的考績也都是甲等。

唯自 2001 年度開始，政府規定每一個單位的公務人員考列甲等的人員不得多於百分之七十五，也就是說美麗國小的護理師及幹事，兩位只能有一位考績考列甲等。

消息傳來，群情嘩然，眾人咸以為兩人的工作性質差異很大，如何能夠拿在一起評比呢？於是請人事向縣府詢問有無通融餘地，得到的結果都無法解決。

學校於是召開公務人員考績委員會討論此一事件。會中意見紛雜。有人認為可以用輪流的方式來處理，有人認為應該要公開評分，也有人認為要交給當事人自行協調解決。七嘴八舌，無一為是。經過了相當冗長的討

論，最後以表決的方式，決定要依照法令規定辦理。

人事於是請兩位人員的直屬長官先行打出考績，再將結果送至考績委員會討論，結果兩位主管所打的考績均為甲等，且分數都很高，又陷入冗長的討論，最後也無法取得共識，只好訴諸表決。

結果以一票之差，由年資較淺的幹事考列甲等，較資深的護理師則是考列乙等。消息傳到護理師的耳中，便感覺很不是滋味，透過管道表達不滿。

訓導主任為了維護護理師的權益，便在行政會議中提出對於考績結果的不滿，希望有機會能夠重新討論，於是激起一番激烈的討論，大家各自堅持己見，幾乎討論不出結果。最後，校長認為他對於考核的結果有退回覆議權，於是他將考核結果退回公務人員考績委員會重新再議。

幾天後，公務人員考績委員會再一次開會，針對此一問題做一討論。經過一番熱烈討論，贊成與反對改變決議的意見相互拉鋸，找不出大家共同可以接受的想法，最後只好再一次的訴諸表決，表決的結果與上一次討論的結果一樣，也是資深的護理師獲得乙等，而資淺的幹事則是獲得甲等。人事也根據會議結果，呈報校長核定後報縣政府。

被考列乙等的護理師對於結果耿耿於懷。不久以後，服務屆滿二十五年，便提出退休申請，並且獲得縣政府核准，隔年夏天便離開了工作崗位，讓這件爭議事件留下了幾分遺憾。

261　教師兼行政

有多年社會工作經驗的蔣老師，經學士後師資班進修後取得教師資格，分發到學校，擔任高年級級任老師已有數年。蔣老師任公職之前，社會經驗豐富，對行政工作也算蠻有興趣，曾報名縣內主任儲訓甄選，但因積分不夠，未能通過初審。其平時亦常透過各種機會，給學校建言。

擔任級任老師時，蔣老師即對學校行政工作多所批評，常常認為學校不能照顧老師們的需求，學校需要大力改革，以符應老師的需求，因此成立教師會以對抗學校的封閉做法。

新學年開始，因學校總務主任一職出缺，經意願徵詢後，洽請蔣老師代理。而學校甫從總務轉教務工作的吳主任，本著過去兩年任內的經驗，從旁協助蔣老師接手行政工作，起初兩者相處還算愉快。

為推展校務，處室之間經常需要橫向連繫，而教務工作常需總務部門支援教學，且學校多項行政業務在實務執行面上，常由教務主任負責彙整。教務主任對於總務代理主任蔣老師經常緩人所急的做法深感困擾。

此一狀況，幾經溝通無效後，只好求助於校長，希望情況有所改善。校長表示，蔣老師處事欠妥，會對其做出要求。但一切似乎沒有什麼改變。

好不容易一學年即將結束，吳主任再度向校長表達行政的難處，請校長考慮學校總務一職，是否晉用正式主任或換人做做看，所得到的答案竟是校長想辦理退休，不想安排人事，以免令新校長為難。

一想到校長消極的處理方式，吳主任每天上班都覺得心情很差。他應該積極據理以爭呢？抑或消極迴避？

此案例有許多地方值得進一步思考。首先是校長更換時，往往會推翻前一任校長的一些決定。學校中運作影響最大的是校長之更換，校長一換可能學校的運作即完全改變，甚至主任的任用亦可能全盤調動，讓學校的做法和執行方向完全改觀。

站在學校本位發展的角度來看，學校的願景與目標應是全體師生大家一同發展出來的。學校因更換校長就須全盤配合新校長更改嗎？

以一個幕僚的立場，校長的用人決定，主任就無法建言以扭轉乾坤，為學校謀求適才適任之人選嗎？如何解決個案中教務主任之難處？

教師會之成立對於學校的行政措施和作為，究竟可發揮何種影響力？其存在之必要性為何？有無任何方案或措施，可代替教師會的功能？

以個案中蔣老師為例，在現行國中小的學校現況，行政人員的人才難覓是各校遇到的共同難題。教育行政單位如何建立一套獎勵的機制，以鼓勵有志行政發展之優秀人才來擔任？

262 組長換人做做看

邵校長新接掌純純國小，深深感受到全校師生和處室主任、組長皆用心經營個人的工作。邵校長樂於與教師相處和溝通，校內氣氛和諧融融。校務會議之前，幾位教師合擬一份「組長任期制」的提案，為尊重新校長，事前呈給校長過目，並表達內心想法。

校長認為學校教師有歷練行政的意願，是一件難得的事，表示會重視此意見，因此提案並未在會議中提出。行政會議中，邵校長詢問主任們對「組長任期制」的看法，但並未做出結論。

學期之中，校長對教師表示：行政要順利運作，彼此的契合度很重要，因此校長會尊重主任任用組長的權限。全體教師有意願擔任組長者，皆可在期末的職務意願表中提出。提案教師私下表示，會尊重校長的用人權，但是對於無法明定任期制，仍然耿耿於懷，部分教師也認為無法接受。

對校長而言，行政訂有任期制，有利有弊，利的是對於行政工作不力的組長，任期制可使處室主任無須因礙於情面，就可以新覓合適人員擔任組長工作，如此能更有效推動處室業務。

組長任期制雖有其益處，但卻難以文字明訂任期多少才適宜，況且組長必須和主任之間有良好的默契，業務才能順暢推動，故組長人選仍應尊重主任用人之權。

對教師而言，教師認為組長人選總是那幾位。有人行政做久了，就無法體會帶班老師的辛勞，所以組長應該訂有任期制。此外，組長除了領有職務加給外，還有休假獎金，級任卻沒有。組長授課節數亦比級任少，似乎好處都是行政人員的。

站在組長的立場，主任既然是由校長遴派，組長就應由校長或主任遴派，有如內閣制一般，建立績效責任制。組長雖然授課較少，但行政工作壓力大，且須兼顧行政業務和教學品質，常得五點以後才能下班，且寒暑假，級任可以休息，行政人員卻都要上班。

教師職務分配的職權在於校長。無論行政人員或是教師，皆是推動學

校教學重要的角色，校長要如何分配教師職務，才能讓全體教師均能接受，並進而能樂在工作且具有使命感？某些組長職務（比如：註冊、輔導、資料組）特別熱門，部分職務卻乏人問津（比如：教學組、事務組），此是學校普遍的現象。

「任期制」能解決此一問題嗎？如何安置才能使教師「適才適所」？「行政支援教學，教學配合行政」，如何讓教師和行政人員有良好的互動，營造校園溫馨和諧的氣氛？

263 總務人員再怎麼小心也不為過

曹主任剛調進一所小型學校擔任總務主任，不曾歷練總務業務的她，因為同期的主任班同學告誡她：「總務主任需處理的業務，並非我們教學專業領域，若不小心常會違法，我們總是走在法律邊緣，所以小心才能駛萬年船！」故而曹主任自始皆戰戰兢兢做事，大小採購或事務皆小心謹慎，因此還算平順，只是壓力非常大！

學期中，校長指示有一筆議員配額款，用來採購教學設備，但採購的項目有其限制，必須依照提供此經費者（甲先生）既定的品名項目來執行採購。曹主任於是依甲先生提供的採購概算和規格數量製作標單。因為採購法規定達十萬元以上必須上網公告，曹主任遂依照規定程序進行。

未料開標當天，甲先生並未順利得標，因為半路殺出程咬金，由一位外地的乙廠商以最低標得標。開完標之後，甲先生私下質問得標廠商：「有把握拿到貨嗎？」兩人不歡而散。

隔天甲廠商打電話給曹主任，告知必須要求乙廠商提供「公開播映授權書」，否則會侵犯著作財產權！曹主任遂如是要求乙廠商照做，但乙廠商卻以「標單上並未載明要公開播映授權書」而加以拒絕。

第二天，曹主任又接獲民代關心的電話，提及標單未載明的項目，不能要求廠商履行義務，語中略帶威脅，讓初任總務的曹主任不知所措，寢食難安！深恐萬一無「公開播映授權書」，日後一旦學校老師做教學放映時，甲先生也許會控告學校侵犯智慧財產權，麻煩就大了。曹主任反覆思

量，不知如何是好？

國小總務主任目前皆由教師兼任，必須如何充實業務相關的知能，才不致於觸犯法律？對於議員配額款已指定特定的採購項目，總務主任在執行的過程中，有何應該注意的事項，才能確保採購的品質及其合法性？

中、小型國小總務處的編制，除了主任之外，尚有「事務組」、「出納組」、「兼任主計」，皆由教師兼任，且各有其職，因此「工程和採購」的執行，大都由主任一人辦理，故而總務主任的精神壓力很大。應如何紓解，才能讓業務推展順利，並能勝任愉快？

264　中途要復職的正式老師 vs.中途得離職的代課老師

裴老師年輕有為，有理想有抱負。平常除教學認真外，且熱衷自我進修，以取得更高學位為人生目標。平日教學之外，即埋首書卷，並積極參加補習進修，終於努力有成，參加研究所考試，獲得錄取，於是向學校申請留職停薪。

經過學校教評會認可，並於暑假中辦理代課教師甄試，錄取毛老師代理裴老師職缺，並經正式簽約聘用，聘期一年。

開學後，代課老師毛老師克盡職責，教學認真，然而裴老師卻發現研究所的課程非他所感興趣，加之以家庭經濟問題，因而在 12 月提出復職申請。學校為此召開教評會議，經過教評會討論決議，此案「以代課教師已聘用，且屬聘約期間」考量，勸說裴老師把握得來不易的進修機會，並尊重代課毛老師的工作權益。

然而，裴老師認為工作權本來就屬於他，毛老師只是代理其職，一旦本人復職，其代職事實就應已消失，堅持於下學期復職，學校教評會不得不同意其復職申請。

學校於是告知毛老師，此事無疑給毛老師帶來極大的打擊。毛老師拿出聘約，指出聘約期限到 7 月 31 日截止，學校不應該於此時解聘他。他並且在學年教師及其他教師面前，哭訴自己所遭受的不合理待遇，引起很多老師對學校行政及裴老師的不滿。家長得知即將更換老師的訊息，亦對

學校提出不希望換老師的要求。校園因為此事而顯得有些焦躁不安……。

教師於留職停薪期限之內，申請復職，學校教評會是否具有「真正」做決定的權力與勇氣？代理代課教師聘約的訂定在約聘期限內，若再加上「因原教師復職，代課事實即行消失，則不再予以聘任」，是否合理？對於代課教師是否缺乏保障？學校若確有違約之事實，學校該採取哪些解決措施？

265　尋找代課老師

欣欣國小是一所大型學校，全校將近 200 位教師，難免偶爾有老師必須請假，無論是病假（三日以上）、公假、婚假、喪假或產假，皆由教學組安排代課。請假人數少的時候，因為學校有幾位固定短期代課的老師，加上實習老師，勉強可以安排。但也經常遇到多位老師正好一起請長假，短則幾天，多則十幾天，甚至一個多月，因此常常發生找不到「令人放心」的代課老師的情形。

因為學校中「口碑不錯」的代課老師，通常輔導室也會商請他們擔任一、二年級的課後活動班，一週上一個或兩個下午，致使他們的時段被切割，而無法代理一整週，甚至一整個月的課務，而學校實習老師又限於每週最多代 12 節課的規定，因此也無法長時間代課。

所以當學校多位老師碰巧一起請長假時，就是教學組傷腦筋的時間。鄰近學校的教學組長之間常常「相互借人」，但是找不到人的窘境，仍然有時發生。有時候，好不容易找到人了，卻也常常碰到學生家長或學年主任抱怨代課老師課上得不好，尤其是專門科目例如音樂、體育，常常是無人可代，僅能委由級任老師協助。

當然，級任老師所代的課，不會是該科的內容，甚至有些級任老師，希望儘量不要安排級任老師代課，因為級務確實繁忙，一天才寥寥幾節空堂，還要代課，確實也辛苦。

老師請假，牽涉到課務代理的事，確實較為麻煩，由此可知老師負擔與責任之重大。學校長期儲備人力資源，以備代課之需求。然而，短期代

課時有時無，難以覓得具備教學能力與專長的人才，僅有少部分平常是「家庭管理」的老師，偶爾以「打零工」的心情，協助學校解決人力臨時短缺的問題。

只不過教師是一個具備專業知識與能力的行業，代課老師雖然盡心盡力，專業能力畢竟不足，對於學生學習權益確實有影響。學校如何強化這個時有時無，但又不可忽視的短期代課老師人力資源，強化其專業能力，是一個值得思考的問題。

266　委辦或自辦？

自從學校教評會擁有教師遴聘主導權之後，每一年六月開始，準備更換服務學校的老師便忙著到處參加甄選。新任教師更是四處奔波，擔心找不到學校，找不到工作。為此，各縣市教育局提出一個折衷辦法，即是學校可以委辦方式，委託教育局代為徵聘教師、或以調動方式辦理互調。

若是委任教育局以互調方式辦理，則學校教師可以參加調動，比照以往方式，以積分高低作為調動依據，但學校必須開放一半缺額提供外校教師調入。但若學校不參加委任調動，則學校不需提供缺額，但本校教師亦不得參加調動，僅能以自行參加甄試的方式調校，而參加委辦與否的決定權則在學校教評會。

為此，學校教評會必須召開委員會，討論是否採用委辦。持贊成意見者認為，參加委辦有利於有調動意願的教師，讓他們不需勞碌奔波到各校應徵。基於同事情誼，學校應參加教育局委辦。再者，調動進來的老師也都是合格教師，應不致於有多大的問題。

反對者認為，一旦委任，學校必須開放一半缺額，不利於學校發展學校本位課程，況且調動進來的教師，教評會不具否決權。若調進來的教師有任何問題，亦非學校所樂見。因此教評會在教評會議上產生兩派意見的論辯，最後表決，以贊成委辦多出反對者一票，形成決議。

學校同事情誼與學校發展若產生衝突，照顧要調出去的同事，卻也影響了學校人力資源的來源。身為教評會委員可以從哪些立場思考這個問

題？對於委辦而調到本校的教師，學校教評會總是行禮如儀一番，對新任教師進行面談。

但若學校教評會成員超過半數認為新任者不適任本校，可否進行「真正的」否決？基於對教育局與新任教師的尊重，此例尚未有。但若發生了，應如何處置？

267 老師上課時間外出教琴　忘了請假

某校一名五年級級任老師，琴藝不錯，向其拜師學藝的大小學生不下40人左右。每人每星期授課一小時，採一對一，可以說把這位老師課餘時間排得滿滿的。他甚至連班上的科任課也趕回家去教鋼琴。

因為這個學校只有六個班級，每一年級才一班，這位老師經常外出不在學校，一目了然。他因為經常外出教琴，不把重心放在學校，教導主任對他相當不滿。所以，有一次朝會，主任公布，沒有課要外出的老師皆需請假。

有一次這位鋼琴老師急忙外出，忘了請假。主任在其簽到簿上蓋上「曠職」兩字。他知道之後，相當生氣，找主任問，是否能補請假。主任回答說：「已經蓋了字，就不必請假了。」兩人當場就吵了起來。校長與其他老師規勸皆無效。這位鋼琴老師很氣憤地走了，拋下了一句：「我不幹了！」隔天就辦好離職手續辭職了。

268 教師調動的難題

這個事件已經是三年前的事了。話說每年的五、六月就是教師準備異動的季節，許多教師都會在這個時候決定是否要調動。某校有一位教師，原本住在高雄，師院畢業之後，一直在桃園服務。因為該教師的父親重病，缺乏人照顧，所以該教師欲調回高雄。

桃園縣的教師調動作業，早已依據教師法以學校自聘來實施，但是有過渡的權宜措施，就是委託聯合介聘。聯合介聘確實有其方便之處，但是

自聘更能展現學校的自主權。所以該校校長決定自聘,以便依照學校的需求來聘用教師。

不過該位調動的教師,不知道什麼原因,向校長表示說,如果學校辦理自聘,他調回高雄的難度提高很多,不容易調回高雄,能不能請學校改為委聘,並且私下拜託教評會委員召開會議,討論是否委聘。

教評會委員表示,校長有強力地表示過自聘,誰也不敢反對校長的意見,還是請他向校長溝通。

該教師就向校長溝通,校長不答應,還隨口說了一句話:「我不希望我不認識的人進來學校。」還告知老師說,學校可以幫你辦理留職停薪,或是你可以回去高雄考代課老師等。讓該老師感到十分委屈,也尋求不同管道的協助。

該教師找上教育局,請教相關的問題。教育局承辦人表示,學校教評會和校長有其考量,但是也應該顧慮到學校教師的需求,尋求一個雙贏的局面。

校長仍然不願意放棄自聘的機會,並且拿出前些時間,該位老師所做的前一個學年度任教意願調查表,表示該位教師已經寫下離職書。原因是該位教師在意願調查表上填寫:「下學期準備調動。」校長以這樣的理由說:「這就是離職書。」

該位老師又向教育局詢問,這樣就算是離職書了嗎?教育局回覆:「當然不算。離職書是離職書,意願調查只是意願的調查表。」於是該位教師轉向某立委求援,想藉由外力關說校長,讓他能有比較好的機會調回高雄。

不巧,該位立委向教育局詢問教育局相關問題及初步處理過程,以傳真傳回該老師,卻傳到了學校的傳真機,剛好被校長發現。校長大為光火,表示要告該位老師「誹謗」。該老師不知道會發展成什麼局面……。教師會也介入溝通,希望有一個雙方都滿意的結局。

269　新老師考績被打乙等

學年結束了，也是主任及校長打老師們考績的時段。

一位剛從師專畢業到校任教的年輕人，上課時總是瀟瀟灑灑坐在最前面一排的桌面上。當時的校長很重視禮儀及教師形象，一再強調教師應該以身作則，為學生樹立楷模。校長也請主任一再暗示、相勸，但那位老師仍然我行我素，無視於長官的勸導。

於是那位老師的考績得了第二等，那位老師也服兵役去了。但此事並沒有因此結束。任教於教育界的父親，再三打電話問主任，其公子考績二等的原因，甚至還出言恐嚇，搞得主任心神不寧，坐立難安，連電話都不敢接了。

第 12 章
不適任教師

270　自食其果的蔡主任

　　冷冷的寒冬，來鍋麻辣鍋是一件挺過癮的事。但是，今天阿勇仔卻對蔡主任說：「蔡主任啊！今天咱們別去吃火鍋了啦！每次都吃這些，沒啥趣味。咱們去那個泡沫紅茶店怎麼樣？聽說有一家新開的紅茶店可是掛羊頭賣狗肉，裡頭的妹妹不但年輕漂亮，而且有夠勁，有夠辣的呀！」

　　阿勇仔那一臉的肥肉，隨著一臉淫蕩的笑容上下起伏著。他那樣的曖昧，說得蔡主任倒真是有點心動。但是，想一想，還是不要好了，萬一被熟人撞見了，豈不是毀了「老師」這樣一個清高的形象。

　　「哎呀！主任呀！您還在擔心什麼？不會有熟人看見的啦！我們這個社區，每個人都忙碌得很，整棟樓都能夠老死不相往來了，誰會認識你呀！再說，您一向是管廚房的，家長跟您也沒有直接接觸，他們認不得您的啦！」

　　經不起阿勇仔的三寸不爛之舌的誘惑，蔡主任點頭答應了。

　　紅茶店裡聲色光彩耀人，裡面的女孩果然一個比一個還要清涼。雪白的肌膚只穿著鮮豔撩人的紅色小可愛，露出一雙又直、又漂亮的美腿。

　　蔡主任第一次到這種風光無限的場所，又緊張又興奮，看得他有些手足無措般。

　　「蔡主任，這樣您如果還不滿意，裡面還有更精采的喔！」　　　　.

　　原來這家紅茶店後面有「暗藏春色」的額外服務呢！

　　阿勇仔和蔡主任從紅茶店出來已經是半夜了。兩個人都有點醉。到底醉的是美酒或是美人，可就不得而知了。

「蔡主任吶！這次家長大會上，您一定要對我美言幾句，最好想辦法讓我過過癮也好。」阿勇仔是個道道地地的「田喬仔」，祖產留下的產業，夠阿勇仔吃上幾代也吃不完。

但是勇仔從小生性貪玩，對於求學問知，他根本沒興趣。因此，當初只混到國中順利畢業就「阿彌陀佛」了！

上學期，有機會進入家長會，發現當會長是一件蠻神氣、也蠻風光的事，於是費盡心力拉攏兼任家長會秘書的總務主任來幫他的忙。

而蔡主任自從第一次接受那種「特別的」招待之後，竟然凡心大動，再加上阿勇仔「三不五時」的熱情誘惑，竟然不自覺地跌落到那個粉紅色的陷阱裡而無法自拔。時間很快地就到了家長大會的開會日期。

那天，全校來了近 100 位的家長代表。席間，蔡主任雖然對阿勇仔推崇備至，但他倆時常進出特種營業場所的事，已經傳入部分有心人士的耳中。自然而然，他的話也不會有太多人信服。甚至有人提議，家長會要自設專職秘書，請蔡主任交出秘書的職權。

阿勇仔眼見心願無法達成，自然對蔡主任不若以往熱切。但是，蔡主任卻時時想到紅茶店裡的「黛安娜」，熱情、溫柔，最重要的是性感十足，和他家那個正處於「更年期」風暴的老太婆比起來，真是有著天壤之別。所以即使阿勇仔不再招待他去「享受」，他卻義無反顧地自掏腰包，並且樂在其中。

漸漸地，一個公務員能夠有多少銀子花在那個無底洞裡。沒多久，這件事情就被蔡太太知道，使得夫妻倆經常大吵大鬧。但是太太的吵鬧並無法澆熄蔡主任胸中燃燒的慾火。他還是會偷偷地去找「黛安娜」。

然而，在一次警方的掃黃行動中，蔡主任的身分曝了光，並且更嚴重的是，對蔡主任提供「特別服務」的「黛安娜」是個未成年少女。蔡主任不但要接受教育局的嚴厲懲罰，也要為「與未成年通姦」而吃上官司。

271 一步錯全盤輸—迷賭教師不知返

姜老師 1980 年代調進欣欣國小。有一陣子「**大家樂**」風行之際，因朋友的介紹，簽注許多金額，不錯的運氣讓他賺進一些意外之財。幾次不勞而獲的經驗之後，他投注的金額日益增加，最後沉迷而無法自拔。

投機的事業憑著幾番運氣，的確讓姜老師累積了一筆財富。但是好景並不長久，接連幾次「**槓龜**」後，姜老師連薪水都不夠支用簽注的開銷，也積欠「**大家樂**」組頭一些債務。於是他開始邀集校內同事組「**互助會**」，由他擔任會首。

第一個月所湊來的金額，姜老師依然投注在「**大家樂**」上。幾次簽注不夠開銷時，他向互助會成員借名標會，因同仁尚不知他的狀況便答應他。

幾次後無人願意，最後姜老師甚至偷偷的冒用他人的名義標會，引起眾人憤怒。而姜老師以一副誠懇模樣，請求大家給他慢慢償還的機會。眾人礙於同事情誼，勉強答應，不訴諸法律途徑。

冒名標會事件發生之際，姜老師正擔任級任和學校合作社經理，因為「**大家樂**」組頭逼債，甚至揚言，不還錢就要對他不利。在走投無路之下，姜老開始向幾名私交甚篤的家長借錢，並先支用班級學生的午餐費用，以及合作社的進帳款項。但在無力償還下，終於紙包不住火，所有不法的行為一一敗露。

學校多數考核委員認為，姜老師的行為不足以為人師表，擬陳報縣政府處理。但是部分委員因為「**互助會**」被姜老師積欠金額，請求給姜老師一條「**生路**」。眾委員幾經磋商，最後正義之聲還是妥協了。

學年度即將結束，欣欣國小學區內新設安安國小，欣欣國小一部分學生劃分到安安國小就讀，欣欣國小遂有幾十位超額教師。此時姜老師主動申請調到安安國小，看似重啟新的生涯，但不久之後出現缺錢狀況，加上之前的「**大洞**」實不知從何補起……。

社會對「**教師**」應有的道德標準較一般行業為高，在現今價值多元和人權意識提高的趨勢之下，教師應如何做自我要求？教育主管機關三令五

申，禁止教師在校內組織「互助會」，應以提昇教學專業為要。

　　身為行政人員的校長或主任，應如何對學校教師進行約束或勸說？案例中的姜老師的行徑對學生的道德養成而言，已是嚴重的錯誤示範，況且其個人因素勢必影響教學品質，損及學生受教權，學校教評會應如何處置才適宜？

272　離開酒瓶的日子真難過

　　這是本校卓老師的寫照。本學期由某縣市透過教育局介聘到本校的他，從開學到現在每天上班總是酒氣沖天。

　　下班有時回去新店前妻家，有時回去新竹開茶室的女朋友家，有時會去妹妹家。可說是居無定所，私生活無法查考，連車票補助費都無法查核。

　　上班經常遲到，而擔任啟智班的課程常常要別人代理。遲到的理由，一個星期有兩次爆胎，甚至醉到忘了車停何處，而趕計程車到校，造成老師代課的困擾。

　　啟智班的學生需要特別的照顧，而這個老師更要其他老師的擔心與照顧，卓老師常常為了教學方式，堅持己見，而神智不清又胡言亂語，整個啟智班的同仁困擾不已。

　　輔導室、教務處、人事室對其不斷的輔導、改善狀況一直跳票，雖其個人保證不再喝酒耽誤上班不下千百次，始終無法改善。

　　由於神智不清對於同事的輔導相勸，屢有暴力相對的傾向，造成啟智班老師、輔導室同仁的不安，學生安全堪慮。聯絡其妹妹送其至臺灣療養院治療一週，回來後不見改善，變本加厲，宿醉在課堂上。女老師害怕、學生害怕，教師形象盡失，再一次聯絡其妹妹送其到松山療養院治療一個月。

　　如今，教育局到校蒐集調查實情，彙整送到人事處，學校教評會決定給他病假，直到康復才准予回來上班。

273 也是不適任教師？

娟娟老師係某國小教師，年約五十餘歲，女性。她打扮穿著非常特殊，臉上厚施脂粉，衣服艷麗，在教育現場看起來比較突兀。

某次校務會議，她突然走向發言台，未經同意就拿起麥克風發言。當時只見全體老師笑嘻嘻地看著她，好像要看什麼笑話一樣。娟娟老師突然指著某一位年輕貌美且衣著好看的女老師說：「你是酒家女，所以每天穿著這麼漂亮，且灑這麼多的香水，燻死人了。」

說完頭也不回地走回位子上，好像什麼事也沒發生，顯得非常瀟灑自在。當時，全校老師笑成一團，而受辱的老師臉色鐵青不停落淚，校長好不容易把秩序控制好，正要質問娟娟老師怎麼回事？她卻飄然而去。這時才有主任告訴校長說：「她有精神疾病，已經好久了。」

經查問，該師是三年前，以行政調動由他校調進本校（當時尚未實施教師法）。由於年輕時遭受感情的傷害，在二十幾歲的時候就發病了，先生留了一個女孩給她，並且辦理離婚。

該師獨來獨往，不跟其他人往來。教學工作很不正常，可以說不能教書，奇怪的是除了三年前行政調動時考核是三等以外，其餘都是甲等。

娟娟老師在學校除了不能勝任教學工作以外，尚有下列問題：每天打扮得花枝招展，與其年齡不相符，招致許多家長的側目。經常怒罵許多年輕貌美的女老師，害得全校雞犬不寧。

在發病的時候，會有打學生的衝動，常招致家長的不滿。每年主任甄試時，均要求報考。校長不同意時，常到報名學校或教育局喧鬧，不勝其煩。

只不過娟娟老師雖然精神不正常，但並非全年都發病，而是在每年春天最為嚴重，會攻擊學生。她在教育界已服務三十餘年，學校希望其辦理退休，但她本人堅持不肯。學校同事深恐將其提報免職，其處境將更為困難。

而且，依規定，退休必須本人親自辦理，別人不能代理。學校同仁認為娟娟老師的情況尚不至於完全不能教學，而且考量其身世坎坷，值得同情，因此任憑此種情況繼續下去。

274　一個尋找自我定位的老師

廖老師服務的學校離家很近。她個人的教學能力、專業背景，應該都是值得稱道的，可是對學校行政措施就是有些不滿，剛好有個表妹在相隔很遠的另一區服務，有一天利用週三下午到表妹的學校去，發覺表妹的學校行政很上軌道，校長、主任的理念都很民主，於是開始嚮往。就在第二年的暑假，一下子填了調動申請，調到了這所學校。

來到這所學校本來是很開心的，分派的級務是三年級導師，對於向來教高年級的她，有些不能適應，但以廖老師的教學理念，倒也能立刻設法因應。但是調校之前所未思考的問題接踵而至。首先是交通問題。

以往只花十分鐘就可以到學校，現在一小時也到不了，只好學開車。經過了一段奮鬥，終於新手、新車上路了，可是開車產生的焦慮，使她更早出門，很早到校，很晚回家，體力開始不繼。

接著未曾預料的事又發生了。原來是她所服務的學校，家長比較保守、沉默。新學校，有一天主任找她，告訴她：家長反映她的功課較多，孩子一下子無法吸收，請她設法改善。一下子引爆了所有潛在的問題。

廖老師開始煩躁不安、抱怨，向孩子發脾氣，向每個身邊的人訴說她的冤屈。於是，家長的抱怨更多了……，問題也愈擴愈大……。

其實，廖老師個人頗有才華，亦曾在國中服務，教學能力自是不成問題，可是因為情緒管理欠佳，釀成大事。教務主任發現此一狀況有異，於是主動表示關切。首先，處理家長的告狀問題。教務主任一再告訴廖老師，她表現得很認真、很用心，多數家長給予肯定。家長的反應均為善意，並非挑剔，勿生誤會。

其次，針對三年級學生，在其身心發展來說，畢竟才剛脫離一、二年

級稚嫩的時期，無法立即吸收太多。另外，在學科的學習上，亦應放慢步調，漸進學習，而無法要求學生一步登天。

再者，主任亦十分關切其生活，對提早出門、開車所產生的焦慮、頭痛，再三疏導。教務主任告訴她，如因特殊交通狀況，偶爾晚到了亦無妨，大家會協助她照顧學生，千萬不要因為著急而發生事故。

至於失眠、頭痛等身體不舒服，教務主任鼓勵她去看醫生。主任又向校長說明廖老師的狀況，於是校長也頗能體諒，經常給予關切、鼓勵，而未給予任何壓力。

家長這方，由教務主任積極介入溝通，一再表彰廖老師過去的優良事蹟，請家長體諒廖老師求好心切而產生的一些小問題，並努力做好親、師之間的溝通。教務主任向雙方傳達的均是理性、婉轉的建議事項。

終於，經過一學期的摩擦、了解、接納以及努力，到了下學期，廖老師指導的三年級朗讀就在中年級組奪魁，使家長對她建立起信心，親、師之間開始展開良性互動。

雖然一年結束，廖老師又申請調校，離開這所學校，回到她原來服務的學校。當她帶了一束花，回來看教務主任時，告訴主任：「原來，我是在不知不覺之中得了憂鬱症，自己也不知道。幸好主任和校長對我包容和幫忙，鼓勵我去看醫生服藥，服了一陣子，現在已經完全好了，一切都很圓滿，每天教書也教得很快樂。」廖老師的話，可以為這個個案畫下句號。行政，就是要包容、尊重、關懷、溝通。

275　問題老師

學校行政領導是學校行政運作的重要課題，其中校長對教師的領導更是行政推動的重點，但每個人都不同，每個人心裡想的是什麼？是難以捉摸或理解的。

學校的行政領導，流傳著一種說法，就是師專生難帶，師範生更難帶。師專生、師範生，誰沒有過輝煌的過去，學業的成就是普遍的事實，孤芳自賞，狂妄自大、不可一世者有之。因此不管誰來領導，他都不服氣。

　　彭老師就是一個典型的例子。師範畢業至今，服務近 40 年，調到大大國小之前，換了三個縣市、十六所學校，任何學校均待不到三年。教學不正常，也無法教學，只要是有課本的，均唸一唸了事。

　　學生吵吵鬧鬧，當然也就無法帶班當導師了。這種老師當然去到哪裡大家都不要，也不能逼。逼急了，他就亂告。寫幾張信紙，郵票貼好，郵筒一丟，教育局就來查案，搞得學校雞飛狗跳，校長也都莫可奈何。

　　很不幸的，彭老師與陳校長卻是相識十幾年的老朋友，彭老師曾是某縣省運時代的桌球代表隊，與陳校長是在球場認識的。彭老師過去就曾打趣說，要調到陳校長的學校服務，因為那時陳校長仍在偏遠地區服務，說說也就算了。

　　沒想到某一年校長調動時，報紙發表在先，老師調動在後，這位老兄竟然想盡辦法到教育局去更改志願，而與陳校長同時調到大大國小服務。真叫陳校長哭笑不得，沒人要的燙手山芋竟然會來與陳校長同事。

　　開學前教務主任安排班級時，陳校長即告知，此人不得帶班級，只能安排科任，大部分均安排美勞、寫字、閱讀指導等比較清閒的課程，只是其中有幾節是三年級的社會課。

　　彭老師社會課還是無法正常上課，唸一唸就自習，讓學生自己看書，然後不是坐在椅子上打瞌睡，就是站在教室外，看看有誰來查堂，當然家長的反應，學校也相當清楚。第二學期開始，就連社會課也沒有了。

　　就這樣，幾年下來倒也適應良好，小錯難免，大過則不犯，與同事之間的相處也不錯。其實同事們也了解，都是校長護衛著他，否則哪有那麼好的日子過。

　　其實彭老師的問題是出於本身人格的缺陷，跟師專生、師範生是沒啥關係的。據說是小時候母親溺愛的結果，有同事到他家裡，見他跟母親講話，就像在罵小孩一樣。彭老師今年服務滿 40 年，母親也 80 好幾了，他尚且如此，真是情何以堪！

　　彭老師剛調入大大國小時，即說：「校長，真不好意思，調到你的學

校，兩年後，我一定辦理退休。」結果今年已是第六年了，這是他服務以來，待得最久、表現得最好的學校。陳校長想想也沒錯，過去彭老師從來不改卷子，現在則是全校批改作業最多的老師，因為寫字課、閱讀課，每節都有作業，二十幾節課，二十幾個班級，一個星期要改七、八百本作業，不管是否認真改，但都有改就是大大的進步了。

陳校長認為，問題老師的領導，在於能讓他的問題不再擴大，不再製造問題，就是最好的處置。衷心期盼彭老師繼續維持現狀或及早辦理退休，否則將來陳校長調到其他的學校，在目前教評會甄選教師的制度下，他是不可能再跟過來的。

276　教師素行不良

彭校長在四年之後，再次回到幼幼國小服務，因在幼幼國小擔任教導主任的二年期間，對於原住民教育，已有頗為深刻的認識，對幼幼國小也有了濃厚的感情，加上個人的使命感，自我期許在擔任校長期間，能對原住民教育盡一份心力。因此，不論在行政事務的推展，以及老師教學的熱誠與教學知能的提升，都亟思改善之道。

惟因幼幼國小處在偏遠山區，交通不便，往往無法招足合格老師前來任教，且正式合格老師，教滿一年就想調走，所以每年的老師中，總有一半以上，必須聘請代課老師。老師異動頻仍，造成學校極大困擾。因此，幼幼國小的師資素質，根本無法要求，每年只能祈求派來的合格老師，或聘請的代課老師，都能有起碼的「熱誠」。

在其中，彭校長就碰到了一個個案。毛老師原來是服務於澎湖某國小的合格老師，不知何故，被解聘了。後來來到台灣，在佳佳國小代課，與彭校長同事過，在一次某縣國小老師的甄試中，又重新獲得錄取，而分發到幼幼國小來。

剛來時，表現尚可，但過了一個學期之後，毛老師教學態度漸漸轉變。教學態度不認真、作業批改不確實，雖經校長、主任屢次勸導，仍僅是應付了事。且因其夜宿學校宿舍，常於晚上到附近民宅與家長、社區人士打牌，欠下巨額賭債，加上其行為欠佳，遭到村民厭惡，嚴重破壞校譽。

校長在勸導無效之後，乃於學期末召開考核會議。經過討論之後，決議給予考核丙等之懲戒。惟校長考慮到，考績丙等對毛老師將來的影響重大，乃思再給予毛老師一個機會，讓其選擇考核丙等或「考核甲等，但須離開幼幼。」最後，毛老師調校了。但彭校長一直到今天還常常在檢討，這個決定是否太鄉愿了？

277 何去何從？認真但無能為力的老師

姜老師擔任教職二十幾年，為人善良溫和，服務期間雖無樹立良好口碑，亦無重大缺失。雖偶爾有家長抱怨其教學方式，但情況尚屬輕微。然而近年來隨著學生受教權日益受到重視，學校接獲有關姜老師教學情況不佳的投訴亦日益增加。

家長對於姜老師的投訴大抵是：姜老師的教學方法僅止於口述與抄寫，無法引起學生的學習興趣，且上課經常偏離主題，天馬行空，而要學生抄寫的筆記與功課過多。

最重要的是姜老師聲量小，且表達能力欠佳，學生常常不知所云，且同樣一件事情往往重複敘述很多次，如自言自語似的嘮叨，因此導致學生學習效果欠佳。

學校教務主任亦與姜老師多次溝通，姜老師亦表示願意儘量調整自己的教學方法，但是成效似乎有限。學生學習成效並無明顯提升，家長的抱怨亦無停止。

因此，學校決定在學年度結束後，將姜老師調整為自然科任，並鼓勵姜老師多多參與該科的相關研習，姜老師亦樂於接受，且常常主動擔任該科命題工作，作業批改狀況也尚稱良好。

然而他所任教班級的級任老師卻反映，學生不喜歡上自然課，因為很少做實驗，學生常常不知道老師在說些什麼，甚至每年到排課時期，級任老師會希望自己的班不要被姜老師教到，有時僵持不下，甚至以分組抽籤方式，決定該學年自然科任教老師。被抽到的班級，得無奈接受。畢竟，姜老師是學校同事，且教學尚稱盡職認真……。

認真但無法稱職的老師，在校園經常可見。從「對人」的角度而言，實應給予最多的包容和協助，但考量學生的受教權益，當教師實無法勝任時，應如何安排最為妥切？

學校職務的安排，往往當該教師不能勝任級任時，調整為科任教師。其思考模式為，與其一個班整學年受到級任的影響，不如分散到更多學生，較少的任課節數影響不致於太大。如此調整教師職務的思維是否恰當？

278　迷途知返

考了好多次，賴老師終於考上主任，而且受訓十週，這個學期分派到十班的小學校，很高興，不但離家近，而且校長是一個老好人，心想有很大的發揮空間，理想將可實現，將是一個發展契機。

多年不得志，一日之間一掃而空。當上了總務主任，剛好又是學校最忙碌的時候，自然增班，辦理增建教室招標，由甲營造公司以新台幣 120 萬元得標，並轉由乙營造公司承建。總務主任當然是業務主辦人，校長特別叮嚀，要注意工程施工及品質管理。

暑假八月大熱天裡，承包商請求第一期工程估驗，並開立了卅萬元的發票。適值暑假期間，校長及會計人員均未到校。主任應包商要求，製作支出傳票，蓋用會計鎖在辦公室的印章，並於次日上午製作付款憑單，由包商駕車載主任擬往校長住宅蓋用印章。

車行途中，包商一直感謝賴主任的熱心服務，包商並指稱前任主任在每次估驗都有一部分車馬費，所以拿了 20,000 元，並說明校長蓋章時，順便請主任送給校長。因校長、主任都有很多人情世故的應酬費，希望主任代為轉達。包商此一表示，賴主任雖然經過一番推辭，仍沒有拒絕而收下了款項。

回到了家，賴主任卻不敢和校長說，更不知如何處理這筆款項。一整夜完全無法闔眼。由於整天寢食難安，後來接近凌晨時，賴主任終於想通了，於是安然入睡。第二天一早，賴主任把這筆款項如數退還給包商。心

中一塊大石頭終於卸下來了。

279　浪子老師回頭

　　張老師是科班出身，又讀完師大，以教師的資歷來說，可以算是很完整，也是很扎實的。年紀不到四十歲，講起話來頭頭是道，就是不知怎麼的，教起書來，總好像缺了點什麼。

　　他是特教出身，因此，當學校有特教班級時，他願意出任老師。一年下來，原本就因其特殊而人數很少的特教班級要瀕臨停班的命運，因為轉走、加上不唸，只剩下兩個老師帶兩個學生，於是第二年他就離開了特教班。

　　過去老師調校的制度很公開，也很自主，只要老師想換學校，哪怕只有一年年資，積分二分，也可以調動。張老師想想，也提出了調動申請，果然，如願以償調到了他校。

　　但是調校的結果，就發覺原來別的學校那麼辛苦！學生那麼難教！家長那麼難纏！真是悔不當初！於是一年剛滿，張老師又調回到原校。

　　教務主任考量張老師過去的教學背景，在職務分配時，決定安排他擔任自然科任。科任老師任課的時數不少，可是責任較輕，擔任不同的班級，課務上完，往往不會有其他閒雜事務。

　　一年下來，張老師過得逍遙自在，家長們卻怨聲載道，有的當面向級任老師、教務處抗議，也有的打電話到校長室，指責張老師上課常把學生放到圖書室，美其名曰：「查資料」，自己則在旁邊看報、休息。作業的批閱很馬虎，甚至乾脆把答案寫在黑板上一起抄。

　　實驗不做，一律背答案。教室秩序太亂也不管……等等。凡是自然科任老師所可能發生的狀況，一律都出現過了。年終考核，倒也沒有人提出異議，仍列一款。

　　第二年，教務主任在編排級務工作時，特別建議讓張老師擔任一年級級任看看，或許他能有所改變。而他自己，不知是口才伶俐，還是哪一點

受到同仁器重，他當選了教評會委員。

當暑假中招考教師時，擔任考試委員，所提出的口試問題大多很有深度，對班級經營也有他獨到的見解。大家都相信，張老師這一年一定不負所託。

學期進行中，張老師擔任的班級，不斷傳出玻璃打破、公物毀損、學生鬧事、……等消息。全校性的活動，他的班級常常敬陪末座，要不然就是棄權。有一天校長巡堂，走過教室，裡面一片亂哄哄的，打掃時間剛過了十分鐘，教室裡卻仍像垃圾場。

校長說：「每個小朋友請在你附近撿十張紙屑，不論大小，撿完給校長看過，丟到垃圾筒後，就可以洗手坐下來。」居然，能撿完十張紙屑的學生，多達將近二十位。而此時，張老師尚不知在何處，叫學生去找也找不到。

這件事一擴大起來，在主任會報中，徹底進行討論，於是更多班級經營的問題浮上檯面，例如：暑假全面換修的櫥櫃，以這一班破壞最為嚴重，學生常規、秩序、整潔最差，老師遲到早退的現象經常發生，放學時，並未照顧學生，即已先行離校……。

最後，行政會報做成決議：提出一份通知，請人事管理員交給張老師簽收，針對開學以來所產生的各種現象，建議張老師改進，有關的資料送人評會備查。

收到這樣的通知後，張老師開始意識到事情的嚴重。過了二天，他向人事室提出一份書面的回函，表示他已知道自己教學及班級經營有所疏忽，對班上破壞公物，願意負責賠償，也很誠懇的願意改善這些問題。

對於這樣善意的回應，校長也特別請他到校長室面談，表示嘉勉，同時也鼓勵他，建立良好的教師形象，爭取大家的認同與肯定。

一件差點釀成不愉快收場的事件，就在行政處理的審慎，以及當事人自己的覺醒中，順利的做了尚稱圓滿的處理。張老師漸漸的在改變自己。從遲到早退現象明顯減少，及家長甚少抱怨的狀況來看，這位教評會委員應當不會再面臨自己要為自己護盤的局面了。

280 流浪女教師，不上班坐領乾薪

　　某國小一名女教師，八年來換了八所小學任教，不折不扣成為一名原始版的「流浪教師」。這名女教師前年九月請調到當前這所國小，校方因不了解「狀況」，發給她一年聘書，現在這名女教師因故請「公傷假」當中，校方難以處理其不適任問題。

　　該名女教師教啟智班，學校、家長發現她無法獨當一面，沒有經營班級的能力，還時常拿雞毛撢子打學生。學校介入輔導，仍然沒有改善。校長指派教務主任到課堂上觀察這名女教師的教學狀況，發現台下學生都跑光了，女老師還不知道，猛對著天花板、黑板上課，口中念念有詞，令人啼笑皆非。

　　家長最後聯名要求換老師，教育局督學到校調查並列案。這名女老師去年一月取得醫院診斷證明「焦慮、適應不良」，據以請「公傷假」，獲縣府核准之後，每個月拿一次診斷證明，辦理一次請假手續，迄今已滿一年。

　　不上班每月照領五萬餘元薪水，年終時還另外領年終獎金。校方得再另聘一名短期代課教師，負責啟智班教學工作。

　　這所國小考績委員會，在打該學年度教師考績時，以這名女教師教學不力等理由考「乙」。這名教師不服，一再向縣府申覆，對校方造成相當大的困擾。依教師請假相關規定，「公傷假」最長可請兩年，請假期間照領薪水。

　　校長說，這名未婚女教師及其家屬最近告知學校，已向法院提出申辦領養孩子的手續，等「公傷假」兩年期滿，銜接請「育嬰假」。校方認為女教師想辦法續請「育嬰假」，是想躲避教學不力的問題，並保留教職。

　　而女教師此舉引起全校一百餘名教師強烈反彈，認為他們辛苦教學才有報酬，這名女教師卻只要憑一紙醫院證明，即可坐領兩年乾薪，令人不服。

　　校長希望教育局能處理這名不適任教師。但教育局表示，依法令規

定，教師新聘、解聘、不續聘的權責在各校教師評審委員會，校方應召開教評會，依該局訂定的「不適任教師審議要點」處理這名不適任女教師，做出解聘決議，送教育局複審。

有關不適任教師的認定，可分為覺察期、輔導期、評議期、審議期，以資作為判定明顯不適任、不明顯不適任的依據。但一般而言，教評會處理不適任教師，經常會遭遇一些困境，如人情壓力、與會教師不願作壞人、怕遭報復。

學校層級為了避免這種為難的情形，教育行政當局是否可以考慮跳過學校層級，直接交由主管機關處理呢？而且這類老師為何沒有輔導單位來對她個人進行輔導呢？

281　不適任教師兼主任

毛主任幼年家境清貧，母早喪，父子二人相依為命，刻苦耐勞及至成長，師專畢業後投入教育界，總是孜孜矻矻、兢兢業業的為工作付出心力。皇天不負苦心人，幾年的教師生涯，再加上自己積極的努力，終於如願考上主任。可惜，命運弄人。

當他滿懷熱誠踏上主任一途時，卻因為爭功敘獎問題，和同事起爭執。由於校長的處置不公，讓他耿耿於懷，最後導致他對於校長不諒解，連帶的影響他對「校長」一職的不滿。

心想，既然教途不能功成名就，何不自我放逐、專心補習事業的經營。原本一位優秀的教師，淪至每天汲汲鑽研於錙銖必較之間，變成大家心目中的問題主任。

因為學校減班、教師超額，校長心中暗想：「既然毛主任不見容於學校同仁之間，何不以超額教師的名義，讓毛主任調至他校服務呢？」調動期間，由於毛主任的名聲早已傳遍全縣，沒有一個學校的校長願意接受他。最後在縣府強力主導之下，以行政調動至悠悠國小服務。

原本就已對「校長」非常不滿的人，調職時竟然又要被這些「校長」甩來甩去，心中的怨恨可想而知。悠悠國小校長雖已進入中年，卻充滿活

力，初派任到悠悠國小擔任校長。

說巧不巧，悠悠國小的校長和毛主任正好是師專同學。毛主任心想，這下他可要鹹魚翻身、不再聽任校長頤指氣使、耍耍威風了。

誰知事與願違，校長不但沒有念在昔日同窗舊情，甚至加重毛主任的工作負擔，使得毛主任倍感工作壓力沈重。再加上毛主任與人交往重利、沒有誠信，學校同仁對他也沒有好感。中年喪偶、孩子遠在外地求學及工作，一個人形單影隻。在家庭、學校缺乏可靠支柱下，使得他的人生充滿「貪」、「恨」、與「不滿」。

在學校，毛主任經常對學生施行「語言暴力」，對家長亦甚為鄙視，對同事藉機性騷擾，甚至利用公差時餘，散佈不利於學校的錯誤訊息，還央託他人代為說項作媒，真是狀況不斷。

校長為了要導正其「偏差行為」，曾經動之以情、誘之以理、訴之以法，卻仍不為所動，還要四處「消毒」，巴不得毛主任能儘早退休。

雖然校長對他的行徑極為不悅，但在現行教育體制之下，只要毛主任不做出有違師道的具體事證，對他真是莫可奈何！對於悠悠國小的師生亦真是不公道！

綜合而言，毛主任的意識型態已非一朝一夕所造成，對於現實世界的不滿，導致個人的老而不「休」（羞），不知是學校的損失，還是個人修為的不足。

現行制度的僵化，使得校長有責而無權，即使有心整頓校園，卻缺乏有利憑藉，只能任憑事態擴大，甚而演變成劇烈衝突，繁衍出校園危機。

凡此種種，可能也是造成毛主任膽大妄為的間接原因。此外，校長是否應該自我反省，凡事是否秉公處理、以誠相待？是否因一時失察，或是有所偏袒，影響同仁工作士氣，造成學校行政推動的阻礙？

282　教師因一時行為不當　受到嚴厲懲處

欣欣國小教師查老師擔任高年級導師，因一時性起，在上課中，趁教

室無人的時候，利用班級教室的電腦，偷偷欣賞色情節目。

正當看得聚精會神時，不料班級學生十餘位男女生撞進教室，女學生看到電腦螢幕畫面，立即驚叫，引起騷動，也驚動在兩邊隔壁教室任課的老師過去看個究竟。查老師來不及關機及處理學生驚叫，結果其他老師也看到了查老師的劣行。

該班女學生回家後，向家長說出老師在學校看色情影片，也給學生看，引起學生家長不滿。家長經詢問其他學生是否事情屬實，結果七、八個學生經過追查之下，果然事情屬實。隔日家長群體到學校找校長反映，並要求校長快速處理，解除查老師的導師職務。

校長經調查了解事情屬實後，立即召開教評會。教評會決議適用教師法第十四條第六款，行為不檢有損師道，經有關機關查證屬實者，解聘查老師。

家長會認為要依法辦理，結果家長告老師公然猥褻，案件送司法審判，查老師被判有期徒刑半年，受緩刑處分。

教育局認為查老師尚年輕，平時教學有具體成效，應給予改過自新的機會，利用行政調動，將查老師調離該校，至一縣轄單位協助工作。學校及家長會經校長的說明勸解，體認查老師的處境及動機，也同意給予查老師改過自新的機會。

此一案件引發一些問題思考：觀看色情影片需要受到判刑嗎？學校對查老師事件的處理妥當嗎？對於查老師該班的學生如何教育輔導？學校是否應優先提出良好輔導措施，是否有更佳之處理方式？而不是換掉老師即可？

283　不適任教師的去處

光明國小原本是一所教育氣氛頗佳的學校，校長領導英明，且領導頗具人性化，各處室主任共同努力合作無間。每位教師職員工友任勞任怨，大家一起共同為學生的教育全力以赴，一時羨煞了全縣的學校，並贏得鄉親家長的信任與支持。

　　然而過了沒兩年，因學生家長的不滿，學生的起鬨，導致學校某一班級學生整學期的成績大大退步，原因是四位主任之中，有一位主任與前任家長會長及兩位顧問之間產生嫌隙。

　　由於這種個人恩怨，前任家長會長與顧問鼓譟地方家長，不希望這位主任繼續任課。此舉引發學校及教育局行政一陣不可收拾的困擾情況。

　　學校校長在事發之後，首先了解這位主任對此一受到排斥事件的看法，並請其說明事情之原由。原來學生成績下滑原因之一，是這位主任上課態度與精神不佳，導致學生不能接受。原因之二，這位主任先前是擔任總務主任的工作，與承攬學校工程包商的前任家長會長有誤會。

　　該前任家長會長誤會該主任於擔任總務主任期間，未主動給予工程，導致該包商無工作可做，收入影響很大。原因之三，該主任因諸事不順，甚為受挫，導致心情大變，無心教學，更引起學校行政及教學的困擾。

　　由於此一事件引發軒然大波，校長先是召開學校緊急行政會議，隨即又召開全校校務會議。經過全體教師的同意，建議該主任配合縣政府優惠退休專案，自動提出退休。再者，由學校召開家長會議。

　　家長會支持學校做法，也為了學生的學業及學校的升學率，提出但書：若學校處理不了該主任辦理退休，也不應讓其繼續在校擔任教學工作。教育局則是依事實，由學校依規定處理並報府核備。

　　這位主任個人學校行政經驗不錯，兼任過學校人事、訓導、總務等工作，學歷雖專科畢業，經暑期進修取得合格教師，其夫人亦在同校任教兼任組長工作，其子女亦學業有成，在國外任職，因此不願意辦理退休。

　　經過教育局處理，責成學校加強巡查工作，確實考核該師，並報府協調借調縣府教育局，變換工作環境。最後教育局同意協助處理學校及家長和學生的問題，暫借調該師至縣府轄下單位，並嚴加考核。

第 13 章
兩性之間、性案件、性侵犯

284 最是難過是情關

高主任於兩年前通過輔導主任考試。雖然是兩年前才考上主任，但是他平時熱心公益，對學生、對老師同仁都極具熱忱與關懷。全校師生都喜歡輔導室裡的這一位好好先生。

關於他的好心腸，可真是眾人皆知。同學沒便當吃，他一定去家庭訪問，了解其前因後果。如果是生活有困難的孩子，他一定盡自己的力量，不但為這些同學張羅吃的，甚至親朋好友家，有不能穿的衣服，他也會一一收妥，清洗乾淨，然後分送給這些家庭清寒的孩子。

如果孩子學業成績低落，他一定用耐心與愛心，從旁協助及鼓勵。甚至幾個女老師的班級，出現少數頑劣份子，不但打架鬧事，還時常口出穢言。

面對這樣的問題學生，高主任只有一個信念，就是每個孩子都是好孩子，沒有所謂的問題學生，只有問題家庭，只有問題父母。

因為這樣的堅持，使他有著更大的愛心和耐心來陪伴這些孩子。而被他輔導過的學生，每一個都會受到他真誠的對待而感動，進而漸漸改掉一些不良的習性。加上高主任善用專業知能與輔導技巧，這些孩子逐一地找回自我的價值與尊嚴，也有能力重新面對自己的人生，朝向光明前進 。

高主任不只對學生用心照顧，對待同事也極為誠心。同事之間相處，難免會有意見相左，或是與上級理念想法難以取得共識而必須妥協。但是，大家心中一有委屈，都會來找高主任談一談。

通常高主任只是專心傾聽。時而點頭，時而蹙眉，跟隨著訴說委屈人的步調，給予打氣、鼓勵。奇怪的是，一席話說下來，他好像什麼也沒做，

但之前訴說委屈的人的那股委屈、不平、憤怒，竟然就會煙消雲散。

從高主任的辦公室走出去，好像整個人都重新活過來似的充滿能量。所以高主任在這所學校裡，又有「張老師」的雅稱。好像任何心裡難題，只要去找高主任這位「張老師」，肯定錯不了。

前年他一升為輔導主任之後，即著手開辦有關親職教育的課程。根據他的經驗，很多學生行為問題的根源乃是來自於家庭，來自於父母無知、錯誤的教養態度。因此，他克服所有時間、空間及經費上的困難，開辦了一系列持續性的父母成長團體。

麗花是兩年前就來參與成長團體的成員，由於孩子許多不當的行為，總是百般地折騰麗花，加上麗花的先生是個標準的大男人主義權威心態的男人，對孩子，主張不打不成器，對麗花，也從來不知體恤與尊重，不但在眾人面前對麗花吆喝來、斥責去，甚至監控著麗花整日的行蹤。

麗花長時間的忍耐、委屈求全，只想讓孩子有個安穩的家庭，但每當丈夫怒斥孩子之時，完全沒有麗花插嘴的餘地。從家長成長課程所學到的許多知識，雖然有助於孩子行為的改變與增進彼此的親子關係，奈何老公的硬脾氣總是形成一股學習路上的阻力，讓麗花充滿了挫折感與無力感。

由於這個緣故，麗花總是會留到其他學員都走了之後，就自己家裡的狀況請教高主任。高主任極具輔導人員的溫暖特質，不斷地給麗花肯定和打氣的力量，讓麗花感受到人間處處有溫情的依戀。

就這樣，連續四個學期下來，麗花根本就是一貫班的學生。她不只自己跨越了狹隘的生活範圍，還認真地當起成長班的班長，成了高主任不可或缺的好幫手。

這期間，麗花不但對仍是孤家寡人的高主任特別照顧、體貼，兩人甚至在不知不覺中，譜出了愛的戀曲。

唉！理智上，高主任知道這是有違人情義理的，但是面對嬌弱哭訴的麗花時，他整個心都快軟化了似的。漸漸地，紙是包不住火的，加上人言可畏，很快地傳到麗花先生耳裡。麗花老公找了一些人，來到學校把高主

任毒打一頓，並且揚言要讓他很難看。

想著柔弱多情的麗花，想著同仁惋惜的規勸，和教育局督學的調查，又想著造成一向提拔他的校長的困擾，高主任的心，猶如夾帶汙濁泥土的滾滾長江般地奔騰，卻不知如何是好。

285 老師外遇

某年八月，梅校長和張主任帶著興奮的心情來到海邊的一所小學校履新。在二年前，當時的梅主任很不容易地甄選上了校長，就和同校的一位優秀老師講好，張主任也是新儲訓完的新人，要到新派任的學校一同打拼，共創教育的新理想。

梅校長今年 33 歲，張主任 28 歲，年輕的校長加上年輕的主任當然有別於一般學校的作風。在兩位年輕人的帶領下，學校真的很有朝氣，同時兩位年輕人也帶著新領導的觀念及作法，讓全校老師及地方家長耳目一新。

校長主任帶著老師學生一起來，用實際行動提升學生的學習興趣。這樣經過了一年，獲得地方上家長及教育局長官的好評。

第二年，學校來了一批生力軍，學校校長及主任當然要協助新老師安頓生活。其中有一位是剛剛畢業的女老師梁老師，學校理所當然安排她和一位比較少住在宿舍的女老師住在一起，大家和諧相處，倒也相安無事。

經過兩個月的相處，同事之間就較為熟悉。因為張主任家住臺北，每週三、六才回家，梁老師家也住臺北，週六要回家時，也經常搭張主任的車子一同回臺北。

第二學期的一個上班日，張主任的太太廖老師突然來到學校找校長。一經晤談，校長才知道張主任已經好久沒有回臺北的家。張主任假日到哪裡去，廖老師也不知道，只知道張主任每到假日，就說學校要加班，無法回去。

校長經查，加班是有，但是沒有那麼嚴重，同時校長也都要求不要經

常加班,當主任也要有正常的家庭生活。廖老師也當面要求校長協助了解一下張主任的生活,如有出軌,也要據實以告。

經過校長從其他老師口中及側面了解,張主任及梁老師有不尋常的關係,經常在下班後出雙入對。校長和張主任懇談之後,張主任亦承認和梁老師同居一段時間了。而且張主任也宣稱要和太太離婚,再和梁老師結婚。

知道這些信息的張太太,也就是廖老師,傷心欲絕,一直責怪梅校長,為何他先生和校長一起到新學校服務,沒有好好的教導他先生,看好他先生。現在出事了,怎麼辦?

因為梅校長沒有辦法處理這種家庭問題,所以張太太就協同她父親,向教育局陳情。因為張太太的父親也是一位資深教育工作者,教育局長和他有師生情緣。本來是一件外遇所引起的家庭糾紛,現在連教育局也介入了。

督學奉局長指示,調查張主任工作情形,並要校長提出老師和主任同居,對學生及社區家長的影響報告。

本來是一件單純外遇的家庭糾紛,現在連學生、社區家長都知道了,教育局也要調查了。沒有處理這樣經驗的梅校長真是一個頭兩個大。張主任的確是當年他力邀到偏遠學校服務的,現在出了事,他要負道義責任。

現在教育局要調查這個事件對學生及社區的影響。在一個民風保守的偏遠鄉下,這種事件對鄉民的衝擊實在非同小可,可能家長會以不適任老師來要求教育局處理這件事。梅校長真的不曉得,對張太太、對社區,如何解決這個事件?

286 有情世界

人與人之間相處,情感本來就是難以處理的問題,尤其是男女的問題。教師之間同事的情感問題,如果牽涉到已婚、未婚,問題就更嚴重了。還好,這些都不是鍾校長的問題。

某年,第一期偏遠地區師資甄試,收容了近百位的偏遠地區師資,說

穿了，就是體專畢業，修有教育學分的教師。剛好，那一年，鍾校長初任校長，分發至北部某偏遠地區學校，當時一同調入了四位偏遠地區教師，而其中有一對是夫妻。

由於調動辦法的限制，偏遠地區教師僅能平調至偏遠地區。這一對恩愛夫妻居住於台北縣鄰近桃園之處。因為當年學校各項表現均良好，老師記功嘉獎的機會很多，於是教師調動的積分增加，調動的可能性也增加了。

當年全縣偏遠地區師資調動的名額僅有五位，歡歡國小就佔了二位。而當年調走的二位教師均是女性，其中有一位就是恩愛夫妻中的妻子。

不巧，那年的新進教師分發，有位南部某師專剛畢業的廖姓老師，女性，分派至這所偏遠學校。人生地疏，一切均不熟，而這對恩愛夫妻中的「夫」，也就是仍留任本校的闕教師，正好秉持先知先覺、前輩的身分，對這位未見世面的廖姓女教師照顧有加。闕老師教六年級，廖老師教二年級。有說有笑，本來就是很正常的事，相互的關心照顧，誰也不在意。

問題是，這位廖姓女教師是在學校附近的小街上租屋居住。而闕老師一邊是租屋居住，一邊則是要回家裡，兩邊跑，漸漸的廖老師搭闕老師便車的次數增加了，共同出現的機會也增加了，到後來也不避諱同進同出了。

同事看在眼裡均心知肚明，廖老師孤單無依，楚楚可憐，隻身在外，本須照顧。闕老師以先進教師之身分，多予照顧指導，亦是理所當然。

感情的事本來就很難說。闕老師本來一周要回家兩三趟的，次數也減少了。已調走的太太蔣老師則常常打電話查勤。唉！鍾校長這校長到底是要當好人，還是當壞人？

某日深夜十二時左右，蔣老師打電話來找校長稱：找不到闕老師，請鍾校長協助。此時可能闕老師已有警覺，鍾校長當然清楚得很，立即說：「沒問題，馬上給你回電話。」

說著衣服一穿，鍾校長馬上開車至某處，將闕老師找出，說：「太太在找你。」結果沒事，找到人一切都好說，虛應故事了事。

某日鍾校長認為，任此事自然發展，情況將不可收拾，於是將闕老師

召入校長室，予以告誡。身為教師，理當自制。何事可為？何事不可為？應有先見之明，切莫等到事態嚴重不可收拾，再來收拾殘局，為時已晚。最重要的是，且莫讓有權利說話的人抗議。

話說至此，已情盡義盡，身為校長的鍾校長還能再說什麼？此時廖老師、關老師的發展並未退燒，只是更加珍惜，因為廖老師已決定暑假調回南部老家去也。

隔學期暑假後開學，廖老師已調回南部。關老師難免些許落寞，但一切回歸從前。伊人已遠，但日子還是要過的。

其實廖老師、關老師都是認真負責盡職的好老師，只不過偏遠地區，遠離塵囂，生活單調苦悶是必然的。但身為教師，自己懂得自持，何事可為，何事不可為。青春年少，情字作祟，不計後果，實是令人捏把冷汗，尤其是鍾校長在勸戒時，廖老師一句：「我就是要跟他」，直叫鍾校長體認與佩服「情」字的偉大。

鍾校長事後想想，身為學校的領導者，要有氣度。此事明知不宜，但非當事人，不要輕易予以評論或嚴加制止。因為有權利說話的不是校長，校長只能曉以利害，權衡事實予以勸誡，切莫以神的身分或法官的身分來主持正義，因為你怎知他們這樣的抉擇就是錯誤。

這件事，廖老師因鍾校長的勸導而調回南部，是明智的抉擇，而已經發生的這一切，對當事人而言，究竟有何價值或意義，其實都不是重要的。因為除了當事者之外，不干任何人的事。

287 一個特別喜歡親近女生的男老師

三十出頭、個子中等、很健談、很熱心，這是周老師剛剛到新新國小時，對毛老師的印象。他常常到周老師的教室來聊天，談他的過去，談他的理想。沒幾天，幾位女同事就來提醒周老師，別和毛老師太接近，免得惹上麻煩。

毛老師老是喜歡纏年輕的女老師，尤其是漂亮的女老師。周老師雖然

對毛老師築起防衛之牆，卻無法限制毛老師到周老師教室來聊天的行動。

之後幾天，毛老師的談話內容圍繞在太太無能、婚姻不幸福、家庭不美滿之類的事。周老師不想下逐客令，正面得罪毛老師，便藉口去買飲料招待他，刻意找了幾位女老師到教室來聊天，幫周老師解圍。一群人在周老師的教室談教學問題。毛老師自覺無趣，喝完飲料就走了。

和同事深談，周老師才知道毛老師因為特別喜歡女生而調了不少學校。大家多多少少聽到了有關他的一些傳聞。男老師看不起他，女老師不敢接近他。他變成一個人際關係的邊緣人，難怪要找新老師傾訴了。

毛老師的確是一個令人頭痛的人物，用言語或行動騷擾高年級女生的流言不斷，但都苦無證據，奈何不了他。學校只能請級任老師教導學生提高警覺，免於被侵犯。

有一天早上，擴音器廣播找了毛老師好幾次，卻沒見到他人。校長室裡一群張牙舞爪的大漢賴著不走，一定要當著校長的面，和毛老師談個清楚。

毛老師家空間很大，便把三樓租給在理容院上班的小姐。有一天，毛老師利用沒課回家去，在太太不在家的情況之下，和理容小姐有了不正常關係，沒想到卻被理容小姐的「先生」拍照存證。

那群大漢手持毛老師不雅的照片，索賠二百萬元，並且放話，如果不給錢，要在報紙上公開照片，並通知教育局調查。

校長基於照顧部屬的義務，即使清楚那是經人設計的仙人跳，奈何照片上的男人叫做毛老師是事實，也只能希望毛老師自己出面解決問題了。不幸的是毛老師逃避不見面，真把那群人激怒了。

下午，他們手中的照片便在辦公室傳了開來。同仁們議論紛紛，大家原本對他的為人就嗤之以鼻，事情發生，都以「自作孽，不可活」的心態看他。一百多個員工的校園裡，竟找不到幾個同情他的同事。

幾經波折，在校長和地方有力人士從中協調下，毛老師終於以八十萬元代價買回照片、底片。這時候教育局也風聞毛老師的糗事，電話查詢，

校長詳細告以原委。因為這件事屬於私人問題，又沒有人正式檢舉，不便調查，教育局也就此打住了。但接連的事件，校譽受損，校長對這位品德欠佳的老師很不滿，一直希望毛老師離開這個學校，卻又不便開口。

恰巧駐區督學對這個事件主動表示關心，便請督學出面，代他傳達這個意思，告訴毛老師，糗事已在校園內流傳開來，可能造成他日後面對學生和同仁相處上的不便，希望他在學年終了，主動提出調動申請，離開這個學校。

毛老師答應了。六月底縣內調動申請期間，校長極力關切他的心態，一直到期限最後一天，毛老師提出調動資料，校長總算鬆了一口氣。而女老師更像是除去身邊一顆定時炸彈般，竟互相祝賀了起來。

288　男老師找女學生為其搥背　引發性騷擾疑雲

某男老師被家長質疑有性騷擾現象，並引起班上兩批家長各說各話。

一位家長打電話找教務主任，反應其女兒的級任導師對班上幾位女學生有疑似性騷擾情形，希望學校妥善處理，否則事情鬧大，不排除訴諸媒體。

教務主任先私下了解來電家長所說情形的真實性之後，很快地把情形轉報校長，並一起分析事情的可能性。校長覺得必須私下找該師談談，以了解實情。該師很坦誠地向校長說明，他確實因為晚上上網時間過長，中午時間感覺較累，請小朋友幫他搥背，也提到搥背的都是女生（因該師覺得男生粗魯又沒耐性）。

校長了解之後，明白告訴該師，類似行為已超越師生間該有的行為分際，應馬上停止。校長並且站在關心的立場，希望該師上網要適度，避免傷身又傷神。

若因此降低教學品質或帶給學生負面影響，則更是愧對學生。校長同時也告訴該師，班上家長已打電話向學校反映，希望該師審慎處理，學校也會重視此事。

事件迅速地在該班家長之間傳開。家長會長（也是該班家長）也匆匆來到學校找校長討論此事。由於家長傳給校長的訊息竟然兩極化，因此家長會長願意出面，召集該班家長審慎處理此事，屆時將請導師說明，並邀請校長和相關主任列席。家長會長離去之後，校長再請導師及相關主任說明事情發展情形，並作了一些因應。

在家長會長所召開的協調會中，質疑導師言行的家長，炮火非常猛烈，而家長普遍認為導師嚴重不當的言行，不論在校內或校外，都有失為人師表該有的表現。導師與其他家長幾乎沒有說話的餘地，家長甚至質疑校長與主任縱容老師，未嚴格要求老師善盡照顧全校學生之責。

經過多位家長表達意見，導師也對此事加以說明，並對於自己年輕和大而化之的言行致歉之後，校長也向家長保證，會站在學生安心學習的立場妥善處理，並請輔導室更加注重該班學生的輔導與協助。

家長會長也站在居中協調的角色，對學校與導師都有建議與請求，家長也請校方在學期即將結束前，切勿輕易更換導師，以免造成學生不安，影響學習品質。

事情終於在大家坦然面對和共同努力之下順利解決。學校在新學年將導師作了新的安排。師生都在兼顧權益與責任的情形下，未受太多影響。老師更因在其他職務上發揮所長，而表現得更加突出。此案後來終於順利解決了，但也給了學校同仁和家長帶來更多省思的機會。

289 玩睡覺的遊戲

有一天一早，邱校長正坐在辦公室的時候，有一位四年級的鄭姓女同學拿了一個總匯三明治給邱校長，說要請校長吃早餐。當然校長很高興，笑咪咪的說謝謝，也關心地問她，早餐是否也吃飽了，那位同學告訴邱校長，她總共吃了一個三明治、一個蛋餅、還有一瓶牛奶，吃得非常飽。

這位鄭姓同學看校長接受她所餽贈的東西，就很高興地離開了。邱校長一邊吃同學所送的早餐，一邊想剛才那位同學一早所花的錢，算一算大約要百來元。這邊的家長通常很節儉，都會自己做早餐給孩子吃，怎麼這

個孩子的錢會這麼多呢？一頓早餐就花了百來元，應該找級任老師來了解一下。

於是邱校長就利用下課時，請級任謝老師來校長室一趟。聽謝老師的說明，原來鄭同學這一學期剛轉到學校來，父母離異後，父親因為是駕駛計程車為業，無法照顧孩子，所以將孩子送到山上來，請孩子的祖父母幫忙照顧，通常孩子的父親也很少回到山上來。

邱校長聽了之後，覺得有些不妥，於是就要求謝老師去徹底了解這個孩子的作息與交往情況，並請訓導許主任一同調查。第二天許主任向校長報告：這個孩子的作息很正常，交往的同學都是學校的小朋友，並沒有跟其他的人有不正常的接觸。不過這個同學的零用錢很多，常常買玩具、圖畫書、零食等。還常常請同學吃東西。

邱校長告訴許主任：「山上的家長通常很節儉，給孩子的零用應該不會太多，你再去查一查看有什麼發現？」第二天許主任又跑來告訴校長說：「這個同學確實有問題，因為她的零用錢加起來有好幾千元，請教他的祖父母，都說不曉得她有這麼多錢，況且她又沒有辦法可以交代來源，不過家裡沒有丟掉錢，也沒有丟掉錢的小朋友來報告，真的很奇怪。」校長靈機一動，就問她有沒有兄弟姊妹在學校就讀，去把她的兄弟姐妹找來問話，也許會有收穫也說不定。

鄭同學有一位弟弟在學校二年級就讀，於是就找他到校長室，由校長問話。該位小弟弟說他們的零用錢都是叔公給的，祖父母通常是不給零用錢。父親雖然會給，但因很少上山，所以次數很少。

小弟弟接著很不平的說，叔公最偏心了，給姊姊最多，而她必須在玩睡覺的遊戲時才有零用錢。許主任很好奇地問，什麼是睡覺的遊戲呢？小弟弟說，那就是在家裡的人都出去後，他們就會玩睡覺的遊戲，由姊姊和叔公躲在房間裡，而他就在門口，碰到爺爺、奶奶或叔嬸回來了，就趕快敲門。每次叔公就會給五十元，不過姊姊更多，有好幾百元。

這些話由天真的孩子講來，讓在場的所有人大吃一驚，於是邱校長就請許主任趕快把孩子說的話記錄下來，並請護士阿姨將這位鄭姓女童帶到

保健室，去好好問話與了解。

過了一會兒，護士童阿姨來向校長報告，證實小女孩已經承認確實受到性侵害，大約已有一個月左右，同時檢查小女孩的下部有異常現象，內褲有小血跡。

這時有老師主張要報警，不過邱校長想了一下，就請護士童阿姨帶小女孩到山下的某醫院去就診，並特別交代要開立診斷證明。另一方面請同事去打聽這個叔公究竟是怎樣的人。

根據老師的回報，這個叔公已經七十多歲了，跟她的祖父母是親兄弟，目前兩家都住在山上的祖厝，第二代都在外面討生活，並沒有住在一起。除了兩對老夫婦外，只有鄭姓姊弟而已。這時童小姐也由醫院回來，並帶著開立的診斷證明，證實小女孩確實有被性侵害。

這時邱校長心裡思考著，要如何來處理這件事，雖然小女孩已經承認，但是會不會有其他的變數呢？孩子的父親是否願意讓這種事曝光？萬一處理得不好，可能兩面都不討好。

於是邱校長當下做了一個決定，請許主任通知她的祖父母與父親立刻到學校來，說有非常緊急的事要與他們商量。經學校一再地催促，她的父親總算在下午五點鐘左右趕回山上，並與其祖父母一同到學校來。在大家坐定後，邱校長把這幾天學校所調查的結果，一五一十地向他們說明，並把調查的紀錄與診斷書拿給他們看。

他們聽完學校的說明，並且也看過學校提供的紀錄與診斷書後，臉色沈重，不發一言。過了一會兒，才把小女孩叫到旁邊，細聲的問了一會兒話，並在旁邊相互的細聲討論了一下，最後由小女孩的父親發言。

他們希望學校不要聲張此事，由他們自行處理，並希望將這些資料由他們帶走。邱校長答應他們不聲張此事，診斷書也可以由他們帶走，不過學校的紀錄要留在校內，只答應將影本交給他們帶走。

事後，鄭姓家人帶了豬腳麵線到學校，給老師去晦氣，小女孩在事後就沒有到學校上課。隔了一個星期左右，才由她的祖父替她的父親到學校辦理轉學的手續。至於她的叔公，聽鄉人說也搬到別的地方去了。

　　邱校長事後回想，不知他的決定是否正確？他除了擔心小女孩的聲譽之外，也顧慮那可憐又可恨，且年紀已七十餘歲的老叔公，萬一東窗事發後，到監獄中的安危。但對於這種違反人倫、傷風敗俗的人，卻沒有移送法辦，是否有姑息養奸的嫌疑？真是理都理不清，只好不去想它了。

290　女學生懷孕

　　一名就讀國中三年級，約十四歲的女同學，性格行為反叛，認為「戀愛大過天」，但父母均反對女兒於現階段談戀愛，曾因被父母懷疑談戀愛而遭責罵，最後以互相舌戰收場。

　　在校內雖不至於騷擾老師上課，但卻表現得無心向學。這名女學生與班上同學關係表現平常，卻因一名男老師關懷備至，而建立了一定的信任關係。

　　這名女學生與班上男同學性交後懷孕，因怕再次與家長舌戰，甚至更嚴重的後果，因此，一直都沒有將此事告訴家長。一天，她向校內一名值得信任的男老師講出此秘密，並要求老師為她保密。

　　父母一直不知道女兒懷了孕。臨盆時，是由該名男老師陪她到醫院產子的。事後家長及校長才獲悉此事件。

　　在家長方面，此事件中明顯看到女學生與其家長沒有足夠的溝通，案中家長知道女兒談戀愛時，採取了較激烈的行動，卻不理解在女兒成長過程中，心理與身體的轉變，這種打壓式的管教有欠完善。

　　建議家長應以勸導的形式，在不影響女兒的學業下，了解女兒戀愛的進展及所遇到的問題。平時亦應與子女多溝通，互相交流生活的見聞。另外，「家教日」可舉辦相關課程，讓家長懂得管教及如何與子女溝通。

　　在老師專業責任方面，校方及家長可以指控有關老師為何到學生產子後才通知他們。在專業上，老師思慮與作法有欠周延。

　　老師在事件上不應該答應替學生隱瞞，應與學校及家長分享他所知道的事情。在這事件中，從解決問題到怎樣善後，都需要家長和學校積極的

合作、參與。

基於女生對老師的信任，老師更應及早引導女生接受他人的協助，愈早處理，就可以有愈多的選擇，這也是老師的專業責任。另外，亦要考慮性別上是否適合繼續單獨處理此事件。

學校老師基於保密原則，明顯不懂得靈活變通與處理。因此，建議校方可於老師會議或培訓上，重申處理學生問題的步驟、原則及方法，加強老師處理學生問題的能力及判斷力。

在學校方面，現今很多男女學生對性的知識不足，校方須檢討性教育的工作是否做得足夠，並迎合青少年之所需。

另外，女生十六歲以下懷孕，老師知道後應否報警呢？又若家長不欲報警，老師應如何是好？此外，與涉及未成年的學生有性行為而令女生懷孕，是第二級性侵犯，所以理應報警的，但最好與家長商量，由家長採取行動。若家長不想報警，學校亦可尊重家長的看法，因法律制裁不一定最有效。

更重要的是學校要與家長一同合作，進行追蹤輔導及善後工作，讓青少年能有效地改過，但該名男同學當然要受到學校的制裁。而學校方面，亦應全校性地進行性教育，以避免同類的事件再次發生，因學校最基本的責任是教育學生，改正學生錯誤的判斷。

再者，如果有位男教師傳聞與一位女學生拍拖，女生未滿十八歲，學務主任知道這件事後，便查問該男同事及該女生，他們均否認，主任遂將此事向校方交待備案。校方有沒有需要向家長報告？該男教師是否觸犯性侵犯或性騷擾等罪行呢？

該名男教師已犯了「專業行為不當」，所以無論他有沒有做，校方都必須向他作出嚴厲的警告。若師生均作出否認，校方可當作不是個人的事件，但向所有老師作出此方面的提醒，請他們多加留意。

如果事件屬實，學校亦難免要通知該女生家長，或將老師調往另一班，不讓他們繼續有這種行為，直至該女學生畢業後，怎樣發展便是另一回事。

第 14 章
學校更新、學校工程與營繕

291　迎接建校新挑戰

　　1991 年暑假，陳校長自己算一算在山上已經服務了 5 年之久，已破了歷任校長的紀錄，並且超過了山上三年一任的任期。為了不使教育局的長官為難，陳校長決定申請調校服務，雖然心中有許多不願，家長和老師與學生都曾挽留，但陳校長主意已定，便開始尋覓心目中理想的學校，甚至還到各校去實際參觀了解。最後的結論是沒有一所陳校長喜歡的學校，這真是讓陳校長洩氣。

　　直到有一天一位朋友告訴陳校長：「你如果都不喜歡，那就照你的理想去蓋一所學校吧！」這一句話提醒了陳校長，正好那一年有一所學校的籌備處成立。雖然許多校長都視籌備新學校為畏途，但是陳校長還是選擇了它，不管陳校長有多少人說他傻。

　　陳校長碰到的第一個難題就十分棘手。原來籌備處設置有四人，含校長、總務主任和幹事、工友各一人。然而當時的市長認為校長不懂工程，只要參加設計就行了，共餘都交給對工程有專業的新建工程處接收，蓋好之後再交給學校使用。所以市長裁撤籌備處幹事與工友，只剩下校長和總務主任兩人而已！

　　第二個難題是市長雖然指示工程由新工處辦理接收，但新工處本身業務工作原本就繁重，現在又將學校工程交給他們處理，又未增加任何人手，所以他們接手意願就不高。他們採取的方法就是「拖」。這一拖就是好幾個月，對限期完工（1994 年暑假一定要招生，否則有約八百位學生沒有學校可念）的陳校長真是心急如焚。

　　當時陳校長能做的事只有兩件：一件是用軟性訴求，請新工處務必早日接手。一件是動用地方民意代表，向市府及新工處施予適度的壓力。

　　這所籌備中的學校，全校（其實只有陳校長和總務主任二人）出動，在熟人的引見之下，拜訪了新工處的先生們，從承辦員到處長，向他們說明建校的急迫性。

　　當他們告訴陳校長，曾經和一些學校有過不愉快的合作經驗時（在此之前，新工處的工程品質受到詬病），陳校長卻很自信的告訴他們說：「我們一定會把它蓋得很好，可以作為今後你們的驕傲。」這句話果真有效，下至承辦人員，上至處長，都願意接下這件案子。

　　在民意代表方面，陳校長請地方上的里長伯（他們對市議員有相當的影響力）陪同陳校長拜訪當地的市議員及議長（議長恰好是本區議員），向他們說明建校之急迫性，而議長也了解這種情形（本學區是議長之鐵票區），所以議長答應要大力協助，並在議長室邀請市府新工處處長等人座談，表達對建校一事的關心。新工處會後馬上準備接手承辦，並成立南區公務所，派一位建築有豐富經驗的主任協助，並且把這所籌備中的學校的建校工程列為第一優先。

　　接著申請建照，發包、施工，其間雖然仍有許多問題，但都一一克服，工程也非常順利。1994 年暑假，主體工程已經完工，正準備開學的有關事項，卻又有難題發生，那就是工程尚未取得使用執照，有關單位不准接水、接電，可是要等申請到使用執照，起碼要半年以上，而全校學生約八百人，只靠臨時水電供應是不夠的。

　　經打聽結果，若要有關單位先行接水接電，必須先有市長的特許。但是前三年曾有數個新成立的學校發生相同情況，而一起向市長申請，先准予接水接電。市長曾批示准許之外，另有但書：下不為例，否則處分相關人員，因此這所學校的案子可說是毫無希望。教育局長官也勸陳校長別試。

　　眼看馬上就要開學了，老師們也陸續報到，學生也接到入學通知。陳校長決定一試，呈請市長為孩子們著想，准予接水接電，縱使處分校長，陳校長也在所不惜。當陳校長將公文送達教育局後，教育局的長官幫陳校長追蹤。

　　在某一天的上午十一時，公文送進市長辦公室。十一時三十分，教育

局長官打電話給陳校長：「市長批可，並無任何但書。」陳校長聽到這個消息，心中的一塊大石頭終於落下。

因為年度終了，新品尚未採購，只能向其他單位調用。電力公司緊急派送人力及器材，在最快最短的時間內接電，自來水公司接水，學校才有正式的水電可用。

這一路走來，雖然辛苦，但也充滿挑戰。許多不可能的事都變為可能，而陳校長要感謝的人，實在是太多了，一時也數不完，一時也說不完！

292 擒賊先擒王---拆除違建的故事

1991 年暑假，陳校長一接到擔任籌備處主任一職的公文，第一件事便是到校地現場去了解情況。校地雖然在市區，並且業已重劃過，理當相當平整，只待發包即可，當時陳校長心裡十分樂觀。

可是到了現場一看，讓陳校長嚇了一跳，居然是一座小山，凸出地面有二十公尺左右，除了堆滿雜木和長滿草叢之外，還可以見到許多違章建築摻雜其間。有工人臨時搭建的工寮，也有簡易的農舍。

比較靠近馬路較為低平的部分，被許多違章商店霸占。他們開起釣蝦場、洗車場、貨櫃場等等，共有 30 幾家之譜。有的只以簡單鐵皮覆蓋，有的則以鋼筋水泥修築，異常堅固。

陳校長和總務主任前往調查時都遭白眼。據說他們大多有黑道背景，看樣子要在限期內請他們拆遷，似乎不太容易。從過去幾個籌備學校的經驗得知，校地上違建戶之拆遷，曾爆發激烈衝突，動員了大批員警保護。陳校長擔心自己籌備中的學校，或許也會遭受極大之抗爭也說不定。

陳校長開始蒐集違建戶資料，得知有一位簡姓人士先在校地上挖土，興建釣蝦場，然後有人相繼以向簡姓人士購買權利金的方式，取得土地使用權之後，又再轉讓，過程十分複雜，因此非請簡姓人士出面不可。

雖然機會不大，但陳校長還是打聽到簡姓人士業已將自己的部分轉讓，自己在他處販賣機車為業，並曾擔任機車公會常務理事。

以陳校長判斷，會擔任此種職務者，應為明理之人。於是陳校長冒昧打電話給他，向他表示來意後，陳校長大膽要求，請他帶陳校長去拜會那些違建戶，並送自動拆遷通知單給他們。沒想到簡先生居然一口答應，帶著陳校長一一拜訪違建戶。

簡先生對他們說，政府已讓他們不必繳稅，用了好幾年了，現在要蓋學校是一件好事，這裡的孩子才有地方讀書。不如大家早一點遷出，早日到他處尋找好地點，早日在他處生根。他這一席話打動了許多違建戶，一一都簽收陳校長的限期搬遷通知單。

隨著限期搬遷的日子一天一天逼近，可是違建戶不但沒有搬遷的意思，甚至還有一家繼續大興土木。陳校長除了聯絡拆除大隊如期拆除之外，又電話通知簡姓人士，希望他在強制拆除日，能夠到場協助說項。

簡先生滿口答應。拆除當天，違建戶都採取觀望態度。簡先生告訴等待中的拆除大隊，由他的那間（在中間處）先拆除，等到怪手拉下簡先生那間違建時，其他的違建戶也都慌了，趕忙收拾物品，準備搬遷，不敢再觀望。

於是這邊拆一間，那邊拆一間，只見一片違建戶已七零八落。一些仍然無法馬上拆除的違建戶轉而向陳校長求情，要求寬限幾天，有的幾乎要下跪。幸好拆除大隊的隊長告訴陳校長，請陳校長離開現場。他們今天下午五時會把所有違建拆除完畢，交給學校使用。

下午五時，拆除大隊如期拆掉所有違建戶，唯一他們無法拆除的是幾十部大型拖車和貨櫃車。陳校長向他們致謝，表示其餘的，陳校長自行處理。

陳校長已向教育局申請鐵板圍籬。第二天馬上請工人將校地加上圍籬，打算將校地完全封住。當圍到拖車出入口時，負責人馬上跑出來對陳校長說，他們一定會搬遷，可是新地點還要一個禮拜才能填好，能不能給他一個禮拜的時間，如果一個禮拜還無法完工，他絕對會將所有車輛開出，絕不食言。

陳校長答應了他。在後來的一個禮拜中，陳校長從來不去催他。等到

一個禮拜後的第二天早晨，陳校長帶著工人走到門口，看見他們已經將最後一輛貨櫃拖車移走，並向陳校長致謝！

陳校長請工人將門口封住。校地自此十分完整，只等待工程進行！

293 平安樓地下室回歸記

大誠國小平安樓地下室約 500 坪，自創校起，即被精忠社區管理委員會佔據停車場、工廠。不僅如此，學校周邊公寓為數幾百戶的飲用水，全靠學校來供應，因此直到回收前，學校與社區一直是分不開的連體嬰。

何校長來到大誠國小服務，填寫志願時，就知道回收地下室是刻不容緩的大事。因此，上任不久，即主動與教育局、自來水事業處及精忠社區管委會協商。一次再一次的協調會，其中最主要的是解決社區數百餘戶的用水。感謝自來水事業處編列了九百多萬元的預算，只等著發包，發包後即可解決社區居民的用水問題。

其次是精忠社區管理委員會所管理的地下室停車場，每個月可收租金十餘萬元，這些租金是用來將地下蓄水池的水抽到水塔的電費。

因此，何校長不斷地與管委會理事長協商，有時利用上班時間，有時到社區拜訪，有時更利用下班後，邀集相關的區長、議員、督學、地方人士、家長、局裡長官、自來水事業處代表……等，於餐桌上協商，一次再一次，有時眼見就要解決了，卻因管委會彭理事長的反覆無常又泡湯，一次又一次的失望，然後又再燃起希望。

好不容易經過了一段時間，與理事長及地下停車場管理員達成協議，以 20 萬元補助其遷移車輛，並協議於期限之前，全部遷離並歸還學校，讓學生有更寬廣的教學活動空間。同時，自來水事業處也積極趕工，以解決社區的飲水問題。至此，平安樓地下室，終於回到學校的懷抱。

回收後的地下室，何校長很用心將其整修成開架式師生消費合作社、自治廣場、創意思考室、韻律教室、桌球撞球室、教師研究室、圖書館及20 個停車空間，可以說學校所欠缺的空間，在此均已補齊了，也真正提供師生更寬廣的教學活動空間。

294 使用執照的難題

鄧校長到教育局開會回來，就立即召開總務會議，因為在會議中該校這一學年度降低班級人數工程的進度，被教育局評定為兩隻烏龜（烏龜越多，表示工程越延誤）。這次全縣學校工程列管會議中，被評為兩隻烏龜的，共有兩個學校，其中之一就是鄧校長的學校。

鄧校長越想越嘔，本來進度都是超前的，曾經還獲得兩隻兔子（兔子越多，表示工程越超前）的，沒想到使用執照一直沒有獲得核准，工程就被延誤下來，又不是學校的錯，但教育局根本不管學校的困難，只要求校長想辦法，真是豈有此理。

事情的緣由是這樣的，學校一直都在增班，鄧校長凡事都未雨綢繆，增建教室都蓋在招生前頭。這一次教育部在降低班級人數方面非常重視，預計這個學年要將一年級的學生人數降低在 35 人，因此鄧校長就向教育局爭取增建教室 30 間，垂直增建在前兩年年度增間教室之上。

剛開始進度都非常順利，從甄選建築師，建築基地的地質鑽探等都沒有什麼問題，到了要申請建照（依台北縣工程招標規定，要先申請建照，才可公開招標）時，才碰到前項工程（前兩年度增建工程）的使用執照還沒有核定下來（該項工程已經縣府驗收完畢）。

經查證結果是仍在建管單位審核中，於是鄧校長向縣府敘明理由，專案申請免附使用執照，先核定建照以利工程招標。經縣府有關人士大力幫忙，建照總算核定下來，這一學年度降低班級人數工程也順利發包。

不過前項工程的使用執照一直沒有核定，因此後項工程也就無法開工。剛開始鄧校長並不以為意，因為承辦人員告訴校長，使用執照很快就會下來，同時工程進度也超前很多，因此鄧校長告訴總務湯主任要積極辦理，之後就沒有再去注意。

一直等到二個月後，承包商跑到學校來向校長抗議，說因無法開工，使他遭受很大的損失，鄧校長才注意到這個問題。不過鄧校長對工程一向很在行，在訂定合約時，老早就把可能發生的狀況與問題都寫在合約上。

他除了把合約的要點唸給承包商聽，說明開工如果延誤，承包商不得異議的條款，同時也安慰承包商，學校會積極去處理使用執照的問題。

鄧校長把總務湯主任請來，問為什麼使用執照還不下來。湯主任告訴校長說，縣府工務局使用執照課，因最近很多工程要申請各項證照，忙不過來，所以延誤，不過已通知本校與前項工程包商準備副本（準備副本的意思是指已通過審核就要核發證照），大約要兩個星期，就會把使用執照核發下來。

鄧校長聽了很高興，就請湯主任通知包商放心，並請其看一個好日子來報開工日期，準備開工。不過等到半個月後，使用執照還是沒有核定下來，鄧校長覺得很納悶，就親自到使用執照課去問明原因。

好不容易找到承辦人，承辦人卻說，他在半個月前，就已將所有的資料呈交給課長核判，他也不知道為什麼還沒有核定下來。

鄧校長心想，這就奇怪了，這跟以前的作業程序與時間不太一樣，是不是有問題，不過都製作副本了，應該在資料程序方面沒問題才對，只好向課長請教。課長起初不肯說，只說有問題，還要再查一查，不過卻說不出問題在哪裡。

最後經不起鄧校長的拜託，才說是學校的工程，有關棄土的證明可能有問題，現在已移送調查單位調查。

在經過進一步的說明後，才知道原來不只鄧校長的學校棄土有問題，可能牽涉到十餘件工程。經校長再次約談承包商才知道，包商在工程進行時，曾委託廢棄土處理廠商，把在學校所挖掘的棄土送往桃園縣丟棄，可能是丟棄的地點不合法，才會受到調查。鄧校長請廠商確實求證後，再來商討對策。

同時鄧校長再把當時承包商送給學校的有關證明，調案出來確實檢討。經一再地檢討，鄧校長覺得學校並沒有過失，因為所有送給學校的棄土證明都是桃園縣某鄉公所用正式公文開具的，同時該項證明文件，也副知台北縣政府備查。另外棄土進場證明，縣府也去函要求確認，也獲得該鄉公所回函證明。

因此在程序上，學校並沒有差錯。雖然鄧校長一直向縣府說明事情的緣由，縣府有關人員也認為這跟學校沒有關係，但是有關的承辦人員都認為茲事體大，在問題沒有釐清之前，誰都不敢核發使用執照。事情就這樣一直拖延下來了。

工程進度嚴重落後，使學校的招生工作面臨教室不足的窘境。教育局雖然想幫忙，不過各局室各有各的權責，尤其是牽涉到刑責的部分，誰也不敢勉強別人。教育局眼看教育部的完成期限快到了，也向校長施加壓力。鄧校長真是啞巴吃黃連，有苦說不出。

最後鄧校長請教育局的承辦人員與其一起到縣府主任秘書那兒，向主秘說明整個事情的原委，並且請求主秘幫忙協助解決。主秘了解事情的真相以後，就交代有關人員召開協調會議。在聽取工務局、計畫室、教育局等單位的報告之後，主秘裁示：有關學校的部分，只要程序與施工沒有問題，就應該核發使用執照。

至於棄土問題，因為是屬於包商個人棄土承包的糾紛，雖然違法，但基本上與學校工程的施工驗收沒有關係，尤其不能因為包商的疏失，而不發使用執照，因此特准該案在尚未釐清之前，核發使用執照。

這時鄧校長的一顆心才放下來，學校該學年度降低班級人數工程才順利開工。雖然進度仍然嚴重落後，不過總算有進度了，可以趕一趕，看看是否能夠再獲得一隻兔子。

295　興建專科教室監工風波

歡歡國小為了興建專科教室，由總務處成立工程營繕小組，成員涵蓋校長、各處室主任、教師代表、各處室組長代表各一人。在定期工程會報中，廠商、建築師、學校營繕人員均提出意見。

訓導主任和簡老師提出鋼筋接縫和鐵絲綁的距離太大，不符合規定，樓板鋼筋使用塑膠品襯托，與原設計不同，請廠商依設計進行改善，卻遭廠商和事務組長的反駁，且語氣表現相當不悅，事後並未改善，且事務組長到處向教師會和家長會細說訓導主任的各種不是。

最後家長委員將此訊息傳至訓導主任耳裡，引發訓導主任相當不滿，於是在家長會常務委員和主任會報中，針對事務組長兼家長會幹事的不實指控，營繕小組是由總務處擬妥名單，由校長圈選，營繕小組成員依監工會驗，提出廠商未依設計施工，要求改善有何不妥，而且事務組長和學校行政人員應一致監控工程品質，為何為廠商說話，令人百思不解。而且除了工程品質外，又批評訓導主任的不是，更令人匪夷所思。

也許由於校長剛剛轉任歡歡國小，對於學校的運作不甚清楚，或是正在觀察學校行政運作，因此在工程會報時，針對廠商和事務組長的反駁，校長卻沒有表示意見，僅依其個人多年總務的經驗，認為廠商綁鋼筋的鐵絲間隔太遠，且與設計規畫內容不符，要求廠商立即改善，以確保建築物的安全性，殊不知為何會引起廠商和事務組長的不悅。

簡老師則依其個人土木建築系畢業的專業經驗，鋼筋襯托應使用鐵片，不應以塑膠品替代。合約書內容雖未標明，但學校有權利要求較好的施工品質，因此不同意事務組提出反對看法。建築師則認為，鋼筋襯托的確可用塑膠品替代，沒有安全性的顧慮。綁鋼筋的鐵絲間格可要求廠商依設計圖施工。

而廠商則認為，依其多年的建築經驗，鋼筋襯托可用塑膠品替代，沒有安全性的顧慮，而且標價較低，廠商亦需顧及利潤，不然無法營運。

本項爭議，經協商之後，建築師自動要求廠商依設計圖施工，綁鐵絲的部份要符合規定，塑膠襯墊可使用。校長則要求監工單位（建築師）加強監工，並書寫監工日誌，校長要親自審閱，以符合高品質的建築。廠商則以道歉方式，贈送獅子會的導護背心給訓導處，以作為執行導護工作之用。

296 限期完工的爭議

為配合學校招生需要，欣欣國小 2001 年增建教室，工程採限期完工，期限是 2002 年 7 月 31 日完工。承包商於 2001 年 7 月 14 日開工，工程尚稱順利，唯期間小紛爭不斷，尤其在 2001 年 4 月起，廠商財務發生危機傳言不斷，2002 年 7 月 20 日下午，廠商突然以公文申報完工。

到現場一看，還是一片凌亂，鷹架未拆，各種機具散落各處，離完工顯然還有一段距離，而學校的暑假行事曆早已經排定將於 8 月 5 日全校返校，且已經安排要搬遷教室，以配合 9 月順利開學的需要。

家長會得知之後，質疑這樣的教室要怎麼搬，教師也擔心學生安全。廠商表示，如果逾期，將會負擔巨額罰款，且平時又很配合學校運作，一些設計不全的小地方也都自行吸收，希望學校高抬貴手。面臨這種情況，會審慎處理，以符合各方的需要。

為了因應學校的實際需要，以及遵守法令的規定，欣欣國小決定立即辦理「確認竣工」，邀集負責監造的建築師、台北縣政府的工程顧問、教師代表、家長代表組成督導小組，於隔日赴工地現場辦理「確認竣工」，以合約上所規定的竣工定義進行確認，發現廠商鷹架未拆，機具尚未撤離，並不符合竣工的條件，所以決定退回廠商之完工報告書，並要求建築師確實負起監督的責任。

此時距離合約上規定的完工日期，只剩 10 天不到，廠商已經去了解學校的處理態度，為了避免逾期而遭到巨額罰款，乃雇請大批工人來到現場趕工，如期於 7 月 29 日完工，並整理周遭環境，配合學校的全校返校活動。

297 臨時水電，接？不接？

春天國小舊有教室為一老背少的建築，校舍分別興建於 1956 年、1985年、1990 年。原本即有鋼筋裸露的情形，後來於 1999 年的 921 地震後，受到地震的影響，損壞更為嚴重。經邀請建築師鑑定之後，判定是危險教室，於是便向縣府爭取經費改建。

新教室為地上五層地下一層，地下室為防空避難室，地上一至四樓為教室，共有二十間教室，頂樓則為活動中心，結構是一至四層為鋼筋混凝土結構，五樓為配合活動需要，採紅色斜屋頂鋼瓦斜屋頂設計，並且挑高11 米半，為顧及安全，結構是採 SRC 結構。

工程核定的預算是 57,000,000 元整。經發包後，總工程費為 52,000,000

元，工期則為配合學校招生的需要，採取限期完工。承包商於 2001 年 7 月 14 日開工，依照合約期限於 2002 年 7 月 31 日以前完工。

建築部份於 7 月 29 日確認完工，水電則依合約於 8 月 9 日申報完工。當學校會同建築師到場確認竣工的時候，廠商以使用執照尚未取得，無法接電為由，沒有試車。

現場沒水沒電，臨時水電的經費又不在合約之中，而申請使用執照的行政歷程又十分冗長。面對開學在即，廠商配合協助接臨時水電意願不高，使用執照取得還有一段時間，要如何處理？

298　承包廠商未完全履行合約

明媚國小的工程，學校在 4 月 12 日跟建築師簽約，5 月 22 日開標，指定完工日期是 8 月 25 日。左大為是新校長，8 月 1 日交接，到 8 月 25 日完工為止，工程中有一項完全沒有做，那一項就是明媚國小的警衛室改建，完全沒動工。8 月 25 日工程期限到了，廠商就來要求學校驗收，要向學校請款。

左校長就說：「沒有做的怎麼辦？」廠商說：「那就減項發包呀！你把錢扣掉呀！」於是左校長再問建築師，這個監工責任該誰來負？建築師說：「我設計的時候，警衛室的申請執照跟施工都在詳細表中，屬於廠商負責，這件事與建築師無關。你們學校自己看著辦好啦。」

建築師就這樣說，新任校長該怎麼辦？左校長是新校長，總務主任是原來的總務主任，他不是新的，是原來的總務主任，他不講實話，他通通都不跟新校長講，新校長要怎麼辦？

左校長想：「建築、設計、請照，真的跟建築師無關嗎？把這個項目寫在廠商的詳細表裡面，建築師就沒有責任嗎？學校就沒有責任嗎？」從 4 月 12 日與建築師簽約，5 月 22 日開標，8 月 1 日校長交接，8 月 25 日完工日，學校的工程執行單位難道一點相關都沒有嗎？新來的校長交接一個學校，很無奈的是他必須概括承受，不能讓前任校長覺得心裡不舒服。

總務主任也一直在遮掩事實，告訴原任校長：「沒問題，沒問題。」

可是他卻告訴現任校長說：「這個沒辦法啦！這個廠商不做，也沒辦法。」左校長認為這項工程根本完全不能驗收，一毛錢都不能給。

左校長認為：「怎麼可以學校跟你簽約之後，你選擇簡單的做，難的就不做，我還要發包這工程幹嘛？」一個工程發包之後，雙方都必須負責任，怎麼可以說，有些事我不做，有些事我做。做的你給我錢，不做的就不要給。左校長認為擔任校長這個職務，他就要把這個職務所有的事項都完成，所以堅持廠商必須要履行合約。

299　拆除違建

樂樂國小位於疏洪道 200 公尺內的一級洪水平原管制區內。依規定，區內不得設公共設施，但因學校早已在原地設置。因不得設公共設施的關係，學校用地，大部分是向地主承租，每年需繳交租金。

學校向地主租地，地主則每年向政府繳稅，這本是天經地義的事。但在校門旁，地主自有地（非學校租地之一側），地主因土地荒廢無以營生，不如搭建廠房，出租謀利，於是斥資三百餘萬元，搭建近 200 坪的廠房，租給一家食品進口商堆積貨物，兼辦公處所。

租金一個月十幾萬元，著實是個不錯的收入，但這件好事，不知引起了誰的不悅，至今仍未查明，也沒有查的必要，假藉樂樂國小家會長的名義向縣府告狀，謂學校右側蓋超大型違建兩處，侵佔校地，嚴重危害到學童出入安全。其實並非這麼回事，地主蓋的是自己的地，絕非校地，也無危害到學童的安全。

縣府於 12 月底，即經由拆除大隊通知樂樂國小，將擇期拆除。隔沒幾天，因舉發者再次以家會長名義檢舉，縣府再次來文，將於某日派員拆除。

這當中，所有的縣府來函文書，樂樂國小均立即通知地主處理。地主亦立即請縣議員等有力人士前往說項，希望能夠暫緩執行。經地主努力之後，亦獲縣議員答復說「安打」，已經疏通好了。一切 OK。沒事。

　　原訂拆除的前一週，樂樂國小又接到縣府來函，謂縣府仍將依原訂計畫拆除。此事樂樂國小校方立即告知地主，並請地主妥善處理，結果地主仍是回應沒事。

　　預計拆除的前三天，該地的警察分局來電商借教室，希望三天以後星期一，學校提供 150 名警察的休息區，以方便警方安置安全維護人員，以因應群眾抗爭事件。

　　在校方通知地主的同時，亦經家長會長陳情縣府提出說明，稱此事乃有心人士，利用學校家長會長名義冒名檢舉，因學校校地仍向該地主承租，若強行拆除，恐引起地主對學校報復，造成學校不便，請暫緩拆除。

　　結果，一切仍按照原訂計畫，於預訂拆除日上午進行拆除工作。當天，150 名員警駐校，不免引起學生的恐慌。工作進行中，也有許多議員、民意代表到場關切，希望暫緩。嘿！奇怪，縣府竟要學校去電，稱違建不能僅拆除一半，要拆就全部拆掉，夷為平地。

　　當時在場協調之簡議員氣急敗壞地來找學校，直奔校長室。與師問罪：「該違建有礙著你學校嗎？」還好當時駱校長人在校外，因辦理全國國中棒球聯賽決賽，正在忙，故免背黑鍋。此時，一干人等才警覺此事另有高人操縱，與學校無關。

　　後來違建廠房，拆除一面牆，其餘部分由地主具結，限期於月底搬遷。此事終於告一段落。但怪事又來了，拆除次日，學校又接縣府來函，保證不洩露業務機密，也就是說，不可公告周知是樂樂國小家長會檢舉的。

　　至此，學校真是一頭霧水，叫駱校長從何說起，簡直是越描越黑，還好此事學校一直與地主保持密切聯繫，提供拆除訊息，並請妥為因應，免除了地主的猜疑，也避免了地主與學校的衝突。

　　駱校長事後回想起來，地主違法、違建是地主的事，一切的後果由其自行負責。拆除與否，學校是愛莫能助的。但在整個過程中保持聯繫，提供正確的風聲，免除了不必要的誤會，以免橫生枝節，造成學校更多的困境。

　　或許真正提出檢舉的就是學校家長會的委員或其他家長，但學校又能

怎樣呢？

300　興建活動中心　管理範圍談不攏　計畫無疾而終

　　某一年，壯壯國小有一位校友，為感念母親養育之恩，想捐助母校壯壯國小興建一座活動中心，以紀念母親。一聽到這個消息，全校師生無一不喜出望外，期待新活動中心儘快落成，帶給學校一番新氣息，並提供全校師生另一個活動場地。

　　於是校長及有關人士便積極著手規劃預定地。商討結果，預定將新的活動中心建在舊禮堂及員工宿舍的地方。但禮堂所座落之處，雖屬於學校用地，可是禮堂（地上建築物）卻屬於鄉公所所有。

　　依照規定，學校必須取得鄉公所同意，才能拆除禮堂，興建新的活動中心。於是校長又邀集有關人士與鄉公所協商。協商結果，鄉公所原則上同意拆建，但有一個附帶條件，就是新建成的活動中心一樓禮堂部分，由鄉公所管理。校長等人當然不同意。之後，學校與鄉公所雖然一再協商，最終還是不能達成協議。

　　經過兩年，整個興建活動中心的初步構想，都沒有進一步的進展。其實，事後回想起來，當初如果學校及鄉公所各退讓一步，禮堂部分由雙方共同管理，問題不就解決了嗎？而且又可以造福鄉民呢！

301　包商興建廚房　一路敷衍了事

　　營養午餐一案決定之後，學校就忙著興建廚房一事。於是徵圖、比圖、招標等工作陸續展開，過程還算順利。最後總算招標出去了。是一位民意代表的弟弟，因為比底價低而得標。

　　得標之後，拖了很久才施工，而且做做停停的。又因廚房建地原是車棚，首先要將車棚拆除。合約書中明明寫得清清楚楚，需由得標者拆除，但得標者竟然要求學校自行請人拆除。於是鬧到縣政府去，而縣政府竟也向學校說：「那麼一點點小工程，能標出去已經不容易了。車棚就由學校

自行雇人拆了吧！」

接下來必須挖地基、綁鋼筋。結果地基連挖都沒挖，只把原來的水泥地弄一弄，就要進行施工。學校的校長、總務主任一再阻止，又請縣政府的人來先行驗收，結果全部都不通過。最後包商才請怪手重新打掉，又從頭開始做，又是時做時停，學校又怕包商因工程拖太久而被罰款，常常打電話催包商，搞得學校的主任精疲力盡。

302　校門及圍牆重建工程停擺

忠忠國小校門及圍牆，因馬路拓寬而拆除。經向縣政府及鄉公所申請補助，正積極籌劃重建時，卻傳出校門及圍牆用地，並非忠忠國小所有，產權仍屬私人。二十餘年前建校時，係用操場外的一塊地與地主交換使用。

二十餘年來，均未辦理產權過戶。校門與圍牆等於是長期蓋在私有土地上。地主有意藉這次學校拆除校門及圍牆之後，阻止重建，迫使學校認真積極辦理產權過戶，以使其在交換之後，真正擁有操場一隅土地之權狀。

惟校長認為先把工程發包出去再說。這塊地學校已經用了二十幾年了，大家都認為是學校的，況且在學區家長為了學生安全的輿論之下，地主應不致於真的出面阻擋，土地過戶先擱著，以後再說。

孰知等校門工程開工後，包商雇用了怪手，挖了很深的地基坑洞之後，地主果然帶著一批人來阻止包商繼續施工，聲稱這塊七、八十坪的地是他私人所有，不得施工。包商只好撤走機具和工人，留下深寬數尺、長數十公尺的坑洞。

校門是學生每天上、下學必須經過的地方。校方為了安全，於是緊急架設圍籬，避免學生靠近。另一方面則緊急與地主溝通，希望地主能先讓學校施工，手續也積極辦理。

不過地主仍然態度堅決，堅持產權過戶辦妥之後再施工。其後雖經學校再三協調，地主也只同意讓地基鋼筋先豎好，坑洞回填之後就停工。

其後忠忠國小校方想暫時停工，趕辦過戶手續。誰知遇到法律、法規

的限制多如牛毛。匆匆已過了兩年，手續仍未辦妥，導致校門仍處於停工狀態，暴露在外的鋼筋也已經腐銹。

承包商因工程無法完工，領不到工程款，要求忠忠國小解約，並賠償損失。忠忠國小遇到的難題，可謂接踵而至。

建校二十餘年來，忠忠國小歷任校長為何不清理學校與私人之間的產權糾紛呢？現任校長在工程發包之前，為何未考慮到，萬一無法施工時，可能與包商之間產生糾紛，甚至賠償問題呢？

303　變電站電磁波對學生的影響

學校周遭的變電站電磁波是否會對學生造成健康上的危害，一直是社會大眾非常關切的議題。這個問題在台北市遇到的就是高壓鐵塔。以前台北市某一所國小曾經面臨所謂的高壓鐵塔，對於學生安全、健康的影響一直讓家長非常關切。

在這所國小有某個班級的一些家長對這個議題非常重視，擔心高壓鐵塔會影響到學童的健康。現在很多學校附近都會有變電站，變電站有的設在地下室，有的在地面上，這個變電站所產生的電磁波會不會對於學生的健康產生一些影響？

當然所有的電器設備都有電磁波，包括我們現在使用的電磁爐、電燈、電腦還有電扇等等都會產生這方面的困擾，將來我們會不會面臨這方面的困擾？特別是學校周遭的變電所對於附近居民的健康有沒有影響。

針對這些變電所，台電公司要不要輔助附近的居民去做健康檢查，這個議題恐怕對學校的影響會越來越大，尤其是電腦用得非常普遍，電腦所產生的電磁波可能會對學生產生危害。

針對這些電磁波的危害，學校要採取何種應對措施？學校經營者要怎樣去說服家長？學校的用電量越來越多，學校周圍變電站的設置也會越來越多，越來越普遍。有的學校在整體規劃的時候有規劃進去，有的是規劃在地下室。

　　但是在地下室很容易造成淹水，如果沒有防水的措施，所有的設備將會受到損害，必須要重新再修復，造成學校停電，學校一停電接著就是會停水，甚至不得不停課。變電站的電磁波所造成的健康及安全問題是學校經營要嚴重關切的事項。

第 15 章
校長敘說校園故事

304　教師言語失當　造成親師衝突

　　以前我服務的一所學校，有一個班級的學生，不論你怎麼看，都會覺得整班表現得很好。那時候有什麼比賽，不論整潔或秩序，這一班幾乎都是三項得兩項比賽第一名。那時候我用一個方式鼓勵這一班。我說：「你們三項比賽的其中兩項，一次得兩項或是一次得一項，連續兩個禮拜都得獎，下個禮拜就可以整個禮拜都穿便服。」我用這種方式鼓勵這一班，學生當然很熱衷！

　　這一班的級任老師就用這樣的方式去帶他的小朋友。不但這個樣子，他那一班的獎勵辦法也做得很好。學生在某一方面表現得很好，就打幾個星星，他不是打分數，是打星星。然後一整組是一個禮拜來算分數，一個月算一次分數，然後一個學期下來，看看一個學生的德育或群育方面可以加多少分，他是這樣換算。

　　可是如果相對地某一個學生表現不好，就要被扣一個星星，變成是整組的約束力。因為我那時候帶一個城鄉交流，跟彰化做城鄉交流訪問的時候，70 個學生來自不同的班。我發現他們學生主動學習的能力很強。

　　由一個家長教學生搭那個土窯子，教他們做完之後，很多都市小朋友都你看我，我看你。土就是黑黑髒髒的，不敢弄啊！正常大概十分鐘就可以把窯搭好，他這組學生很快，大概七分鐘就搭好，他們就用班級來加分。

　　我就發現，奇怪，六年二班的小朋友，在我感覺，這班小朋友很好啊！主動積極又很認真。那個時候有一個班，他們班的自然老師，不是級任老師，上觀摩教學，我們去看觀摩教學的時候，這班學生表現真的不一樣！學生勇於發表。我後來才知道，上課勇於發表，回去都可以打星星，可以有什麼獎勵。所以若從外表來看這班學生，真的都很好，任何比賽他們班

大概不是第一，就是第二，完全都是很好。

我們認為這個老師很好，而且這個班有發行所謂《班報》。這個老師文章寫得很好，他們班發行《班報》，大概一個月就會出一期《班報》，《班報》會送給我，還要我給他寫一些評語。

這個老師，我們心目中認為很好。可是這一班的一個家長，是學校的一個愛心媽媽，跟我說這個老師很兇！他不打學生，可是罵學生的話，小朋友都覺得沒辦法接受，已經是六年級的學生了。這個學生是五年級升到六年級，所以老師這一年的班級經營模式，基本上他已經很習慣，老師怎麼做，怎麼要求學生，學生都已經很習慣。可是很多小朋友心中有很大的不平，就是這個老師處罰學生是用連坐法。

連坐法就是只要一個小朋友怎樣，整組就要罰，甚至一件事情如果沒有做得讓老師滿意，全班都要罰！有時候罰得莫名其妙，所以學生覺得心中不是很平衡，感覺是被老師逼得不得不依照老師的要求來做，並不是心中很心悅誠服地尊重老師。這個現象平常我們並不容易發現。後來有一個主任跟我說：「這個班有點問題。」我說：「有什麼問題啊？我感覺很好啊！」

他說，我們總務主任上他們的電腦課，上課之間偶爾聽到小朋友心中非常不爽，小聲地在飆罵老師。我心想：「這位主任怎麼感覺這個班有問題？我們看學生的聯絡簿也都很正常啊！」

可是聯絡簿裡面就可以看出家長與老師有一些爭執。這個班有一個學生是我們愛心家長的小孩子。那個小孩子本身看起來並不是很聰明，又不是很守規矩，可是爸爸媽媽就是很寵他。這個老師是信基督教的，有一次禮拜天要小朋友去聽福音。

談到這個小朋友，這位老師說：「某某媽媽，你這個小朋友上課好像注意力不是很專注，我要介紹他去聽福音，可能對他有幫助。」家長也覺得很好啊！可是後來就變成第一次有去，第二次有去，以後每個禮拜天都要他去，慢慢地家長就覺得是一種負擔。小孩子的爸爸媽媽本身不是信基督教的，不曉得怎麼跟老師開口。已經去了兩次，第三次，小孩子說：「媽媽，我不想去，那好無聊。」

就這樣，家長就打電話跟老師反映。她發現，跟老師打電話，老師回給她的話，她都很難接得上話，因為老師都回了很不好聽的話，就是一直數落這個小朋友。老師說話大多是：「你這個家長不會教小孩，怎麼教出這樣的小朋友！」家長每次跟老師溝通時，老師給她的回話都是讓家長很沒辦法接受的話。老師覺得這樣不對吧！就改用聯絡簿，聯絡簿寫得也都不得其門而入。

後來又發生了一件事，讓學校必須要處理這個老師。有一個成績表現很好的小女生，到辦公室來哭著說，要來打電話回家給爸爸媽媽，剛好被總務主任（也就是教他們電腦課的老師）聽到。他說：「幹嘛！幹嘛！你現在要去哪裡？上課時間哭哭啼啼要去哪裡？」她說：「我要去打電話。」

另外兩個小朋友說，要陪她去打電話。她說她要跟爸爸媽媽講老師怎麼怎麼樣。總務主任就問她說：「老師怎麼樣？」這個小朋友說老師曾經檢查她擦指甲油，老師就罵她說：「你媽媽當妓女，你也要當妓女啊？」

後來總務主任給我這個訊息，我聽起來感覺真是不可思議。這個老師講話怎麼這麼落漆。塗指甲油跟妓女有什麼關係啊？也許爸爸媽媽從事的職業比較特殊一點，當然也不是真正的妓女，譬如說是在卡拉 OK 店或是什麼餐廳店工作。老師怎麼就這樣把人家及人家的小孩叫成什麼！

我覺得這位老師對事情的認知及處理事情的方式很有問題。我後來慢慢去打聽的結果，因為這位老師是用連坐法，所以學生表面上看起來都非常好。我曾經利用科任課，把他們學生各組組長找來，了解一下他們老師怎麼進行班級經營，並且問他們心裡有什麼感受？

有些小朋友覺得老師並沒有什麼不對，覺得問題比較大的就是，特別好的學生或特別不好的學生會覺得心裡不平衡，一般小朋友都能夠習慣。我心中起了一個疑問：「這怎麼會是習慣的問題呢？」我覺得這樣不是很好。

後來我就跟教師會長講，也跟幾個處室主任說：如果這個事情這樣子處理，你們認為如何？當我告訴他們有這件事情時，事實上我心中就在盤算著我必須要處理，我要進一步了解。

　　後來那個家長就直接打電話給我，就是那個愛心媽媽。她跟我講了很多這個老師的言行。我就說我要進一步了解。經過大概一、兩天，她等不到答案，她跟她的先生就到我的辦公室來談。她說：「校長，如果我們等你這樣的答案，我們不能滿意。」我說：「你要怎麼樣？」

　　她說：「我要你立刻更換老師。」我說：「現在學期中更換老師有很大的問題，如果有必要，我們要開這個班的家長會，讓每個家長來談談這件事情要怎麼樣，我們再來做判斷。」

　　她就半威脅我說：「我手邊這個錄音帶，你要不要聽聽看？我們跟老師打電話，他竟然是這樣回答的。他藐視我們家長，他在我們小朋友面前罵我們家長怎麼樣。這個老師常常會在班上罵個別學生說，你爸爸媽媽是怎麼把你教出來的？」意思大概是這個樣子啦！

　　意思是說，小朋友不好，連爸爸媽媽主也不愛。沒有主，老師連爸爸媽媽都罵上去啦！她都還不曉得，老師罵小孩擦指甲油的事，當然那不是她小孩。她的小孩是男生。老師罵另外那個小孩子：「你媽媽當妓女，你也要當妓女嗎？」這件事情她都還不知道。

　　這位愛心媽媽已經蒐集了很多資料，包括班上最好的學生是誰？哪一個學生怎麼樣？「他們的反應都是滿討厭老師的，難道你還不把這位老師換掉嗎？」本來我就要把這個訊息拋給教師會。這件事情如果一定要處理的話，至少教師會要了解整個事情的來龍去脈。因為這個老師本來就不喜歡當級任老師，他的志願裡面就不是要當級任老師。

　　我們那時候科任老師很少，班級數不是很多，後來我就透過輔導主任去跟那個老師說：「你們班最近很多家長打電話來跟我反映問題，你能不能解釋一下？」這個老師就說：「我沒錯啊！如果是這樣，很簡單啊！如果不喜歡的話，就換老師啊！我本來就不喜歡當級任老師嘛！」

　　因為他本身學過科教，他就一心一意要來教科教。那時候一個科教是代理老師，那個科教老師已經去當兵，他想過來，我想我們至少有地方可以安排。那時候是上學期，因為科教課有上學期卻沒有下學期，也快學期末了，至少我有一個處理的機制，我再去向教師會長徵詢意見，看看這個

學期是否有可能學期中更換老師。

事實上，本來更換老師本身，校長就有這個權責。萬一有些人不平，我就會站出來，我先跟他打個招呼，有的是出於老師自願，有的是學生也有這樣的需求，也有的是家長也覺得應該要換，三方面都很好。

我們的一個考量就是協助老師，幫忙老師，要不然他上報，老師受傷害，學校也受傷害！考量到目前的情況，對學生不好，對家長也不好，更換或是不更換老師變成是學校必須面對的一個問題。

當然若說要更換老師，是為了要找一個更適合的老師可以接他這一班。但說不定老師是越換卻造成整個情況越差啊！我們心目中看上那個特教代理老師，她是某個學校調過來的，是我們招考第一名的老師，我們看她真的很好。心中早就有譜可以換老師。不是不能換，只不過是上下學期換老師，對我們來講不是非常困難，我們都不願意，可是這件事要破例啊！

後來我們談一談後，就召開一個會議，也把教師會長請過來，一起討論這件事情，看看大家認為該怎麼樣處理。我就把事情的嚴重性做了一番說明。我手邊有家長給我的錄音帶，聽得出來老師回應那位家長的話，的確是非常非常不好聽，我想這件事情已經到了非處理不可的地步了。

一方面要解決老師的難題，因為這位老師本來就不想教級任，另一方面也要考量小朋友及家長的反應。我在會議上提議，我們是不是可以站在協助老師的立場，協助老師轉換工作，也可以平息學生與家長的抱怨。

後來大家就說，如果是這個樣子，他們同意進一步處理。但是他們也希望校長把這件事情的真相查清楚，不要傷害到老師。如果沒有這個事情，家長卻言過其實，當然很不好。我說：「沒關係，但是如果我把錄音帶給你們聽，你們要相信我！」

事實上我並沒有聽過錄音帶，這位愛心媽媽也沒有拿給我聽。我要她把錄音帶給我，她只說：「好！好！好！」要她拿來，她也沒有拿來，所以我也不曉得到底有沒有錄音帶！

但是我先向大家提到，對方說有錄音帶這個東西，因為我想既然考慮要換老師，一定要有一個非常充分的理由。就我身為校長的立場，讓我考

慮要更換老師的最根本的原因，就是因為老師講出了這句話：「你媽媽當妓女，難道你也要當？」我覺得老師對學生這樣的言詞是很大的傷害，這個不只是言語暴力，還傷害到人格。

這位老師給別人看到的班級經營優良都是表面的假象。我認為老師的言語已經扭曲了學生的人格發展，我心中已經下定決心，這個級任導師一定要換掉，可是我並沒有強而有力的表達此一主張。主任當然支持，可是教師也並沒有表示反對，所以我就以這個方式，順利更換了老師。

更換了老師之後，第二學期的學校日，第一天我就直接到每一個班級去巡視，但不見得每個班我都會進去。對於這一班，我就特別進去教室跟家長講話，我把事情解釋了一下。我說：「原來這個老師有一點點小問題，目前正在處理的過程當中。」當然，大概百分之一、二十的家長也護著他。

我就把那個城鄉交流看到學生的表現都講出來。我說原來這位級任導師，從教育專業的立場來看，他很認真，學生的表現也都很好。這部份我非常肯定老師。但是可能老師愛之深責之切，對學生所使用的教導方式，以目前來講，比較不適合。也許家長沒有感覺，但是就教育專業的立場來看，老師有一部份的言行已經傷害到了小朋友。

我說沒有關係，你們覺得這位老師很不錯，我們也覺得他很不錯，可是我們換來的這位某某老師會比他更好，家長們才釋懷。他們都接受這個事實，也符合那個家長要換老師的需求。家長說：「這個班若不換老師，我的小孩就要換班。」可是學校根本不可能讓學生換班啊！

學生換班，大家一定會想，究竟是老師的問題，還是小朋友的問題？我說，如果換班，你那個小朋友就已經被貼標籤。事實上，那個小朋友在班上表現本來就很不好，我說，如果你要換班，除非你換校嘛！要不然不可能啊！她說既然是這樣，她的小孩要怎麼辦？

後來她也沒有逼著我一定要怎麼辦。對學校來講，事實上轉班反而容易，我只要開轉班委員會，如果大家認定師生不宜，親師不宜，就換班啊！學生換班並不表示老師不好，也可以引伸為，可能是家長與老師合不來，也就是說這個班級不適合某一個小朋友。但是這樣處理反而會害了學生。

如果老師某一種教學方式大多數小朋友很不喜歡，站在大多數小朋友的立場，當然要換老師。但是第一個原則是不傷害老師。

學生要換班，一般都是先轉出去再轉進來。通常學校一般都是按照哪一個班級人數最少，就轉進那一班，但如果家長是以這個先轉校再轉回來的方式達到小孩子換班的目的，為了防止家長鑽巧門的行為，一般學校都會規定小朋友從這個學校轉出去，回來還是要回到原來這個班，以防止家長以這個方式來挑老師。

305　教師評語風波

有一個老師打完學生的成績後，最後要打評語。學生的成績本身沒有問題，但評語的八個字，給學生的第一句話是「學習認真」，第二句話是「我行我素」。也就因為第二句話這四個字，產生了非常大的困擾。

這個事件大概是發生在某一年的二月。那一年二月一日放寒假之後，接著很快就過年。過完年之後，第一天上班大概是大年初七，就有家長拿著資料來向教務處反映，說老師對學生打的成績不公平。

教務處接到這個申訴並對問題簡單了解之後，就把事情向我報告。當學校正在了解這件事情時，第二天，我們就接到教育局給學校的正式公函，這個家長已經正式行文到教育局，把這個事情說明，並且要求教育局來處理。我請相關處室的主任去了解，並且跟這個學生的級任老師談。

級任老師說，他對學生的評語這樣下筆是經過審慎考慮的結果。事實上這個學生很優秀，而且住家就在學校大門的右前方。以直線來講，離學校的側門不到十公尺，學校馬路過去就是他家。這個學生成績很好，以學業成績三次月考來講，不是第一就是第二，因為評語是成績的一部份，老師的評語使得他的學期總成績不是前三名，而是第四名。

我們那個時候頒獎，學期末頒獎是頒一班的前三名，另外頒兩到三位進步幅度比較大的進步獎。但這樣他根本就不能列入頒獎的名單之一。事件發生時，這個小朋友是五年級。

以這個小朋友來講，他從一到四年級，大概不是第一名就是第二名，

因為老師寫了這四個字的評語，家長就質疑老師是不是對他的小朋友有先入為主的觀念，因為評語的確會影響到學期總成績，他後來沒有前三名的原因就是因為德育成績與群育的成績都比較差。

至於智育，我們後來看他的成績，智育還是第一名，但是以五育成績來算，他是第四名。

這個家長就非常懷疑老師對他的小朋友是不是有特別的待遇，對他的小朋友不公平。我們叫人去問那個老師，老師說他是很客觀地給學生這個評語。那個老師是我們學校教師會的會長，通常校長對教師會會長是非常客氣謹慎的。在這個學校，教師會與學校並不是非常對立，雙方反而是蠻合作的。

但是不管怎麼樣，這個身為教師會會長的老師，有些時候你怎麼講，他都蠻好商量的！我們跟他商量事情，他通常都說「好」。因為是這樣的情況，學校行政人員也都很尊重他。只不過他也是蠻有自我的主張的。至於成績，因為成績是老師的教學自主權，當然我們不會對老師打的成績做質疑。

我們只是針對「我行我素」這四個字，要他提出解釋。他說這個小朋友常常老師正常在上課的時候，有些時候交代的事情他不見得會做。他舉例說，一般老師一開始上課，看到桌子旁邊蠻髒亂的，老師說是不是先把紙屑撿一撿，我們再開始上課，可是這個學生的反應就是：「這個紙屑又不是我丟的，為什麼要我撿？」

他舉了第二個例子。那時候學校有營養午餐，可是營養午餐不是強制每個小朋友訂。既然不是強制學生訂餐，這個學生就天天帶便當。通常營養午餐會提供一桶湯，讓每個小朋友去舀湯來喝，可是這個小朋友本身並沒有訂營養午餐，而是自己帶便當，但他都是跟人家舀湯。

拿湯沒有關係，可是他不是在別人後面，而是一開始就自行去舀湯。小朋友總是覺得很奇怪，老師也會跟他講，奇怪，某某某同學，你是不是慢一點拿，讓他們拿完你再來。

小朋友也不高興，回去就跟家長講。家長無形中就會有很多小事，小

朋友回去會去跟爸爸媽媽打小報告，所以家長對老師有某一種誤解吧！這件事情並沒有非常嚴重，也沒有談得很多，大概只稍微談到而已。

主任向我報告這件事情，因為那個學生事實上我們也很熟。那時候才二、三十班，班上成績好的前幾名，我們校長一定都認識啊！而且那個學生又是網球隊的，是校隊的選手。

我想，學生既然是校隊，網球老師也是組長，我就問他的網球教練，這個小朋友給人家的風評怎麼樣？會不會像他級任老師寫的「我行我素」四個字？

他就說，如果這樣講的話，級任老師寫的其實並沒有太偏離事實。所以有關這個小朋友的一些事情，這位網球教練也是一五一十講出來。

他說，的確有時候這個小朋友是有類似這樣的表現。大家打完球之後，一般正常狀況是把網球收一收，收拾完再回去，但是這個小朋友比較不管這些善後的動作。不過，這位網球教練還是覺得級任老師其實並不需要這樣子下筆。他感覺老師這個評語寫得比較嚴重一點。

由於學生的家就在學校對面，他媽媽也沒有上班，常常來看他，打完球該收拾的時候，他媽媽就把他帶走了。媽媽沒有來的時候他也一樣，反正他打完就走了，不會一起收球的。當然老師會有這種感覺…他的確是這樣。

有時候跟他講，他也不見得聽得下去。所以如果以這個球隊的教練講的，事實上某個層面來講，是印證了級任老師所講的「我行我素」。這個小朋友的確是這個樣子。

我再問了健康中心的護理師，因為那個小朋友掃地時間就負責那個區域。那個護理師說，這個小朋友很聰明，也還好，但是曾經發生過一件誤會就是，奇怪，掃地時間，她回到健康中心來檢查的時候，發現怎麼她的抽屜被打開過？也就是有小朋友曾經拉開她的抽屜，裡面的東西有被翻過。

這個護理師跟這個小朋友說：「小朋友，你怎麼可以開別人的抽屜呢？」由於曾經發生過這樣的誤會，所以護理師也沒有對「我行我素」這

四個字特別表示怎麼樣。

這些訪查只是幫助我們了解這個事情更多的真相。既然教育局來了公文，我們當然就要調查。我們的調查方式就是直接把成績拿出來，一五一十跟他講智育多少，德智體群美多少分，完完全全的呈現出來，他就是第四名。

當然裡面沒有錯，德育是 89 分，以前優等是 90 分，變成他沒有優等。群育我記得好像也是 90 分，也就是德育與群育這兩項的分數在班上大概排第四第五到第六，這樣總共加總起來，他是第四名。

我們就一五一十把這個成績送到局裡去，我們也回覆說，我們尊重老師打分數與下評語的專業自主權，由於經過我們的調查，老師評分並沒有怎麼樣的缺失，我們就回去行文給教育局。

當然教育局馬上就行文給這個家長。這個時候，除了教育局回文給她之外，我們就試著去了解這個家長怎麼會有這樣的問題。他的家就在我們前任會長家的隔壁。我打電話給會長，問他這個人怎麼樣。他說：「啊！你碰到這種家長…難纏！」

我們以正式文回文給教育局，請教育局回文給她。後來她又來了，她第二封的正本就給市政府，這個家長又寫了一封陳情函，正本給市政府，副本給教育局與學校，還有市議會的某某議員，反正就是把事情弄得很大就對了。

後來我們馬上去調查，我說你既然給市議會，在地的議員，我們一定很了解啊！我們一個月去跟他打個招呼，讓他知道事情大概是怎麼樣。如果是他們接到這個案子，就勸勸她，不要把這個事情擴大。後來我們判斷她的副本都是假的，根本就是唬人的，根本就沒有給議員，但是市長那邊到底有沒有給，我們則不得而知。

後來教育局說，她又陳情上來，問學校究竟是怎麼一回事？第一封到教育局的時候，督學就來了。我們就把東西給他看。督學說這是個無理取鬧的家長嘛！然後督學那時候跟我講了一件非常重要的事情。

他說：「校長，不管怎樣，你要隨時做好報告，媒體記者一來，你隨時可以攤開來主動給他看，事實的真相就是這個樣子。你絕對不能用嘴巴講。」

所以我就請教務主任把事情從頭到尾的來龍去脈寫清楚，存放在磁碟片裡面，記者隨時來就隨時給他。因為事情可能會有演變嘛！假設今天來是這樣，後天來可能又是另外一個樣子。這個事情我們大概就處理到這樣子。可是這個家長就是一直透過很多種管道要把這個事情擴大。

整個寒假過了，又開學了，我就直接到他家去當面拜訪他們。他爸爸跟媽媽姿態非常高，一開始就罵這個老師哪裡不是，打成績怎麼這麼不公平，鬧得很大。老師覺得她非常地委屈，後來她就一五一十做了說明。

她說事實上有些東西她給學生的分數還偏高，她舉個例子就是五年級的學生的作業簿，有很多作業根本不是小朋友寫的，而是媽媽代寫。

更嚴重地，有一篇作文，怎麼他寫出來的文章跟另外一個程度不怎麼好的小朋友的文章完全一樣，內容完全一樣，也就是說，他小朋友的文章寫法，就同一篇文章，寫法跟另外一個他們班上程度比較差的學生寫出來的竟然一模一樣，老師覺得一定是抄自修的嘛。

怎麼兩個同樣一次作文，應該是各寫各的，各自有獨特的寫作風格與內容，怎麼可能是你抄我、我抄你啊！而且這位同學作文的筆跡看起來就是他媽媽的筆跡。這樣的行為已經發生了很多次了，老師已經很寬容了。

老師說她給這位學生的分數已經高過給他的平常成績。老師說這個學生唯一好的就是考試，其實平常成績並不怎麼樣。就這個作業來講，學生的表現並不怎麼樣。從這一點來看，我們就更應該協助老師啊！

然後，我們就說，好，既然是這個樣子，我們就到他家去。到小朋友的家之後，家長也是意見很多，講話口氣很大。他說：「校長，你今天不給我一個公道，我絕不善罷甘休！」

我說：「你要我們怎麼做？既然我們來了，我們有誠心把這個事情解決，我想這這件事情鬧大也不是很好。…我說我代這個老師。如果你認為老師不公平，我代她道歉，是不是公平是另外一回事，但是至少我先跟你

道歉。」

我帶著我們的教務主任，我們新任的家長會會長去。她也是非常不高興啊！我們帶了水果帶了什麼去，她就說這個老師很不公平，一開始對她小朋友怎麼樣怎麼樣。

她說：「校長你能做的，第一個叫老師改成績，我兒子沒有第一名我絕對不甘心，這是第一個。第二個，老師的評語一定要改。」我只好跟會長講說這個東西我跟你談。

就我們專業立場來講，我沒有權力，除非老師覺得哪個地方不對要重新計算，這個可以。在老師沒有確定成績錯以前都不能改。至於你對「我行我素」那四個字，也許認知上有一點點差異。在我們教育的立場上，我覺得老師下這個判斷也許是…寫得有一點點尚待斟酌。

站在鼓勵小朋友的立場，轉化個語氣寫，應該好一點，也許反彈不會那麼大。她覺得我們有這個誠意，我說：「你覺得應該怎麼辦？我說如果你認為可以，我敢跟你保證評語可以重新處理，成績我不敢跟你做承諾，我回來了解之後再給你答案。」

她也是很不高興啊！可是後來我們會長跟這個家長說：「這樣子好不好，我們再談談看。」談談看的結果，我們校內開會堅持，底線絕對不能改，成績不能改。評語如果老師願意改，換一下可以。

換一下評語跟輔導資料也沒什麼兩樣啊！也就是說，我重新給你一張成績單，但是如果你一定要我們把你小朋友改成第一名，我們絕對做不到！這就是我們的底線。

那之後呢？她後來也一直得不到令她滿意的答覆。我們又透過網球隊教練回話給她。那個組長回話給她，說：「我們學校正式開過會，老師覺得如果你對這四個字那麼地敏感，我們老師同意換，可是成績沒辦法改。」

她不滿意，然後就到處去跟家長講說這個老師怎麼樣、怎麼樣。事實是，這個老師雖然不是最好的老師，但也是中規中矩的老師啊！

後來我們想，我們聽到的風聲就是這個家長在開學之後，以前在家長

座談會就會起來攻擊老師。我想，這樣子我更好。他們班有很多愛心家長。很多愛心家長與小朋友都很清楚這個老師怎麼樣，都說這位老師很好，卻被家長誤會。

當然這個時候我們也有一些動作，去跟他們班上一些對他比較支持的家長訴苦，讓他們也知道這個老師遭受到了這樣一個不平的待遇。

我就把他們班所有的熱心的家長找來校長室開會。我當面問級任老師說，我們預備採取什麼樣的步驟。禮拜六家長座談會的時候，我告訴家長，我要他們做什麼：「當事家長假設起來攻擊這位老師，你們要發揮良心起來頂他，當然不要很尖銳。也就是說你們要依照你們的感覺，說明這位老師是什麼樣子的。

然後，都不能談說你家長幫他寫功課，都不需要談，因為那等於是挖人家瘡疤，都不需要談。你們就你們所知道的這位小朋友怎麼怎麼樣，簡單地講這個小朋友的確有時候不是很聽老師的話，這樣就可以了。」好，那麼我就安排張三講什麼，李四講什麼，有很多點，不同人一個家長講一些，不要都一個人講嘛！

都安排好了，後來禮拜六家長座談會，對方爸爸媽媽一個都不敢來。他們大概也知道我們都已經處理了，他們來反而對他們不利，所以那天反而不敢來。

他們不敢來，就這一件事情來看，我猜想大概沒有後續了，大概可以告一個段落。告一個段落之後呢？這件事大概一直拖到三月底才確定沒有事。五月的時候，這個老師要申請調校到別的學校去。

我就跟這位級任導師說：「你是可以申請，可是如果你這個時候離開，是不是給對方家長認定你就是不對才離開。所以你千萬不能現在離開，你要離開就明年再離開，我會同意。」我那一年就離開那一所學校，我比這位老師還先離開那一所學校。這位老師現在還在那一所學校。後來這個事情就這樣落幕了。

306　一個問題老師的蛻變

1990 年我在台北市偏遠的某一所國小擔任校長。我到任第二年的上學期，有一個老師被行政調動來我的學校，行政調動就是教育局把某一個老師調派到另一所學校。她被調動來的時候，其實我們也不願意接受，因為那時候我們八所郊區學校已經開始採取聘任制了。

那時候我們八所郊區的學校要改制為國民小學，教育局做了兩個很大的改變，一個是擴大學區，我們稱為自由學區或大學區，只要是台北市的學齡兒童都可以進入大學區的國民小學就讀。第二個改變就是學校可以採用聘任制聘任老師。這兩個改變都是非常重大的突破。

這一位調進來我們學校的老師是個女老師，她還滿厲害的。她發生過很多很嚴重的問題。她跟校長、同仁、合作社，都發生過很多糾紛。她被調來到這所學校，我們沒辦法拒絕，而且她本人也不願意，因為她知道，來到這一所郊區學校，就好像被發配到邊疆，她有滿肚子的委屈。

當然她既然是教育局派來的老師，我們就不能拒絕，但是她總是一個問題老師。我們學校很小，她還沒來之前，大家都已經知道這個消息了，所以學校來了這樣的老師，大家都非常洩氣。

她的第一個問題是她不安心於教學，第二個問題是她在原來學校的糾紛還沒有處理完。她不安心於教學，令我們很頭痛。那時候我們這所國民小學正在求進步，正要實施開放教育，她來的時候造成我們很大的困擾。第一個困擾就是她滿心不願意，因為她是被行政調動，被派來這裡很不樂意。

再來就是在教學上她傳統的教學方式，不准學生發問，有時候還會體罰學生，令學校很傷腦筋。最嚴重而且最直接的衝突點就是她是科任老師，但那一年的科學展覽她不做，因而產生了很大的衝突。

那時候我第一次當校長，我就好好跟她談。這個老師不尋常的想法很多，她提出了很多不合常規的問題，譬如她說她可不可以不來開會？我說：「不可以，你一定要來，你一定要準時到學校來開會上課。」

　　她的家很遠，她覺得受到了很多的約束，也在學校製造了很多的衝突，像科展的問題，她因為科展的問題跟全校同仁處得不好。最後我堅持一定要她做，當然我給她很大的幫忙，其中有兩件事讓她很感動。

　　第一件事就是科展全校老師都有幫她忙，那次很意外的，科展得到了特優。她很訝異地說：「我一直跟校長吵吵吵，結果我做這個作品竟然很多人幫忙。」作品是她自己做的，但是我們很多人幫她出點子，作品得了特優讓她在同事面前很光采。

　　第二件讓她很感動的事就是到了暑假，她一心一意想要調動回去她原本的學校，她是要回去復仇。我沒有同意，也沒有不同意。我說：「可以啊！你就照填啊！」按照這個學校的慣例，一個老師若要調動，他自己填表申請，我們看看他的積分，在這所學校服務了多久，然後看看他的需要，比如說是因為要結婚，要搬家，再給他調動。

　　因為那時候不是聘任制，所以必須要首長蓋章同意。申請表她也填了，不過那一年，我沒有讓她下山調到別的學校去，因為還有人比她更資深，有的是因為要結婚，要搬家，比她更需要調校。

　　雖然我沒有讓她調動，不過我還是請她到校長室來。我很委婉地告訴她：「很抱歉這次沒有如你所願，我們以後有機會再談。」聽到我這樣說，她竟然痛哭流涕，我嚇了一跳。我問她為什麼痛哭流涕？她跟我說，她沒有碰過我這樣的首長，即使不准她，還委婉地跟她說。

　　不過她竟然在校長室痛哭流涕，那時候我也不知所措，趕快按電話，請教務主任來看看她到底有什麼特別的企圖。

　　後來她說她不調下去了，她要留在這邊，要好好跟大家一起努力。聽她這麼說，讓我們很訝異。那時候我們學校正在做田園教學，她留下來令我很感動。從這一點我覺得她並不是那種不可理喻的人，只是要給她尊重，給她一個成就感。

　　這件事情給我很大的啟示。其實，在處理問題老師的時候，有時候並不是他真的不適任，也許是他意氣用事，跟很多人爭執，彼此一直堅持下去，結果最後兩敗俱傷或三敗俱傷，加上我那個學校很小，所有的老師不

是排斥，而是用包容的心對待她，所以我把這件事情處理得很好。

這當中還有很多曲折的故事，包括她請病假，去市議會大鬧，敲每個市議員的門，然後教育局長馬上打電話來，質問我：「為什麼上班時間她可以離開學校外出去大鬧？」我說：「有啊！她有請病假啊！」

然後我去查，結果隔天我就跟她說：「你請病假去市議會大鬧，你謊報事實，這與請假理由不符，我可以依偽造文書處罰你，但是我還是原諒你。」

她有滿多的感動。在處理這件事情，最重要的是要了解影響她的生活與人生態度的一些因素。她是個基督徒，可以跟她講聖經的道理。她非常虔誠，但是基督徒難免也會迷失，尤其是當愛恨交加的時候，就會有所迷失。最後她竟然有很大的改變，她不但把家搬到比較靠近學校的地方，她也說她會試著好好改變自己。

慢慢地她真的改變了很多，同仁也對她很包容。大家都不相信當初她在原來的學校鬧了 7、8 年，奇怪怎麼會到了現在這個小小的偏遠學校被我降服了。其實我們對她是恩威與寬容並進啊。我們用盡了各種方式，有鐵面無私的一面，有用感情去感動的一面，也有用全體老師包容她的一面。這位老師後來轉到了她家附近的一所小學服務。

我還要談到是，我當初要離開原來第一所學校的時候，接任的校長好像對她不是很客氣，也發生了很多的爭執。接任的校長一直問我，我是怎麼把她收服的？我說沒有啊！我只是對她以禮相待啊！跟她談感情的事情，跟她說理啊！但是唯一有一點我還是要提醒接任校長和同仁的是，當校長還是要以身作則。

後來我也有跟那一位女老師聊，問她為什麼要跟這個校長起爭執？她說：「這個校長不認真，不像你啊！ 你願意帶著我們一起去做，但是他都坐在辦公室裡分配工作，叫你做這個、叫你做那個。然後有問題問他時，他也沒有辦法解決啊！」

我想校長應該以身作則來示範吧！我在第一所學校服務的時候，帶著老師們跑野外做各種田野調查和研究，這就是我當校長以身作則的一種領

導方式吧！

我是真的帶頭以身作則，我並不是只是一直陪著老師們，而是帶頭做給他們看。

後來這位老師跟家長之間發生了一些小衝突，這也是我們在處理家長和老師之間糾紛時，校長要特別注意的。身為校長的人不能過度偏袒一方，而且要適度維持老師的尊嚴。這個老師因為跟這個校長也處得不是很好，後來調到離家比較近的另一所學校。

為什麼我要特別舉這個老師的例子，因為這個老師到了我服務的第一所學校之後，沒有人相信她會變好，沒有人相信她會有可能改變成另外一個人，包括她後來得了獎，拉著局長去照相的時候，她跟局長說：「局長，我改變了，我是第一等的老師，而不是不適任的老師。」她很有勇氣地說出這件事。

我發現處理不適任老師的時候，輔導是很重要的。但所謂輔導不是說一味的用軟的方式或是用否決的，有時候還是要堅持原則。除了跟老師說理之外，還要動之以情。

這位老師目前快要退休了。她幾乎每年都會給我送卡片、通電話。我的意思不是說她會買禮物送我，而是說在我當校長的任期當中，她是讓我最感動的一個老師。她跟我們纏了將近一個學期，到了隔年的暑假，她真的改變了很多，幾乎是全部的改變。

其實，我在這所學校處理這個老師，如果沒有所有老師一起來配合我，一起來感動她、包容她，我想很難。因為小學校大家感情很好，不像大學校。在大學校老師可能會比較疏離，在小學校大部分的同仁還是都會包容。

當然我也跟所有老師討論過這個問題，所以大家能一起來了解這個事情，並且給她最大的包容。現在這個老師過得很好，我相信她調到我服務的學校，在我在那裡任職的那一段時間，完全改變了她的一生。

我知道她是基督徒，她好像在教會裡工作。剛開始當老師的時候，她一直想要早下班去禱告，結果卻被人事調動到我的學校。

這可以給我們一個啟示，就是早期的時候，教育行政單位認為把不適任的老師調到更遠的地方，影響就會比較小。其實調校以後，當事者還是沒有改過來。所以我認為遇到這種老師不適任的情況時，應該在原來的學校，就地就要把問題處理好。

以目前教育局以調動來處理不適任老師的方式來講，問題可能會更嚴重。尤其是因為不適任而被調動的人，有可能受到歧視與排擠，適應新環境可能更為艱難，對於當事者與學生都不會有好處。案例的這位老師在新學校剛好遇到一位有同理心、又懂得方法的校長，而且同事都很包容與接納，可說相當幸運。

307 學生食物中毒

有一年暑假我剛調來這所學校不久，九月中，就碰到我們的營養午餐出了問題。那時候我們學校是訂了兩家的便當，因為多少份以上不能只有一家，必須是兩家或是三家。我記得那天是禮拜四，禮拜四是全校一到六年級都讀全天的。

我們學校有將近 2,000 個學生，訂便當的就有將近 1,000 個人，其中有一家便當大概 11:50 把便當送到學校來，由於我校長室就在樓下這邊，大概快十二點我就去看看小朋友提領便當的情況。

大概十一點五十幾分就有一個隔壁班的資源班特殊班老師拿了一個便當來向專門處理便當的幹事說，這個便當好像有問題。我說我會來了解。便當盒一翻起來，米粒上面還黏有一絲一絲白白的，一絲一絲黏黏的樣子。

然後幹事問了那個老闆，那個老闆就是送便當來的廠商。他說那天的飯是燴飯，用勾芡做的燴飯，還有菜。他說可能是燴飯，這個算正常。我們也想，既然是正常就好。

可是我們那個啟智班的老師拿回去，她說：「這個不對！」以她一個大概五十歲的媽媽，她說以她當媽媽經常為家裡準備家用餐的專業經驗而言，這個便當絕對有問題！她說：「這個不是勾芡，勾芡不會是這樣子！」

由於兩個人都說便當有問題，我就開始緊張。

我就說，這樣子，馬上向大家廣播，有問題的那一家廠商的便當不能吃，其他那兩家的照吃。我們廣播是 12:05 分。有的班級動作快的已經開始吃了！所以印象裡面大概一百多人已經吃了。吃了以後呢？

因為我們也有老師訂便當。他一吃，就說便當的味道怪怪的、酸酸的，他也不敢吃，可是也有老師吃完了，但是吃完之後他沒有問題，表示他的抵抗力比較強。

這個消息馬上就傳開來了，大概十二點十幾分馬上就有小朋友說他怎麼覺得怪怪的，肚子不舒服，所以就已經跑到健康中心啦！我就想：「啊！完了！大概真的中毒了！」十二點多開始一個，然後又一個。我們一直在密切觀察嘛！

大概到十二點二十幾分，我發現情況真的不對，就馬上親自打電話向教育局報告。我們有一個緊急聯絡的系統，教育局督學室，這個屬於七科管的，然後政風室，反正該報告的都報告。

我以電話向上級單位報告，其實我不敢確定學生一定是中毒，但是萬一有，就是便當出了問題，長官要先有心理準備。我打電話的時候大概是十二點二十幾分，果然在十二點四十分的時候，健康中心大概統計了一下出了問題的人數，大概有三十幾個學生。

不過有一點很奧妙的喔！三十幾個學生裡面，其中也有一個是自己帶媽媽做的便當，他也說他肚子有問題，當然那可能純粹屬於心理上的問題。

像這樣，又有一個小朋友，他不是訂營養午餐，他是自己帶便當，但是看到營養午餐好吃，也吃了人家幾口，他也中毒了！大概十二點四十幾分，校門口有一家電視台的 SNG 採訪車就在門口啦！我真的嚇了一跳，我想這個事情就馬上要處理啊！

所以那時候我就立即召開危機處理小組，緊急開始規劃！我指定教務主任擔任發言人，請教務主任開始撰寫整個事情的來龍去脈，說明學校怎麼處理，並且隨時把目前有狀況的學生人數一直加上去。

另外，我拜託我們一個老師，他是資料組長，是研究所畢業的，那一天九月十六號，我來到這所學校真正處理校務還不到一個月，我根本不是很熟，所以我就拜託他，完全授權給他，由他寫一封給家長的信。

因為這個事情已經鬧大了。下班之後，我就一個家長給一封信，由學校向家長交代這件事情的來龍去脈。處理這件事情的文稿分成兩方面，一個是面對媒體的，另一個是面對家長的。我自己不敢待在校長室，因為記者一來，一定是當場問我嘛！

我們擔任校長的人有一個原則，首長絕對不能站在第一線，萬一講錯話沒有人可以補救，所以發言人是教務主任，教務主任是女的，由她全權處理，要訪問絕對訪問她，也就是你人沒有來，教務主任就主動給他這個書面的稿子，不滿意你再問她，要不然我們絕對不回答任何問題。

在這個過程中，大概在十二點三十，我們緊急召開校內會議，所有級任導師一定要馬上到辦公室開會。我提示了幾個原則。首先，出了問題的那一家營養午餐的便當絕對不能吃，連一口都不能吃。其次，你也不能給學生任何東西吃。

當然有一些老師很快就買餅乾來了。我說，你最好不要給學生吃，因為他吃了結果可能有兩個情況，本來不是便當的問題，因為他吃了別的東西反而中毒，這個責任很難釐清。老師說學生很餓。我說：寧可讓他餓一餐，絕對不會餓死，你讓他吃了，問題就更大。

12:30 我們首先要求老師不要讓學生吃任何東西。第二，隨時掌控各種狀況，學生有問題馬上送到健康中心。第三，儘量安撫學生的情緒。學校要求歸要求，後來還是有老師偷偷去買一些東西來給學生吃啦！

當然他買的都是像統一那種有廠牌、有出廠日期的。我知道有三五個老師已經不忍心，因為小朋友一餐不吃他們真的很難過。這個部分不是我們能掌控的，這是第一點。

第二，因為慢慢地就有學生開始住院，後來我們在放學時分，老師要下班之前，我那時候已經沒有時間處理，我就拜託教務主任，也拜託訓導主任全權處理，跟老師說，你學生有住院的，老師下課之後一定要主動去

慰問，一方面也使用學校的輔導系統，開始打電話跟家長報告這個事情，告訴他直接到醫院去。

學校就告訴家長到醫院去要做什麼、做什麼。我們總務處也使用另外一個系統通知家長會長這件事，所以很快家長就到醫院去了，家長會長也出面了。

然後那個時候我就躲起來寫報告，一些緊急的事情要報告教育局，我們就直接傳真，這整個處理得差不多的時候，不到一點鐘，我就已經到忠孝醫院，那時候市長不在，不然市長一定會去，教育局長已經到了，我們會長也到了，很多人都到了。

媒體都已經到醫院那邊堵我，要訪問我們，局長跑過來一定會問局長，我們台北市營養午餐的狀況是怎樣？流程是怎樣？他問我們會長。我們會長非常好，他一句話也不講，他說：「這個學校的事情，我們尊重學校，要問問學校。」

他一句話都不講，因為有的家長一開始一定說學校的不是，這個會長都不講，他說：「我不清楚，我純粹來關心小朋友的狀況，我們來協助學校處理這個事情，你要問就問校長或問誰。」所以在醫院那邊，我記得華視有訪問過我，另外還有哪一家電視台我也忘了。有兩家電視台問到我，我就誠實地把整件事情的流程跟他講。

我強調是我們老師先發現便當有問題，不是小朋友先發現，所以學生吃了。出了問題的那一家便當是我們學生最歡迎的便當，我還沒來之前，學校就訂了那一家啦！

學校每一年都有評選便當廠商，那一家也是那一年被評比為第一名的廠商，一天就訂了 400 多份的便當，100 多個人就吃了。當天陸陸續續就一直有學生來住院。

因為我們學校離忠孝醫院最近嘛！我們本來是請忠孝醫院的一組人員來我們健康中心，他說：「這樣不對吧！萬一更嚴重我們怎麼處理？」所以我們還是用車子把學生送過去。

我後來想，這個事情採訪記者會知道，他們大概有一些線民嘛！都在

醫院急診那邊！他們一定會跟著來，來了我們只好面對。所以我們該準備的都已經準備了。我記得陸陸續續住進忠孝醫院的大概有 40 個學生，有的學生則住到別的地方。

第一天有人情況好轉的就回去了，有人則是第一天比較嚴重，大概最慢第二天早上就離開了！有些不住在忠孝醫院，而到別的地方去看醫生。大部分都是拉肚子，並沒有特別嚴重的。後來一直到第二天，我們健康中心就有名單了，有幾個回來上課了，沒有回來上課的只有三個學生，表示還拉得很嚴重。

第二天禮拜五，其實那時候我跟主任還不是很熟，我請他們來開會，告訴他們哪些事情是迫切需要做的。我說：「不管學生現在有沒有來上課，我一定要親自到出了狀況的每一個學生家裡去慰問。

當然沒有來上課的那三個學生，我們已經打電話跟他們慰問了！這個禮拜五晚上，到明天到禮拜天，我要把這三四十個曾經中過毒的、有拉肚子學生，我要到每一家去慰問。」

就這樣，當天一個晚上就全部慰問完了，每一個人去就是攜帶水果，充分表現我們的誠意，我們就請家長不要擔心，這件事告一個段落，我們校長一定有誠意要求廠商把這個事情處理好。

第二天還是有記者來採訪，記者想要知道吃營養午餐跟吃便當的人數有沒有改變，想要採訪學生，問他們吃營養午餐會不會怕？那個聯合報的記者一看小朋友吃得很快樂，並沒有因為這件事情而受到很大的影響。不過那天家長讓小朋友自己帶便當的人數大概多了一百個。

後來要談賠償啊！再隔一個禮拜的禮拜一，我就接到一通電話，我非常地不能平息的就是他講話很難聽！他說：「以前老校長在學校三年都沒有發生任何營養午餐的問題，怎麼你這個年輕校長來幾天就這樣子？」

他的意思是說這個廠商是你找來的，是不是有勾結？我當然心裡很不舒服。廠商是原來的廠商，本來就不是我選的，我只是延續而已啊！

其實，這一段時間，很多的家長委員包括會長都覺得我們處理得非常

好。禮拜一之後，學生都上課啦！我們就開始約廠商來談賠償事宜。

當然要談賠償事宜，我已經跟教育局問好了，所有台北市食物中毒賠償的金額都怎麼賠，大概有兩個模式，一個就是不管你是不是有住院，只要你曾經懷疑你吃的便當有問題的，你都可以來領錢。

那就變成一個人大概領的是五百、三百、幾百，最高金額，個別住院是給一千，我們知道這個價碼，會長所知道的也是這樣，我們會長本身是做生意的，後來我們就找廠商來談。

事實上在這之前，我們就已經跟家長會講好，因為後來要賠償的是 28 個，所謂 28 個就是曾經住過院的，我們才列為賠償的對象。我們已經個別透過家長會，詢問相關的家長，如果這時候要賠償，他們有什麼想法？有的家長說，損失就已經損失了，賠償不是很重要的問題，雖然合約裡面有說這一天的錢不算，這個月的錢不算。

所以小朋友訂這個月的便當錢不算，就是假設吃了十天，十天免費，我就要轉另外一家嘛！就變成說十六天他都不用繳錢嘛！這是第一點。第二點，因為我們這邊家長都很純樸，他們說賠償不是很重要，他們只希望學生平平安安，學校把這件事情處理好就好，不過有的家長倒是想知道學校有什麼應對的方式，對廠商有什麼罰則。

我們就跟會長討論，問廠商要怎麼賠償，因為廠商第一次發生這種事情。他非常有誠意面對並解決這件事情，因為這次這件學生吃便當中毒的意外事件一上報，所有台北市的學校都不願意跟他訂便當，損失很重。

我們找廠商來，我們會長第一句話就說：「你們覺得應該怎麼賠償？這次這個中毒事件對學校真的傷害很大，對校長的傷害也很大，小朋友更可憐。你們覺得要怎樣？」

我跟會長跟廠商三方面就這樣初步交換意見。廠商說沒有關係，大家怎麼要求，他就怎麼做，他沒有預設立場。有了這個共識之後，我們就把廠商帶到家長會辦公室，跟十幾個家長代表在那邊談，我們把這個事情談開來。

一開始我們先讓廠商解釋一下這次中毒事件可能的原因是什麼。家長

們也覺得很無奈。我們會長說這個廠商有誠意解決，校長也希望把這個事情解決。

會長要有來的家長代表所有受害的家長，提出他們的想法，家長也都很客氣，他們說交給校長和會長處理就好啦！會長說：「這樣子啦！你們既然說你們沒有賠過案例，你最大誠意多少嘛？」廠商說：「看看你們嘛！這樣好了，一個學生賠五千好不好？」啊！在我的感覺裡面，最多是一千耶！

廠商很爽快地就說好，家長也都覺得很好啊！所以後來就決定，只要有住院事實的就給五千。由於有健保，所以學生住院也沒有多少醫藥費。廠商負責賠償每人五千元，我們就個別造冊，發給小朋友。可是有五個家長不要。他們告訴校長，把錢留在學校當基金好了。這個事情就這樣落幕了。這樣的賠償金額是台北市最高的。

事情是禮拜四發生的，後來禮拜五，我們的督學，那時候承辦營養午餐的七科的科長就來學校，一方面當面打打氣。也就是說，我們很不幸發生這個問題，但是我們把這個危機處理得非常好。他也讚許我們老師，也給新校長一點打氣，不要因為這件事怎樣，因為九月十六我都還沒來一個月呢！事情這樣處理，家長覺得我們處理得很好。

後來教育局要我們把整個處理的流程給他們，就變成台北市營養午餐出問題的處理機制的模式，這樣以後就是按照這個模式來運作。

308 意外傷害

2000 年 10 月，台北市某校四年級有一個學生下課準備上體育課，體育課開始大概五分鐘，突然有一個學生，整個頭骨、頭皮，不曉得是坐著還是跪在司令台前緣的台階。司令台是平的，上面有個前緣，就好像門檻一樣。

他這樣掉下去水溝蓋，水溝蓋雖然是平的，但是它是不鏽鋼一條一條的。就這樣掉下去，流了很多血，非常深！五分鐘之後，那個老師是代課老師，一個排球國手，他代課抵實習。他一來，馬上就把小朋友抱到健康

中心去處理。

健康中心隔壁就是訓導處，剛好護理師與訓導主任都不在，訓導處的一個組長一看到這一危急的情況，就跟這位代課老師一起帶著學生坐計程車到離學校最近的忠孝醫院。當然剩下的學生心裡都很害怕，不敢上體育課，所以有老師就把學生全部叫進教室來，就近照顧，並對學生做心理輔導。其實事情究竟是怎麼發生的，學生也不是很清楚。

後來我跟級任老師大概慢了十來分鐘到醫院。我到醫院就看到學生很深的一條傷口，大概將近七公分那麼長，頭皮幾乎整個被扳開。我看到外科醫生已經開始在縫。當然學校的整個處理方式就是，事情一發生就有人立即通知家長。所以我到的時候，小朋友的爺爺已經到了，因為小孩子的媽媽在台北市區另外一端那邊上班，不可能那麼快趕到醫院，爺爺先到是因為不可能等爸爸媽媽來才處理啊！

我到的時候，就先跟爺爺道歉。不管怎麼樣，小孩子在學校發生這種事情，也可能是學校在安全上，對學生的照顧有所疏失。在現場，爺爺一直說小孩怎麼這麼不小心，事情為什麼會發生。爺爺一直問到底是誰推他的啊？

其實我也還不了解真相啊！我只拜託醫生，手術要把傷口縫好一點，要特別注意傷口乾淨。說真的，我很害怕，因為腦部的傷口如果只是暫時處理，沒有完全處理好，後續肯定會沒完沒了啊！

我就這樣去看了之後，級任老師也跟我去看，這個級任老師非常認真。小朋友傷口縫好了以後，那天就在醫院那邊住院。級任老師帶小朋友陸陸續續去看他。除了級任老師之外，我們也安排一些行政人員去醫院輪流照顧。孩子的媽媽大概慢了 40 分鐘也到了。媽媽看了也很心疼，但明顯可以看出她的心中很難以接受，只不過沒有說出來。反正救人第一嘛！

那個老師就跟媽媽解釋這個事情可能是怎麼樣。事實上，我們大概知道這個老師遲到三到五分鐘。三到五分鐘在我們感覺是正常，因為他從辦公室到操場那邊需要這個時間也是正常。一般我們認為老師有些時候處理一些事情難免會慢一點到班上課，不可能說一敲鐘就準時到嘛！

所以這個部份我們就跟級任老師講，絕對不要講老師遲到，就說剛上課敲鐘沒多久，我們老師就去了，卻不幸發生這種情況，而且還是老師把小朋友抱去醫院的。這個代課老師給人的印象是蠻盡責的，如果是老師遲到十幾分鐘才發生，事情肯定會沒完沒了。

後來就開始調查這個事情是怎麼發生的。發生了這樣的事情之後，當然打電話跟小孩子的爸爸講。爸爸在美國好像沒問題嘛，爺爺奶奶跟媽媽也都沒問題，他們平常就跟學校互動蠻好的，而且這個級任老師很認真，雖然意外不是發生在級任老師的教學時，但是級任老師也跟她們說，這個體育老師很盡責，不知怎麼會發生這次嚴重的意外。

那個小朋友是體育股長，本身就很好動，是我們排球隊的選手。事情發生時，在那邊看人家跑步。那時候在舉辦大隊接力，他們在那邊跑步。我在想應該是跪著還是坐著啦，在嬉笑人家，因為我聽級任老師說，這個小朋友本來就很皮，會嬉笑人家。他到底是被推的或是不小心掉下去水溝蓋，到現在還不知道。因為司令台跟水溝蓋的直線距離大概只有 20 到 30公分。如果是有點距離變成推的才比較有可能，不過他可能是整個人直直的往下掉的。所以事情的起因就一直圍繞在，到底是他被推下去，還是自己不小心掉下去的？掉的距離其實很短。

因為傷口縫好了。第一天晚上，我就沒有陪在那邊，由級任老師跟一些小朋友輪流陪。小朋友到七、八點就走了。組長說小朋友睡得很安穩，麻醉藥過了就喊傷口痛，但是醫生來看了說，這都很正常。

小孩子第一天在醫院其實都沒問題，第二天開始就很麻煩。最大的問題是姑姑來了。姑姑說這件事情一定要追究學校的責任，意思是要把事情擴大就對了。這個小孩怎麼會受傷得那麼嚴重，學校至少要把推他的兇手找出來，不過還真的不容易找。

第二天我還是不放心小朋友的傷勢，我就透過一個校長，請他帶我去見忠孝醫院的院長，因為媽媽第二天開始不敢上班了。我就帶著院長親自去看她，告訴她詳細的掃描都要做，就是要確定小孩子沒有問題。院長跟著去，那時候不只是媽媽在，姑姑與舅舅也在。後來那天晚上，我們也打聽出來，小朋友的舅舅是樹林某國小的老師。

我們學校同事跟這個老師熟識，就打電話告訴他，這個事情學校的態度是怎麼樣，也就是說，先讓他知道學校對這個事情的處理非常慎重，不希望有太多不正確的訊息傳來傳去。

我帶著院長去看小朋友。第二天大概十點多的時候，小朋友已經開始在玩東西了。因為他本來就很喜歡動，他就是坐不住啊！看他整個表情與眼神各方面都很正常，我心裡大概就安慰了一大半。我問醫生說這個會不會怎樣？

他說目前看起來都沒有問題，但是接著要觀察。他說該做的都已經做了，當然我們一定在媽媽面前說，既然院長都來了，我們就拜託院長把最好的醫生請過來會診。他說這個沒有問題，醫院一定會做。他說，初步看起來，傷口恢復都沒有問題，但是還是要觀察，至少要一直觀察一個禮拜才出院。

在這個過程當中，姑姑一直給學校很多的壓力，說她預備要怎樣怎樣，甚至要去找立法委員或哪一個議員來，一定要學校給一個合理的交代！

所謂合理的交代就是錢啊！是誰推他的，一定要把這個兇嫌找出來啊！我們接著就開始在學校進行訪查，調查這件事情到底是怎麼發生的。事實上事情發生的時候，學生送醫院，班上就沒有繼續上體育課。那時候我們輔導室的一個老師跟訓導處生教組長就進來，開始一方面輔導，一方面看看是否能了解事情是怎麼發生的。聽小朋友說，那個時候是下課時間，司令台上有很多人在玩，除了他們班上的學生在等著上課之外，還有三年級的學生。除了三年級學生以外，都是他們四年級學生。

我們印象裡面，三年級大概不敢去推高年級學生嘛，除非是不小心啦！在那邊爬是會不小心撞到，可能是不小心撞到才掉得那麼近。如果是很用力推，一定是掉得很遠，不會說這樣直上直下掉啊！我第一個判斷是這樣。

我們那個老師很認真，他就說給他這個線索之後，三年級他每一班都去問，也找他班上跟他同時在場的小朋友去問看看，有沒有目擊者知道可能是誰推了受傷的小朋友。問了半天都問不出來，老師猜測會不會是他們

自己班上的學生？但是也問不出來。

後來受傷的小朋友每天都有人去看他，也有人寫卡片給他。有一個小女生就寫說：「你發生這個事情，非常非常地不幸，我很對不起你！」。她的意思是說很對不起，是有這樣的意思啦！被人掌握到「我很對不起你」，是不是就是這個小女生推他？

因為大家想著要怎麼找出這個兇嫌，現在開始想可能就是她！大家就認定兇手是這個學生嘛！那個小女生，那個老師說，以他看是不太可能，那個小朋友蠻內向的，平常也沒有跟他玩在一起啊！可是他又猜不出這個小朋友為什麼寫出這樣的話。問一問也問不出來啊！

後來老師問這個小女生，她怎麼寫這樣的東西？她也解釋得不是很清楚。她的意思是說她就覺得看起來很難過，很怎麼樣怎麼樣，並不是說她推他一把，沒有這個意思，可是她表達不出來。她那個班的學生，平常他們老師教得很好，大家都有這種關懷別人的意識，所以每個人都有寫卡片，那個小女生寫一張小紙條給他，就被人家掌握兇嫌就是這個小女生，所以他姑姑就說：「就是這個人！就是這個女生！一定要辦！一定要找出她的家長來！」可是老師說，依她看，不可能啊！

這個小女生應當是沒這個意思啦！而且她本來文辭表達就不怎麼好。所以後來就追第二個人、第三個人。後來他們一直猜，也問每個小朋友是誰推他？平常他跟誰在一起？事情發生那時候誰在場？大家也說另外一個男生可能有這個嫌疑，可是問他也沒有啊！後來就一直追，因為這個事情一直都沒有任何眉目。

後來受傷的小孩子的爸爸大概慢了三天從美國回來了。他一回來，就到學校來找我，也看了現場，怎麼樣怎麼樣。當然在這之間，因為那時候會長到巴西去了，不在台灣，我就直接找副會長。

副會長說他好像認識小孩子的爸爸媽媽。我就拜託副會長請他先處理。包括小孩子的姑姑已經放出風聲要找哪個立法委員，哪個市議員，這些我們都拜託家長會要個別去疏通，要把整個事情的真相讓家長知道。爸爸後來看了小孩子受傷的情形當然也不忍，他也有點責怪學校的這個水溝

蓋怎麼會是這個樣子。

當然我們能解釋的就解釋，我也只能說學校能做的就是這樣，因為醫生講要觀察三個月，我們希望觀察三個月之後，小朋友都沒有問題。現在我給你任何承諾都沒用啊！他也說，無論如何，學校一定要把兇嫌找出來，讓他知道。他的目的是這樣，可是我們發現兇嫌很難找到，老師陸陸續續大概找了十天，也找不出來。

後來老師用另外一個角度跟那個家長講，他說如果你一直懷疑的那個女生確定不是，你懷疑那個男生，那個男生跟那個小朋友是最要好的，他也常常到他家，他家長也知道。最重要的是他家裡不但單親，媽媽獨立養他，家裡根本沒有錢，假設要她賠，她能賠你什麼？家長想：「也對啊！」這個老師本身是念佛的，他說：「這樣子好了！依我的經驗，我們多做一點善事，也許對你的小孩有幫助啦！」

也就是說，我們已經盡自己最大的能力，我們該找的也找了，如果說被你懷疑的那個人，你也知道他的家境就是這樣，他能還給你什麼公道？你所有的醫藥費，反正該申請學生平安保險，學校一定幫你申請嘛！假設被你懷疑的這個學生，依判斷他也沒有辦法，這個小朋友他也很清楚啊！

家長想：「也對啊！我看你校長這麼認真，也帶了院長親自去看過小朋友，也認為沒有問題，我們是要觀察一下，是不是我們用另外一個角度來看，當作一個教訓。」

我們也為這個小朋友祈禱祝福，就是幫他積一點陰德啦！說不定小朋友以後有更好的福報。這個家長慢慢、慢慢、慢慢的，不再堅持要那個可能的兇手的家長賠償，也不再堅持學校非得怎樣不可。這其中最主要的就是我們副會長也一天到晚去跟他談。

這個過程當中，副會長也常常打電話跟在總統府上班，位階相當高的另外一個副會長聯繫。請他以他的經驗，來評一評我們這樣處理還有哪些地方有所不足，請他給我一點方向。他說：「校長。依我看來，學校整個危機處理已經蠻好的。」我們現在不敢保證這個小朋友未來會怎麼樣，我說這個是我們最擔心的！

他說未來怎麼樣，事實上我們也不知道啊！我們只能說，如果家長會可以，我們給家長一點點慰問金，可是也不能給他太多錢。其實錢不是那麼重要。當然後來小孩子出院後，家長會也常常去看他，表示我們的善意，希望他不要怎麼樣了。有怎麼樣，我們再說吧！我們只能給家長這樣的承諾而已。

後來這個家長就比較釋懷。因為傷口很深，縫合之後的傷口也沒有那麼快好，所以大概兩個禮拜沒有上課。這兩個禮拜期間，我自己又跑到他家去看過一次，這中間老師幾乎每天，至少兩天或三天到他家去看一次，也常常跟他打電話，跟他爸爸媽媽表達關心之意。

其實，這中間爸爸媽媽的態度還是搖擺不定，家長本來其實認為沒有什麼，可是別人一直在那邊搧風點火，讓家長一直搖擺不定啦！當然我們一直很擔心，所以我就拜託家長會副會長無論如何，反正就是要給他更強的心理建設，不能被另外那一邊左右啊！一直大概兩個禮拜之後，小朋友回來上課了。我第一天去看他。當然是光頭嘛！我看他反應都很好，大概沒什麼問題，但是還是要很留意傷口要完全復原才比較放心。

事實上等不到三個月，他就坐不住了，他就開始說要加入排球隊了！我想大概沒有問題。所以後來我也沒有問老師，到底他是跪著，還是坐著，還是怎麼下去，我都沒去問他。但我想有機會我一定要問這個小朋友，因為老師跟我說，這個小朋友很皮。他擔任體育股長本來應該整隊，但他並沒有整隊。他不盡責，在那邊玩，才會有這種事情發生。

我說這個就不要去談啦！現在再去談那個，家長絕對不高興啊！因為那個老師很認真，事情對就是對，不對就是不對，但是他沒有經驗啊！他認為，如果我一定要當面問學生，他要怎麼教學生？事實上，我沒有去問小朋友，因為小朋友不見得回想得起來，當初這個小朋友到底是怎麼掉下去水溝蓋下面的，可是我一直懷疑怎麼會掉得這麼近？幾乎是垂直著掉下去啊！

後來我們學校能做的，就是在那個水溝蓋上面做一個安全護墊，把那個墊子挖一個洞，家長一看到就說，以後再掉下來，除非那麼剛好掉進正中央那裡。那一個蓋子蓋上去，那一個摟空的，讓它能夠流水、漏水嘛！

類似的危險大概不可能再發生了。

其實校園內很多地方都有加裝護條，而且小朋友不小心就會撞到護條。家長說，學校至少要做到基本的安全保護措施。家長的要求是合理的嘛！我們校園真的有些地方並不是很安全的啦！

小朋友總是跑跑跳跳，要不然就是快速衝撞。我在想，其實校園哪個地方沒有潛藏的危險？小朋友動不動就撞牆壁也有可能啊！既然家長這麼講，我們就表現出最大的善意，把所有可能潛藏的危險找出來並加以防範。

三天之內學校就把該補足的安全措施做完。後來那個家長也很能認同學校，第二年就主動加入我們家長會。現在小孩一個五年級，一個六年級。我覺得也蠻好的，小朋友老大是田徑隊的，老二是排球隊。田徑隊的學生去陽明山比賽，他都開車送去！所以第二年他就主動說，他能不能加入家長會？因為家長會正要選舉。當然家長委員會去運作他，也讓他選上了。

回頭看看這次校園意外傷害，有關小朋友受傷引來家長不滿，治療的事，我們以最大誠意請醫院院長出來協調。他請了很多名牌醫生來會診了，哪怕不是名牌，他也說是名牌啊！所以家長就很安心了！

小朋友受傷責任歸屬不明，引來家長，尤其是姑姑極度不滿，我們也是以最大誠意請副會長出來協調，所以姑姑那一股最大的阻力最後也拿掉了。由於我們自始至終總是表現出最大的誠意來面對問題，解決問題，最後事情總算解決了。

309 賀伯颱風與納莉颱風來襲

1996 年 8 月 1 號我才剛剛接任台北市內湖區一所國小，碰巧碰到賀伯颱風來襲。過去這個社區從來沒有那麼嚴重的水患，後來隔了五年，2001 年 9 月的納莉颱風又是另外一個大挑戰，至少對於我這個初任校長，也就是新任校長來說，可說是一個無比巨大的挑戰！

先是賀伯颱風來的那一次，我記得颱風來的那天是假日。我在家裡跟家人一起在看電視，因為我住的這個社區以前從來沒有淹過水，颱風來反

正沒事就是看電視，我就看到整個社區，包含社區所在的國小，好像在淹水啦！我也是住在內湖，以前在內湖路一段那邊也會淹水，但是以前淹水，我從來沒有覺得很嚴重。

接下來一通電話來了，是教育局的主任秘書打來的。他說：「現在大湖發生水患，你要不要去學校開闢一個收容所，也就是要收容災民啦！」通常學校是一個社區比較適合的收容所。電話中主秘問我多久可以到？我說 20 分鐘吧！因為內湖路一段到成功路這邊很近嘛！然後我就開車過來。糟糕！巷子的水都已經淹滿了。因為我們這個山後面那邊比較高，所以我就從後面開車子進來。

因為我剛剛接任這所學校，其實我對這個學校的地理環境還不是非常清楚，我的鑰匙大概只有校長室的鑰匙吧！然後我從後面這樣繞過去。啊！這個水到處都滿滿的，但是我得要想辦法進來呀！後來我就爬圍牆，因為前門已經淹水了嘛！我也沒有那個鐵門的鑰匙，所以我就從圍牆爬進來。

後來我想，不對呀！收容所是要去收容別人呀！我們學校自己也是受災戶啊！我怎麼成立收容所？所以變成我要告訴教育局，到處都在淹水，學校沒辦法成立收容所。事實上要讓人員進來學校，作用已經不大了。隔天，水把我們的整個地下室都淹滿了。淹滿以後呢，後續的事情就有很多。

不過這次賀伯颱風來，有一點還算比較有利，颱風是在暑假 8 月 1 日來的，因為學生都還在家裡放暑假，所以有比較長的時間可以因應。但是這是學校第一次面對這種情況，因為過去也沒有看到整個地下室淹水淹得滿滿的，水整個淹到天花板，等學校的水退了，巷子的水退了，但是地下室的水卻沒有退，這就是學校所面臨的情況，當然這就是學校面臨救災復建的第一個問題啦！

雖然是在暑假當中，離開學還有一段時間，但是要做的事情真的很多，譬如說，第一個，抽整個地下室的積水是最大的考驗。我們過去從來沒有這樣的經驗，到底要多少錢？我們想一想，大概一天就可以抽完，應該三、五萬就可以解決。我請總務主任去訪價。因為我剛來幾天而已，跟總務主任其實都還不是很熟，一些行政人員可能有的名字都還叫不太出

來，但是至少總務主任開始的第一步就是抽水，怎麼辦呢？詢問的結果得知，要抽三天三夜，經費 30 萬。

面對這筆經費，學校那裏有那麼多的錢？而且校長可以做那麼大的決定嗎？如果沒錢，地下室淹水要怎麼辦？所以我們就馬上就想出了一個折衷的辦法，就是跟廠商商量，請廠商借給我們機器就好，廠商也同意了。那個抽水用的大型發電機是用卡車載來的，廠商只有租借機器給我們，剩下的事情就由學校自己去處理。這是校長可以做決定的。就這樣，接下來的抽水費用，不必 30 萬。好像是 6、7 萬。

然後我們就用自己的人力來抽水，包括晚上也要抽水，估計大概需要三天三夜。這次的抽水真的抽了三天三夜。有關抽水所需的人力方面，因為學校這邊本身大湖山莊都是受災戶，相對的就有很多慈濟的義工來商借學校的場地，來煮飯。國軍也進來啦！現在學校不是收容所，而是變成了救災指揮所。我們是學校，有義務協助大家。

但是我們自己本身也要去做災後復原啊！這個時候可以利用的資源，大概就是由慈濟義工煮飯，我們不用買便當，就吃他們煮的飯，因為經費其實也很有限。然後國軍既然來了，又以我們的地方做為指揮所，所以國軍也加入我們的善後行列，協助學校把地下室的水及一些污泥清除掉。

這時候其實老師我都還不認識啦！但是我至少可以動員在暑假上班的行政人員，大家一起下去整理。快要開學了，因為增班增很多，新的教室要擺設新的課桌椅，光是靠學校五、六個工友，人力非常不足，這時候，還好有國軍幫忙。

但是電梯一泡水就壞掉了，電梯損壞可說是一大損失，而且員工損失也很慘重，車子都泡在地下室，後來一部車大概賠個十萬而已，主要是因為大家都沒有警覺性。還好學校在很短的時間，得到了許多社會資源，及時發揮了關鍵效果，然後學校也如期開學了，我覺得這次颱風事件算是對新任校長的一個重大考驗，但是相對的也是給校長一個磨練的機會！

2001 年 9 月 17 日，另外一個巨大颱風納莉颱風又來了。人們有時候會忘記一些慘痛的經驗，因為已經多年沒有這麼嚴重了，當然颱風來了，

校長與主任還是會過來學校看一看。早上七點來學校，看到地下室有一點點水。自從有了上一次賀伯颱風的慘痛經驗以後，老師已經把車子都開走了，剩下幾部摩托車。

接下來社區民眾都想把車子開到操場上來，學校警衛就問我要不要讓他們進去。我說如果有水進來的話，還是讓他們進去。車子都進去，我自己開車子開進來也只是停放在門口，因為看來並沒有那麼嚴重，因為我們學校的籃球場的地勢比較高，所以車子也可以開上籃球場。

後來我發現不對呀！水好像進來得越來越快呀！我也趕快把車子從外面移到下面，再從下面移到籃球場，已經是在邊邊了。這一次比較嚴重的就是，水還是一樣淹，不過這一次老師對校長已經很有信心了，我們大概知道處理的程序，所以就馬上聯繫老師來處理車子。其實這次颱風比上一次更嚴重，但是有一點比較特殊的是，這次颱風是在開學當中，教育局發布統一停課只有一天。

學校災區就變成校長要自己做決定。我決策的過程就是依據學校的情況，把所有的行政人員主任找來開會。我們很快做了要停課一個禮拜的決定，其實並不是真的停課一個禮拜，而是剛好到那個假日，有三天還是四天，一直到下個禮拜一我們才正式上課。

老師還是要上班，停課主要是學生停課，很多家長知道不要讓學生涉水過來再回去。上一次的颱風給了我們經驗，在整個校園復原的過程中，由於有國軍與義工來協助，家長的反應都還不錯。

這次災後復原工作最困難的是，在救災過程中要進行一些聯繫時，因為到處都在受災，到底要怎樣才能優先獲得資源？譬如說抽水機，整個台北市到處都缺抽水機。在進行協調的時候，我必須要做一個價值判斷。過去的一些人脈，或是過去曾經為學校服務的廠商，都是可考慮的方向。其實完全靠公務單位很難，但是尋求財務與物資資源要同時進行啊！

這個關鍵的時刻，關鍵物資來了比較重要，錢倒還是其次。反正多少錢政府遲早還是會提供給學校。越早把水抽乾，越能讓學校的運作早日恢復正常。除了向過去的廠商請求提供支援之外，我也必須立即向課長報

告，向督學報告，讓他們知道這個情況，同時我也透過教育局居中協調聯繫防颱中心，由工務局調派了六部抽水機，並且找來一部大的打水泥的幫浦車來打水，甚至商請環保局從高雄調來抽污泥車來把汙泥抽走。經過日以繼夜的工作，學校終於漸漸復原了。

國家圖書館出版品預行編目資料

中小學校園裡的繽紛世界：學校行政個案集／　林文律　主編—初版—
臺中市：天空數位圖書　2022.08
面：17*23 公分
ISBN：978-626-7161-09-8（平裝）
1.小學　2.學校行政　3.行政個案
523.7　　　　　　　　　　　　　　　　　　　111013250

書　　　名：中小學校園裡的繽紛世界：學校行政個案集
主　　　編：林文律
發 行 人：蔡輝振
出 版 者：天空數位圖書有限公司
美工設計：設計組
版面編輯：採編組
出版日期：2022 年 08 月（初版）
銀行名稱：合作金庫銀行南台中分行
銀行帳戶：天空數位圖書有限公司
銀行帳號：006—1070717811498
郵政帳戶：天空數位圖書有限公司
劃撥帳號：22670142
定　　　價：新台幣 760 元整
電子書發明專利第　I　306564　號
※如有缺頁、破損等請寄回更換

服務項目：個人著作、學位論文、學報期刊等出版印刷及DVD製作
影片拍攝、網站建置與代管、系統資料庫設計、個人企業形象包裝與行銷
影音教學與技能檢定系統建置、多媒體設計、電子書製作及客製化等
TEL　：(04)22623893　　　MOB：0900602919
FAX　：(04)22623863
E-mail：familysky@familysky.com.tw
Https ://www.familysky.com.tw/
地　　址：台中市南區忠明南路 787 號 30 樓國王大樓
No.787-30, Zhongming S. Rd., South District, Taichung City 402, Taiwan (R.O.C.)